SV

*Bernd Heidenreich*
*Frank-Lothar Kroll*
*(Hrsg.)*

# Wahl und Krönung

SOCIETÄTS**VERLAG**

Satz und Layout: Societäts-Verlag, Sören Ruppert und Sandra Diepolder
Druck und Verarbeitung: freiburger graphische betriebe
Umschlaggestaltung: Sören Ruppert, Societäts-Verlag
Bildredaktion: Dr. Helma Brunck, Frankfurt am Main
Printed in Germany 2006
ISBN-10: 3-7973-0945-7
ISBN-13: 978-3-7973-0945-7

# Inhaltsverzeichnis

## Vorwort

# Wahl und Krönung

*Von Bernd Heidenreich*

Im Jahre 2006 jährt sich zum 200. Mal ein historisches Ereignis von europäischem Rang: Am 6. August 1806 ließ Kaiser Franz II. vom Altan der Kirche zu den Neun Chören der Engel in Wien das Ende des Heiligen Römischen Reiches verkünden und legte die Kaiserkrone nieder. Damit endete eine staatliche und geistige Tradition, welche die deutsche und europäische Geschichte fast ein Jahrtausend lang bestimmt hatte. Schon die Zeitgenossen nahmen davon allerdings wenig Notiz. So schrieb Goethe, den die Nachricht im Reisewagen auf der Rückkehr von Karlsbad erreichte, am 7. August in sein Tagebuch, ein Streit des Bedienten und des Kutschers auf dem Bock habe ihn mehr in Leidenschaft versetzt als die Nachricht vom Untergang des Reiches. Was von Karl dem Großen begründet, von Otto dem Großen erneuert worden war, was die konfessionelle Spaltung der Reformation und das Zeitalter der Glaubenskriege überdauert hatte, war im Zeitalter des Absolutismus, der Französischen Revolution und der beginnenden Formierung der Nationalstaaten zum Gegenstand von Spott und Verachtung geworden.

Der schwäbische Ritter von Lang sprach wohl für die meisten, wenn er in seinen Memoiren die Kaiserkrönung als „Fastnachtspiel“ und „Bild der eiskalt erstarrten und kindisch gewordenen alten deutschen Reichsverfassung“ verhöhnte. Erst recht die einheits- und machtstaatlich orientierte preußisch-deutsche Geschichtsschreibung des 19. Jahrhunderts hat an dem Alten Reich kein gutes Haar gelassen und es als „Spielball der Mächte“ und „Flickenteppich“ abgewertet. Erst die aus den Verirrungen des Nationalismus geborenen Katastrophen des 20. Jahrhunderts und die voranschreitende europäische Integration haben den Blick für seine friedensstiftende Funktion und seinen Beitrag zur Vielfalt der deutschen und europäischen Kultur geöffnet. Diese positiven Aspekte haben auch in der historischen Forschung der letzten Jahrzehnte ihren Niederschlag gefunden und zu einem gerechteren Urteil über das Alte Reich geführt.

Denn kann auch dieses Heilige Römische Reich sicherlich nicht als durchsetzungsfähiger Machtstaat gelten, so war es doch ein Zentrum der Integration und Beruhigung in der europäischen Mitte. Nicht Machterweiterung und Expansion, sondern Rechtsschutz und Friedenswahrung waren seine Aufgaben, die es in den Grenzen seiner Zeit und seiner Möglichkeiten erfüllte. Der spätere Zusatz „Deutscher Nation“ darf nicht darüber hinwegtäuschen, daß unter seinem Dach die europäische Völkerfamilie zusammenfand und das aus dem Imperium Romanum und der Welt des christlichen Glaubens gespeiste Erbe Europas bewahrt wurde. In einem immer enger zusammenwachsenden Europa, das verschiedene Völker und Staaten in einem gemeinsamen Haus beherbergt und auch künftig auf seine Verankerung in gemeinsamen Werten nicht verzichten kann, gewinnt damit die Erinnerung an das Alte Reich eine neue Dimension. Das gilt einmal mehr für das politische und kulturelle Zusammenleben der Deutschen – sind doch der deutsche Föderalismus mit seinen Stärken und Schwächen und die Vielfalt unserer regionalen Kulturlandschaften ohne die territorialen und föderalen Traditionen des Heiligen Römischen Reiches nicht denkbar.

Zwei Jahrhunderte nach seiner Auflösung wirkt das Heilige Römische Reich also noch immer in unsere Gegenwart. Mit dem vorliegenden Sammelband wollen wir seiner Geschichte nachspüren und einen Einblick in seine Verfassung vermitteln. Im Mittelpunkt stehen dabei Wahl und Krönung des Kaisers, in dessen Person die Idee und Einheit des Heiligen Römischen Reiches Gestalt gewann. Grundlage seiner Wahl durch die Kurfürsten und seiner feierlichen Krönung bildete die sogenannte Goldene Bulle, die 1356 von Karl IV. als Reichsgesetz erlassen wurde. Sie bestimmte Frankfurt endgültig zum Wahlort der deutschen Kaiser und Könige, Aachen dagegen zum Schauplatz der prachtvollen Krönungen, die allerdings seit 1562 gleichfalls in Frankfurt, im dortigen Bartholomäusdom, vorgenommen wurden. Den 650. Geburtstag dieses „Staatsgrundgesetzes" feiern wir als weiteres historisches Jubiläum im Jahre 2006.

„Wahl und Krönung" im Heiligen Römischen Reich sind Themen mit vielen Facetten. Politik und Verfassung, Religion und Recht, Kunst und Kultur wirken in ihnen zusammen und können aus der Perspektive der Ereignis- und Rechtsgeschichte, aber auch der Kunst- und Kulturgeschichte betrachtet werden. Alle diese Aspekte sind in den vorliegenden Sammelband eingeflossen und bestimmen die Fragestellungen der Beiträge über Rechtsquellen, Wahlverfahren, Krönungsablauf und Herrschaftssymbolik ebenso wie über die politische Funktion der Reichsstädte und die Entwicklung des Kaisergedankens. Einen weiteren Schwerpunkt bilden daneben die politischen Rituale und die damit eng verbundene Festkultur, in denen sich Zeremoniell und Symbolik des Alten Reiches prachtvoll entfalten und über die Anteilnahme der politischen Öffentlichkeit ihre integrative Funktion erfüllen konnten. Sie stehen im schärfsten Kontrast zur Nüchternheit staatlicher Symbolik im republikanischen demokratischen Staat.

Dennoch ist die Beschäftigung mit der Geschichte des Heiligen Römischen Reiches und der Wahl seiner Kaiser und Könige nicht überflüssig. Denn demokratischer Fortschritt und moderne Staatlichkeit haben den Rückgriff des Menschen auf die historische Überlieferung und seine Selbstvergewisserung in der Geschichte nicht obsolet gemacht. Je schneller wir auf Straßen und Datenautobahnen durch Raum und Zeit rasen, desto notwendiger brauchen wir „Mut zur Langsamkeit" (Odo Marquardt) und Inseln der historischen Reflexion. Der Band „Wahl und Krönung" kann vielleicht an dieses existentielle Bedürfnis nach Geschichte anknüpfen und damit auch an einer politischen Bildung mitwirken, die über kurzfristige Tagesaktualitäten hinausweist.

Allen Autoren, die mit ihren Beiträgen an diesem Buch mitgewirkt haben, sei dafür herzlich gedankt. Mein besonderer Dank gilt meinem Mitherausgeber Prof. Dr. Frank-Lothar Kroll, Lehrstuhlinhaber für Europäische Geschichte des 19. und 20. Jahrhunderts an der Technischen Universität Chemnitz, der das Entstehen dieses Bandes mit vielen Anregungen begleitet hat.

# Königswahl und Kaiserkrönung
## Vom Romanum Imperium gubernans zum „erwählten Kaiser"

*Von Konrad Amann*

Etwas verwirrend kommt es dem oberflächlichen Betrachter vor, wenn er sich die Prozedur der Königswahlen und Kaiserkrönungen quer durch die Jahrhunderte seit der Erhebung Karls des Großen in der deutschen Geschichte vor Augen führt. Neben den mehr und mehr ausgefeilten festen Ritualen verschiebt gerade das politische Gezerre der einzelnen Wahl- und Erhebungsprozesse die Bewertung der gewählten Persönlichkeiten und ihres politischen Spielraums mit Folgen für die weitere Geschichte. Wahl und Krönung werden so zu einem Akkumulierungsprozeß einzelner Vorgänge. Dabei ist zum einen zu beachten, daß die einzelnen Wahlprozeduren mit einem stillschweigend akzeptierten Erbanspruch verschiedener Dynastien und Familien kombiniert werden, zum anderen aber, daß in diesen Wahlakten, wie bei jeder Wahl, Mächtegruppierungen zum Einsatz und zum bleibenden Ausdruck kommen, die ihren Spielraum jeweils auszuschöpfen und zu erweitern suchen. Aufgrund dieser Vorgaben ist es dienlich, sich zunächst den idealtypischen Verlauf von Wahl und Krönung vor Augen zu führen, ehe einzelne Wendepunkte und Details vorgeführt werden.

Als Insignien der Machtstellung nach Wahl und Krönung galten im Reich Krone, Reichsapfel, Reichskreuz, Reichsschwert und Heilige Lanze.[1] Noch zu den letzten Kaiserkrönungen, der Josephs II. und Leopolds II. in Frankfurt, wurden diese Insignien als Zeichen der Machtübernahme der Öffentlichkeit zusammen mit dem neuen Amtsinhaber präsentiert. Fahne,[2] Szepter und Krönungsornat,[3] die wir normalerweise dem König bei seiner Krönung auch zuordnen, gehören ebenfalls dazu. Schon diese Kollektion von Herrschaftsinsignien zeigt, daß Wahl und Krönung aus mehreren einzelnen und unterschiedlichen Handlungen hervorgegangen waren und mit der Zeit zu einem zeremoniellen Wahl- und Krönungsakt zusammengeführt wurden.

Man spricht personaliter vom Kaiser,[4] vom König[5] der Franken, vom König der Römer usw. Man spricht gegenständlich vom Imperium Romanum,[6] vom Imperium Sacrum,[7] seit 1254 vom Sacrum Imperium Romanum,[8] seit 1486 vom Sacrum Imperium Romanum nationis Germaniae[9] und seit 1519 vom Heiligen Römischen Reich Deutscher Nation,[10] im diplomatischen Verkehr des 17. und 18. Jahrhunderts auch kurz vom Saint Empire.[11]

Mit dieser Aufzählung verschiedener Zuordnungen werden Bedeutungsverschiebungen notiert, auf die noch einzugehen sein wird. Sie beinhalten, so viel sei bereits hier angemerkt, das Resümee einer Verfassungsdiskussion,[12] die die Wichtigkeit und Stellung von Wahl und Krönung berücksichtigte. Durchgehend war von Romanum und Sacrum die Rede. Dies versinnbildlichten neben den oben angesprochenen Insignien auch die vom König/Kaiser weniger abhängigen Symbole von Wappen und Doppeladler,[13] neben dem personalen also auch ein abstraktes Element.[14] So weit zunächst der Anspruch, der in Wahl und Krönung erhoben wurde.

Doch die Wirklichkeit sah zumindest gegen Ende dieses Reiches nach Voltaire etwas anders aus. Der französische Philosoph und Kritiker behauptete, dieses Herrschaftsgebilde sei „weder heilig, noch römisch, noch ein Reich".[15] War also die jahrhundertelange Tradition nur eine Fiktion? Der sang- und klanglose Niedergang und die Auflösung in Reichsdeputationshauptschluß und freiwilliger Abdankung des Kaisers unter wenig rühmlichen Umständen 1803 bzw. 1806 scheint dem Franzosen Recht zu geben[16]. Doch wie verlief die Entwicklung? Was bedeuteten Wahl und Krönung eigentlich für die geschichtliche Wirklichkeit des König- und Kaisertums? Welche verfassungsrechtlichen Grundlagen steckten dahinter? Was hielt diese „Fiktion" anscheinend ein Jahrtausend lang lebendig?

Nehmen wir eine Bemerkung von Wolfgang Braunfels zum Ausgangspunkt unserer Überlegungen: „In dieser Idee (des Reiches) sind religiöse Vorstellungen und politische Ziele zu keinem Zeitpunkt zu einem Ausgleich gekommen. Das Reich besaß keine Mitte, nie eine Hauptstadt, und seine Grenzen entsprachen nicht dem Anspruch, die ganze Christenheit zu beherrschen. Sacrum Imperium Romanum nationis Germaniae – daran ist alles ideal, nichts real, alles entweder Geschichte oder Weltanschauung, entweder auf das untergegangene Römerreich bezogen oder auf eine Weltordnung zurück in die Vergangenheit oder nach vorn in ein Jenseits. Unter allen mittelalterlichen Staatsgebilden ist dieses Reich, wenn man es recht bedenkt, das mittelalterlichste gewesen".[17]

Entnehmen wir diesem Zitat zunächst zwei Beobachtungen. Zum einen die, daß das Reichsgebilde als Fiktion in die Vergangenheit oder Zukunft (und zwar römisch oder christlich) gerichtet war, nie aber angeblich auf die Gegenwart, und zum anderen die Beobachtung, daß dieses Reich keine Mitte und keine Hauptstadt besaß. Bedeutet das eine, die Gegenwartslosigkeit, daß Fiktionen nach rückwärts oder vorwärts in den einzelnen Wahlakten immer wieder als tradiertes Ritual zur Entscheidungsfindung dienten, oder das andere, die Mittelpunktlosigkeit des Reiches, daß der Gewählte und Gekrönte in seiner Person und Rolle mangels verwaltungstechnischer Hilfen die Mitte des Reiches symbolisieren und ausfüllen sollte oder gar mußte?[18] Was bleibt historisches Faktum, wenn die Fiktionalität und die Überbeanspruchung einer Person und Rolle die politische Realität eines Verwaltungsstaates zu überdecken beginnen oder umgekehrt von der Realität überholt werden? Schreibt Voltaire mit seinem Urteil gegen eine überholte oder gegen eine fiktive Geschichte an? Gibt es zeitgenössische Verteidiger dieser knapp tausendjährigen Verfassungskonstruktion?[19] Liefert womöglich die Geschichte Anhaltspunkte, die Wendepunkte dieser idealen Konzeption aufzeigen und die vermeintliche Fiktion unterhöhlen?

Bei der letzten Frage wird der Historiker ansetzen. Dabei ist davon auszugehen, daß wohl eher das Bewußtsein das Sein bestimmt oder der Glaube an die Kraft der Fiktion die politische Realität zu gestalten vermag.

Karl der Große, wie er später genannt wurde, auf einer Romreise zu Weihnachten 800 vom Papst zum Kaiser gekrönt, ließ sich im Jahr 801 als „serenissimus augustus a deo coronatus magnus pacificus imperator Romanorum gubernans imperium qui et per misericordiam Dei rex Francorum et Langobardorum"[20] titulieren. Schon diese Titulation zeigt, daß in der Vorstellung Karls verschiedene Machtgrundlagen zu einem von ihm erwünschten Gesamtbild seiner Machtstellung zusammengefügt wurden. Dabei wurden mehrere Traditionsstränge beansprucht und in einer etwas geschraubten Formulierung verknüpft. Deutlich wird an diesem Formulierungsungetüm, daß sich Karl als von Gott gekrönter Kaiser (a deo coronatus) betrachtete, die Rolle des Papstes also nur als die eines Mittlers sah, während der Franke zugleich seine kaiserliche Macht von der römischen herleitete (imperator Romanorum), sich als Augustus und großer Friedensstifter, anknüpfend an römische Zeiten präsentieren und aus diesen verschiedenen Wurzeln seinen Rang so definieren wollte, daß er mit diesen Auszeichnungen das Imperium regieren bzw. verwalten konnte (gubernans), wozu ihm die Machtstellung eines von Gott erhobenen Königs der Franken und Langobarden die subsidiären Mittel verleihen sollte.

Neben einer historischen Rückwendung im Sinne von Braunfels zeichnet sich hier ebenso eine kausale Herleitung der Machtstellung ab, die mit den späterhin gepflegten Argumenten nur wenig zu tun hat.

Es ist im Zusammenhang mit unserer Fragestellung nicht notwendig, allen Herleitungen der Titulatur nachzugehen. Festzuhalten bleibt, daß Karl sich als von Gott zum Kaiser erhobener Machthaber sah, die Machtstellung aber auch aus anderen Quellen ableitete, wenngleich auch da Gott seine Zustimmung in den Erfolgen signalisierte. Eigene Verdienste und daraus erwachsend die sozusagen verdiente Belohnung durch Gott beherrschten das Denken Karls und seiner Propagandisten.

In dieser Tradition variierte Otto I., der Große, das Thema, als er 962 den Besitz des Imperium Romanorum et Francorum zur Grundlage seiner Macht deklarierte.[21] Otto III. stützte sich besonders auf das Imperium Romanorum.[22] Konrad II. verkürzte den Titel auf Imperium Romanum,[23] während Friedrich Barbarossa nach dem Investiturstreit den Titel Sacrum Imperium bevorzugte,[24] 1254 wurden die Bezeichnungen Sacrum und Romanum dann zusammengelesen.[25]

Wenigstens diese Einschnitte in der Bezeichnung des Reiches oder besser der Herrschaftsgewalt gilt es im folgenden näher zu betrachten, denn dahinter stecken nicht nur Wortklaubereien, sondern eine gewandelte Vorstellung des imperialen Auftrags und der imperialen Grundlage, zum einen vom personalen zum transpersonalen Herrschaftsverständnis (vom Rex oder Imperator zum Imperium), zum anderen von der sakralen Herrschaftsbestätigung zum durch Wahl konstituierten Herrschaftsauftrag.

Wenn Karl V. am 24. Februar 1530 in Bologna zum letzten Mal vom Papst die Kaiserkrone aufs Haupt gesetzt erhielt,[26] seine Nachfolger dagegen die Kaiserwürde auch ohne päpstliche Krönung behaupten konnten,[27] so mußte hier eine bedeutsame Verschiebung des Verständnisses von Kaisertum vorgefallen sein. Bisher haben wir uns noch nicht der Frage der Wahlen zugewandt. Sie scheint in der Geschichte des Kaisertums zunehmend an Bedeutung gewonnen zu haben.

Wird im Jahre 800 schlicht von einer Überrumpelung und Akklamation des anwesenden Kirchenvolkes in Rom bei der päpstlichen Kaiserkrönung gesprochen, so macht spätestens die Abwahl Kaiser Ludwigs des Bayern[28] und die Wahl Karls IV. durch die späteren Kurfürsten deutlich, daß die päpstliche Koronationsgewalt in der Frage des Kaisertums einen Schwund erlebte. Mehr noch wird dies für die Abwahl Wenzels 1400[29] gelten. Die Goldene Bulle von 1356,[30] die Wahlkapitulationen der Königs-Kaiser-Kandidaten, das existenzielle Ringen mit den Ständen um die Stellung des Kaisertums im 16. Jahrhundert auf den Reichstagen[31] und auf der internationalen Bühne mit Frankreich und anderen europäischen Mächten,[32] für das die Geschichte Karls V. stehen mag,[33] machen deutlich, daß das Verständnis von Kaisertum neu zu definieren war. Die Reichsreformbewegung des 15. und 16. Jahrhunderts, die Publizistik des späten 16. und 17. Jahrhunderts[34] und die Reichskritik des 18. Jahrhunderts[35] sprechen nicht nur die Diskussion um die Reichsinstitutionen an, sondern hinterfragen auch immer dringlicher die Fiktion von Königs- und Kaiserwahl als Fundament einer Kaiserherrschaft.

Nach dieser sehr grobmaschigen Skizze müssen diese eng miteinander verknüpften und doch zunehmend widereinanderlaufenden Prozesse von Wahl und Krönung zuerst nacheinander beschrieben und miteinander abgeglichen werden, ehe wir uns einen chronologischen Überblick verschaffen können.

Auch wenn wir im Titel die Wahlen vor die Krönung gestellt haben, scheint die Krönung das ältere Element der Königserhebung im engeren Sinne gewesen zu sein. Erst mit der Krönung gewann der Erwählte eine übermenschliche, fast sakrale Stellung, die sich etwa am Verbrechen des Königsmords als Crimen laesae maiestatis[36] als schwerwiegendstes Kapitalverbrechen festmachen läßt. Die herausgehobene Stellung des gekrönten Königs leitet sich aus mehreren Wurzeln her.

Gerade die von Karl dem Großen sanktionierte Formulierung von 801 „a Deo coronatus" belegt, daß die Krönung das Eingreifen überirdischer Mächte symbolisierte. Die Thronerhebung durch Priesterhand machte diesen Kontext für alle augenfällig. Nach orientalisch-biblischem Vorbild gehörte zur Krönung vor allem die priesterliche Salbung. Damit verknüpft war die Akklamation des Volkes als Zustimmung zur göttlichen Wahl (Electio[37]). Damit haben wir zunächst einen Wahlablauf, der erst nach oder wenigstens mit der Krönung eine Wahlzustimmung zuließ. Wie sich diese Handlungen bis zum Hohen Mittelalter im einzelnen gewichten lassen und zusammensetzen, suchte Percy Ernst Schramm ausführlich zu ergründen.[38]

*Die sieben Kurfürsten wählen in Frankfurt am Main am 27. November 1308 den Grafen Heinrich von Luxemburg zum König der Römer*

*Der Erwählte wird im vorgenannten 8. Jahr von den sieben Wählern auf den Altar gesetzt (1308). Krönung im Januar 1309: Heinrich und Margaretha werden in Aachen mit der Krone Karls gekrönt. Aus: Kaiser Heinrichs Romfahrt, Bilderchronik, München ND 1978*

Neben dieser altbiblischen Wurzel steht die römische kaiserzeitliche Tradition. Hier steht die Sonderrolle des Königs nach Volkes Willen im Mittelpunkt. Charisma und Auctoritas lassen den Primus inter pares zu einer königsgleichen Stellung aufrücken, die dann allerdings in einer gentilischen Erbfolge oder durch militärische Machtkämpfe beeinflußt werden kann. Der Kaisermord[39] wird aber bald zu einem politischen Mittel, offenbar ohne gravierende Folgen für das Imperium im Bewußtsein des Volkes.

Neben der römisch-biblischen Wurzel muß auch an die germanische Tradition erinnert werden, die besonders in der fränkischen Überlieferung seit Karl dem Großen fortlebte. So betonte der große Karolinger seine Machtposition eines Rex Francorum in der Herrschaftstitulierung, besonders im Hinblick auf einen starken und erfolgreichen Heerführer.

In diesen kurz skizzierten Herleitungen steckt ein wesentliches Problem der Wahl- und Krönungsgeschichte, das nur allzugern als fiktional oder irreal abgetan wird. Denn es wird die Frage gestellt, wie weit wir uns heute auf die die Realität des Mittelalters gestaltende Glaubenskraft (König von Gottes Gnaden) noch einlassen können. Darüber hinaus spielt auch immer wieder der uns heute wesentlich vertrautere Machtfaktor eine Rolle bei den Königserhebungen. Verweist die germanische Wurzel offenbar mehr auf eine reale Machtstellung des Königs, so laufen Wahl und Kaisertum auf eine Entwicklung hinaus, deren religiös-idealen und politisch-gesellschaftlichen Herleitungen in der Realität nur schwer beizukommen ist. Trotzdem müssen wir sie als wesentliche Grundlagen der Reichsverfassung über ein Jahrtausend hinweg zu verstehen versuchen.

Nach bisher vorliegenden Untersuchungen hatten die germanischen Reiche bei der Königserhebung die Tendenz, herausragenden Führern und Sippen mit der Wahl des Kandidaten eine charismatische Auszeichnung zukommen zu lassen. Damit war die Krönung nicht unbedingt ein staatssymbolisches Zeichen für einen Herrschaftsantritt im chronologischen oder konstitutionellen Sinne. Erst im 7. und 8. Jahrhundert – die Zeitgrenzen sind hier deshalb vage, weil wir dazu zu wenige Quellen besitzen –, wurde die Krönung zu einem politischen Schauspiel umfunktioniert mit dem Hintergedanken, damit zu zeigen, „wie der Klerus, die Großen, der Adel, die Untertanen zu ihrem König standen und wie dieser sein Verhältnis zu Gott ausgelegt wissen wollte“ (Schramm). Erst mit der Salbung des Königs unter Pippin dem Jüngeren kam auch die Krönung als zusätzlicher Akt eines öffentlichen Bekenntnisses sowohl des Herrschers als auch seiner Untertanen zu einem sakralen Königtum ins Spiel, so daß 781 Karl der Große zusammen mit Pippin und Ludwig dem Frommen, seinen Söhnen, von Papst Hadrian II. das Diadem aufs Haupt gesetzt erhielt.[40] Im Jahr 800 fand die legendäre „imperiale“ Krönung Karls in Rom statt. Auch wenn Karl seinen Sohn Ludwig 813 eigenhändig zum Mitkaiser krönte und damit die junge römisch-kirchliche Tradition etwas in Frage stellte, zeigt die Entwicklung des 7. und 8. Jahrhunderts, soweit wir sie verfolgen können, daß mit den durch päpstliche Intervention neu formulierten Aufgaben eines römischen Kaisertums sich eine neue Sinnbestimmung des Krönungsaktes abzuzeichnen begann.

Das Kaisertum, seit 800 zunehmend zum Schutz und zur Lenkung des Christentums an der Seite Roms und zur Abwehr des Heidentums und der Häresie bestimmt und funktionalisiert, fand die diesbezügliche Legitimation in einem liturgischen Akt mit Salbung und kirchlicher Krönungszeremonie. Der Papst übernahm die Rolle des kaiserlichen Coronators bis zum Ende des Mittelalters, die liturgisch bestimmten und abgeleiteten Ordines (Krönungszeremonien) fixierten in karolingischer, zunehmend in ottonischer Zeit und mehr noch seit dem 12./13. Jahrhundert den Ablauf und die Rechtmäßigkeit der Kaiserkrönungen.

Daneben gliederten sich auf einer weiteren Ebene die Königskrönungen nach ähnlichem Modell aus. Die Ordines legten aber nicht nur ein feierliches Zeremoniell für einen öffentlichen Akt fest, sondern forderten durch ihre strengen und minutiösen Rituale auch die Diskussion um die Legitimität der Krönungshandlungen als Grundlage eines rechtmäßigen Herrschaftsanspruchs und einer legitimierten Herrschaft heraus.

Der Akt der Königskrönung diente also über den zeremoniellen Vorgang hinaus auch als Gradmesser für die Bewertung der Gekrönten in ihrer Regierungszeit. Der rechte Krönungsort, der richtige Coronator (Erzbischof von Köln, bzw. Mainz und der Papst), der vorgeschriebene Wahlort, die vor der Erhebung feierlich eingestandenen Versprechungen auf eidlicher Basis, später Wahlversprechungen, aber auch die Legitimation des Kandidaten durch göttliche Setzung (von Gottes Gnaden), die symbolhafte Übertragung der Reichsinsignien (Krone, Apfel, Schwert) als Vertrauensbeweis und die zunehmende Kodifizierung des Wahl- und Krönungsprocederes werden zu verrechtlichten Kriterien einer rechten Königskrönung und Königswahl. Kann diese Entwicklung weitgehend den Ottonen und Saliern[41] zugeschrieben werden, so machte sich zu Ende des 10. und im 11. Jahrhundert eine neue Denkweise[42] aus dem klösterlichen Reformgeist breit, die in Rom bald Unterstützung fand.

Mit dem sogenannten Investiturstreit und vor allem dessen Ausgang 1122 (Wormser Konkordat) verlor die Kaiserkrönung durch den Papst an rechtlicher Bedeutung, wenngleich der Symbolgehalt weiter hochgehalten wurde. Ein neu erwachendes „römisches" Rechtsdenken[43] in den „nationalen" Königreichen[44] verlagerte die Krönungsproblematik von Kaiser und Papst weg in die kleineren Räume der Königreiche. Der Krönungsakt und die damit einhergehende Legitimation suchten ihre Wurzeln in der eigenen oder römischen Vergangenheit, verstärkten sich aber weiterhin mit kirchlich-liturgischen Elementen. Zugleich rückte die Krönung als Grundlage der Herrschaft in das Blickfeld der Juristen,[45] genauer der immer stärker hervortretenden Verfassungsjuristen. Mit der Gleichstellung von Krone (corona als Symbol der Krönung einer Person) und Reich als abstraktes unpersönliches Rechtssubjekt war die Krone nicht mehr nur Symbol einer persönlichen Herrschaftsaneignung, sondern verkörperte zusehends die aufkeimenden Vorstellungen eines transpersonalen, rechtlich als dauernd und überdauernd vorgestellten Königtums.[46] Die Krönung eines einzelnen war damit eher ein intermittierendes Zeichen der Emanzipierung von Papsttum und Kirche, einer Verselbständigung „nationaler Reiche" vom universalen Kaisertum, einer Individualisierung verschiedener Reiche im Rahmen einer auf Gleichwertigkeit aufgebauten Völkergemeinschaft oder Christenheit[47] oder einer beginnenden Autonomie in Verfassung und Recht einzelner Reiche gegen die universalen Ansprüche von Papsttum und Kaisertum. Damit verkam die immer noch vom Papst inszenierte Kaiserkrönung nicht nur unter realpolitischen Vorzeichen, sondern auch in der angestrebten liturgisch-konstitutionellen Ideologisierung, wie sie bisher aufgebaut worden war, zu einer die einzelnen Reiche immer weniger berührenden Farce. Die kaiserliche Vorherrschaft über ein christliches Europa mit Hilfe des Papsttums geriet angesichts dieser Entwicklungen zu einer Fiktion, deren Ansprüche als irreal und kaum verwirklichbar angesehen wurden. Das zeigt besonders die Geschichte der Kreuzzüge. Diese Phase prägte zu einem großen Teil unsere heutige Anschauung von Wahl und Krönung eines christlichen Kaisers. Darüber dürfen wir aber die verschiedenen in Europa ausgeprägten Königskrönungen, die bis in das 20. Jahrhundert wenigstens als konstitutionelle Verfassungselemente fortwirkten, nicht vergessen.

Das kaiserliche Krönungszeremoniell allerdings, wie es Karl der Große offenbar grundlegen wollte, wurde seit dem 12. Jahrhundert in mehreren Schritten zu einem die politische Geschichte Europas immer weniger berührenden Zeremonialakt, ehe es im 16. Jahrhundert unter anderen Vorzeichen noch einmal in das Geschehen einrückte.[48] Dagegen gewannen die Wahlen als immer stärker respektiertes Kriterium der „nationalen" Königswahlen mehr und mehr an Gewicht.

Wahlen[49] waren nach mittelalterlichem Verständnis und nach den erhaltenen Quellen zunächst weniger eine Auswahl unter mehreren Kandidaten, sondern vielmehr eine auszeichnende Zustimmung zu einem sich präsentierenden oder präsentierten Kandidaten. Widukind von Corvey läßt uns wissen, daß König Konrad Herzog Heinrich den Sachsen zum Nachfolger in der Königswürde designierte. König Konrads Bruder rief daraufhin Heinrich zum König aus, und erst dann akzeptierten die Heere der Franken und Sachsen durch Zuruf die Wahl.[50]

Schwaben und Bayern anerkannten diesen Wahlakt erst späterhin. Designation, Ausrufen der Erhebung und Akklamation der Heere sind so Elemente der Königserhebung (Wahl). Wahl ist nach dieser Quelle eine prädisponierende Vorherbestimmung eines einzelnen (electio[51]), dem die Wähler durch Akklamation zustimmten oder den sie durch Verweigerung der Akklamation ablehnen konnten. Bei der Wahl König Otto I. weiß Widukind[52] zu berichten, daß der Vater seinen Sohn zum Nachfolger bestimmte, Franken und Sachsen bestätigten diese Wahl durch Zuruf und legten für die zeremonielle Akklamation Aachen[53] fest. Der Rex Francorum[54] scheint eine weitere wesentliche Voraussetzung für die Designation gewesen zu sein, dem seit Heinrich I. auch das sächsische Recht[55] zugesellt wurde.

An Karls Lieblingspfalz Aachen, dort wo die römische Kaisertradition wenigstens im Bauprogramm fortgesetzt oder erneuert und wo die fränkische Herkunft lebendig gehalten werden sollte, wollten die Ottonen mit ihrer Herrschaft anknüpfen. Die versammelten Herzöge und Fürsten stimmten diesem Programm zu, indem sie den designierten Otto I. in Aachen auf den Karlsthron erhoben und dann den Treueeid leisteten. Den insgesamt sehr komplexen Vorgang der karolingischen Herrschaftserneuerung unter den Ottonen bezeichnet man in der heutigen Forschung als „renovatio imperii".[56]

Dem Erzbischof von Köln bzw. später, als der Wahlort nach Frankfurt verlegt wurde, dem Erzbischof von Mainz fiel es zu, den designierten und erhobenen Kandidaten dem Populus (Wahlvolk) zu präsentieren, die Akklamation zu überwachen und anschließend den Kandidaten zum König zu krönen.[57] Es folgten Einkleidung, Insignienübergabe, Weihe und kirchliche Krönungsmesse. So standen dynastische Designation und öffentliche bzw. kirchliche Wahlerhebung in einer fortlaufenden Abfolge, die den Wahl- und Krönungsakt konstituierten. Erst mit der Wahl in Forchheim 1077 wurde das väterliche Vorschlags- bzw. Präsentationsrecht wieder eingeschränkt.[58] Bei Unwürdigkeit des Sohnes bzw. des Kandidaten konnte die Akklamation verweigert und die Wahl abgebrochen werden.[59] Daraufhin durfte der Populus als Wahlvolk einen eigenen Kandidaten für die Königswahl präsentieren. Bei der Wahl Lothars von Suplingenburg 1125 griff diese Regelung. Doch die Freiheiten des Wahlvolkes sollten von königlicher Seite wieder beschränkt werden. Otto von Freising, der uns darüber berichtet, hatte zunächst nach der Erzählung dieser Vorgänge festgestellt, daß die Kandidatur nicht mehr durch Blutsverwandtschaft prädisponiert sei, sondern die Absprache der Fürsten den Kandidatenvorschlag bestimmen sollte.[60]

Doch um diese Vorteilnahme der Fürsten nicht zu weit ausufern zu lassen, schränkte man den Kreis der Königsbewerber durch einige festgeschriebene Regelungen ein. Nach der Herleitung vom Königreich der Franken seit Karl dem Großen mußte der Kandidat aus der Gens Francorum[61] stammen. Heinrich I. hatte diese Kontinuitätslinie seinerzeit durchbrochen, so daß diese Regelung eine Rückbesinnung darstellte. Deshalb erweiterte man diese Vorschrift, wie der Sachsenspiegel wesentlich später deutlich macht, um die Bestimmungen, daß der Kandidat nach fränkischem Recht und auf fränkischer Erde gekürt werden müsse.[62] Damit war die ursprünglich enge Bezugnahme auf den Rex Francorum als Voraussetzung einer Königswahl auf das Recht und Territorium fränkischer Herrschaft erweitert worden.

Zugleich wurde die bereits unter Otto I. festgemachte Formulierung imperium Romanorum et Francorum legitimiert. So blieb die Stellung des Rex Francorum eine wesentliche Vorstufe zu Wahl und Krönung des römischen Königs. Bei dieser „vorgeschalteten" Wahl aber mußte es aufgrund der möglichen Parteiungen innerhalb des fränkischen Rechtsbereichs unter verschiedenen Kandidaten zu von den Wählern abhängigen Auslesen kommen. Denn die Einschränkung der Kandidaten auf die Herkunft aus der fränkischen Gens bedeutete andererseits eine Ausweitung des Kandidatenkreises über die dynastische Familie hinaus auf das fränkische Territorium. Doppelwahlen oder Entscheidungswahlen zu Lasten der Königswürde, wie dies etwa der staufisch-welfische Thronstreit zeigt, waren in dem System angelegt.[63]

Hatte man 1024[64] und 1125[65] noch zwei aus der Vorauswahl übriggebliebene Kandidaten insoweit miteinander vergleichen können, als der jüngere Kandidat jeweils zugunsten des älteren auf seine Wahl verzichtete, so waren in den Jahren 1198,[66] 1257,[67] 1314[68] und 1410[69] Doppelwahlen vorgenommen worden, wo dieser Ausgleich nicht mehr geschaffen werden konnte. Es kam auch zu Gegenwahlen, so etwa 1077, 1246 1298, 1346 und 1400. Damit sind die von Otto von Freising vorausgesehenen Risiken einer Fürstenwahl eingetreten. Es kam auch zu Nachwahlen als Legitimierung einer in Anspruch genommenen königsgleichen Stellung, so etwa bei Philipp von Schwaben, Otto IV., Albrecht I., Karl IV. oder Sigmund.[70] Diese Könige präsentierten sich quasi selbst als Kandidaten, ließen aber den formalen Wahlakt über sich ergehen, um eine Legitimation ihrer Herrschaftsstellung zu erhalten. Wie fiktional aber konnten nach diesen eben angesprochenen Wahlhandlungen die Wahlen eigentlich sein? Mit welchen Hoffnungen oder Begründungen stellten sich die Kandidaten der Wahl? Warum gingen die Wähler auf die Ausübung der formalen Wahlakte ein, wenn sie doch nur eine Fiktion waren? Hier muß wohl etwas tiefer gegraben werden, als es Braunfels und mit ihm einige andere getan haben.

Wenn man sich, in welcher Form auch immer, bis zum Ende des Reiches an die Tradition des Wählens hielt, so mußten wegen der vielen und immer wieder anfallenden Wahlakte, aber auch wegen der lokalen und juristischen Einschränkungen des Wahlprocederes Regelungen getroffen werden, die die in dem Wahlakt angelegte Zwietracht mehr und mehr wenigstens nach der Wahl ausschalten konnten, damit nach dem Wahlkampf Frieden einkehrte. Erst die Goldene Bulle von 1356 fixierte nach längerem Vorlauf klare Vorgaben, die den Wahlakt zumindest so weit zu regeln vermochten, daß, von wenigen Ausnahmen abgesehen (besonders 1400 und 1410), ein intensiver Wahlkampf, aber kaum mehr eine kriegerisch-militärische Auseinandersetzung oder gar Doppelwahl nötig wurde. 1356 wurden der Kreis der Königswähler zahlenmäßig deutlich eingeschränkt (7 Kurfürsten), das Wahlprocedere verrechtlicht und paraphiert, die Wahlverhandlungen außerhalb des eigentlichen Wahlaktes verlegt (Kapitulationen), die Akzeptanz der Wahl durch das bindende Wahlergebnis erzwungen. Damit war ein Regelwerk gefunden, daß die rechtmäßige Wahl und darauf folgende Krönung an paraphierten Vorgaben messen und beurteilen konnte. So wurden die von Karl IV. veranlaßten Niederlegungen nicht nur in Absprache mit den Großen des Reiches gesichert. Sie stützten sich zudem auf einen päpstlichen Schiedsspruch Innozenz' III. im Thronstreit zwischen Staufern und Welfen, so daß auch das päpstliche Einverständnis bei diesem Werk Karls IV. vorauszusetzen ist.

Beim staufisch-welfischen Thronstreit hatten die päpstlichen Juristen einst festgeschrieben,[71] daß zum einen bei einer Königswahl bestimmte Fürsten nicht übergangen werden dürften (namentlich genannt wurde dabei der Kölner Erzbischof), daß es also einen namentlich fixierten Kreis von Königswählern geben müsse, zum anderen aber, daß der Papst sich nicht in die Wahlen einmischen dürfe, weil der Stuhl Petri das Imperium und damit auch das Wahlrecht auf die Deutschen (ad germanos) übertragen habe. Damit beschränkte sich Rom eigentlich auf die Kaiserkrönung als symbolischen und Zustimmungsakt und gab die Königswahl dem Wahlvolk frei. Daß sich Rom mit der Krönung ein letztes Wort bei der Entscheidung über das Kaisertum vorbehielt, stellte es allerdings immer wieder unter Beweis. Daß dieses christlich-kirchliche Fundament des Kaisertums nach römischer Version mit den reformatorischen Angriffen auf die Stellung und Geltung des Papsttums im christlichen Kosmos zunehmend in Frage gestellt wurde, braucht nicht weiter ausgeführt zu werden.

Doch nicht nur von dieser Seite wurden Angriffe auf das Kaisertum vorgetragen. Die langanhaltende Debatte um die Reichsreformen seit den 1420er Jahren, die weit in das 16. und 17. Jahrhundert hineingetragen wurde, bestürmte zunächst die kaiserliche Stellung innerhalb des tradierten Verfassungsgedankens, trug indirekt aber auch zu einer Kontroverse um den Wahl- und Krönungsakt bei, der nun offenbar eine mehr auszeichnende Wirkung und weniger eine konstitutionelle Gestaltung präfigurierte. Nach diesem rasanten Überblick über Wahl und Krönung sollen einzelne Phasen der Entscheidung noch einmal im Kontext herausgegriffen werden.

Eine These soll den folgenden Darstellungen als Leitmotiv, Korrektiv, aber auch Widerspruch zu Wolfgang Braunfels vorangestellt werden. Wahl und Krönung sind sowohl aus der Sicht der Wähler als auch aus der Sicht des zu Wählenden und Gewählten Mittel zur herrschaftslegitimierenden, rechtsverbindlichen Traditionsfortsetzung wie auch Versprechen und Garanten einer herrschaftserhaltenden, rechtssichernden Vision der Zukunft. Für beide Leitlinien galten das römische Kaiserreich wie das christlich-jüdisch geprägte Königtum als Garanten und Rechtssicherheiten, wie noch die Diskussionen des 16. und 17. Jahrhunderts zeigen.

Genau diesen Ansatz scheint Karl der Große im Jahr 801 besonders zu verfolgen. Er beruft sich auf das römische Vorbild mit all seinen Verpflichtungen, aber auch auf die Visionen eines christlichen Himmelreiches als Musterbild christlicher Herrschaft. Deshalb ist Karl auch serenissimus augustus und erinnert damit an die Augusteische Friedensepoche des Römischen Reiches, was noch einmal deutlich wird in der zusätzlichen Auszeichnung magnificus pacificator. Er ist aber auch von Gott zum Herrscher auserwählt (a deo coronatus) und beruft sich damit auf die Tradition des alttestamentlichen Vorbildes der jüdischen Königszeit (David, Salomon). Unter diesen Vorgaben (Idealen) sind wohl auch die sogenannte karolingische Renaissance mit einem blühenden kulturellen Hofleben sowie andererseits die aus Karls Sicht dem Christentum und dem Frieden dienenden Kriege zu sehen. Dieser mehrfach abgehandelte Aspekt karolingischer Herrschaft soll nicht vertieft werden. Er mag aber beleuchten, was es in karolingischer Zeit heißt, gewählter und gekrönter König und Kaiser zu sein. Hier wird eine ideale Kulisse aufgebaut, vor deren Hintergrund das nachfolgende Königtum sich messen lassen sollte. Die Ansprüche waren nicht zuletzt aufgrund der überragenden Herrscherpersönlichkeit Karls und seines Hofes ausnehmend hoch gesteckt worden. An dieser Meßlatte werden, wie wir oben hörten, die zukünftigen Kandidaten als Bewerber gemessen und späterhin auch gewogen. Damit steht nicht nur das karolingische Erbe, sondern auch die überhöhte Idealisierung des karolingischen König-Kaisertums im Mittelpunkt der Wahlen und Krönungen und begründet, wie es die Ottonenzeit näherhin zeigt, eine Tradition, die römisches, christliches, germanisches und karolingisches Erbe zu einem Amalgam verschmilzt, dessen Ansprüche jenseits jeder Realität zu stehen scheinen. Damit greift Braunfels schon aus diesem Blickwinkel etwas zu kurz, wenn er den hier konstruierten Anspruch zum Bewertungsmaßstab einer politischen Faktengeschichte macht. So scheint die Konstruktion eines idealen Kaisertums und einer idealen Königsherrschaft zwar geplant und angedacht worden zu sein, doch sehr wohl in dem Bewußtsein, daß diesen Idealen im besten Fall nur nahezukommen ist. Kaum dürfte man der Überzeugung gewesen sein, dieses Ideal ohne Abstriche umsetzen zu können. Es wird im folgenden darum gehen, die Distanz zwischen Ideal und Realität zum einen, aber auch die phasenweise versuchte Annäherung mittels Minderung des Ideals oder Übersteigerung der Realität auszumessen.

Die Kaiserkrönung Karls des Großen am Weihnachtstag 800 durch Papst Leo III. besiegelte zunächst, wie auch die Vorgeschichte zeigte, eine enge Verbindung der römischen Kirche mit der fränkischen Großmacht. Während die Kirche damit zunächst einen Bündniswechsel von Byzanz nach dem Westen vollzog, bedeutete dieser Akt für Karl eine Aufgabenzumutung, die ihn in einige Konflikte stürzen mußte. Akzeptierte Karl das Kaisertum als Alleinherrschaftsanspruch oder wenigstens als Rechtsnachfolge des römischen Kaisertums (renovatio imperii Romani),[72] so mußte er gleichwohl auch die fränkische Königswürde als seine augenblickliche Machtbasis hochhalten. Der Mitbewerber um das alleinige Kaisertum Byzanz konnte 812 mit einem Ausgleich und einer Aufteilung des Herrschaftsraumes (occidentale imperium)[73] beruhigt werden. Etwas weitläufiger und langwieriger schienen dagegen die Probleme zu sein, die sich beim Ausgleich von fränkischer und römischer Tradition stellten. Noch im Jahr 806 plante Karl eine Reichsteilung unter seine drei Söhne[74] unter Mißachtung der Reichseinheit.

Als einziger überlebender Sohn übernahm jedoch Ludwig 813 allein die Nachfolge, in der er 816 in Reims durch Papst Stephan IV. bestätigt wurde.[75] 817 erhob Ludwig seinerseits seinen Sohn Lothar in Aachen zum Kaiser. Dieser wurde im Jahr 823 von Papst Eugen II. in Rom gekrönt.[76] Bei der Nachfolgeregelung 817 in Aachen wurde ohne päpstliches Zutun eine „ordinatio imperii"[77] beschlossen, wonach der jeweils älteste Kaisersohn zum Nachfolger auf dem Thron designiert werden sollte, um die Reichseinheit zu erhalten (unitas imperii) und zugleich eine Art erbliche Nachfolgeregelung zu sichern. Doch der Vertrag von Verdun 843[78] griff neuerlich auf eine Reichsteilung zurück und akzeptierte damit die ältere fränkische Tradition. Kaiser Lothar suchte deshalb 850 beim Papst um Hilfe nach, um das Kaisertum für seinen Sohn Ludwig II. zu sichern. Die päpstliche Krönungshandlung diente zur Legitimation des Kaisertums, stand jedoch schon 875 neuerlich in Frage, als die einheimische Karolingerfamilie ausgestorben war. Damit war die familiäre Erbfolge der Kaiserwürde obsolet.

Das Kaisertum wurde nun an die Erbfolge im Mittelreich gebunden, stand aber auch dort in Frage, als 924 Berengar von Friaul ermordet worden war. Jetzt galt es, das Kaisertum auf neue Fundamente zu stellen und zugleich der Institution des Kaisertums eine möglichst dauerhafte Wirkung zu sichern.[79]

Erst mit dem Kaisertum Ottos I. seit 962 (Krönung in Rom durch den Papst) sehen wir auch bei der Wahl- und Krönungsordnung wieder etwas klarer. Trotz der eindringlichen Berufung auf das karolingische Vorbild, besonders in der Ausprägung unter Karl dem Großen selbst, wurden die Komponenten dem Zeitgeist entsprechend variiert. Ottos Machtstellung basierte 962 auf der durch die Einigung der deutschen Stämme konzentrierten militärischen Stärke, war also in der Wurzel eine Art Heerkönigtum. Von daher leitete sich die Auctoritas ab, die Otto eine kaiserliche Machtstellung noch vor der Krönung ermöglichte (imperiale regnum). Aus dieser militärisch und damit politisch gesicherten Machtstellung heraus trat Otto an Rom mit der Bitte heran, ihm durch die Kaiserkrönung einen missionarischen Auftrag zu geben. Als Vogt von Rom und damit Schutzherr der Kirche übernahm der Kaiser mit der Krönung Aufgaben, die als Schutz der Kirche, Ausbreitung des Glaubens, Bekehrung der Heiden und Bekämpfung der Ketzer ganz allgemein umschrieben wurden.[80] Insofern hatten sich die Vorzeichen bei der Kaiserkrönung gegenüber den Vorgängen um 800 etwas verändert. Nicht der Papst setzte sua sponte den Kaiser als Mithelfer bei der christlichen Mission ein, wie es noch 800 geschildert worden war, sondern der Kaiser übernahm mit der Krönung freiwillig den Schutz der Kirche in allen Facetten. Die Kaiserkrönung von 962 bedeutete damit für Otto zwar eine Rangerhöhung, weniger aber eine Machterweiterung der kaiserlichen Stellung. Doch waren in dieser Abmachung für die folgenden Kaiserkrönungen Möglichkeiten angelegt, die kaiserliche Macht durch die päpstliche Aufgabenbetrauung auszubauen. Die Abmachung des Jahres 962 ermöglichte den Nachfolgern Ottos I. bei ähnlichen Anlässen, ihre Schutzfunktionen für die Kirche und letztlich auch auf dem Erdenrund immer wieder neu zu justieren und damit auch auf eine breitere Basis zu stellen. Den Kaisern wurde es unter diesen Auspizien möglich, sich in die päpstliche Politik einzumischen und die päpstliche Selbstverwaltung zu überwachen. Die wenig präzise Aufgabenbeschreibung des Kaisertums nach der Kaiserkrönung seit 962 im Dienst der Kirche schuf die Freiheiten für ein kaiserliches Eingreifen in Rom und damit auch in der Kirchenleitung und in die Geschicke der Weltkirche. Päpste wurden kraft kaiserlichen Amtes ein- und abgesetzt, die Päpste hatten dem Kaiser Gehorsamseide zu leisten, das bisher ausschließliche Papstwahlrecht der Römer unterlag der kaiserlichen Zustimmung, die Temporalienverwaltung der römischen Kirche unterstand der Kontrolle kaiserlicher missi (Gewaltboten).

Trotz dieser zunehmenden Überlagerung des päpstlichen Rom durch die Kaiserwürde gelang es dem ottonischen Kaisertum nicht – vielleicht strebte es dies auch gar nicht an –, die Idee eines Weltkaisertums über den missionarisch-christlichen Anspruch hinaus weiterzudenken oder gar ein derartiges Weltreich politisch in Szene zu setzen. So wurde 972 Byzanz als weiteres Kaiserreich akzeptiert und damit der kaiserliche Weltherrschaftsanspruch neuerlich aufgegeben. Wenngleich Kaiser Otto III. um die Jahrtausendwende versuchte, Rom zu einer imperialen Hauptstadt zu machen, so berücksichtigte er dabei durchaus in umfassendem Maß auch die kirchlich-päpstlichen Interessen und stand deshalb nicht in aller Konsequenz hinter diesem Vorhaben. Der Ansatz Ottos III. mußte auch daran scheitern, daß die Macht- und Verwaltungsmittel eines ottonischen Weltreiches fehlten oder sich zu sehr auf die kirchlichen Mittel stützten (Ottonisches Reichskirchensystem).

Seit Otto II. führte der Kaiser den Anspruch Imperator Romanorum im Titel, ohne seine Machtstellung als Rex Francorum aufzugeben. Heinrich III. machte dies in besonderer Weise deutlich, als er als Rex Francorum noch vor der offiziellen Kaiserkrönung die Titulatur Rex Romanorum führte. Konrad III. erweiterte diese Fiktion mit dem Zusatz „et semper augustus". Hier werden Titulaturen geführt, die Karl erst nach der Kaiserkrönung zu vereinnahmen wagte. Der Anspruch bestimmte somit das Ziel.

Vor diesem Hintergrund einer zunehmenden Vereinnahmung der Kirche im kaiserlichen Dienst, die die Kaiserkrönung zu einer Formsache werden ließ, wurde der Ruf nach der „libertas ecclesiae" immer lauter. Der sich anbahnende Investiturstreit drang bis in die Wurzeln des Reiches aristokratisch-kirchlicher Prägung vor. Mit den immer radikaler werdenden Auseinandersetzungen im Investiturstreit zwischen Papsttum und Kaisertum als Universalmächten erwuchs ein neuer säkularisierter Reichsgedanke, eine neue weltliche Staatslehre, und die Renaissance des römischen Rechts hat sie auf Seiten des Kaisertums entscheidend bestärkt. Die altehrwürdige, geschichtlich erprobte Heiligkeit des römischen Rechts trat der kirchlichen Heiligkeit gegenüber, das sacrum imperium suchte seine Wurzeln im Kampf gegen die sancta ecclesia. Damit mußten auch Wahl und Krönung auf neue Fundamente gegründet werden, freilich ohne dabei einen allzu großen Traditionsverlust zuzulassen. Der Streit um den ausgebrochenen Dualismus wurde mit allen Mitteln geführt. Geistlich-kirchlicher und weltlich-kaiserlicher Alleinherrschaftsanspruch, ihre Abgrenzung und nicht zuletzt die heftigen Diskussionen um die jeweilige Über- und Unterordnung ließen nach neuen Argumenten für die Herrschaftslegitimation suchen. Das Arsenal der pseudoisidorischen Dekretalen wurde unter Kardinal Humbert ausgiebig gegen die kaiserliche Vormachtstellung eingesetzt. Der „Dictatus Papae" Papst Gregors VII. von 1075 verhalf unter anderem dem kanonischen Recht zu immer ausgedehnterer Geltung. Damit erhob die Kirche Roms den Anspruch, das höchste Schiedsrichteramt auch über Könige und Kaiser auszuüben. Spiritualia und Temporalia wurden nach Rechtskriterien getrennt, die Zwei-Schwerter-Lehre wurde zum tödlich drohenden Schlagwort gegen das Kaisertum. Die Entscheidung über Kaiserkrönung und Kaiserabsetzung war in letzter Konsequenz nach dieser Lehre der römischen Kirche zugeordnet worden. Königswahl und Kaiserkrönung waren in ihren Grundfesten gefährdet, neue Koordinaten für das Fortbestehen und die Legitimation des Kaisertums mußten dringend gesucht

*Zwei-Schwerter-Lehre: Christus übergibt dem Papst das geistliche, dem Kaiser das weltliche Schwert. Aus dem „Sachsenspiegel", 14. Jahrhundert, Herzog-August-Bibliothek, Wolfenbüttel*

werden, wollte man in diesem Konflikt ein selbständiges Kaisertum bewahren.

Den Königen und Kaisern blieb bei dieser Konstellation kaum eine andere Wahl, als sich auf die Großen ihrer Reiche als Helfer zu stützen. Das hatte seinen Preis. Verwaltungsreformen, Neuordnung des Verwaltungssystems, Neustrukturierung des Reiches und vor allem eine Verrechtlichung der Herrschaftsgewalt schufen neue Grundlagen, die sich auf die Wahlen und Krönungen nicht nur formal, sondern auch grundsätzlich auswirken mußten.

Die Wahl Friedrichs I. nach dem ausgestandenen Investiturstreit legte die Probleme offen. Trotz aller Bemühungen war es nicht gelungen, eine feste Thronfolgeregelung, wie sie Karolinger und Ottonen als Voraussetzung ihrer Herrschaftsgewalt geschaffen hatten, einzuführen. So präsentierte Kaiser Heinrich V. zwar seinen Neffen Friedrich II. von Schwaben zum Königsamt und machte damit vom Geblütsrecht Gebrauch,[81] doch die geistlichen Fürsten suchten diese Königswahl zu ihren Gunsten zu beeinflussen. Der deshalb in einem regellosen Verfahren gewählte Lothar von Suplingenburg als Getreuer der Kirche stand als Kandidat und Repräsentant des Wahlrechts der Fürsten im Feuer. Lothar ließ seine Wahl in Rom anzeigen, bat dort um eine Bestätigung seiner Wahl und war schließlich in Lüttich sogar bereit, dem Papst das „officium stratonis et strepae" zu leisten. Damit schien sich die römische Rechtsauffassung durchzusetzen. Doch Konrads III. Wahl trieb das Pendel wieder in die andere Richtung. Er war vom Kaiser präsentiert worden, wurde gewählt und erhielt die Zustimmung von Rom und den geistlichen Fürsten. Wahl und Geblütsrecht schienen hier wieder zu einem Zusammenspiel gefunden zu haben. Friedrich I. Barbarossa wurde von seinem Oheim auf dem Thron präsentiert, erreichte aber auch die Zustimmung

*Kaiser Friedrich I. Barbarossa mit seinen Söhnen Heinrich (links) und Friedrich in der Fuldaer Handschrift der Welfenchronik, um 1180*

durch die Fürstenwähler. Doch die Unsicherheiten und das Streitpotential bei jeder neuen Wahl waren inzwischen so gestiegen, daß Heinrich VI. eine grundsätzliche und allgemein anerkannte Thronregelung anstrebte.

Im sogenannten Erbreichsplan schlug er vor, daß die Erbfolge im König- und Kaisertum zu einem Grundpfeiler der Reichsverfassung erhoben werden sollte. Damit konnte das Fürstenwahlrecht bzw. überhaupt das Wahlrecht umgangen, andererseits aber auch die päpstliche Krönungsgewalt entscheidend abgeschwächt werden. Die ständigen Quertreiber bei Wahl und Krönung sollten aus dem Spiel genommen werden. Doch gerade sie agierten heftig gegen diesen Plan. Der Erzbischof von Köln im Namen der Fürsten und der Papst aufgrund der weitreichenden Pläne des Kaisers mit Sizilien stellten sich gegen das kaiserliche Ansinnen und brachten das Projekt Heinrichs zum Scheitern. Der überraschende Tod des Kaisers 1197 und die darauffolgende Doppelwahl zeigten die Probleme neuerlich auf.

Philipp von Schwaben scharte neben vielen Bischöfen die Reichsministerialität hinter sich und erreichte eine Wahl „in imperaturam“,[82] also die Anwartschaft auf die römische Königskrone und das Kaisertum. Doch Erzbischof Adolf von Köln, der schon den Erbreichsplan abgelehnt hatte, verfiel nach längerer Kandidatensuche auf Otto aus dem Welfenhaus. Dieser wurde am 9. Juni 1198 gewählt und am 12. Juli in Aachen gekrönt. Philipp war unterdessen in Ichtershausen und Mühlhausen, jeweils in Thüringen, am 6. und 8. März 1198 zum König gewählt, doch erst am 8. September mit der echten Königskrone in Mainz gekrönt worden. Welche Wahl mehr Recht für sich hatte, konnte nicht beantwortet werden. Eine Machtprobe, letztendlich mit der Ermordung Philipps zugunsten Ottos IV. entschieden, half weiter. Otto IV. hatte unterdessen bei Papst Innozenz III. um Hilfe für die Durchsetzung seiner Wahl nachgesucht. Die „Deliberatio super facto imperii de tribus electis“[83] behielt dem Papst die letztgültige Wahlentscheidung vor, da das Imperium „principaliter et finaliter“ dem Papsttum zugehöre (pertinere), seit Rom Karl dem Großen mit der translatio imperii

*Siegel mit dem Porträt König Philipps von Schwaben, um 1198*

*Friedrich II. von Hohenstaufen. Halbaugustalis, Gold*

auch das Kaisertum anvertraut habe. Von dorther wurde auch das Wahlrecht der Fürsten abgeleitet, nach deren Vorschlag sich das Papsttum die Idoneitätsprüfung des Kandidaten vorbehielt. Dieser Schiedsspruch ging in das kanonische Recht ein, war damit also zu einer schriftlich fixierten Grundlage für alle folgenden Wahlprozesse geworden. Für diese Wahlhilfe hatte sich das Papsttum in der Italien- und Rompolitik umfangreiche Rechte vorbehalten.

So war es durch die Doppelwahl von 1198 zu einigen Neuorientierungen gekommen. Zum einen konnte das Imperium Romanum, im engeren Sinne auf Italien bezogen, nicht mehr vom Kaiser allein regiert werden. Zum anderen war das Wahlrecht der Fürsten grundsätzlich anerkannt worden. Zum dritten behielt sich das Papsttum die Kaiserkrönung ausschließlich vor. Zum vierten war mit der schriftlichen Fixierung dieses Schiedsspruchs die Verrechtlichung der Wahlmodi eingeleitet worden. Und schließlich begünstigte der Spruch den Kölner Erzbischof unter anderen als Königswähler.

Die Italien- und vor allem Sizilienpolitik Ottos IV. nach der Kaiserkrönung am 4. Oktober 1209 veranlaßte den Papst zu einer Kehrtwende. Otto wurde in den Bann geschlagen, die Wahl Friedrichs II. 1211 auf Vorschlag des Mainzer Erzbischofs Siegfried von Rom gutgeheißen. Otto, der sich selbst als König „von Gottes und des Papstes Gnaden“ titulierte, verlor die anstehende kriegerische Entscheidung gegen Friedrich. Doch als sich auch Friedrich II. mit seiner Italien- und Sizilienpolitik gegen die päpstlichen Interessen wandte, schien der Ausgleich von 1201 noch einmal ins Wanken zu geraten. Im Streit um die Anerkennung des Kaisertums rückten die Fürsten als Königswähler immer weiter in den Blickpunkt. Ihnen wurden mit den Reichsfürsten zusammen das Statutum in favorem principum 1220 und die Confoederatio cum principibus ecclesiasticis von 1232 zugedacht, nicht zuletzt als Schützenhilfe gegen das Papsttum.

Der päpstlich-staufische Konflikt führte in das Interregnum, so daß Rudolf von Habsburg bei seiner Königswahl sozusagen neu ansetzen mußte. Bei dieser Wahl zeichneten sich erste Konturen der dann in der Goldenen Bulle geregelten Königswahl ab.

Der Mainzer Erzbischof Werner von Eppstein konnte in Boppard am 11. September 1273 die Mithilfe Kölns, Triers und des Pfalzgrafen für seinen Kandidaten gewinnen. Gleichzeitig unterzeichnete Frankfurt zusammen mit sechs weiteren Städten eine Abmachung, die besagte, daß nur ein einmütig gewählter König ihre Anerkennung finden würde. Bald war in Rudolf von Habsburg ein Kandidat gefunden, der auf dem in Frankfurt einberufenen Wahltag die Zustimmung der Wähler erhielt. Am 1. Oktober 1273 erklärte Pfalzgraf Ludwig den Habsburger zum einstimmigen Sieger der Wahl. Böhmens Protest war vergeblich. Rudolf wurde am 24. Oktober in Aachen gekrönt.

Obwohl Rudolf seinen Sohn Albrecht gerne zum Nachfolger seitens der Fürsten anerkannt wissen wollte, verweigerten diese ihre Zustimmung aus Furcht vor einem dann vielleicht einreißenden Erbanspruch. Doch die eigensüchtigen Interessen der Großen des Reiches behinderten auch die Stärkung des Kaisertums, wie sie Rudolf angestrebt hatte. Der Trierer Erzbischof Siegfried von Westerburg, der in schwerer Bedrängnis um seine eigene Herrschaft fürchtete, dachte, den neuen König und Kaiser für seine Interessen instrumentalisieren zu können. Einen geeigneten Kandidaten dafür vermutete er in Adolf von Nassau. Damit die Kölner Pläne nach der Wahl umgesetzt werden konnten, diktierte Siegfried seinem Kandidaten Konditionen, die zu seinem und Kölns Vorteil ausgelegt waren. Gleichzeitig gewann der Kölner für seine Pläne den König von Böhmen, der in dem vorgeschlagenen Kandidaten eine willkommene Unterstützung für seine gegen Habsburg gerichtete Politik erwartete. Gerhard II. von Eppstein als Mainzer Erzbischof – verwandt mit Adolfs Gemahlin –, der Kölner und der Trierer Erzbischof wie auch Pfalzgraf Ludwig bei Rhein und der König von Böhmen Wenzel II. stimmten schließlich dem Wahlvorschlag zu. Am 5. Mai 1292 wurde die Wahl Adolfs in Frankfurt bekanntgegeben. Am 1. Juli desselben Jahres erschien der Nassauer zur Krönung in Aachen. Die wohlverwahrten Wahlkapitulationen, die eine tatkräftige eigenständige Königspolitik weitgehend verhinderten, wollte Adolf nach seiner Wahl dadurch umgehen, daß er sich mit den ihm durch die Kapitulationen aufgedrungenen Feinden schiedlich zu vergleichen suchte. Die zunehmend selbstbewußter werdende Königspolitik Adolfs veranlaßte die Königswähler bald, sich gegen den König zu wenden. Pfingsten 1297 unterredeten sich der Mainzer Erzbischof, die Kurfürsten von Sachsen und Brandenburg, der Habsburger und der König von Böhmen anläßlich der Königskrönung Wenzels II. in Böhmen und schmiedeten Umsturzpläne. Wie selbstverständlich berief der Mainzer Erzkanzler die Fürstenwähler neben Albrecht von Habsburg und dem König nach Frankfurt[84] (1. Mai 1298) bzw. Mainz (15. Juni) ein. Während sich Adolf und Albrecht von Habsburg kriegerisch auseinandersetzten (Schlacht bei Göllheim), setzte die im Mainzer Dom versammelte Gesellschaft (Sachsen, Brandenburg, Geschäftsträger von Köln und Böhmen) den König ab.[85] Unmittelbar darauf erklärten die in Mainz Versammelten Albrecht von Habsburg zum neuen König. Sie handelten dabei ohne Rücksprache mit dem Papst, ja warteten die päpstliche Bannbulle gar nicht erst ab.[86]

Damit war in der Entwicklung der Wahlen eine neue Qualität erreicht. Die päpstliche Initiative war zum ersten Mal weitgehend ausgeschaltet. Mit dem Tod Adolfs in Göllheim mußten diese Anfänge zunächst nicht weitergetrieben werden, da Rom in die Entscheidung nicht mehr eingreifen konnte. Albrecht, der nach der Mainzer Wahl den Königstitel bereits geführt hatte, gab nach dem Tod Adolfs diese Auszeichnung zurück und ließ sich in Frankfurt am 27. Juli 1298 noch einmal zum König wählen. Vier Wochen später erhielt er vom Kölner Erzbischof in Aachen die Krone aufgesetzt. Die Wahlkapitulationen, die Albrecht unterschreiben mußte, begünstig-

*Staufisch-welfischer Thronstreit: der Staufer Philipp von Schwaben und der Herausforderer, der Welfe Otto IV. Kaisersaal im Römer, Frankfurt am Main. Amt für Denkmalpflege, Frankfurt am Main*

ten die in Mainz als Rebellen aufgetretenen Wähler in besonderem Maß. Doch kaum versuchte Albrecht eine Politik zu betreiben, die zur Stärkung der Königsmacht dienen sollte, verlor er die Sympathien seiner Wähler. Albrecht hatte, um die starke Stellung der Kurfürsten zu unterhöhlen, die päpstliche Hilfe wieder in Anspruch genommen. Dafür war Albrecht bereit, dem Papst einen Treu- und Gehorsamseid zu leisten. Doch als Albrecht wegen der böhmischen Verwicklungen am 1. Mai 1308 ermordet wurde, waren diese Weichenstellungen erneut hinfällig.

Da das Papsttum nach der französischen Vormundschaft als Schiedsrichter bei den Königswahlen ausgefallen bzw. parteiisch war, mußte die Königswahl zu einer neuen Runde eingeläutet werden.

Der französische König Philipp der Schöne, der sein Feld bei den Kurfürsten mit dem Einfluß auf Köln, Trier und Mainz bestellt glaubte, präsentierte seinen Bruder Karl von Valois als Kandidaten. Pfalzgraf Rudolf deutete eigene Ambitionen auf den Thron an. Doch Balduin von Trier aus dem Haus Luxemburg und Erzbischof Peter von Mainz präsentierten Heinrich von Luxemburg als Kandidaten. Die Kurie hatte trotz der Bitten des französischen Königs keine eindeutige Stellung bezogen, liebäugelte aber wohl mit der Kandidatur des Luxemburgers als Gegengewicht gegen den französischen Druck. Die Agitation des Trierers, die Zustimmung des Mainzers und schließlich die nach großen Zugeständnissen erkaufte Billigung des Kölners ließen Heinrich von Luxemburg im Wahlakt letztlich die Oberhand behalten. Am 22. Oktober 1308 traf man sich in Boppard, um die Wahlabreden zu vereinbaren. Am 27. November 1308 wurde Heinrich in Frankfurt von sechs Kurfürsten zum König gewählt, Heinrich von Kärnten als König von Böhmen war der Wahlladung nicht gefolgt. Am 6. Januar 1309 fand in Aachen die Krönung statt. Wiederum war die Wahl ganz entscheidend durch die Wahlversprechungen entschieden worden, wenngleich immer noch Winke und wohlwollende Neutralität aus Rom die Wahl mit beeinflußt hatten. Um sich nicht zu sehr von den Wahlversprechungen einbinden zu lassen, strebte Heinrich VII. die päpstliche Kaiserkrönung an. Doch das Papsttum hatte seine Stellung in Rom verloren und verlangte vom Luxemburger die Ermöglichung der Rückkehr nach Italien. Heinrich verzettelte sich in Kämpfen, wollte aber das Ziel der Kaiserkrönung nicht aufgeben. So ließ er sich von zwei Kardinälen im Lateran zum Kaiser krönen (29. Juni 1312). Der Papst konnte aufgrund seiner Verwicklungen mit Frankreich weder die Kaiserkrönung voll unterstützen, noch sich mit allem Nachdruck dagegenwenden. Heinrich blieb in seiner Italienpolitik und mit seiner Vorstellung des Kaisertums auf sich gestellt. Das Scheitern des Romzuges schürte die Diskussion um das Kaisertum mit päpstlicher Billigung neuerlich. Als Heinrich VII. auf seinem Zug nach Neapel, bereits von der Malaria gezeichnet, am 24. August 1313 bei Siena starb, fiel die Königswahl von 1314 bereits mitten in die Diskussionen um die Formen einer Legitimation des Kaisertums.

Neuerlich trat der französische König mit einem eigenen Kandidaten in das Wahlkampfforum. Diesmal sollte es der nachgeborene Philipp sein, der spätere Philipp V. von Frankreich. Als Fürsprecher glaubte der Franzose auf Köln und Mainz setzen zu können. Trier und Mainz aber bevorzugten den Sohn Heinrichs VII., den fast achtzehnjährigen Johann von Böhmen. Eine weitere Gruppierung versammelte sich in Wien mit Herzog Heinrich von Kärnten, Herzog Rudolf von Sachsen-Wittenberg um Pfalzgraf Rudolf, um die Kandidatur des Habsburgers Friedrich des Schönen zu unterstützen. Die rheinischen Kurfürsten, die sich zunächst nicht auf einen Kandidaten einigen konnten – Köln sprach sich gegen den Luxemburger aus, Mainz und Trier gegen den Habsburger –, einigten sich schließlich in mehreren Sitzungsperioden auf Ludwig von Bayern als Kandidaten. Mainz, Trier und Böhmen sowie Markgraf Woldemar und Herzog Georg von Sachsen-Lauenburg wählten vor den Toren Frankfurts Ludwig zum König (20. Oktober 1314). Am gegenüberliegenden Mainufer, in Sachsenhausen, hatten tags zuvor Köln zusammen mit Herzog Rudolf von Sachsen-Lauenburg und Heinrich von Kärnten den Habsburger Friedrich als Electus ausgerufen. Das Wahlpatt suchte man durch die Königskrönung aufzulösen. Am 25. November 1314 krönte der Kölner den Habsburger in Bonn zum König. Am gleichen Tag erhielt Ludwig die Krönung aus der Hand des Mainzers in Aachen, allerdings ohne die rechten Insignien. Die Doppelwahl fand also auch nach der Krönung keine Entscheidung. Erst die Schlacht bei Mühldorf zwischen dem Wittelsbacher und dem Habsburger 1322 brachte Ludwig den vermeintlich entscheidenden Vorteil. Doch das Papsttum, das 1314 vakant war, mischte sich bald in die Thronkämpfe ein. Die langen und heftigen Auseinandersetzungen Ludwigs mit der Kurie, die mit Bann und Banndrohung sowie Absetzung des Papstes auf der politischen Ebene, aber auch mit umfangreichen Rechtsgutachten auf juristischer Ebene geführt wurden, trieben die Wahlfürsten letztlich in Kenntnis der juristischen Gutachten zu einem Handlungskonzept, in dem sie ihre Autonomie bei den Wahlen festschreiben wollten.

Der Rhenser Kurfürstentag vom 16. Juli 1338 paraphierte das Wahlverfahren und schloß gleichzeitig die päpstliche Einflußnahme auf laufende Wahlverhandlungen weitgehend aus. Erst jetzt scheint das Wahlverfahren eine feste Verankerung in der kurfürstlichen Machtstellung gefunden zu haben. Erst jetzt war auch dem Wahlkandidaten die Zuflucht beim Papst weitgehend abgeschnitten. Die Wahl als Modus und Prozedur lag nun fast gänzlich in den Händen der fürstlichen Wähler, die überdies von der Wahlbewerbung über die Wahlversprechen bis hin zum Wahlakt selbst entscheidende rechtsverbindliche Vorschriften festlegten, auf die man sich fernerhin berufen konnte. Gerade darauf wird Karl IV. mit der Goldenen Bulle zurückgreifen, indem er diese in Rhens getroffenen Rahmenvereinbarungen untergliederte und zugleich normativ festschrieb.

Wenn im Rückblick auch heute noch immer von der Fiktion der Königswahl und der Kaiserkrönung mit den vermeintlich inkludierten Rechts- und Reichsvorstellungen gesprochen wird, so empfiehlt es sich, zunächst mehrere Phasen in der Geschichte des Wahl- und Krönungsrechts zu unterscheiden. Je nach Ansprache einer bestimmten Phase muß dann erst die Wertung vorgenommen werden, denn ein „ideales Wahlverfahren“ und einen streng reglementierten Krönungsanspruch scheint es kaum gegeben zu haben. Mit den politischen und geschichtlichen Umständen der jeweiligen Königswahl ändern sich auch die Vorstellungen von Wahl und Krönung. Das rechtliche Umfeld konnte erst zu Beginn des 14. Jahrhunderts geklärt werden und trat auch dann erst allmählich wirksam ein. Der formale Ablauf, die Einordnung der einzelnen Akte bis hin zur Einschätzung der Wertigkeit der einzelnen Akte im zeitgenössischen Kontext tritt erst vor dem Hintergrund der jeweiligen Machtverhältnisse zutage. Von daher ist nach diesen kurzen Erläuterungen wohl festzuhalten, daß ein Urteil, wie es Braunfels abgegeben hat, zumindest aufgrund der Vorgaben etwas kurz gegriffen ist, ja sogar über das ganze Jahrtausend des Römischen Reiches hin zumindest für manche Partien ungerecht wirkt. Der Blick auf die Reichsgeschichte muß zumindest aus der Sicht der Wahlen und Krönungen nicht ganz so verschattet sein, wie man es manchmal liest. Ein anderer Zugang zur Frage nach Wahl und Krönung freilich erscheint fruchtbarer, nämlich Wahlen und Krönungen als eine bewußte Erinnerungskultur im herrschaftsstabilisierenden Sinne zu verstehen. Das aber ist wohl eine Art Geschichte der Geschichte.

## Anmerkungen:

1 Vgl. dazu Percy E. Schramm: Herrschaftszeichen und Staatssymbolik. 3 Bde. (=Schriften der MGH 13). Stuttgart 1954–1956. Vgl. allgemein zum Thema Aloys Schulte: Die Kaiser- und Königskrönungen zu Aachen 831 bis 1531. Bonn 1924, Neudruck Darmstadt 1965. Mario Kramp (Hrsg.): Krönungen. Könige in Aachen. Geschichte und Mythos. Ausstellungskatalog. 2 Bde. Mainz 2000. Zur Hl. Lanze etwa Percy E. Schramm: Herrschaftszeichen. Bd. 2, S. 482–537.

2 Vgl. P. E. Schramm: Herrschaftszeichen (wie Anm. 1). Bd. 1, S. 643–673.

3 P. E. Schramm: Herrschaftszeichen (wie Anm. 1). Dazu Hermann Fillitz: Die Insignien und Kleinodien des Heiligen Römischen Reiches. Wien, München 1954. Jürgen Petersohn: Über monarchische Insignien und ihre Funktion im mittelalterlichen Reich. In: Historische Zeitschrift 266 (1998), S. 47–96.

4 Lexikon des Mittelalters. Bd. V, Sp. 851–856, bes. Sp. 851–853, mit Literatur.

5 Lexikon des Mittelalters. Bd. V, Sp. 1298–1324, bes. Sp. 1304–1310, mit Literatur. Dazu Engelbert Mühlbacher: Monumenta Germaniae Historia. Diplomata. Karol. Nr. 80, S. 114 ff. (774, Juni 5).

6 Lexikon des Mittelalters. Bd. V, Sp. 396–398.

7 M. Kramp (Hrsg.): Krönungen (wie Anm. 1). Bd. 1, S. 347–395. Jürgen Petersohn: Rom und der Reichstitel „Sacrum Romanorum Imperium". Stuttgart 1994. Vgl. auch Otto Hiltbrunner: Die Heiligkeit des Kaisers. Zur Geschichte des Begriffs sacer. In: Frühmittelalterliche Studien 2 (1968), S. 1–30.

8 Lexikon des Mittelalters. Bd. IV, Sp. 2025–2028.

9 J. Petersohn: Rom und der Reichstitel (wie Anm. 7).

10 Ulrich Nonn: Heiliges Römisches Reich Deutscher Nation. In: Zeitschrift für Historische Forschung 9 (1982), S. 129–142.

11 Im französischen und diplomatischen Sprachgebrauch des 17. und 18. Jahrhunderts setzte sich die Vorstellung des „Heiligen Reiches" durch, vielleicht schon hier als tradierte Fiktion, was im einzelnen noch zu untersuchen wäre, eventuell auch im Hinblick auf die gerade wieder anlaufenden Untersuchungen einer „Erinnerungskultur". Auffällig ist jedoch für das 17. und 18. Jahrhundert, daß immer weniger von einem Römischen oder Deutschen Reich die Rede ist. Vielmehr bleibt die Diktion „Deutsches Reich" einer Renaissance im 19. und 20. Jahrhundert vorbehalten, freilich vor dem Hintergrund eines anderen Selbstbewußtseins und einer erneuerten Vergangenheitsbewältigung.

12 Etwa Otto Kimminich: Deutsche Verfassungsgeschichte. Frankfurt/Main 1970.

13 P. E. Schramm: Herrschaftszeichen (wie Anm. 1). Bd. 1, S. 643–673.

14 Ernst Kantorowicz: The king's two bodies. A study in medieval political theology. Princeton 1957, bes. S. 87–192.

15 Zitiert nach Wolfgang Braunfels: Die Kunst im Heiligen Römischen Reich. Bd. 1: Die weltlichen Fürstentümer. München 1979, S. 11.

16 Dazu auch Karl Otmar Freiherr von Aretin: Heiliges Römisches Reich 1776–1806. Reichsverfassung und Staatssouveränität. 2 Bde. Wiesbaden 1967.

17 W. Braunfels: Kunst im Heiligen Römischen Reich (wie Anm. 15).

18 Dazu Lexikon des Mittelalters. Bd. V, Sp. 1304.

19 Etwa Jakob Stephan Pütter: Historische Entwicklung der heutigen Staatsverfassung des Teutschen Reiches. 3 Teile. Göttingen 1786/87. Davor bereits Veit Ludwig von Seckendorff: Teutscher Fürsten-Staat. Frankfurt/Main 1656. Oder Samuel Pufendorf: Die Verfassung des deutschen Reiches (De statu imperii Germanici). Genf 1667, Berlin 1704, hier Stuttgart 1976, bes. S. 54–56 und 59–60.

20 Vgl. dazu Peter Classen: Romanum gubernans imperium. Zur Vorgeschichte der Kaisertitulatur Karls des Großen. In: Deutsches Archiv für die Erforschung des Mittelalters 9 (1952), S. 103–121. Die Titulatur erstmals in Monumenta Germaniae Historia. Diplomata. Karol. Nr. 197 (807, Mai 29).

21 Helmut Beumann: Das Kaisertum Ottos des Großen. In: Historische Zeitschrift 195 (1962), S. 529–573.

22 Lexikon des Mittelalters. Bd. IV, Sp. 2025–2028.

23 Lexikon des Mittelalters. Bd. IV, Sp. 2025–2028.

24 Lexikon des Mittelalters. Bd. IV, Sp. 2025–2028.

25 Lexikon des Mittelalters. Bd. IV, Sp. 2025–2028.

26 Vgl. dazu etwa M. Kramp (Hrsg.): Krönungen (wie Anm. 1). Bd. 1, S. 563–572, bes. S. 566–568.

27 Als Beispiel Alfred Kohler: Antihabsburgische Politik in der Epoche Karls V. Die reichsständische Opposition gegen die Wahl Ferdinands I. zum römischen König und gegen die Anerkennung seines Königtums. Göttingen 1982. Ferner Ernst Laubach: Karl V., Ferdinand I. und die Nachfolge im Reich. In: Mitteilungen des österreichischen Staatsarchivs 29 (1976), S. 1–51. Vgl. ferner Winfried Dotzauer: Die Ausformung der frühneuzeitlichen deutschen Thronerhebung. Stellenwert, Handlung und Zeremoniell unter dem Einfluß von Säkularisation und Reformation. In: Archiv für Kulturgeschichte 68 (1986), S. 25–80. Ders.: Die Entstehung der frühneuzeitlichen deutschen Thronerhebung. Säkularisation und Reformation. In: Heinz Duchhardt (Hrsg.): Herrscherweihe und Königskrönung im frühneuzeitlichen Europa. Wiesbaden 1983, S. 1–20.

28 Monumenta Germaniae Historia. Constitutiones III. Nr. 38, 41, 63.

29 Julius Weizsäcker (Hrsg.): Deutsche Reichstagsakten 3. Nr. 204 (1400, August 20), S. 254–260, bzw. lateinisch S. 260–264.

30 Lexikon des Mittelalters. Bd. IV, Sp. 1542–1543.

31 Dazu etwa Heinz Angermeier: Die Reichsreform 1410–1555. Göttingen 1984.

32 Alfred Kohler: Das Reich im Kampf um die Hegemonie in Europa 1521–1648 (=Enzyklopädie Deutscher Geschichte, Bd. 6). München 1990.
33 Besonders deutlich in dem Buchtitel Ernst Schulin: Kaiser Karl V. Geschichte eines übergroßen Wirkungsbereiches. Stuttgart u. a. 1999.
34 Vgl. J. St. Pütter: Historische Entwicklung der heutigen Staatsverfassung (wie Anm. 19). V. L. von Seckendorff: Teutscher Fürsten-Staat (wie Anm. 19). S. Pufendorf: Verfassung des deutschen Reiches (wie Anm. 19).
35 So J. St. Pütter: Historische Entwicklung der heutigen Staatsverfassung (wie Anm. 19).
36 Wobei es dieses Verbrechen weder als Stichwort im Lexikon des Mittelalters gibt noch uns weitere Fälle nach der Merowingerzeit bekannt sind. Vielmehr versuchten sich die Thronrivalen im Krieg zu eliminieren oder sich gegenseitig aus der Macht zu drängen.
37 Vgl. Lexikon des Mittelalters. Bd. III, Sp. 1790–1791.
38 P. E. Schramm: Herrschaftszeichen (wie Anm. 1).
39 So J. St. Pütter: Historische Entwicklung der heutigen Staatsverfassung (wie Anm. 19).
40 Dazu neuerdings Hans Hubert Anton: Solium Imperii und Principatus sacerdotum in Rom. Fränkische Hegemonie über den Okzident. Hesperien, Grundlagen, Entstehung und Wesen des karolingischen Kaisertums. In: Franz-Reiner Erkens / Hartmut Wolff (Hrsg.): Von Sacerdotium und Regnum. Geistliche und weltliche Gewalt im frühen und hohen Mittelalter (=Passauer Historische Forschungen, Bd. 12). Köln, Weimar, Wien 2002, S. 203–274.
41 Vgl. H. H. Anton: Solium Imperii und Principatus sacerdotum in Rom (wie Anm. 40), S. 9 f.
42 Hier sei nur an das Stichwort Investiturstreit mit all seinen Auswirkungen erinnert. Dazu umfassend Wilfried Hartmann: Der Investiturstreit. München 1996.
43 Vgl. dazu Karl F. Werner: Das hochmittelalterliche Imperium im politischen Bewußtsein Frankreichs (10.–12. Jh.). In: Historische Zeitschrift 200 (1965), S. 1–60.
44 Dazu Lexikon des Mittelalters. Bd. V, Sp. 1310–1324.
45 E. Kantorowicz: The king's two bodies (wie Anm. 14), S. 87–192, bzw. S. 193–272 (polity centered corpus mysticum).
46 E. Kantorowicz: The king's two bodies (wie Anm. 14), S. 314–450.
47 Etwa Heinrich Lutz: Christianitas afflicta. Europa, das Reich und die päpstliche Politik im Niedergang der Hegemonie Kaiser Karls V. (1552–1556). Göttingen 1964.
48 Vgl. M. Kramp (Hrsg.): Krönungen (wie Anm. 1). Bd. 1, S. 563–572, bes. S. 566–568.
49 Lexikon des Mittelalters. Bd. VIII, Sp. 1910–1911 (mit weiterer Literatur). Dazu Heinrich Mitteis: Die deutsche Königswahl. Ihre Rechtsgrundlagen bis zur Goldenen Bulle. Wien 1944, Neudruck Darmstadt 1969. Reinhard Schneider / Harald Zimmermann (Hrsg.): Wahlen und Wähler im Mittelalter (=Vorträge und Forschungen 37). Sigmaringen 1990.
50 Monumenta Germaniae Historia. Scriptores rerum Germanicarum in usum scholarum 60. Buch I. Kap. 25, S. 63–67.
51 Eligere im Sinne von auswählen, auslesen. Dazu auch Walter Schlesinger: Die Anfänge der deutschen Königswahl. In: Die Entstehung des deutschen Reiches (Wege der Forschung 1). Darmstadt 1956, S. 313–385.
52 H.-E. Lehmann und P. Hirsch (Hrsg.): Monumenta Germaniae Historia. Scriptores rerum Germanicarum II. 1, S. 66.
53 Lexikon des Mittelalters. Bd. I, Sp. 1.
54 So etwa S. Pufendorf: Verfassung des deutschen Reiches (wie Anm. 19), S. 54–56.
55 Dahinter standen auch der Zusammenbruch des karolingisch-fränkischen Reiches und der Neuanfang unter den Ottonen.
56 M. Kramp (Hrsg.): Krönungen (wie Anm. 1). Bd. 1, S. 275–346.
57 S. Pufendorf: Verfassung des deutschen Reiches (wie Anm. 19), S. 59.
58 Fritz Rörig: Geblütsrecht und freie Wahl in ihrer Auswirkung auf die deutsche Geschichte (=Abhandlungen der Deutschen Akademie der Wissenschaften zu Berlin. Jahrgang 1945/46. Philosophisch-historische Klasse, Nr. 6). Berlin 1948, S. 24–30, hier bes. S. 28–30.
59 F. Rörig: Geblütsrecht und freie Wahl (wie Anm. 58), S. 29–30.
60 Monumenta Germaniae Historia. Scriptores 12, S. 109 ff.
61 Vgl. dazu S. Pufendorf: Verfassung des deutschen Reiches (wie Anm. 19), S. 54–56.
62 Sachsenspiegel. Buch 3, Kap. 52,1.
63 Kurz dazu M. Kramp (Hrsg.): Krönungen (wie Anm. 1). Bd. 1, S. 398–406.
64 M. Kramp (Hrsg.): Krönungen (wie Anm. 1). Bd. 1, S. 303–311.
65 Ulrich Schmidt: Königswahl und Thronfolge im 12. Jahrhundert (=Forschungen zur Kaiser- und Papstgeschichte des Mittelalters 7). Köln, Wien 1987, S. 34–59.
66 M. Kramp (Hrsg.): Krönungen (wie Anm. 1). Bd. 1, S. 398–406. Vgl. dazu Roswitha Reisinger: Die römisch-deutschen Könige und ihre Wähler 1189–1273 (=Untersuchungen zur deutschen Staats- und Rechtsgeschichte, Neue Folge 21). Aalen 1977. Martin Lenz: Konsens und Dissens. Deutsche Königswahl (1273–1349) und zeitgenössische Geschichtsschreibung (=Formen der Erinnerung 5). Göttingen 2002. U. Schmidt: Königswahl und Thronfolge (wie Anm. 65), S. 225–260.
67 M. Kramp (Hrsg.): Krönungen (wie Anm. 1). Bd. 1, S. 425–439.
68 M. Kramp (Hrsg.): Krönungen (wie Anm. 1). Bd. 2, S. 460–468.
69 Julius Weizsäcker (Hrsg.): Deutsche Reichstagsakten 7. Nr. 30,2; 50,1; 67–69.

70 Karl Rodenberg: Über wiederholte deutsche Königswahlen im 13. Jahrhundert (=Untersuchungen zur deutschen Staats- und Rechtsgeschichte). Breslau 1889.
71 Registrum super negotio imperii (RNI) 29, (1200/01).
72 Gerhard B. Ladner: The idea of reform. O.O. 1959, Neudruck 1967.
73 Vgl. H. H. Anton: Solium Imperii (wie Anm. 40), S. 228–240.
74 Monumenta Germaniae Historia. Capitularia regnum Francorum I. Nr. 45, S. 126–130 (806, Februar 6).
75 Roderich Schmidt: Zur Geschichte des fränkischen Königsthrones. In: Frühmittelalterliche Studien 2 (1968), S. 45–66. H. H. Anton: Solium imperii (wie Anm. 40), S. 260, Anm. 99.
76 Monumenta Germaniae Historia. Capitularia regnum Francorum I. Nr. 136, S. 270–273 (817, Juli).
77 Lexikon des Mittelalters. Bd. VI, Sp. 1434–1435. Monumenta Germaniae Historia. Capitularia regnum Francorum I. Nr. 136.
78 Lexikon des Mittelalters. Bd. VIII, Sp. 1509–1511.
79 Zusammenfassend Wilhelm Sickel: Die Kaiserkrönungen von Karl bis Berengar. In: Historische Zeitschrift 82 (1899), S. 1–37.
80 Werner Goez: Imperator advocatus Romanae ecclesiae. In: Hubert Mordek (Hrsg.): Aus Kirche und Reich. Studien zu Theologie, Politik und Recht im Mittelalter. Festschrift Friedrich Kempf. Sigmaringen 1983, S. 315–328. Dagegen Albrecht P. Luttenberger: Kirchenadvokatie und Religionsfriede. Kaiseridee und kaiserliche Reichspolitik im 16. und 17. Jahrhundert. In: Legitimation und Funktion des Herrschers. Vom ägyptischen Pharao zum neuzeitlichen Diktator (=Schriften der Mainzer Philosophischen Fakultätsgesellschaft, Nr. 13). Stuttgart 1992, S. 185–232.
81 Lexikon des Mittelalters. Bd. III, Sp. 2117 (mit weiterer Literatur).
82 Impliziert war hier wohl auch bereits das Kaisertum.
83 Registrum super negotio imperii (RNI) 29.
84 Monumenta Germaniae Historia. Constitutiones III. Nr. 588, S. 548–549 (1298, Mai 1–Juni 23).
85 Monumenta Germaniae Historia. Constitutiones III. Nr. 589, S. 549–552 (Juni 23).
86 Monumenta Germaniae Historia. Constitutiones III. Nr. 590, S. 552–553 Promulgatio (nach Juni 23).

# Das Heilige Römische Reich 1648–1806

## Ein Mitteleuropa der Regionen

*Von Peter Claus Hartmann*

Regionen und Kommunen", so heißt es in der Stuttgarter Erklärung vom 28. Mai 1999 zu einem Europa der Regionen, „stehen dem Bürger am nächsten und sind das Fundament für ein stabiles europäisches Haus. Die Weiterentwicklung der europäischen Integration wird entscheidend davon abhängen, ob es gelingt, Regionen und Kommunen – als Nahtstellen zum Bürger – wirksam in diesen Prozess einzubeziehen. Im Hinblick auf mehr Transparenz und Bürgernähe beim Aufbau Europas kommt deshalb den Regionen und Kommunen eine Schlüsselrolle zu."[1]

Nach all den unter nationalistischen und ideologischen Vorzeichen geführten schrecklichen Kriegen hat die Vereinigung Europas erfreuliche Fortschritte gemacht. Eine Erweiterung der EU nach Osten mit Aufnahme der Staaten Polen, Tschechien, Slowakei, Ungarn u.a. ist vollzogen. Andererseits werden im heutigen Europa in verschiedenen Staaten regionale und lokale Sprengkräfte zunehmend wirksam (Korsika, Nordirland, Baskenland), und es vollzieht sich vielfach eine Aufwertung der Regionen, eine neue Betonung historischer Eigenarten und geschichtlicher Traditionen von Landesteilen. Gleichzeitig zieht die europäische Zentralbürokratie in Brüssel viel Unzufriedenheit und Kritik auf sich. Die zentral reglementierenden Brüsseler Behörden erwecken bei vielen Bürgern der verschiedensten Staaten Ängste und Unbehagen. Sie werden oft als anonyme Entscheidungsträger empfunden. Deshalb fordern manche eine stärkere Beschneidung der Kompetenzen der EU und streben eine viel weitgehendere Übertragung dieser Befugnisse an regionale politische Institutionen an. Sie wünschen sich ein Europa der Regionen, wo diese unterhalb eines nach Osten erweiterten europäischen Dachs große Kompetenzen erhalten. Man sollte dann die europäische Einheit in möglichster Vielfalt und eine Verwaltung in starker Bürgernähe mit weitgehender Berücksichtigung der diversen regionalen Interessen, Traditionen, Unterschiede und Bedürfnisse garantieren. Wichtigstes Prinzip wäre dabei das Subsidiaritätsprinzip. Ein solches Europa, das die Regionen betont, könnte vielleicht die heute wieder stärker werdenden Nationalismen der Großnationen Deutschland, Frankreich, Italien, Spanien usw. mildern und zurückdrängen, die für ein gemeinsames Europa problematisch werden müssen. Ein selbstbewußtes Schottland, Bayern oder Sachsen, Katalonien oder eine betont eigenständige Bretagne oder Lombardei wären selbst bei übersteigertem Chauvinismus relativ harmlos im Rahmen eines großen Europas.

In diesem Zusammenhang könnte man sich an historischen Modellen orientieren, wo starke Regionalgewalten im Rahmen eines lockeren Staatsgebildes mit schwacher Zentrale existierten und dabei lang dauernde und durchaus positive Aspekte boten. Wenn auch wegen der anderen politischen, wirtschaftlichen, sozialen und mentalitätsbezogenen Rahmenbedingungen die Orientierung an früheren Modellen nur mit großen Einschränkungen möglich ist, könnte für uns heute das Heilige Römische Reich Deutscher Nation nach 1648 eine Art Modell für ein geschichtlich erprobtes Europa der Regionen sein, wenn es sich auch nur um ein Mitteleuropa der Regionen handelte.[2] Nach dem verlustreichen, fürchterlichen Dreißigjährigen Krieg (1618–1648) war es zu einem Ausgleich gekommen. Die Partikulargewalten führten bis Anfang des 19. Jahrhunderts ein mehr oder minder großes Eigenleben im Rahmen der größeren, lockereren staatlichen Einheit des Reiches, und dies war durchaus segensreich für die dort lebenden Menschen und nicht ohne Effizienz.[3]

Lange Zeit ist die Geschichte des Heiligen Römischen Reiches Deutscher Nation in ihren letzten gut 150 Jahren von 1648 bis 1806 in der preußisch-kleindeutsch bzw. der österreichisch bestimmten Historiographie vernachlässigt worden. Man wertete alles vom preußischen oder österreichischen Standpunkt aus und sah die Geschichte des Alten Reiches, seine Institutionen und seine Verfassungsentwicklung meist recht negativ und besonders die Epoche von 1648 bis 1806 als eine Zeit des Verfalls. Dies setzt sich noch heute in Handbüchern fort. Diese Sicht gibt die traditionelle Wertung wieder, die das Reich als morsches, schwaches, anachronistisches Gebilde interpretierte, das praktisch bedeutungslos war gegenüber den modernen Macht- und Leistungsstaaten, welche sich zu nationalistischen Staaten und zu Nationen entwickelten.[4] Andererseits nahm die Geschichtswissenschaft, ausgehend von Pionieren der 50er und 60er Jahre des 20. Jahrhunderts, besonders in den letzten 30 Jahren eine zunehmend positivere Wertung und Würdigung des Heiligen Römischen Reiches auch für seine letzten 150 Jahre vor.[5] Im Rahmen eigener Beschäftigung mit dem Heiligen Römischen Reich, das eine Art realisiertes Mitteleuropa der Regionen bildete, stellte sich bei verschiedener Gelegenheit schon die Frage, ob dieses Heilige Römische Reich vielleicht auch heute – selbstverständlich mit allen historisch bedingten Einschränkungen – als Modell für ein Europa der Regionen dienen könnte. Dieser Aspekt soll deshalb bei der nun folgenden Analyse des Heiligen Römischen Reiches von 1648 bis 1803 berücksichtigt werden.[6]

Das Heilige Römische Reich bestand aus einer großen Zahl verschiedenartigster staatlicher und halbstaatlicher Gebilde, in denen neben Deutschen Slawen, Italiener, Wallonen und Flamen wohnten, die sich zu verschiedenen Konfessionen bekannten. Es gab große Territorien, wie die brandenburgisch-preußische Monarchie oder die habsburgischen Erblande, größere Mittelstaaten wie Kurbayern, Kursachsen oder Kurhannover, kleinere mittlere Territorien wie das Herzogtum Württemberg, die Landgrafschaft Hessen-Kassel, die geistlichen Kurfürstentümer Mainz, Trier oder Köln, kleinere Territorien wie die Markgrafschaft Ansbach, winzige Reichsgrafschaften wie Ortenburg im Niederbayerischen oder Reichsritterterritorien wie Mespelbrunn im Spessart, Reichsstädte wie Aachen, Augsburg oder Nürnberg und sogar Reichsdörfer.[7]

Diese ungeheure Vielfalt von fast 300 staatlichen oder halbstaatlichen Gebilden blieb im Rahmen des Reiches, von diesem gleichsam als Klammer zusammengehalten, weitgehend anerkannt, gesichert und unbehelligt von 1648 bis zum Ende des 18. Jahrhunderts. Die Staats- und Regierungsform dieser Gebilde war unterschiedlich. Es gab erbliche Monarchien wie etwa Kurbayern und Wahlmonarchien wie die ca. 80 geistlichen Territorien. Neben den obengenannten Gliedern des Reiches existierten zahlreiche Stadtrepubliken, das heißt Reichsstädte. Im Prinzip hatten alle diese staatlichen oder halbstaatlichen Gebilde mit der Landeshoheit eine weitgehende Unabhängigkeit und große Kompetenzen innerhalb des Reichsganzen. Mit dieser Landeshoheit, die von manchen früheren Historikern allerdings nicht ganz richtig als Souveränität interpretiert wurde, erhielten die einzelnen Fürsten, aber auch die Reichsstädte durch den Westfälischen Frieden von 1648 eine große Unabhängigkeit, die noch ausgeprägter war als vorher.[8]

In der Praxis konnten jedoch nur die bedeutenderen Territorien diese starken Kompetenzen und die Unabhängigkeit ausschöpfen. Die größeren Staaten im Osten des Reiches wie Brandenburg-Preußen, Kursachsen und Kurbayern führten in der Tat wenigstens zeitweise eine weitgehend unabhängige Außenpolitik, verbündeten sich mit Frankreich oder England oder anderen Staaten. Ein Großteil der mittleren und winzigen Territorien und Reichsstädte, besonders im Westen und Süden des Reiches, war dafür meist zu klein. Sie konnten auch keine eigenständige Wirtschafts-, Geld- und Münzpolitik betreiben. Hier kam den Reichskreisen, deren Mitglieder sie waren, eine wichtige Rolle als Regionen zu; ein großer Teil dieser Politik vollzog sich in Kooperation, manchmal gleichsam genossenschaftlich im Rahmen dieser Kreise.[9]

Es ist hier nötig, näher auf die Reichskreise einzugehen. Angesichts der sehr großen Anzahl von Partikulargewalten, die alle ihre besonderen Interessen hatten und vertraten, war es erforderlich, in den Bereichen, welche größere Räume und das gesamte Reich betrafen, die Politik der einzelnen Reichsglieder zu bündeln und zu koordinieren, um gemeinsame Aktionen zur Friedenssicherung, Geld-, Münz- und Wirtschaftspolitik, zur gemeinsamen Verteidigung und Unterhaltung der Reichsinstitutionen herbeizuführen. Diese Koordinierungsfunktion kam zunehmend den Anfang des 16. Jahrhunderts gegründeten Reichskreisen zu. Das Heilige Römische Reich war nämlich von 1512 bis zum Anfang des 19. Jahrhunderts in zehn Reichskreise eingeteilt. Ausgenommen waren lediglich die Reichsritterschaftsgebiete, ferner Böhmen, Mähren, Schlesien und die beiden Lausitzen sowie die Gebiete Italiens, die noch locker zum Reich gehörten.

Diese Kreise waren, soweit sie funktionierten, die wichtigsten Organe der Reichsexekutive. Sie besorgten die Erhebung der Reichssteuern, die Aufstellung des jeweiligen Kreiskontingents als Teil des Reichsheeres. Außerdem waren sie Organe der Reichs- und Regionalverwaltung, führten die Exekution der Urteile der höchsten Reichsgerichte durch und regelten das Geld- und Münzwesen in Währungszonen, die jeweils mehrere Kreise umfaßten.[10]

Auf der Ebene der Kreise und deren Aktivitäten wurden jedoch nicht nur die Verpflichtungen dem gesamten Reich gegenüber mehr oder minder erfüllt, sondern die Kreise konnten sich, wie dies beim Schwäbischen und Fränkischen Kreis, in abgeschwächter Form auch beim Bayerischen und anderen Kreisen der Fall war, zu Regionen des Reiches entwickeln.

Im Rahmen der regionalen Einheit des Kreises konnten zum Beispiel die etwa 100 kleineren und kleinsten Territorien und Reichsstädte des Schwäbischen Kreises als Reichs- und zugleich Selbstverwaltungskörper einen großen Teil der gleichsam genossenschaftlichen Reichsverwaltung vornehmen. Der Kreis, dessen Mitglieder sich jedes Jahr meist in Ulm versammelten und der von einem Kreisdirektor und zwei Kreisausschreibenden Fürsten geleitet wurde, garantierte die Einhaltung des Landfriedens unter den Mitgliedern, die an die Verfassung und Friedensordnung des Reiches gebunden waren. Gemeinsam organisierte man das Münz- und Geldwesen, den Handel, die Wirtschaft und die Ernährung, die Maßnahmen gegen Bettler und Räuber, im 18. Jahrhundert auch den Ausbau überregionaler Chausseen. Trotz des „Fleckenteppichs“ von kleineren Territorien und Reichsstädten bildete dieser Reichskreis also eine lebendige Region, wo die überterritorialen Probleme kooperativ, kollegial und oft erfolgreich geregelt wurden.[11]

Welche Rolle kam in diesem Mitteleuropa der Regionen jedoch der Zentrale und den zentralen Institutionen des Reiches zu?

An der Spitze stand der von den Kurfürsten gewählte Kaiser als Oberhaupt und Repräsentant des Reiches. Dieser meist aus dem Haus Habsburg oder Lothringen-Habsburg, einmal aber auch aus dem Haus Wittelsbach stammende Wahlmonarch war in allen wichtigen Reichsangelegenheiten auf die Zustimmung der Reichsstände, das heißt der Vertreter der Territorien und Reichsstädte, angewiesen. Unabhängig konnte er als Kaiser und oberster Lehnsherr nur wenig entscheiden. Seine Macht beruhte vor allem auf seinen eigenen Territorien, die er als Landesherr regierte.[12]

Dem Kaiser stand als wichtigste weitere Institution der Reichstag als Versammlung der stimmberechtigten Reichsmitglieder gegenüber. Ab 1663 war dieser Reichstag als „Immerwährender Reichstag“ ein Gesandtenkongreß der Kurfürsten, Fürsten und Reichsstädte mit Sitz in Regensburg. Er stellte somit eine Art Staatenhaus dar, wo die vielen regionalen Obrigkeiten vertreten waren. Der Reichstag übte eine wichtige politische Funktion zur Sicherung des Friedens in Mitteleuropa aus, zur Aufrechterhaltung einer Art kollektiven Sicherheitssystems in diesem Raum mit Verteidigung gegen gemeinsame Feinde, zum Beispiel im Kampf gegen die Türken, die das Reich und die Christenheit bedrohten. Außerdem bewilligte die Reichsversammlung im Lauf der Zeit große Geldmittel und beschloß die Aufstellung von bedeutenden gemeinsamen Truppenkontingenten für die immer nur defensiven Reichskriege. Aber auch im Bereich des Münz- und Geldwesens, der Justizreform, der Wirtschaftspolitik, der Gesellenordnung und des Sozialwesens, der Ernährung der in Not geratenen Bevölkerung weiter Teile des Reiches wurde viel geleistet. Außerdem hat der Reichstag Spannungen seiner Mitglieder untereinander ausgeglichen. Neben den obersten Reichsgerichten sicherte nämlich diese Versammlung der Territorien und Reichsstädte auch den religiösen Frieden und die Einhaltung der Verfassung und der Rechtsordnung des Reiches.[13]

Diese Rechtsordnung, aber auch die Reichsfriedensordnung wurde, wie angedeutet, ebenfalls von den beiden höchsten Reichsgerichten, dem Reichskammergericht in Speyer und später in Wetzlar und dem Reichshofrat, der im allgemeinen in Wien saß, garantiert. Während die meisten Richter des Reichskammergerichts nach einem ausgeklügelten Proporzsystem in erster Linie von den in den Kreisen zusammengefaßten Reichsterritorien präsentiert wurden, ernannte der Kaiser die Reichshofräte. Beide Gerichte erlebten noch in den letzten Jahrzehnten des 18. Jahrhunderts nach mancher Reform und Verbesserung einen Aufschwung. Sie bildeten ein ganz wesentliches Element der Reichsverfassung, der weithin anerkannten und respektierten Reichsfriedensordnung und der Vereinheitlichung der Rechtsprechung der einzelnen Territorien. Sie verhinderten auch durch ihre Existenz und Tätigkeit Justizmißbräuche und Rechtsverweigerungen durch Landesherren.[14]

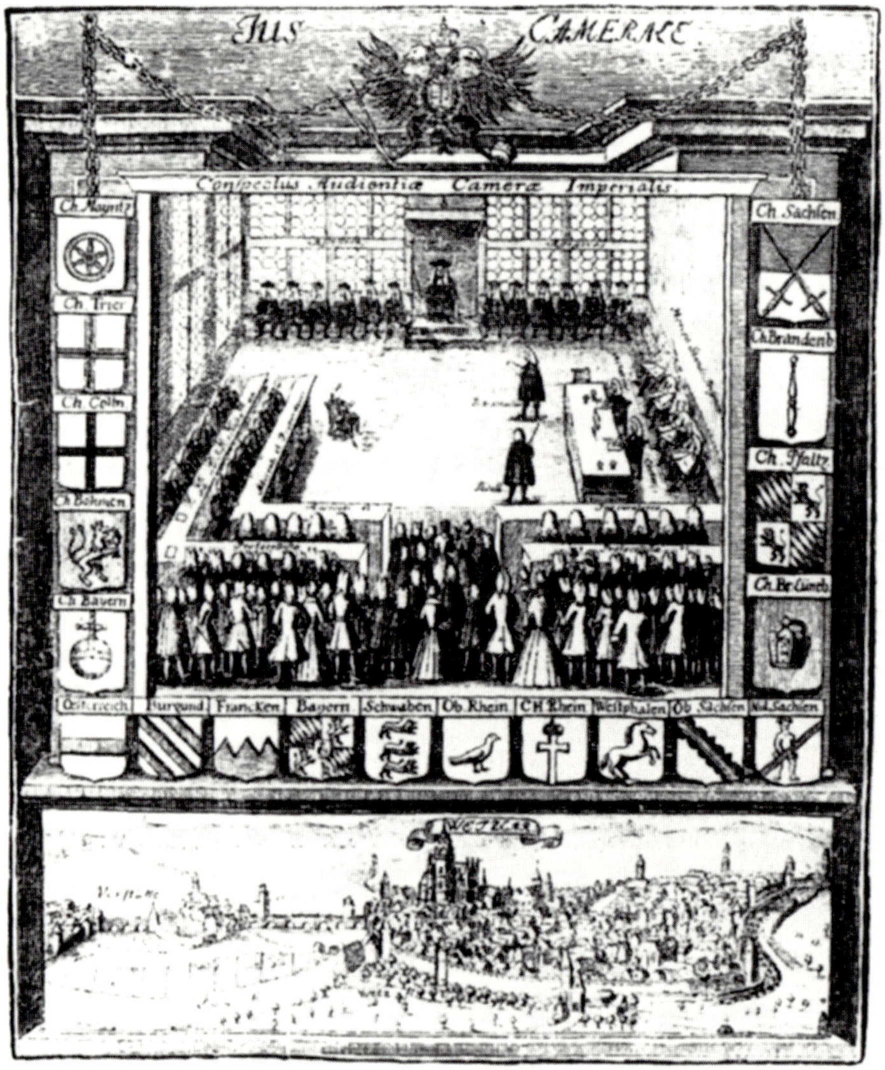


*Audienz am Reichskammergericht in Wetzlar. Kupferstich von Peter Fehr, um 1735. Städtische Sammlungen/Reichskammergerichtsmuseum Wetzlar*

Da die Zentrale recht schwach war, besaß sie kaum Verwaltungspersonal, so daß sie auch keine hohen Kosten verursachte. Vielmehr wurden alle Verwaltungsakte des Kaisers an die Kreise weitergeleitet. Ansprechpartner in jedem Kreis

*Ansicht des Reichshofratsgebäudes in Wien. Kupferstich von Salomon Kleiner, um 1760. Städtische Sammlungen/Reichskammergerichtsmuseum Wetzlar*

waren die Ausschreibenden Fürsten, im Bayerischen Kreis zum Beispiel der Kurfürst von Bayern und der Erzbischof von Salzburg. Sie waren auch zuständig für die Umsetzung aller Reichstagsbeschlüsse in die Tat. Außerdem kam es ihnen allein zu, die Kreistage auf Wunsch des Kaisers oder in eigener Initiative einzuberufen. Diese Kreistage waren für das aktive Kreisleben besonders wichtig; denn dort waren ausführlich alle Probleme kollegial, föderativ und im 18. Jahrhundert sogar teilweise genossenschaftlich zu diskutieren und zu beraten, welche den Kreis, aber auch die Umsetzung der Reichstagsbeschlüsse in die Tat betrafen. Es handelte sich bei diesen Kreisversammlungen durchaus um lebendige ständisch-vorparlamentarische

Versammlungen. Dies gilt besonders für die beiden süddeutschen Kreise Franken und Schwaben. Letztlich entschieden die Kreistage, wie die Reichstagsbeschlüsse verwirklicht wurden, das heißt welche Truppen und welche Kontingente in der Realität gezahlt und aufgestellt wurden. Die Kreise regelten alles kollegial auf den Kreistagen, die eigentliche Exekution wurde jedoch von den einzelnen Territorien, deren Obrigkeit und Verwaltung durchgeführt. So kann man von einer weitgehenden Verwirklichung des Subsidiaritätsprinzips im Reich, in diesem Mitteleuropa der Regionen sprechen.[15]

Es wäre nun im einzelnen zu betrachten, welche Vorzüge und welche Schwächen und Nachteile dieses Reich, das untersuchte Modell eines Mitteleuropas der Regionen aufwies, um daraus vielleicht Schlüsse zu ziehen und Orientierung zu gewinnen.

Kommen wir zunächst zu den Vorzügen! Hier wären als erstes der konfessionelle Ausgleich und die konfessionelle Vielfalt zu nennen. Wir haben erlebt, wie konfessionelle Gegensätze zwischen orthodoxen Serben, muslimischen Bosniern und katholischen Kroaten im ehemaligen Jugoslawien die dortigen blutigen Konflikte gewaltig verschärft haben. Auch im Heiligen Römischen Reich hatte es das gegeben. Der fürchterliche, grausame und verlustreiche Dreißigjährige Krieg (1618–1648), dem mindestens ein Drittel der Bevölkerung des Reiches durch Kampfeinwirkung, Seuchen und Hungersnöte zum Opfer fiel, begann als Religionskrieg. Nach diesem Krieg, d.h. nach dem Westfälischen Frieden von 1648, der als wichtigstes Grundgesetz die Verfassung des Reiches von 1648 bis 1806 stark mitbestimmte, war dort kein Religionskrieg mehr möglich; denn der Friede brachte einen dauerhaften Ausgleich der Konfessionen auf der Ebene des Reiches und der Territorien untereinander. Katholiken, Lutheraner und Calvinisten wurden gleichberechtigt und ihre Position war reichsrechtlich gesichert. Die Duldung bzw. Nichtduldung der sehr kleinen Minderheiten der Juden, Mennoniten, Böhmischen Brüder u.a. gestaltete sich allerdings je nach Territorium und Stadt verschieden. Gleichberechtigt waren sie nirgends.[16] Immerhin wurde an vielen Orten ihr öffentlicher Gottesdienst gestattet. Ein besonderes jüdisches Zentrum befand sich in Fürth, wo auf Grundbesitz des Bamberger Domkapitels eine große Judengemeinde lebte, die dort mehrere Synagogen und sogar eine Talmudhochschule unterhielt.

In diesem Alten Reich lebten etwa 58% Katholiken, 41% Protestanten und 1% Juden. Wenn dort auch die Katholiken durch die Mehrheit im Kurfürstenkolleg, durch den Mainzer Reichserzkanzler und Erzbischof und das katholische Reichsoberhaupt ein gewisses Übergewicht im Reich besaßen, so war doch garantiert, daß die Protestanten auf dem Reichstag in allen die Religion betreffenden Fragen nicht majorisiert werden konnten. Wenn es nämlich um solche Fragen ging – und das war angesichts der Bedeutung der Religion für Politik, Gesellschaft und Kultur sehr häufig –, bildete der Reichstag zwei Parteien, das Corpus catholicorum und das Corpus evangelicorum, die sich nur gütlich einigen, aber keine Mehrheitsbeschlüsse durchsetzen konnten. Ebenso durften die Richter der obersten Reichsgerichte nicht durch Mehrheitsentscheidungen die andere Konfession majorisieren, wenn es um Religionsangelegenheiten ging.[17]

In anderen Bereichen sah man ebenfalls strikt auf konfessionelle Parität und hielt einen strengen Proporz ein. So waren etwa die Stellen der Reichsgeneralität des Reichsheeres mit etwa gleich vielen Katholiken und Protestanten besetzt. Heute wird dies manchem lächerlich und borniert erscheinen, und der eine oder andere Aufklärer machte sich schon damals über solche Proporzsysteme lustig. Aber dieser Proporz garantierte, daß keine Konfession zu kurz kam und benachteiligt wurde.[18]

Trotz der großen konfessionellen Vielfalt des Alten Reiches gab es dort auf Reichsebene keine Benachteiligung, sondern einen durch die Reichsgrundgesetze und die Reichsfriedensordnung garantierten Ausgleich. An sich war durch die Westfälischen Friedensverträge von Münster und Osnabrück trotz der konfessionellen Gemengelage im Reich mit Enklaven, Exklaven, großen und kleinen zusammenhängenden und unzusammenhängenden Gebieten verschiedener Konfessionen die

Religionszugehörigkeit mit kleineren Ausnahmen nach dem Normaljahr von 1624 festgeschrieben worden. Es gab daher, wenn man das Reich als Ganzes betrachtet, eine ungeheure Vielfalt von katholischen, lutherischen und calvinistischen Territorien, ferner Staaten und Reichsstädte mit Minderheiten der anderen Konfession und schließlich paritätische Territorien und Städte. Sie befanden sich teilweise bunt durcheinandergewürfelt in enger Nachbarschaft, und sie mußten in den Reichskreisen, aber auch auf dem Reichstag intensiv zusammenarbeiten und sich arrangieren. Innerhalb eines Territoriums und einer Reichsstadt war allerdings meist eine Staatsreligion vorgeschrieben, oder es waren nur die Mitglieder der herrschenden Konfession vollberechtigt. So besaßen in den Reichsstädten Frankfurt a.M. oder Nürnberg nur Lutheraner das Bürgerrecht, in Köln nur Katholiken, im Herzogtum Württemberg oder in der Markgrafschaft Bayreuth gab es im Prinzip nur Protestanten, im Kurfürstentum Bayern oder in der Grafschaft Tirol nur Katholiken.[19]

Wenn es deshalb im Bereich der Territorien und Reichsstädte vielfach keine Toleranz und erst recht keine Parität gab, so war doch auf Reichsebene das Recht garantiert, daß Menschen anderer Konfessionen frei in die Nachbarterritorien auswandern und vorher ihre Habe verkaufen konnten.

Im Rahmen dieser Friedensordnung und des garantierten Konfessionsstandes war es möglich, daß eine winzige Reichsgrafschaft mit einem Markt und ein paar Dörfern, wie die Grafschaft Ortenburg in Niederbayern, als ganz kleine evangelische Insel inmitten katholischer Gebiete weitgehend unbehelligt frei existieren konnte, obwohl diese Insel die mächtigen katholischen Nachbarn Kurbayern und Österreich störte, denn von Ortenburg aus wurden zum Ärger der habsburgischen Landesherren in Heuwagen versteckt Lutherbibeln nach Oberösterreich eingeschmuggelt, und von dort kamen protestantische Wanderprediger zu den Krypto(=Geheim)-Protestanten in einem offiziell katholischen Land.

Ebenso gab es kleine katholische Inseln in protestantischen Gebieten, etwa die katholische Reichsabtei in der protestantischen Reichsstadt Lindau. Es existierten auch Territorien und Reichsstädte mit weitgehender Toleranz oder mit Parität von zwei Konfessionen. Zu nennen ist hier die früher rein calvinistische Kurpfalz, die durch den Dreißigjährigen Krieg weitgehend verödet, verwüstet und entvölkert war. Man geht von einem Bevölkerungsverlust von 80% aus. Deshalb versuchte der pfälzische Kurfürst nach 1648 durch religiöse Toleranz und steuerliche Vorteile möglichst viele Menschen, vor allem protestantischer Konfessionen, ins Land zu locken. Als 1685 die katholische Linie von Pfalz-Neuburg die Regierung antrat, strömten verstärkt auch Katholiken in die Pfalz. So gab es dort im 18. Jahrhundert neben kleinen Minderheiten etwa 30% Katholiken, 40% Calvinisten und 20% Lutheraner, deren jeweilige Duldung durch die Pfälzische Religionsdeklaration von 1705/06, einer Art Toleranzedikt, weitgehend garantiert wurde. Man sicherte Gewissens- und Kultfreiheit zu und legte die gemeinsame Benutzung vieler Kirchen (Simultaneum) durch Protestanten und Katholiken fest.

Ein gutes Beispiel eines paritätischen Staates war auch das alternierende Hochstift Osnabrück, das etwa zu 55% evangelisch und zu 45% katholisch war. Dort wechselte sich jeweils ein katholischer und ein evangelischer Fürstbischof in der Regierung des Territoriums ab, bei völliger religiöser Gleichberechtigung der jeweils anderen Konfession. Etwas anders wurde die Gleichberechtigung in den paritätischen Reichsstädten geregelt. In Augsburg war z.B. festgelegt, daß alle städtischen Positionen, angefangen vom Bürgermeisteramt bis hinunter zum Hausmeister jeweils von einem Lutheraner und einem Katholiken zu besetzen waren. Dies wurde zwar von aufgeklärten Reisenden belächelt und kritisiert, garantierte aber die volle Gleichberechtigung und verhinderte eine Majorisierung.[20]

Neben diesem konfessionellen Ausgleich und der konfessionellen Vielfalt gab es im Alten Reich zweitens eine gewisse Verschiedenheit der Sprachen und deren weitgehende Duldung. Selbstverständlich dominierte das Deutsche, das von der großen Mehrheit der Reichsbevölkerung gesprochen und auch von den Kanzleien des Kaisers, der meisten Territorien und Reichsstädte gebraucht wurde. Dabei ist jedoch zu beachten, daß es noch nicht die einheitliche neuhochdeutsche Sprache gab. Vielmehr wurde in der südlichen Reichshälfte Oberdeutsch gesprochen, das auch den Kanzleistil prägte. In Sachsen, Thüringen, Hessen und am Mittelrhein sprach man Mittelhochdeutsch, im Norden Niederdeutsch oder Friesisch. Büsching betonte noch 1789, „daß ein Deutscher oftmals den anderen nicht versteht". Bei amtlichen Schreiben der Reichskanzlei mit den französischsprachigen Teilen im Westen des Reiches wurde meist das damals allen Gebildeten geläufige Latein gebraucht. Neben Französisch wurde in Teilen des Reiches auch Italienisch, Dänisch, Polnisch, Tschechisch und anderes gesprochen. Büsching schreibt 1789: „Die slawonische Sprache, ist die zweyte Hauptsprache in Deutschland". Alle diese Sprachen wurden damals nicht unterdrückt. Es gab noch keine Eindeutschungsmaßnahmen und Verbote, andere Sprachen zu gebrauchen, wie dies später unter nationalistischen Vorzeichen üblich wurde. In diesem Alten Reich gab es nämlich noch nicht den modernen Nationalismus, der so viel Unheil in Europa und der Welt gebracht hat.[21]

Ein weiterer Vorzug des Reiches war drittens die große kulturelle und wirtschaftliche Vielfalt. Da es so viele politische Zentren im Reich gab, mit zahlreichen Residenzen und unabhängigen Städten, stand auch eine große Zahl kultureller und wirtschaftlicher Mittelpunkte in Konkurrenz, welche die Kultur und Wirtschaft befruchteten und die Lebensqualität erhöhten.

Einerseits konnte im Bereich der Kunst, Architektur, Musik, Philosophie und Wissenschaft das kleinteilige Reich mit seinen vielen Zentren durchaus mit den Staaten Frankreich, England und Spanien mit ihren großen, dominierenden Hauptstädten konkurrieren. Andererseits bot es in diesem Bereich noch zusätzliche Vorteile. Es ist nämlich als großer Vorzug zu werten, daß damals im Reich nicht nur ein überragendes Kulturzentrum, die Hauptstadt mit den umliegenden Schlössern, existierte, wie etwa in Frankreich, sondern viele erstrangige Kulturzentren. Dadurch fehlte hier der für die Provinz

*Joseph II. (1765–1790).*
*Kupferstich aus dem Diarium Josephs II. von H. Cöntgen, 1765. Historisches Museum Frankfurt a.M., C 9946, Foto: Ursula Seitz-Gray*

nachteilige Effekt der Provinzialisierung weiter Teile des Landes und der Konzentration der Kultur in der Hauptstadt. So hat z.B. der Schloßbau, regional verschieden, im 17. und 18. Jahrhundert überall im ganzen Reich verteilt bewundernswerte Hochformen erlebt. München, Dresden, Potsdam, Brühl, Würzburg, Prag, Salzburg und Wien, um nur einige zu nennen, waren Kulturzentren von europäischem Rang. Die unterschiedlichen Konfessionen führten zu einer großen Vielfalt im Kirchenbau und in der Kultur allgemein, d. h. in den Wissenschaften, in Dichtung und Philosophie. Neben nüchternen protestantischen Kirchen, besonderen Formen wie den Kanzelkirchen, entstand etwa im bayerisch-fränkisch-südschwäbischen Raum eine katholisch geprägte Kulturlandschaft des Spätbarock und des Rokoko mit all den Klosterkirchen, Wallfahrtskapellen und Wegkreuzen etc. Blühte in diesem Raum besonders die bildende Kunst, Malerei und Architektur, so pflegten die protestantischen Territorien des Nordens vor allem die Literatur und die Wissenschaft. An den weltlichen und geistlichen Höfen und in Kirchen und Klöstern wurden mehr oder minder bedeutende Theater, Opernhäuser, Orchester und Chöre unterhalten, die miteinander wetteiferten und sich gegenseitig beeinflußten und befruchteten.[22]

*Schloß Pommersfelden, Treppenhaus.*
*Kupferstich nach einer Zeichnung von Salomon Kleiner*

Auch im Bereich der Wirtschaft, die damals vor allem durch die Landwirtschaft bestimmt war, konnten sich die verschiedensten Regionen gut entwickeln. Durch die Reichskreise und ihre Aktivitäten wurden die kleinen und kleinsten Territorien wenigstens teilweise zu größeren Wirtschaftsräumen zusammengefaßt.[23]

Ein weiterer Vorzug des Reiches war viertens eine Art gemeinsame Leitwährung. Was heute für die Europäische Union realisiert worden ist, war damals für das Reich, dieses Mitteleuropa der Regionen, bis zu einem gewissen Maß auch schon verwirklicht. Trotz der weitgehenden Unabhängigkeit und der Münz- und Geldhoheit der einzelnen Teile existierte mit dem Gulden und dem Reichstaler eine Art allgemeine Reichswährung. Es gab gemäß der Reichsmünzordnung von 1559 einen fast nur in Süddeutschland geprägten silbernen Gulden zu 60 Kreuzern als Äquivalent zu dem Rechnungsgulden. Mit dem Reichsabschied von 1566 wurde der Taler als Reichsmünze legalisiert. Somit wurde im Reich alles nach diesem Gulden oder Reichstaler berechnet.[24]

Als fünften Vorzug, den das Reich bot, soll schließlich noch auf das ziemlich ausgeprägte Gemeinschaftsbewußtsein der großen Mehrzahl der fast 300 staatlichen und halbstaatlichen Gebilde hingewiesen werden, aus denen das Heilige Römische Reich bestand. Trotz aller Mängel und Schwierigkeiten kann man doch für unseren Untersuchungszeitraum eine relativ große Solidarität der einzelnen Mitglieder feststellen, wenn es um die Aufbringung gemeinsamer Gelder und die Verteidigung des Reiches als Ganzes ging. Besonders eifrig zeigten sich dabei die weitgehend überproportional belasteten über 80 geistlichen Territorien, die meistens nur sehr unbedeutende eigene Truppen unterhielten, ferner die Reichsstädte und die kleinen Territorien, obwohl auch sie relativ stark zur Kasse gebeten wurden. Diese Solidarität ist angesichts der lockeren Konföderationsstruktur des Reiches und der weitgehenden Unabhängigkeit der einzelnen Reichsglieder beachtlich. Das Reich als Gesamtes hat z.B. ungeheure Summen für die Verteidigung gegen die tür-

*Franz II. (1768–1835), der letzte Kaiser des Heiligen Römischen Reiches Deutscher Nation. Kupferstich von P.W. Schwarz nach einem Gemälde von J. Ziterer, 1797. Historisches Museum Frankfurt a.M., C 15742 Foto: Ursula Seitz-Gray*

kische Gefahr im Osten aufgebracht und zahlreiche Truppen bereitgestellt, als 1683 Wien von den Osmanen belagert wurde.[25]

Welches nun waren die Nachteile dieses Reiches? Angesichts der weitgehenden Verwirklichung des Subsidiaritätsprinzips, wo fast alle Kompetenzen bei den Partikulargewalten und sehr wenige bei der Zentrale lagen, bestand erstens die Gefahr, daß wegen der unterschiedlichen Interessenlagen auf den Versammlungen (Reichstag, Kreistagen) endlos diskutiert wurde und man deshalb nur schwer gemeinsame Beschlüsse fassen konnte. Das führte zu viel Leerlauf, nutzlosen Mammutsitzungen, zu von Verzögerungstaktik und Blockadedenken geprägten Interventionen, zum Abgleiten in langatmige Verfahrungs- und Zeremonialdiskussionen. Nicht selten konnte man sich überhaupt nicht einigen, oder man fand nur völlig verwässerte, wenig wirksame Kompromisse.[26]

Zweitens: Da das Reich letztlich eine Solidargemeinschaft bildete, war es auf den guten Willen aller seiner Mitglieder angewiesen. Angesichts der Schwäche der Zentrale konnte in der Praxis jedoch im allgemeinen nur gegen kleine, schwache und unbedeutende Mitglieder vorgegangen werden, wenn sie ihre Reichspflichten verletzten. Bei den großen waren solche Exekutionsmaßnahmen nicht durchsetzbar. Dadurch wurde es möglich, daß große Territorien des Reiches ihren staatlichen Egoismus über die Solidarität stellten und ungestraft aus gemeinsamen Aktionen ausscherten oder Zahlungen verweigerten.[27]

Drittens: Große Mitglieder dieses Reiches, die in hohem Maß eine nur von den eigenen Macht- und Staatsinteressen bestimmte Politik trieben, wuchsen, wie Brandenburg-Preußen und Österreich ab 1740, praktisch weitgehend aus dem Reichsverband heraus, ohne daß vom Reich her wirksam dagegen eingeschritten werden konnte. Reichskammergerichtsurteile wurden z.B. von Brandenburg-Preußen großenteils ignoriert.[28]

Viertens: Das nur für den Verteidigungskrieg geeignete Reichsheer war den Armeen der modernen Macht- und Leistungsstaaten, die schnell Angriffe im Interesse ihrer Staatsraison und Eroberungspolitik unternehmen konnten und dies auch taten, nicht gewachsen. Besonders schlecht war das Reichsheer geeignet, einer ideologisch motivierten, nationalistisch geprägten Volksarmee wie der des revolutionären Frankreich standzuhalten. Dem Reichsheer, großenteils ein erst im Kriegsfall mühsam zusammengewürfeltes Söldnerheer, fehlte das gemeinsame Exerzieren und die gemeinsame Kampferfahrung.[29] Wenn z.B. 1701 das Hochstift Passau 100 Mann, die Fürstprobstei Berchtesgaden 40, die Grafschaft Ortenburg 9 und die Herrschaft Lobkowitz 40 Mann für das bayerische Kreiskontingent stellten, war es im Ernstfall meist zu spät, diese Truppen noch vor dem Einsatz zusammenzuschweißen und zu einem für den harten Kampf geeigneten Kontingent zu formen.[30]

Fünftens: Die Verfassungsstruktur des Reiches, die letztlich nur mit der Zustimmung all dieser Partikulargewalten hätte entscheidend verändert und reformiert werden können, führte zu einer Erstarrung der verfassungsrechtlichen und politischen Situation, die nötige Reformen nur ungenügend zuließ und somit die positive Weiterentwicklung des Reiches zu einer modernen Form verhinderte.[31]

Trotz dieser negativen Aspekte sind doch viele Vorzüge dieses Reiches, eines realisierten Mitteleuropa der Regionen, hervorzuheben. Sie können vielleicht – selbstverständlich mit vielen Einschränkungen – zur Orientierung dienen. Zu nennen wären hier das verwirklichte Subsidiaritätsprinzip mit weitgehender Unabhängigkeit der Partikulargewalten und wenig Kompetenzen der Zentrale, die garantierte religiöse und damit weltanschauliche Toleranz und Parität trotz der konfessionellen Gemengelage, die Verschiedenheit der Sprachen und deren weitgehende Duldung, die Nichtexistenz des modernen Nationalismus, die kulturelle und wirtschaftliche Vielfalt, die Provinzialismus und regionale Benachteiligung verhinderte, Ansätze einer gemeinsamen Leitwährung des Reiches, erstaunliche Solidarität der meisten Partikulargewalten, wenn es um die Verteidigung des Ganzen und um Friedenssicherung ging und schließlich die weitgehend garantierte Rechts- und Friedensordnung, die Erhaltung des kollektiven Friedens und der

Rechtssicherheit, die auch die kleinsten und schwächsten Mitglieder des Reiches schützten.

Nicht von ungefähr sah deshalb der vor gut 250 Jahren gestorbene Staatstheoretiker und Geistliche Charles Abbé de Saint-Pierre, der 1712/13 seinen Traktat vom ewigen Frieden veröffentlichte und eine Art Völkerbund als Grundlage für die Erhaltung des Friedens entwarf, das Heilige Römische Reich mit seinen höchsten Gerichten und dem Reichstag – Kontrollinstrumenten für die Friedenserhaltung in Mitteleuropa – als weises Modell an.[32]

*Am 5. Juli 1792 wird Franz II. zum Römischen Kaiser proklamiert. Zuschauer und Gratulanten eilen im Frankfurter Dom auf den zukünftigen (und letzten) Kaiser zu. Zeitgenössischer Stich von J. Volz und A. Weber. Historisches Museum Frankfurt a.M., Foto: Ursula Seitz-Gray*

## Anmerkungen:

1 Erwin Teufel / Enzo Perlot (Hrsg.): Starke Regionen für ein starkes Europa. Enti locali forti per un Europa forte (=Schriftenreihe des Zentrums für Föderalismus-Forschung, Bd. 20). Baden-Baden 2000, S. 109.

2 Vgl. Peter Claus Hartmann: Europa der Regionen – geschichtlich erprobt. In: Ders.: Geschichte aktuell. Historische Vorträge und Aufsätze zu aktuellen Fragen (=Mainzer Studien zur Neueren Geschichte, Bd. 3). Frankfurt/Main 2000, S. 1–17.

3 Vgl. Karl Otmar Frhr. von Aretin: Das Alte Reich 1648–1806. Bde. 1–3. Stuttgart 1993–1997.

4 Siehe Otto Kimminich: Deutsche Verfassungsgeschichte. Baden-Baden 1987, S. 213. Für die ältere kleindeutsch-preußische Wertung sind die Ausführungen Heinrich von Treitschkes in seiner Deutschen Geschichte typisch, so z. B. Heinrich von Treitschke: Deutsche Geschichte im Neunzehnten Jahrhundert. Bd. 1. Leipzig 1923, S. 4, 7.

5 Vgl. vor allem Emilio Bussi: Il diritto publico del sacro Romano Imperio alla fine del XVIII secolo. 2 Bde. Padua, Mailand 1957/59. Karl Otmar Frhr. von Aretin: Heiliges Römisches Reich 1776–1806. Reichsverfassung und Staatssouveränität (=Veröffentlichung des Instituts für Europäische Geschichte Mainz, Abt. Universalgeschichte 38). 2 Bde. Wiesbaden 1967.

6 Vgl. Peter Claus Hartmann (Hrsg.): Regionen der Frühen Neuzeit. Reichskreise im deutschen Raum, Provinzen in Frankreich, Regionen unter polnischer Oberhoheit. Ein Vergleich ihrer Strukturen, Funktionen und ihrer Bedeutung (=Zeitschrift für Historische Forschung, Beiheft 17). Berlin 1994, bes. die Einleitung.

7 Carl W. von Lancizolle: Übersicht der alten Reichsstandschafts- und Territorial-Verhältnisse vor dem französischen Reichskriege. Berlin 1830.

8 Vgl. K. O. Frhr. von Aretin: Das Alte Reich (wie Anm. 3).

9 Vgl. Peter Claus Hartmann: Kulturgeschichte des Heiligen Römischen Reiches 1648 bis 1806. Verfassung, Religion und Kultur (=Studien zu Politik und Verwaltung 72). Wien u.a. 2001, S. 36 ff., 47 ff.

10 Vgl. Wilfried Dotzauer: Die deutschen Reichskreise (1383–1806). Geschichte und Aktenedition. Stuttgart 1998, S. 51 ff. Peter Claus Hartmann: Zur Bedeutung der Reichskreise für Kaiser und Reich im 18. Jahrhundert. In: Landesgeschichte und Reichsgeschichte. Festschrift für Alois Gerlich. Stuttgart 1995, S. 305–319. Ders.: Funktion und Bedeutung der Reichskreise für Kaiser und Reich im 18. Jahrhundert. In: Wolfgang Wüst (Hrsg.): Reichskreise und Territorium. Die Herrschaft über der Herrschaft? Suprateritoriale Tendenzen in Politik, Kultur, Wirtschaft und Gesellschaft. Ein Vergleich süddeutscher Reichskreise (=Augsburger Beiträge zur Landesgeschichte Bayer. Schwabens 7). Stuttgart 2000, S. 27–37.

11 Vgl. P. C. Hartmann: Funktion und Bedeutung der Reichskreise (wie Anm. 10). Bernd Wunder: Der Kaiser, die Reichskreise und der Chausseebau im 18. Jahrhundert. In: Zeitschrift für Neuere Rechtsgeschichte 18 (1996), S. 1–22.

12 Vgl. Hermann Conrad (Hrsg.): Recht und Verfassung des Reiches in der Zeit Maria Theresias. Die Vorträge zum Unterricht des Erzherzogs Joseph (=Wissenschaftliche Abh. d. Arbeitsgemeinschaft für Forschung des Landes Nordrhein-Westfalen 28). Köln, Opladen 1964, S. 448 ff. Anton Schindling / Walter Ziegler (Hrsg.): Die Kaiser der Neuzeit 1519–1918. Heiliges Römisches Reich, Österreich, Deutschland. München 1990.

13 Vgl. Dietmar Willoweit: Deutsche Verfassungsgeschichte vom Frankenreich bis zur Wiedervereinigung Deutschlands. Ein Studienbuch (=Jur. Kurz. Lehrbuch). München 1997, S. 171–174. Karl Härter: Reichstag und Revolution 1789–1806. Die Auseinandersetzungen des Immerwährenden Reichstags zu Regensburg mit den Auswirkungen der Französischen Revolution auf das Alte Reich (=Schriftenreihe der Historischen Kommission bei der Bayer. Akademie der Wissenschaften 48). Göttingen 1992. Anton Schindling: Die Anfänge des immerwährenden Reichstags zu Regensburg. Ständische Vertretung und Staatskunst nach dem Westfälischen Frieden (=Veröffentlichung des Instituts für Europäische Geschichte Mainz, Abt. Universalgeschichte 143). Mainz 1991.

14 Siehe u.a. Wolfgang Sellert (Hrsg.): Reichshofrat und Reichskammergericht. Ein Konkurrenzverhältnis (=Quellen und Forschungen zur höchsten Gerichtsbarkeit im Alten Reich 34). Köln u. a. 1999. Volker Press: Das Reichskammergericht in der deutschen Geschichte (=Schriften der Gesellschaft für Reichskammergerichtsforschung 3). Wetzlar 1987.

15 Vgl. die Beiträge in: W. Wüst (Hrsg.): Reichskreise und Territorium (wie Anm. 10). Peter Claus Hartmann: Der Bayerische Reichskreis (1500 bis 1803). Strukturen, Geschichte und Bedeutung im Rahmen der Kreisverfassung und der allgemeinen institutionellen Entwicklung des Heiligen Römischen Reiches (=Schriften zur Verfassungsgeschichte 52). Berlin 1997, S. 48 ff., 70 ff., 214 ff.

16 Vgl. K. O. Frhr. von Aretin: Das Alte Reich (wie Anm. 3), S. 44–56.

17 Vgl. P. C. Hartmann: Kulturgeschichte (wie Anm. 9), S. 52 ff. Ders.: Bevölkerungszahlen und Konfessionsverhältnisse des Heiligen Römischen Reiches deutscher Nation und der Reichskreise am Ende des 18. Jahrhunderts. In: Zeitschrift für Historische Forschung 22 (1995), S. 345–369, hier bes. S. 345–352.

18 K. O. Frhr. von Aretin: Heiliges Römisches Reich (wie Anm. 5), Bd. 1, S. 50 ff.

19 Vgl. P. C. Hartmann: Kulturgeschichte (wie Anm. 9), S. 52–54.

20 K. O. Frhr. von Aretin: Das Alte Reich (wie Anm. 3), Bd. 1, S. 44 ff. P. C. Hartmann: Kulturgeschichte (wie Anm. 9), S. 71 ff.

21 Anton Friedrich Büsching: Erdbeschreibung. Bd. 5. Hamburg 1789, S. 27. K. O. Frhr. von Aretin: Das Alte Reich (wie Anm. 3), Bd. 1, S. 112 ff. Jean François Noël: Le Saint-Empire. Paris 1993, S. 56 ff.

22 Vgl. P. C. Hartmann: Kulturgeschichte (wie Anm. 9), S. 71–81.

23 Vgl. Oliver Volckert: Politische Zersplitterung und Wirtschaftswachstum im Alten Reich (1650–1800). In: Vierteljahrheft für Sozial- und Wirtschaftsgeschichte 86 (1999), S. 1–38.

24 Vgl. P. C. Hartmann: Der Bayerische Reichskreis (wie Anm. 15), S. 68 ff., 92 ff.

25 Vgl. Winfried Schulze: Reichstage und Reichssteuern im späten 16. Jahrhundert. In: Zeitschrift für Historische Forschung 2 (1975), S. 43–58. P. C. Hartmann: Der Bayerische Reichskreis (wie Anm. 15), S. 427 ff. Bernhard Sicken: Das Wehrwesen des fränkischen Reichskreises. Aufbau und Struktur (1681–1714). Bd. 1, S. 127. Ders.: Der Fränkische Reichskreis – Seine Ämter und Einrichtungen im 18. Jahrhundert (=Veröffentlichung der Gesellschaft für fränkische Geschichte 1). Würzburg 1970, S. 283 ff.

26 Vgl. z.B. K. Härter: Reichstag und Revolution (wie Anm. 13), S. 271 ff., 305 ff., 357, 439 ff.

27 Dies machte sich z.B. bei der Reichsexekution gegen Friedrich den Großen am Anfang des Siebenjährigen Krieges bemerkbar. Vgl. u.a. Axel Gotthard: Das Alte Reich 1495–1806. Darmstadt 2003, S. 140 f.

28 Vgl. K. O. Frhr. von Aretin: Das Alte Reich (wie Anm. 3), Bd. 3, S. 98 ff. Ders.: Heiliges Römisches Reich (wie Anm. 5), Bd. 1, S. 102 f.

29 Vgl. Hans Schmidt: Militärverwaltung in Deutschland vom Westfälischen Frieden bis zum 18. Jahrhundert. In: Werner Paravicini / Karl Ferdinand Werner (Hrsg.): Histoire comparée de l'administration (IVe-XVIIIe siècles). München 1980, S. 570–580.

30 Vgl. P. C. Hartmann: Der Bayerische Reichskreis (wie Anm. 15), S. 284.

31 A. Gotthard: Das Alte Reich (wie Anm. 27), S. 119 ff. Helmut Neuhaus: Das Reich in der Frühen Neuzeit (=Enzyklopädie Deutscher Geschichte 42). München 1997, S. 39–43.

32 Charles-Irénée Castel / Abbé de Saint-Pierre: Projet pour rendre la paix perpétuelle en Europe. Bde. 1–2. Utrecht 1713; Bd. 3. Lyon 1717; Neudruck 1980, bes. Bd. 1, S. 51–94.

# Kaisertum und Kaisergedanke im lateinischen Europa in Antike und Mittelalter

*Von Peter Moraw*

Das Thema „Kaisertum und Kaisergedanke im lateinischen Europa in Antike und Mittelalter" ist eines der großen Themen unserer älteren Geschichte. Man wird dabei nicht nur an Frankfurt am Main denken, an den Ort, der so viel mit dem alten Kaisertum zu tun hat. Doch es gab in der Weltgeschichte noch andere Kaisertümer, wenn dieser Plural sprachlich erlaubt ist. Besucht man Japan, das einzige Kaiserreich von heute, so erlebt man einen letzten Rest des Besonderen dieser Institution. Japanische historische Handschriften dürfen, soweit sie kaiserliches Eigentum sind, nur von eigens dafür bestellten Bediensteten im weißen Anzug mit seidenen Handschuhen umgeblättert werden, nicht vom Benutzer. Oder: Am Flughafen in Moskau ist man jüngst von einem Kollegen mit dem Satz begrüßt worden: „Willkommen im Dritten Rom", unter Anspielung auf die Abfolge der Kaisertümer in Rom, Konstantinopel-Byzanz und Moskau (bis 1917). Auf dem alten Moskauer Kaiserpalast, dem Kreml, wurden und werden die Turmbekrönungen mit den Sowjetsternen wieder abmontiert und durch den alten Doppeladler der Zaren ersetzt.

Es muß wohl etwas Außergewöhnliches daran sein am Kaisertum und am Kaisergedanken, auch etwas Exklusives, oft etwas, was einen Unterschied setzte zu den Nachbarn, und zuletzt etwas, was einst die daran Beteiligten sehr stolz gemacht hat und heute noch manchen Nachlebenden stolz macht, auch wenn man inzwischen gerade bei uns mit einer solchen Haltung vorsichtig umgeht. Seinerzeit war dieser Stolz etwas Elementares, geradezu die Hauptfunktion des Kaisertums in der alten deutschen Geschichte, wenn auch die Jahrhunderte hindurch in unterschiedlicher Ausprägung und Auffassung. Gleichwohl können wir schon am Anfang dieses Beitrags feststellen: Nicht die Geographie oder die Landesnatur oder irgendeine andere, gar geheimnisvolle Kraft und auch nicht das Deutschsein an und für sich hielten die ältere deutsche Geschichte zusammen und stabilisierten sie, sondern in erster Linie das Kaisertum. Der Stolz der Deutschen und manchmal auch die Skepsis der anderen trafen sich im Kaisertum. Entstehen und Bestehen der deutschen Geschichte war nichts Selbstverständliches, sondern etwas speziell Gewordenes wie alles historisch Gewachsene, das über einfache Ur-Situationen (wie etwa diejenige der Familie) hinausweist.

Beginnen wir mit einem ganz nüchternen Gedanken. Unsere Staatsform der Gegenwart, die parlamentarische Demokratie, ist historisch gesehen extrem jung und hat insofern ihre Bewährungsprobe, das Bestehenbleiben über mehrere oder zahlreiche Jahrhunderte hinweg, noch vor sich. Wünschen wir ihr, daß sie die Probe bestehe. Ganz gewiß ist die parlamentarische Demokratie nicht die historisch bedeutsamste Staatsform. Dies ist in viel höherem Maß die „Einherrschaft", die Monarchie, in ihren verschiedenen Ausprägungen vom autokratischen Kaisertum im antiken Rom bis hin zur konstitutionellen Monarchie, wie sie heute noch in einer Reihe von zumeist europäischen Ländern besteht. Das Kaisertum war und ist die höchste Form der Monarchie, schon weil es gedanklich (nicht unbedingt in der Realität) je Kulturkreis normalerweise eigentlich nur ein einziges Kaisertum hätte geben sollen. Außerhalb unseres Kulturkreises bestanden – oder in dem einen erwähnten Fall bestehen – die Kaisertümer von China, Japan, Korea, Persien und Äthiopien, zeitweilig auch von Indien, das

Kalifat von Bagdad, die indische Mogulherrschaft. Innerhalb unseres Kulturkreises gab es das schon genannte antik-römische Kaisertum mit seinen Ableitungen in Byzanz, Deutschland, Rußland, Österreich und Frankreich, dann wieder in Deutschland (1871–1918) und wie erwähnt in England-Indien (Königin Victoria von England als Kaiserin von Indien). Beiseite gelassen seien zwei weitere nicht so wesentliche Typen von Kaisertümern, kurzzeitig-exotische (im kolonialen und spätkolonialen Asien, in Süd- und Mittelamerika und in Afrika) und kurzzeitig-partikulare Kaisertümer (wie im mittelalterlichen England und Spanien), auch die bulgarischen und serbischen Zartümer.

Eng verflochten ist das Kaisertum mit den anderen Formen der Monarchie, vor allem mit dem Königtum. Gerade Europa, vor allem das Europa des westlichen Christentums, war die längste Zeit seiner Geschichte ein Europa der Monarchien. Im späten Mittelalter waren es zum Beispiel annähernd fünfzehn. Beiseite gelassen sind endlich auch die imperialen Wesenszüge der Monarchie des Papstes, die im Mittelalter hervortraten und erst im 20. Jahrhundert erloschen sind.

Genannt seien sogleich die beiden wichtigsten Formen der Verflechtung von Königtum und Kaisertum. Es ist erstens der deutsche Fall. Nur der deutsche König konnte in vorrevolutionärer Zeit (gemeint ist die Französische Revolution von 1789) im lateinischen Europa Kaiser werden, und es ist de facto nur er geworden. Andererseits hat der deutsche König in allgemein anerkannter Form sehr bald fast alle Kaiserrechte schon als König ausgeübt, mit Ausnahme des Rechts, zu eigenen Lebzeiten den Sohn als König neben sich zu sehen. Die deutsche Sprache kann mit ihrem Zentralbegriff „Reich" nicht zwischen Kaiserreich und Königreich unterscheiden, wie es der Lateiner mit „regnum" und „imperium" tut und nach seinem Vorbild Franzosen und Engländer. Die Reichskrone war Königs- und Kaiserkrone zugleich. Das Gewicht unserer zeitweiligen heimischen Beifügungen „römisch", „heilig" und „deutsch" zu diesem Zentralbegriff „Reich" tritt demgegenüber zurück. Im Sprachgebrauch der Zeitgenossen ging es, wie man beobachtet, zumeist um das „Reich" an und für sich. Ihm gegenüber stand bei uns Deutschland. Auch wir sprechen hier unbesorgt von Deutschland, schon weil in dem jedes Wort juristisch sorgsam abwägenden Text der Abdankungsurkunde des Kaisers Franz II. im Jahr 1806, als dieses Reich zu Ende ging, in der Tat vom Deutschen Reich die Rede ist, nicht, wie davor, vom Römischen Reich oder vom Heiligen Reich. Der Sprachgebrauch vom Deutschen Reich, der dann im 19. und 20. Jahrhundert weitergewirkt hat, hatte sich im 18. Jahrhundert durchgesetzt.

Die zweite Form der Verflechtung von Kaisertum und Königtum bezog sich vorerst vor allem auf Frankreich. Sein König beanspruchte seit dem 13. Jahrhundert, in seinem eigenen Königreich, also innenpolitisch, wie ein Kaiser zu sein („rex est imperator in regno suo"), das heißt, innerhalb seines Königreichs die Rechte des römischen Kaisers der Antike auszuüben. Daran hat ihn niemand gehindert. Den Kaisertitel hat er indes nicht geführt.

Im Hauptteil dieses Beitrags wird von vier Punkten gesprochen. Erstens: Vom Ursprung des Kaisertums in der Antike. Zweitens: Von der frühmittelalterlichen Übertragung („Translatio") des Kaisertums in das nordalpine Mittelalter unter Karl dem Großen und vom Erwerb dieses Kaisertums durch diejenigen, die bald Deutsche heißen werden. Drittens: Von den Krisen dieses Kaisertums vor allem wegen seiner Verknüpfung mit der Papstkirche. Viertens: Über die relative „Verweltlichung" dieses Kaisertums und damit über sein Sich-Einfügen in die neuzeitliche Staatenwelt Europas. Geschlossen sei im frühen 16. Jahrhundert.

## I.

Während der Ursprung weit entfernter Kaisertümer gern auf mythische Zeiten und ebensolche Entstehungsumstände zurückgeführt wird und mit numinos-religiösen Vorstellungen verknüpft ist, wie zum Beispiel in Japan, erweist sich der Beginn „unseres" Kaisertums, also des antik-mittelalterlich-neuzeitlichen Kaisertums in Europa, als im Kern durchaus konkret-profan oder gar als staatsstreichartig. Dieses Kaisertum wurde erst in der Folgezeit religiös überformt und um mancherlei Wesenszüge bereichert, die seinen ersten Entstehungsumständen fremd gewesen sind. Den Bedarf an solcher Bereicherung muß man allerdings sehr ernst nehmen. Er dürfte mit dem enormen Wachstum von Rang und Würde dieses Kaisertums unabweisbar geworden sein und wird daher bald einen notwendigen Bestandteil dieser Würde darstellen. Wenn man in Vergangenheit und Gegenwart vom Kaisertum „an und für sich" spricht, ist stets das römische Kaisertum gemeint, genauso wie man, wenn von der Stadt an und für sich die Rede ist, Rom anspricht.

Das antike Rom, in dessen Geschichte wir ganz kurz hineinblicken, war bekanntlich zunächst eine Monarchie von Königen mit durchaus sagenhaften Begleitumständen. Dieses Königtum wurde durch eine gern republikanisch genannte Staats- oder auch noch Stadtverfassung abgelöst, die man bald recht krisenanfällig nennen kann. Unter dem Namen einer Volksherrschaft (der männlichen städtischen Vollbürger) („res publica") suchte man die Balance zumal der hochadeligen Kräfte der Stadt in einem komplizierten System von Amtsträgern auf Zeit aufrechtzuerhalten. Die Befehlsbefugnis oder gar das Herrschaftsrecht, die sich aus der Notwendigkeit der Übertragung dieser Ämter (einfach damit sie handhabbar wurden) an einzelne Personen ergaben, nannte man „imperium". So hieß dann bald auch die Ausübung oder Nutzung solcher Kompetenz und schließlich auch der davon betroffene Raum. Primär bezog sich das „imperium" auf militärische Gewalt außerhalb der Stadt Rom. Wer ein solches „imperium" ausübte, hieß Imperator. Den Schritt zur kaum mehr beschränkten Herrengewalt kann man erblikken im „imperium" des Octavianus Augustus seit dem 13. Januar des Jahres 27 v. Chr., das heißt in dessen Befehlsgewalt auf zehn Jahre über die zahlreichen damals als unbefriedet geltenden römischen Provinzen mit den dort stationierten, fast die ganze römische Heeresmacht umfassenden Truppen. Nach und nach wurden die Einzelbestandteile solcher Herrengewalt als einheitlich empfunden. Dabei blieb der Begriffsinhalt flexibel und ermöglichte noch jahrhundertelang ein recht erfolgreiches Reagieren auf die sich vielfältig ändernden Anforderungen eines ungeheuer ausgedehnten Reiches. Man kann diese Flexibilität als große politische Leistung und als Voraussetzung für die noch unbe-

*Augustus als Pontefix Maximus. Kopf einer zu Lebzeiten des Kaisers entstandenen Statue. Thermenmuseum Rom*

kannte Zukunft begreifen. Selbst die Teilung dieses Reiches in einen Westteil und einen Ostteil um 400 n. Chr. war möglich.

Ähnlich wie mit Wort und Begriff „Imperator" verhielt es sich mit den ursprünglichen Namen „Caesar" und „Augustus". Aus dem Namen Julius Caesars, des Großonkels und Adoptivvaters des Augustus, dem man selbst schon das Streben nach unumschränkter Herrschaft nachgesagt hatte, entstand volkssprachlich zumindest in einigen germanischen und in den slawischen Sprachen in Mittelalter und Neuzeit der Kaiser- bzw. Zarentitel. Mit dem Namen des Augustus verband sich nicht ohne Zusammenhang mit der Wortbedeutung von lateinisch „augére" („vermehren") ein zweiter begrifflicher Strang, der auf sehr lange Zeit hinaus höchstrangige politische Existenz und Kompetenz, womöglich auch besonderen Eifer und Erfolg beim Herrschen und Regieren bezeichnete. Im Amtseid unserer ersten Staatsdiener von heute ist in ganz abstrakter Form noch ein Reflex davon enthalten, wenn sie schwören, den Nutzen des deutschen Volkes zu mehren. Die Vorstellung von geographischer Ausdehnung, die sich in christlicher Zeit gemäß dem Befehl des Evangeliums in die Ausweitung des Christentums verwandeln sollte, ist demgegenüber geschwunden. Der deutsche Adler auf den Wappen und Münzen der Gegenwart ist immer noch der Adler der Legionen des Imperators, zuerst der Adler Jupiters, des antik-heidnischen Göttervaters, des Gottes der Kaiser. So weit reicht unsere Staatstradition zurück, wohl weiter als in jedem anderen Land Europas, auch wenn die Erinnerung daran dem Bewußtsein entschwunden ist.

Das Mittelalter und schon das Ende der Antike waren nicht nur römisch-profan-antik, sondern auch christlich-antik. Indem das Mittelalter christlich geworden war, wurde es im Kern auch israelitisch oder jüdisch. Das alles heißt: Neben der mit Caesar und Augustus beginnenden Realgeschichte unseres Kaisertums ist genau so wichtig die Bewußtseinsgeschichte. Über König David und König Salomon, den jüdischen Königen aus dem Alten Testament, wirkte diese Bewußtseinsgeschichte in die Zukunft, besonders in Gestalt zweier Fundamentalfiguren oder Figurengruppen, des Evangelisten Lukas und einer Anzahl von Päpsten.

Die Päpste in Rom waren in das seit dem Jahr 476 n. Chr. bestehende Vakuum nach dem Ende des weströmischen Kaisertums eingetreten, bei vielen Schwankungen im einzelnen, über die man hier hinweggehen darf. Papst Gelasius I. (492–496) hatte beispielsweise in seiner sogenannten Zwei-Gewalten-Lehre den Vorrang der geistlichen Gewalt gegenüber dem Kai-

*Karl der Große. Bronzene Reiterstatue. Metz, 9. Jahrhundert*

ser in Byzanz postuliert, mit langer Nachwirkung. Am wichtigsten war die zuerst im 12. Jahrhundert von Bernhard von Clairvaux formulierte Zwei-Schwerter-Lehre (nach Lukas 22,35–38), die dem Papst beide Schwerter = beide Gewalten (das hieß die geistliche und die weltliche Gewalt) zusprach. Papst Bonifaz VIII. hat dies im Jahr 1303 in der Bulle „Unam Sanctam" zum Dogma erhoben. Derselbe Papst hat auch die Tiara, die dreifache Krone des Papstes, als sein kaiserliches Zeichen zur Vollendung geführt, die dann in einem neuen Zeitalter, dem demokratischen des 20. Jahrhunderts, wieder abgelegt worden ist.

Vers Lukas 2,1, die Aussage des historisch am besten qualifizierten der vier Evangelisten, die wir alle aus der Weihnachtsgeschichte kennen, kann man als den höchstrangigen Verfassungsartikel der kommenden mittelalterlichen Geschichte Europas und speziell der deutschen Geschichte bezeichnen. Lukas stellte autoritativ fest, mit den Mitteln der Zeit unwiderlegbar, daß es einen Kaiser (mit Namen Augustus) gab, der konkurrenzlos über die Welt, verstanden im damaligen Sinn als das eine Weltreich, herrschte, in welchem er unter anderem unbestritten das Besteuerungsrecht ausübte. Daher zog Josef mit Maria nach Bethlehem, um sich in die Steuerliste des Kaisers eintragen zu lassen. Was Lukas darüber hinaus mitteilte, ist seinerzeit nicht ganz mit demselben Gewicht ins Bewußtsein getreten, obwohl es nicht minder autoritativ und „explosiv" war: Augustus, der erste Kaiser, herrschte schon, bevor Christus in Bethlemen geboren wurde. Christus hatte dann die Binde- und Lösegewalt an Petrus übertragen. Der Nachfolger Petri, der Papst, übte damit ein jüngeres und daher nach dem Anciennitätsdenken des Mittelalters eigentlich hinter dem Kaisertum zurückstehendes Amt aus. Diese Position konnte aber nicht behauptet werden. Viel kraftvoller wirksam war die allgemeine mittelalterliche Auffassung, daß geistliche Amtsinhaber ihres Amtes wegen höher stünden als weltliche, der Papst also einen höheren Rang innehabe als der Kaiser. Seit dem 12. und 13. Jahrhundert wurden Päpste und Kaiser von ihren antiken Anfängen bis zur jeweiligen Gegenwart durchgezählt, und zwar bald handbuchartig, so daß die Angehörigen der Bildungsschicht und die Herrscher in jeder Generation präzise Bescheid wußten. Schon gemäß der Aussage von Lukas konnte kein anderer König der Christenheit den Vorsprung des Kaisers vor allen anderen säkularen Herrschern aufholen. Erst mußte eine allgemeine Profanierung des Verfassungsdenkens einsetzen. Bis dahin hat es sehr lange gedauert, bis ins 16. Jahrhundert im „modernen" Frankreich, bis ins 17. oder gar ins 18. Jahrhundert in Deutschland.

Kaiser Karl IV. (1346–1378) hat am 25. Dezember 1346 im Basler Münster, noch als Gegenkönig gegen den gebannten Kaiser Ludwig den Bayern, Lukas 2,1, den Kernbestandteil des Weihnachtsevangeliums – in diesem ersten bezeugten Fall mit gezücktem Schwert – im Weihnachtsgottesdienst persönlich verlesen und damit den Anspruch seines Amtes und seiner Person öffentlich dargetan. In der konkreten Situation des 14. Jahrhunderts geschah dies sicherlich primär, um seine Rechtgläubigkeit zu bekunden. Als König Sigmund auf dem Konstanzer Konzil (1414–1418) dasselbe tat, war dies wohl schon deutlicher in das Antlitz der Papstkirche hineingesprochen, die sich in einer schweren Krise befand. Auch den dort weilenden Abgesandten der Könige Europas wird das nicht so sehr gefallen haben. Kaiser Karl V. hat im 16. Jahrhundert diesen Akt offenbar zum letzten Mal wiederholt.

## II.

Die profanen Reiche der frühmittelalterlichen Völkerwanderungzeit, groß geworden in Traditionen, die wir immer mehr als spätrömisch, nicht mehr so sehr als germanisch begreifen, hatten in vielen Fällen das päpstliche Christentum angenommen. So war es auch bei den Franken, dem bedeutendsten dieser Völker, dessen Kerngebiet zwischen Rhein und Maas gelegen war, die sich aber inzwischen weit darüber hinaus ausgedehnt hatten. Bis heute ist es angesichts einer sehr schwierigen Überlieferung unsicher, ob es mehr als eine historische Momentaufnahme ist, daß sich Papst Leo III. (795–816) in einer konkreten Notlage, vom römischen Adel bedrängt, an den Frankenkönig

Karl (768–814) um politische Hilfe wandte, an einen König also, der nördlich der Alpen herrschte, der aber schon in den Mittelmeerraum ausgegriffen hatte. Wahrscheinlich im Tausch gegen die von Karl in der Tat gewährte Hilfe sah sich der Papst veranlaßt, am 25. Dezember des Jahres 800 diesen König in Rom im Petersdom zum Kaiser zu erheben. Man wird im Einklang mit der Mehrzahl der Forscher sagen dürfen, daß Karl im Prinzip damit einverstanden gewesen sein wird, daß aber der konkrete Ablauf der Erhebung oder auch die Konsequenzen am reisenden Karlshof und ganz gewiß daheim unter den Franken zumindest recht umstritten waren. Daß die Akklamation der umstehenden Römer nach byzantinischem Vorbild der rechtlich entscheidende Vorgang war, ist bald zugunsten der eindrucksvolleren Weihehandlung des Papstes vergessen worden. Karl selbst nannte sich „a Deo coronatus" (von Gott gekrönt) und wie gewohnt „imperator augustus". Auf sein neu gewonnenes Reich bezog er sich mit einem recht komplizierten Titel mit dem Kernbestandteil „Romanum gubernans imperium" (das Römerreich regierend) und blieb weiterhin zusätzlich „rex Francorum et Langobardorum" (König der Franken und Langobarden), wozu ihn sein Volk und das Erobererrecht längst gemacht hatten. Gegenüber dem weiterbestehenden, besser legitimierten östlichen römischen Reich, das wir byzantinisch nennen, blieb Karl zurückhaltend und defensiv und wurde von dort auch nicht wirklich akzeptiert. Er erschien als Barbar und Emporkömmling. Über die komplexe Rolle des spätkarolingischen Kaisertums des Sohnes und Enkels Karls des Großen, die man nicht gerade rühmlich nennen wird, kann man hier hinweggehen. Am wichtigsten war, daß man nicht vergaß, daß es diese Würde nun auch wieder im Westen gab, wenngleich mit einem neuen Schwerpunkt nördlich der Alpen. Man vergaß auch nicht den Brauch der Krönung durch den Papst, die ganz anders als in Byzanz bei uns nach und nach konstitutiv geworden ist. Im Ostreich hat man dieses nicht verstanden.

Das Karolingerreich zerfiel zum Ende des 9. Jahrhunderts, und nicht ohne Grund rechnet man vom 10. Jahrhundert an die

*Papst Leo III. und Karl der Große als Getreue des Apostels Petrus. Mosaik vom Speisesaal aus dem alten Lateranpalast in Rom, um 800*

Entstehungsphase der europäischen Völker, wie wir sie kennen, jedenfalls der großen und alten, der Völker der Mitte. Vermutlich waren manche Nachdenkende überrascht, daß dabei nicht das entwicklungsgeschichtlich begünstigte Westfrankenreich, das spätere Frankreich, zur Vormacht des lateinischen Europas emporstieg, sondern der benachteiligte und stärker von bedrohlichen Nachbarn herausgeforderte Ostteil, das spätere Deutsche Reich. Sicherlich hat der Erfolg der Ottonen des

*Otto I., der Große, mit seiner Gemahlin Adelheid und dem achtjährigen Thronfolger (Otto II.) zu Füßen Christi, des heiligen Mauritius und der Gottesmutter. Elfenbeinrelief, um 963. Mailand, Castello Sforzesco, Museo d'Arte Antica*

10. Jahrhunderts, auf den es uns ankommt, mehrere Ursachen, primär gewiß abermals die politische Hegemonie, gegründet auf den militärischen Erfolg. Das Westfrankenreich war damals politisch schwach. Auf jeden Fall war es ein Fundamentaldatum der europäischen und der deutschen Geschichte, als König Otto I. (936–973), den wir den Großen nennen, am 2. Februar 962 abermals in Rom vom Papst zum Kaiser gekrönt wurde. Achthundertfünfzig Jahre lang sind seitdem im lateinischen Europa nur deutsche Könige zu Kaisern erhoben worden, bis zur Niederlegung dieses Titels im Jahr 1806. Unangefochten haben sie die erste Würde und den damit verbundenen Ehrenvorrang in Händen gehabt, unabhängig vom politischen Auf und Ab in der Folgezeit. Das oströmische Kaisertum hingegen hörte nach der Eroberung von Konstantinopel durch die muslimischen Osmanen im Jahr 1453 zu bestehen auf. Bald suchte der russische Großfürst unter dem Namen „Zar" dessen Nachfolge anzutreten (1547) und wurde auch nach und nach in dieser Würde anerkannt.

Seit salischer Zeit, seit dem frühen 11. Jahrhundert, war das westliche, das karolingisch-ottonische und künftige deutsche Kaisertum außer auf antikrömische und christlich-jüdische Traditionen auf den „Verbund" dreier Königreiche gegründet. Dazu gehörten neben unserem eigenen „Regnum Teutonicum" (Deutsches Reich) die Königreiche Italien (Norditalien) und Burgund. Ungeheuer stolz waren die Deutschen (wie eingangs erwähnt) bis tief in die Neuzeit hinein auf den uneinholbaren Vorrang ihres Herrschers als Kaiser und nicht weniger auf die zeitgenössische Verankerung dieses Imperiums in der christlichen Heilsgeschichte als das letzte der vier biblisch vorhergesagten Weltreiche, das das Kommen des Antichristen am Weltende aufhalte. Dieser Stolz hat ange-

*Huldigung Ottos III.*
*Der thronende Kaiser zwischen zwei Bischöfen, dem geistlichen, und zwei Kriegern, dem weltlichen Stand.*
*Doppelseite aus dem Evangeliar Ottos III. von der Insel Reichenau, Ende 10. Jahrhundert*

sichts der schwierigen Geschichte des Zusammenhalts dieses Reiches in einem großen Raum und mit zahlreichen Nachbarn die erwähnte bedeutungsvolle Rolle gespielt.

Demgemäß ist dieser Tatbestand in einer langen Forschungsgeschichte im Inland vielfältig diskutiert und auch unterschiedlich bewertet worden. Doch auch wie man im Ausland gerade die zuletzt genannten „fiktionalen" Elemente bewertet hat und bewertet – im Licht der jeweils anders gerichteten Nationalgeschichten –, sollte unsere Aufmerksamkeit erregen. Der Autor dieses Textes hält es für falsch, sie als Phantasiegebilde abzutun. Einerseits mochte oder mag man sagen, daß diese Kaiserwürde die Deutschen nach Italien „abgelenkt" und beim Deutschwerden ihres engeren Reiches eher behindert habe, da der Römername sich sogar bis in die Bezeichnung des Herrschers im speziell deutschen der drei Königreiche vorgedrängt habe („rex Romanorum"). Die Bezeichnung „deutsch" wäre aber bis ins 15. Jahrhundert hinein, wenn man sie „offiziell" akzeptiert hätte, von durchaus geringerem Wert als der römische Name und so etwas wie eine Selbstdiskreditierung gewesen, mit Ausnahme des im deutschen Norden geläufigen Begriffs „deutsche Hanse" und vergleichbarer Fügungen. Aber das maßgebliche politische Zentrum lag zumeist im Süden des Reiches und war von einer Begrifflichkeit beherrscht, die mit dem Begriff „Reich" zusammenhing (Reichstag, Reichsstadt usw.) und höherrangig war. Manche behaupteten, der Römername solle dazu verlockt haben, ziemlich luftige Weltherrschaftsgedanken ungefähr im Sinne des Augustus zu pflegen. Das war aber, wie die Geschichte zeigt, eher in der Moderne der Fall als im Mittelalter. Auf dem ersten Rang zu bestehen war etwas anderes, als konkrete politische Ansprüche zu erheben. Hingegen wurde und wird wohl unterschätzt die innenpolitisch verbindende Kraft des Kaisertums. Auf dieses konnten alle deutschen Völker und Stämme, die sich sonst sprachlich kaum schon verstanden, stolz sein, ohne daß man auf eines dieser Völker hätte glühend eifersüchtig sein müssen. Rom war eine gleichsam unparteiische Instanz. Um zu begreifen, wie hilfreich sich diese und andere neutralisierende Tatbestände darstellten, sollte man sich durchaus probeweise andere Möglichkeiten ausmalen, die für die Ordnung Mitteleuropas im 10. Jahrhundert und danach damals verfügbar waren. Keineswegs hätten diese Möglichkeiten zwingend zu einer einheitlichen deutschen Geschichte, wie wir sie heute kennen, hinführen müssen. Denn die Liste der Gemeinsamkeiten, die für die Zeitgenossen damals einleuchtend gewesen wären, war kurz, die Bindemittel waren bescheiden. Die wichtigste und wirksamste Gemeinsamkeit waren das Kaisertum und das Denken an das Kaisertum.

## III.

Kein Gemeinwesen kommt ohne Krisen aus, und häufig sind solche Krisen doppelgesichtig, das heißt, sie sind auch das Ergebnis vorausgegangener Erfolge. Ein Paradebeispiel dafür bietet die lange und schwierige, in mehrere Phasen geteilte Krisenzeit, in die die deutsche Geschichte gerade als Konsequenz des Erwerbs des Kaisertums geraten ist. Die Krise dauerte mit einigen Unterbrechungen vom späten 11. Jahrhundert bis zur Mitte des 14. Jahrhunderts. Weshalb?

Das Papsttum glaubte sich genötigt und verpflichtet, das wirkliche oder vermeintliche konkurrierende Einwirken einer weltlichen Gewalt, eben des Kaisertums, auf kirchliche Angelegenheiten einzuschränken oder zu beseitigen. Man kann das recht vereinfacht den Kampf der beiden Stärksten, des Kaisers und des Papstes, um die Vorherrschaft in der westlich-christlichen Welt nennen. In karolingischer und ottonischer Zeit war der Papst ein Gefolgsmann des Königs gewesen. Der entscheidende Anfang des Konflikts, der diese Situation radikal veränderte, ist unter dem Stichwort „Investiturstreit" bekannt. Investitur meint die Einsetzung von Amtspersonen in kirchliche Ämter. Dabei wurde die geistliche Aura des Kaisertums spätestens im 13. und 14. Jahrhundert zerstört oder entscheidend geschwächt. Ganz am Ende fand man nur um den Preis der Profanierung oder auch „Europäisierung" des Kaisertums aus der Krise heraus, wenn so abkürzend zu formulieren erlaubt ist. Konkret wird man sich allerdings, wie einst auch in der Krise der antiken Römischen Republik, die Dinge so vorzustellen haben, daß sich die Zeitgenossen von Einzelfall zu Einzelfall gleichsam vortasteten, ohne eine Vorstellung vom Schlußergebnis oder gar von einem Endziel des Konflikts zu haben. Das ist sehr wichtig, schon weil es ein Bewußtsein dafür schafft, wie der Historiker die Vergangenheit verändert, wenn er Geschichte handhabbar macht, also in bester Absicht.

Es ist vom hohen Rang des Kaisertums gesprochen und der Evangelist zitiert worden. Noch nicht war die Rede von den beiden großen Schwachpunkten dieser Aussagen. Sie hängen beide letztlich damit zusammen, daß die engere deutsche Geschichte keinen nennenswerten Anteil am Mittelmeerraum besaß, dem alten und weiterhin aktuellen Zentrum der Welt. Es war das Zentrum in fast jeglicher Hinsicht, in demographischer, ökonomischer, geistlicher und geistiger Hinsicht. Um das römisch-mittelmeerische Kaisertum weit weg an den Rhein oder anderswohin zu transferieren, ob zuerst nach Aachen oder dann ins ottonische Niedersachsen, an den salischen Mittelrhein, ins staufische Schwaben, ins luxemburgische Böhmen oder ins habsburgische Österreich, waren „Übertragungen“ („Translationes“) erforderlich, denen gegenüber die Zweifel nie völlig erloschen sind. Translator war der Papst, im Jahr 800 und im Jahr 962. Auch die folgenden Kaiser bis zum späteren 15. Jahrhundert werden sich ihren Titel in Rom abholen müssen. Strenggenommen, bei logischem Denken, mußte der Translator höheren Rang besitzen als der Transferierte. Strenggläubiges und nicht minder streng logisches Denken waren die Stärken des Papsttums seit seiner Emanzipations- und Verwissenschaftlichungsphase vom späten 11. und vom 12. Jahrhundert an. Papst Innozenz III. (1198–1216), der große Jurist, hat die einschlägigen Tatbestände durchschlagend und, falls man die Prämissen akzeptiert, unwiderlegbar formuliert. Das kaiserliche Gegenargument war die postulierte Gottunmittelbarkeit auch des Kaisertums (biblisch fundiert: „Gebt dem

*Papst Innozenz III. Wandgemälde in der Kirche Sacro Speco in Subiaco, 13. Jh.*

Kaiser, was des Kaisers ist") und damit die Forderung nach Gleichrangigkeit mit dem Papsttum. Das kaiserliche Argument war aber, wie sich zeigte, nicht so wirkungsvoll wie das päpstliche.

Was Innozenz vorgebracht hatte, das war einer der beiden Haupteinwände gegenüber der so bevorzugten Stellung des Kaisers und damit auch seiner Landsleute im papstchristlichen Europa. Im 12. und 13. Jahrhundert wird man dann vom Westen Europas her, wie schon erwähnt, einen zweiten großen Einwand erheben. Dieser zweite „entwicklungsgeschichtliche" Einwand lautete in den Worten des großen Gelehrten Johann von Salisbury ungefähr so: „Wer hat die Deutschen zu Richtern der Nationen bestellt", wenn sie doch (und jetzt kommt das, was damals jeder Gebildete wußte und deshalb nicht unbedingt aussprechen mußte) weniger „modern", weniger urban, weniger wissenschaftlich durchgebildet, endlich auch häufig weniger wohlhabend waren als andere Völker Europas im Westen und im Süden. Johann nannte das „roh und gewalttätig". Auch damit wurde wohl, wenn man die Polemik übergeht, der Sache nach etwas Richtiges und Wichtiges festgestellt.

So waren und sind beide Einwände schwer widerlegbar und waren ganz am Ende zum Schweigen zu bringen eigentlich nur durch die Reduzierung der Kaiserwürde auf einen Ehrenvorrang, unter Verzicht auf ein Handeln im Sinne der Tradition des Augustus, der sich seinerzeit auf wirklich gewichtige Rechte und Tatbestände und auf allgemeine Anerkennung hatte stützen können. Das war in der Tat der „große europäische Kompromiß", der sich im Lauf der Geschichte des endenden Mittelalters und der früheren Neuzeit einstellte.

Die drei großen Einzelkonflikte, die insgesamt das Ringen der Kaiser mit den Päpsten ausmachten, der Investiturstreit im engeren Sinn im 11. und 12. Jahrhundert, der Kampf der Staufer um Italien im 12. und 13. Jahrhundert und der schon erwähnte Konflikt Kaiser Ludwigs des Bayern mit der Kurie im frühen 14. Jahrhundert, haben die deutsche Geschichte tief erschüttert und die Historiker je nach Konfession, Region und Nation zu ganz gegensätzlichen Stellungnahmen geführt. Es ist wohl nicht angebracht, auf Einzelheiten einzugehen. Man wird nur feststellen, daß das Gewissen, gerade das christliche Gewissen, zu besiegen fast unmöglich scheint; das hat man noch im 19. und 20. Jahrhundert verspürt. Was die Deutschen betrifft, so sollte man zweierlei festhalten. Erstens: So tief die Leidenschaften der Zeitgenossen auch aufgewühlt worden sein mögen, kaum jemals hat einer das Kaisertum als Institution ernstlich und geschichtswirksam in Frage gestellt. So tief war es in der Antike und sekundär dann eben auch in der deutschen Geschichte und deren Würde verankert. Zweitens: Die „Verteidigungslinie" des Kaisers, wenn man so sagen darf, ist ganz nahe an die Kernsubstanz der deutschen Verfassung zurückverlegt worden. Im Jahr 1338 erklärten die Kurfürsten, die Königswähler, in Rhens am Rhein, daß der von ihnen gewählte König auch ohne päpstliche Approbation seinen Titel führen und die kaiserlichen Güter und Rechte handhaben dürfe. Denn logisches Denken in der gelehrten Welt, die in hohem Maß mit der Welt der Papstfreunde identisch war und weniger die Welt des Kaisers betraf, hatte unerbittlich zur Forderung des Papstes geführt, daß schon der deutsche König, gerade weil nur er Kaiser werden konnte, sich einer päpstlichen „Eignungsprüfung" unterziehen müsse. Nur ein gebannter Herrscher, Ludwig der Bayer, dem man legitim eigentlich nicht zuhören durfte, der aber gerade deshalb mehr Handlungsfreiheit genoß, konnte es sich gestatten, im gleichen Jahr 1338 die Extremposition zu verkünden, daß er in weltlichen Dingen niemanden auf Erden über sich habe, „sed eidem subsunt omnes nationes" („sondern ihm alle Völker untertan seien"), und daß er – einmal gewählt – auch ohne päpstliche Zustimmung als wahrer König und Kaiser zu gelten habe. Der Konflikt zwischen beiden Standpunkten ist nie wirklich gelöst worden und wäre, wenn nicht der Tod dazwischen gekommen wäre, eine Generation später, in den letzten Jahren Kaiser Karls IV., zwischen Papst und Kaiser unerbittlich wieder zum Ausbruch gekommen. Eine „Lösung" hat sich nur insofern einstellen können, als das Problem, wie wir gleich hören werden, nach und nach seine Brisanz verloren hat. Man konnte nach einiger Zeit gleichsam darüber hinweg zur Tagesordnung übergehen. Dies war eine „Lösung", zu der man in der politischen Wirklichkeit immer wieder hat hinfinden müssen und über die man nicht unglücklich sein muß.

## IV.

Im letzten Abschnitt des Vortrags wird man darauf zu sprechen kommen, was sich für die letzten beiden Jahrhunderte des Mittelalters zwischen 1350 und 1550 zu unserem Thema zusammenfassend sagen läßt. Der Fachmann weiß, daß es sich – im Vergleich zu den drei ersten Abschnitten – um die wissenschaftlich am wenigsten durchgearbeitete Periode handelt. Die Punkte, auf die es hier ankommt, seien kurz benannt.

1. Das politische Kräftespiel im lateinischen Europa und bald auch darüber hinaus wurde immer mehr zu einer ineinandergreifenden Situation. Große Konflikte, die zwei Gegner gleichsam auf einer isolierten Bühne austrugen, sollte es bald nicht mehr geben. Nach einer letzten großen Anstrengung am Anfang und teilweise noch während des 14. Jahrhunderts zog sich das Papsttum immer mehr vom Machtspiel der großen europäischen Geschichte zurück. Es war einfach zu wenig, was in einer immer mehr nach Truppenzahlen und Geldsummen rechnenden und wertenden Welt von der Kurie bereitgestellt werden konnte. Unauffällig verließ der Papst gerade auch die Bühne der deutschen Geschichte bald nach 1470. Die Reformation wird dieses Faktum, nachdem es schon im Mittelalter stattgefunden hatte, im nächsten, im 16. Jahrhundert für jedermann offenkundig machen.

2. An den großen Wandlungen der Reichsverfassung am Ende des Mittelalters hatten die Päpste keinen Anteil mehr, was in jeder beliebigen historischen Phase des Mittelalters zuvor seit den Saliern unmöglich und undenkbar gewesen wäre.

3. Das stets weiterwirkende oder immer neu aktualisierte Erbe der Antike stellte nun Denk- und Regelungselemente bereit, die man profan nennen kann. Man denkt dabei nicht so sehr an den Humanismus als an den Siegeszug des römischen Rechts, auch des Zivilrechts, nördlich der Alpen und an die zunehmende Entklerikalisierung der Eliten und Bildungsschichten. Der Zugang zu den modernisierenden Elementen aus der Antike („modern" und „antik" zusammenzubringen klingt paradox, ist es aber recht verstanden mitnichten) wurde nun auch ohne den Weg oder auch Umweg über die Papstkirche möglich.

4. Es gab (erstmals) wesentliche heimische, autochthone Elemente genereller Modernisierung, für die man den Mittelmeerraum nicht mehr benötigte. Der Siegeszug des Buchdrucks mit beweglichen Lettern kurz nach 1450, die erste ganz große Erfindung auf deutschem Boden, war nur ein spektakuläres Exempel dafür.

5. Das Wort „deutsch" gewann nun (abermals erstmals) politischen Rang und wirkte sich, weil damit Prozesse in der europäischen Nachbarschaft nachgeholt wurden, modernisierend und wieder zugleich europäisierend, auch Solidarität, Kommunikation und Diskussion, ja Streit verstärkend, kurz jedesmal „verdichtend" aus. Die Reichsverfassung wurde autochthon, aus eigenem Recht und mit eigenen Mitteln, deutschlandintern, modernisiert, und das hieß auch auf eine breitere Basis gestellt; die Zahl der Mitsprechenden und zuletzt auch mitverantwortlich Werdenden vermehrte sich deutlich. Wenn sonst jemand mitsprechen wollte, dann waren es die profanen Nachbarmonarchien.

Das Resümee von all diesem heißt: Es verstärkten sich auf dem langen Weg von der römischen Antike bis zum Ende des Mittelalters bei der einst mediterran begründeten und traditionell-religiös aufgeladenen Kaiserwürde die realpolitischen und heimischen Elemente und gestalteten sie damit wirklichkeitsnäher und profaner. Im Jahr 1508 wird in einem in jeder Hinsicht juristisch korrekten Vorgang König Maximilian (wohl ohne sich dessen voll bewußt zu sein, daß er damit gleichsam eine Summe über viele Jahrhunderte zog) in Trient den Kaisertitel eigenständig annehmen, zwar südlich der Alpen und im Angesicht Italiens, aber auf dem Boden des Regnum Teutonicum. Das geschah durch eine einfache Erklärung. Fortan wird er ihn in dieser Weise führen, wie auch seine Nachfolger. Nur Kaiser Karl V. ist ein letztes Mal, in Bologna, vom Papst gekrönt worden (1530). Jedem der beiden Partner ist damit sein Recht belassen worden. Allerdings veränderte sich der „Stellenwert" der Rechte, was erst das Miteinanderauskommen der Partner möglich machte. Nicht wurden dabei Rechte entwendet oder angemaßt, wie das etwas später und bis heute üblich werden wird. Denn Maximilian nannte sich wie seine Nachfolger nur „Erwählter Römischer Kaiser" in strenger Analogie zum Bischofselekten, der kirchenrechtlich noch kein Bischof ist, aber so heißt und so handelt. So kann man wiederholen: Es wurden dem Papst und der neuen deutschen Realität ihr Recht gegeben oder belassen.

Das hatte übrigens mit der Kurfürstenwahl, wie sie in Frankfurt stattfand, unmittelbar nichts zu tun. Deren Rechte wurden nicht verletzt. Denn die Kurfürsten konnten gemäß der unveränderbaren Goldenen Bulle von 1356 nur den König wählen, wenn auch unter der erwähnten begrifflichen römischen Überlagerung („rex Romanorum"). Diese entstammte, wie sich nun herausstellte, einer nach und nach fernrückenden Zeit, in der einst das Wort „deutsch" so viel politisches Gewicht noch nicht hatte tragen können. Auch wählten die Kurfürsten, vor allem um ihren eigenen Rang zu wahren, den König gleichsam unabhängig vom Auf und Ab der Augenblicks-Realitäten im Bewußtsein einer seiner Haupteigenschaften oder überhaupt seiner Haupteigenschaft als „futurus Caesar" („künftiger Kaiser") oder als „Rex in imperatorem promovendus" („als König, dessen Eigenschaft es sei, Kaiser zu werden"), wie die Goldene Bulle ebenfalls sagt. Die Rechte der Kurfürsten sollten und konnten nicht verändert werden, und es war ein auch für sie schmeichelhaftes Bewußtsein, das zu verändern man ebenfalls keinen Anlaß sah.

Die Krisen der Reformation und des konfessionellen Zeitalters werden an dieser Lage nichts Wesentliches ändern. An seiner Haltung hat das Kaisertum auch in der ferneren Zukunft festgehalten. Das deutsche Nationalbewußtsein, das unauffällig überging in das Bewußtsein der deutschen Historiker des 19. Jahrhunderts, die sich selbst als führend einstuften, mag nach und nach seinerseits gefordert haben, an diesen Positionen festzuhalten. Verbiegungsversuche, die so gut wie gänzlich gescheitert sind, kamen bis 1806 von außen aus der Machtpolitik Europas, der die Deutschen bekanntlich nicht immer ganz gewachsen waren. Aber es blieben bis an diesen Wendepunkt heran Versuche.

Was hingegen wirklich Veränderungen mit sich brachte, waren die von außen und von innen wirkenden, offensichtlich unwiderstehlichen „Gezeiten" der ganzen europäischen Geschichte, denen sich alle anpassen mußten: „Gezeiten" wie die Profanierung und dann Nationalisierung des ererbten Verfassungsguts und Verfassungsdenkens und der damit befaßten Personen. Bei uns geschah das aber eher langsamer als anderswo und daher wohl auch im höheren Maß in den Bahnen des Rechts und der Gerechtigkeit.

Literatur:


Hartmut Boockmann: Stauferzeit und Spätes Mittelalter. Deutschland 1125–1517. Berlin 1987.

Wilhelm Brauneder / Lothar Höbelt (Hrsg.): Sacrum Imperium. Das Reich und Österreich 996–1806. Wien u.a. 1996.

Wilhelm Brauneder (Hrsg.): Staatliche Vereinigung. Fördernde und hemmende Elemente in der deutschen Geschichte. Berlin 1998.

Joachim Ehlers (Hrsg.): Ansätze und Diskontinuität deutscher Nationsbildung im Mittelalter. Sigmaringen 1989.

Franz-Reiner Erkens / Hartmut Wolff (Hrsg.): Von Sacerdotium und Regnum. Köln u.a. 2002.

Johannes Fried: Der Weg in die Geschichte. Die Ursprünge Deutschlands bis 1024. Berlin 1994.

Axel Gotthard: Säulen des Reiches. Die Kurfürsten im frühneuzeitlichen Reichsverband. Husum 1999.

Otmar Hageneder: Weltherrschaft im Mittelalter. In: Mitteilungen des Instituts für österreichische Geschichtsforschung 93 (1985), S. 257–278.

Rolf Hammel-Kiesow (Hrsg.): Vergleichende Ansätze in der hansischen Geschichtsforschung. Trier 2002.

Bernd Heidenreich (Hrsg.): Deutsche Hauptstädte. Wiesbaden 1998.

Hagen Keller: Zwischen regionaler Begrenzung und universalem Horizont. Deutschland im Imperium der Salier und Staufer. 1024 bis 1250. Berlin 1986.

Mario Kramp (Hrsg.): Krönungen. Könige in Aachen. Geschichte und Mythos. Mainz 2000.

Michael Lindner u.a. (Hrsg.): Kaiser, Reich und Region. Berlin 1997.

Jürgen Miethke / A. Bühler: Kaiser und Papst im Konflikt. Düsseldorf 1988.

Peter Moraw: Reich. Antike und Mittelalter. In: Geschichtliche Grundbegriffe. Bd. 5. Stuttgart 1984, S. 423–456.

Ders.: Von offener Verfassung zu gestalteter Verdichtung. Das Reich im späten Mittelalter 1250 bis 1490. Berlin 1985.

Ders.: Über Entwicklungsunterschiede und Entwicklungsausgleich im deutschen und europäischen Mittelalter. In: Hochfinanz, Wirtschaftsräume, Innovationen. Festschrift für Wolfgang von Stromer. Bd. 2. Trier 1987, S. 583–622.

Ders.: Heiliges Reich. In: Lexikon des Mittelalters. Bd. 4. München, Zürich 1989, Sp. 2025–2028.

Ders.: Reichsreform oder Gestaltwandel der Reichsverfassung um 1500. In: Göttingische Gelehrte Anzeigen 244 (1992), S. 254–296.

Ders.: Über König und Reich. Sigmaringen 1995.

Ders. (Hrsg.): Deutscher Königshof. Hoftag und Reichstag im späteren Mittelalter. Stuttgart 2002.

Ulrich Nonn: Heiliges Römisches Reich deutscher Nation. In: Zeitschrift für Historische Forschung 9 (1982), S. 129–142.

Jürgen Petersohn: Rom und der Reichstitel „Sacrum Romanum Imperium". Stuttgart 1994.

Volker Press (Hrsg.): Alternativen zur Reichsverfassung in der Frühen Neuzeit? München 1995.

Karl Schmid (Hrsg.): Reich und Kirche vor dem Investiturstreit. Sigmaringen 1985.

Georg Schmidt: Geschichte des Alten Reiches. Staat und Nation in der Frühen Neuzeit 1495–1806. München 1999.

Karl Schnith: Monarchie. In: Lexikon des Mittelalters. Bd. 6. München, Zürich 1993, Sp. 729 f.

Ernst Schubert: König und Reich. Göttingen 1979.

Ders.: Einführung in die Grundprobleme der deutschen Geschichte im Spätmittelalter. Darmstadt 1992.

Uwe Schultz (Hrsg.): Große Prozesse. Recht und Gerechtigkeit in der Geschichte. München 1996.

Ders. (Hrsg.): Kaiser – Reich – Reformen. Der Reichstag zu Worms 1495. Koblenz 1995.

Karl Ferdinand Werner: Das hochmittelalterliche Imperium im politischen Bewußtsein Frankreichs im 10. bis 12. Jahrhundert. In: Historische Zeitschrift 200 (1965), S. 1–60.

Matthias Werner (Hrsg.): Identität und Geschichte. Weimar 1997.

# Die Goldene Bulle und die Kurfürsten

*Von Armin Wolf*

## I. Die Goldene Bulle

Der merkwürdige Name der „Goldenen Bulle" rührt von dem lateinischen Wort bulla her, das ursprünglich eine Wasserblase und davon ausgehend ein innen hohles Siegel bezeichnet. Eine solche goldene Bulle hängt an dem berühmten Gesetz Kaiser Karls IV.,[1] das zunächst noch gar nicht „Goldene Bulle" hieß. Der Kaiser selbst nannte das Werk „unser keiserliches rechtbuch".[2] Es wurde zum größeren Teil im Januar 1356 auf einem Hoftag in Nürnberg beraten und aufgesetzt[3] und mit einigen Ergänzungen zu Weihnachten desselben Jahres auf einem Hoftag in Metz besiegelt und verkündet.[4]

Von dem Metzer Hoftag 1356 ist kein zeitgenössisches Bildzeugnis erhalten. Doch zeigt ein Stich aus dem 18. Jahrhundert, wie man sich damals das Bankett nach der Besiegelung und Verkündung der Goldenen Bulle vorstellte. Kaiser, Kaiserin und die übrigen sechs Kurfürsten speisen unter freiem Himmel, jeder in einem geöffneten baldachinförmigen Zelt an eigener Tafel. Dieses Bild mit den auffälligen Zelten aus dem Buch über die Goldene Bulle von Johann Daniel von Olenschlager[5] scheint übrigens auch auf Goethes Faust eingewirkt zu haben, in dem die Szene im 4. Akt des Zweiten Teils mit der Einsetzung der Kurfürsten und der Besiegelung der Goldenen Bulle den Titel „Des Gegenkaisers Zelt"[6] erhielt. Und Olenschlager hatte, als er „eben seine Erläuterung der Guldenen Bulle schrieb", dem 14jährigen Goethe „den Wert und die Würde dieses Dokuments sehr deutlich" gemacht.[7]

Es gibt viele Urkunden mit goldenen Bullen, auch mehrere von Karl IV. Aber sein Gesetz von 1356 ist „die Goldene Bulle" schlechthin geworden. Sie erhielt diesen Spitz- oder Kurznamen im Jahr 1400, als sie bei der Absetzung König Wenzels zu

*„Großer Kayserlicher Hoff zu Metz am 25. December 1356, bey welchem K. Carl der IV. die Guldene Bulle publiziren lassen". Stich aus Johann Daniel von Olenschlager: Neue Erläuterung der Guldenen Bulle Kaysers Carls des IV. aus den älteren Teutschen Geschichten und Gesezen zur Aufklärung des Staatsrechts mittlerer Zeiten als dem Grunde der heutigen Reichsverfassung. Frankfurt und Leipzig 1766*

Rate gezogen wurde.[8] Seit dem 17. Jahrhundert wurde sie ein „Reichsgrundgesetz" genannt. Sie hat fast ein halbes Jahrtausend lang bis zum Ende des Alten Reiches 1806 dessen Verfassung in wichtigen Punkten geregelt – insbesondere die Wahl des Königs und späteren Kaisers durch sieben Kurfürsten, drei

Geistliche (die Erzbischöfe von Mainz, Trier und Köln) und vier Weltliche (den König von Böhmen, den Pfalzgrafen bei Rhein, den Herzog von Sachsen und den Markgrafen von Brandenburg).[9]

Ein solches Gesetz war im Jahr 1356 dringlich und möglich. Es war dringlich, weil das Reich in den anderthalb Jahrhunderten zuvor in mehr als der Hälfte der Zeit zwei konkurrierende Könige gehabt hatte. Daraus war viel Unfrieden erwachsen. Und ein solches Gesetz war 1356 möglich, weil zum ersten Mal seit 119 Jahren wieder ein vom Papst anerkannter Kaiser in Deutschland regierte. Gesetzgebung galt als ein eminent kaiserliches Recht, und Karl IV. nahm es nach der Rückkehr von seiner Kaiserkrönung in Rom gleich im ersten Jahr wahr.

Er konnte allerdings von fünf Punkten, die er sich vorgenommen hatte, drei nicht durchsetzen: Eine Regelung von Währung, Zöllen und Landfrieden für das ganze Reich, die Wirtschaft, Verkehr und innere Sicherheit reformiert hätten, konnte der Kaiser nicht realisieren. Gesetzlich geregelt wurden in der Goldenen Bulle nur die zwei verfassungsrechtlichen Punkte: Zusammensetzung des Kurfürstenstandes, insbesondere welche weltlichen Herren das Recht zur Königswahl hätten,[10] und Königswahl durch Mehrheitsentscheid der Kurfürsten zur Vermeidung von Kriegen.[11] Beide Punkte kehren in der Goldenen Bulle als die – bereits im Prooemium ausdrücklich angegebenen – Ziele des Gesetzes wieder: „die Einigkeit unter den Kurfürsten zu fördern (ad unitatem inter electores fovendam) und eine einmütige Wahl herbeizuführen (et electionem unanimem inducendam) und der erwähnten schmählichen Teilung und den mannigfachen daraus erwachsenden Gefahren den Zugang zu verschließen".[12]

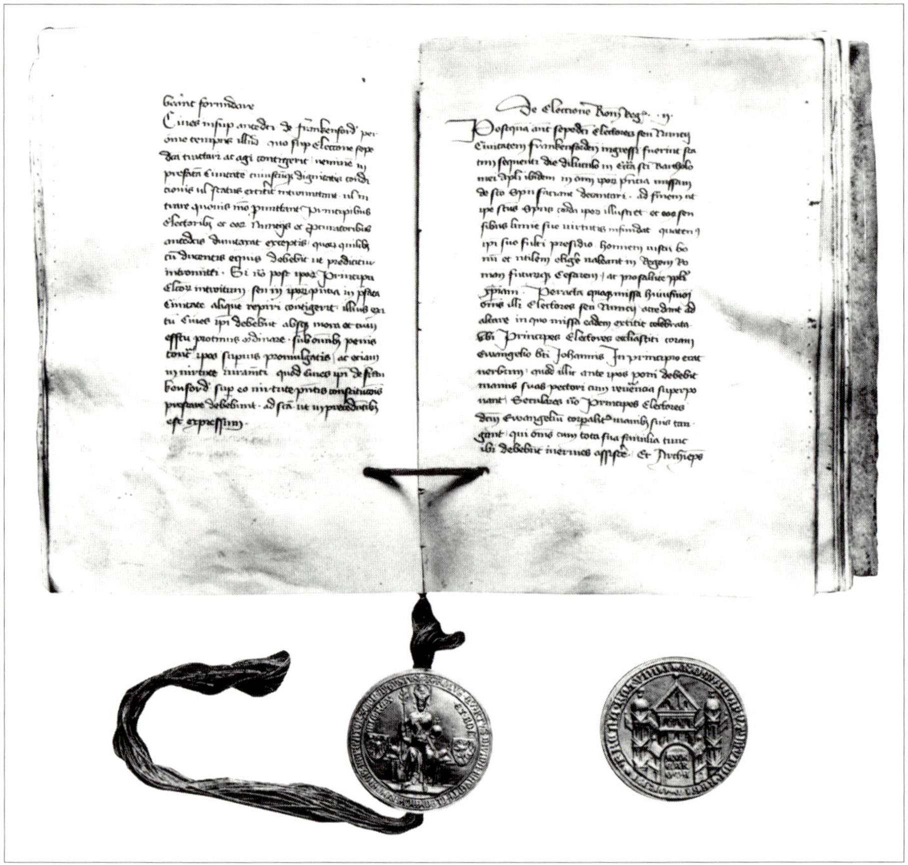

*Goldene Bulle von 1356. Historisches Museum Frankfurt a. M., C 35252, Foto: Ursula Seitz-Gray*

Im Gesetz ist die Reihenfolge der beiden Punkte vertauscht. Entsprechend werden hier zuerst die Bestimmungen der Goldenen Bulle über die Königswahl (I) und darauf das Kurfürstenrecht (II) behandelt.

Eine der entscheidenden Bestimmungen ist der Satz, daß der von der Mehrheit der in der Kirche St. Bartholomäus zu Frankfurt am Main versammelten Kurfürsten Gewählte römischer König und künftiger Kaiser sein soll (Kapitel II 3). Durch die ungerade Zahl der Wähler – sieben – und durch die Zulassung der Selbstwahl, falls ein Kurfürst selbst Kandidat ist (II 5), wird die Mehrheitsbildung ermöglicht. Vier Stimmen machen die Wahl gültig, d.h. die Mehrheit des Kurfürstenkollegs, nicht nur die Mehrheit der Anwesenden, ist erforderlich. Die Wahl der Mehrheit muß geachtet werden, als wäre sie einstimmig gewesen (II 4).

Diese Bestimmungen ermöglichten für die Zukunft eindeutige Königswahlen. Bei der einzigen Doppelwahl, die seitdem noch stattfand (1410), entsprach diese erste Erhebung Sigmunds nicht der Goldenen Bulle. Erst dessen zweite Wahl (1411) war rechtmäßig.

Die Goldene Bulle beugte aber nicht nur Doppelwahlen vor, sondern – was viel weniger beachtet wird – auch der entgegengesetzten Gefahr, daß das Königtum verwaist.

Damit nach dem Ableben eines römischen Königs auf jeden Fall eine Wahl stattfindet, werden die Kurfürsten verpflichtet, sich zu einer bestimmten Zeit und an einem bestimmten Ort zur Wahl einzufinden. Als dieser Ort wird Frankfurt am Main festgelegt. Der Termin wird durch den Ablauf einer Dreimonatsfrist bestimmt, die von einem Tag an gerechnet wird, den der Erzbischof von Mainz allen Mitkurfürsten in gleichlautenden Ladungsschreiben als deren vermutlichen Empfangstag nennt.[13] Diese Ladungsschreiben hat er innerhalb eines Monats nach Bekanntwerden des Todes des Königs zu versenden. Tut er dies nicht, so sind die Kurfürsten verpflichtet, sich ungeladen innerhalb der Dreimonatsfrist in Frankfurt einzufinden (I 15–16; XVIII).

*Einzug der Kurfürsten (die drei geistlichen zu Schiff, die vier weltlichen zu Lande) aus dem Straßburger Druck der Goldenen Bulle 1485. Institut für Stadtgeschichte, Frankfurt a. M.*

Ein Kurfürst, der nicht rechtzeitig in Frankfurt erscheint, verliert für die anstehende Wahl sein Wahlrecht (I 18). Er kann sich jedoch durch einen bevollmächtigten Gesandten vertreten lassen (I 15; XIX).

Bereits am ersten Morgen nach dem Eintreffen in Frankfurt haben sich die Kurfürsten in der Bartholomäuskirche zu versammeln und nach einer Messe zum Heiligen Geist (II 1)[14] den Wahleid zu leisten (II 2) und zur Wahl zu schreiten (II 3). Sie dürfen die Stadt nicht verlassen, bevor ihre Mehrheit einen römischen König und künftigen Kaiser gewählt hat; falls sie sich binnen 30 Tagen auf keinen Kandidaten einigen, sollen sie bis zur Entscheidung nur Wasser und Brot erhalten (II 3). Dazu ist es aber nie gekommen. Bekanntlich ist dieses Wahlverfahren der Konklaveordnung bei der Papstwahl nachgebildet.

Damit jeder Kurfürst sicher zum Wahlort reisen kann, verpflichtet das Gesetz die Herren einer Reihe namentlich aufgeführter Territorien, die zwischen den Gebieten der Kurfürsten und der Stadt Frankfurt liegen (I 7–12, 14), den Kurfürsten auf rechtzeitige Aufforderung hin (I 13) freies Geleit zu gewähren.[15] Einem Kurfürsten, der einem Mitkurfürsten das Geleit verweigert, droht der Verlust seiner Kurstimme für die anstehende Wahl (I 1), anderen Fürsten und Herren der Verlust ihrer Lehen (I 2).

Damit auch die Wahl selbst frei und ohne Erpressung durch Gewalt stattfinden kann, darf jeder Kurfürst oder Gesandte nur 200 Berittene – darunter höchstens 50 Bewaffnete – mit sich nach Frankfurt einziehen lassen (I 17). Die Bürger der Stadt Frankfurt werden dafür unter Androhung der Reichsacht und des Verlustes aller ihrer Rechte und Privilegien eidlich verpflichtet, alle Kurfürsten insgesamt sowie jeden einzelnen samt seiner Leute gegen jedermann zu beschützen (I 19) und für die Zeit der Wahlverhandlung niemanden außer den Kurfürsten in die Stadt hineinzulassen und alle Fremden aus ihr zu verweisen (I 20). Ähnlich wie bei der Papstwahl werden die Wähler eingeschlossen; hier ist allerdings die ganze Stadt, deren Tore zugesperrt werden, das Konklave.

Damit die königliche Gewalt zwischen dem Tod eines Königs und der Neuwahl nicht ruht, regelt das Gesetz ferner die Reichsverweserschaft während des Interregnums. Diese wird zwei der Kurfürsten – dem Pfalzgrafen bei Rhein in rheinischen und schwäbischen Landen und im Gebiet des fränkischen Rechts, dem Herzog von Sachsen im Gebiet des sächsischen Rechts – zugesprochen. Sie umfaßt vor allem die Befugnis, an Stelle des künftigen Königs Gericht zu halten. Es gab jedoch auch Rechte, die die Reichsvikare in Anspruch nahmen, ohne daß sie in der Goldenen Bulle erwähnt sind, wie z.B. die Erteilung von Adelsbriefen und die Legitimierung von Unehelichen.[16]

Doch wird gleichzeitig der Gefahr vorgebeugt, daß die Vikariatsrechte dem Königtum die Grundlage entziehen oder es gar überflüssig machen könnten: Die Reichsverweser (provisores imperii) haben nicht das Recht, Reichsgut zu veräußern oder zu verpfänden, und alle ihre Akte bedürfen der Erneuerung durch den nachmals erwählten König. Auch haben sie nicht das Recht, Fürsten- und Fahnenlehen auszuteilen, so daß bei allen Lehensträgern des Reiches das Interesse wachgehalten wird, daß nach dem Tode eines Königs überhaupt ein neuer König gewählt wird, da dieser allein das Recht behält, sie in ihren Lehen zu bestätigen (V 1).

Karl IV. bündelte durch dieses weise System aus Garantien von Rechten und automatischen Sanktionen bei Nichtbeachtung dieser Rechte individuelle Interessen und schuf damit Bedingungen, die nach über 100 Jahren schwerer Krisen das römische Königtum und das Reich, das weite Teile Mitteleuropas integrierte, über Jahrhunderte erhalten konnten. Das „Kaiserliche Rechtbuch" legte verfassungsrechtliche Strukturen des Reiches fest, die die Gefahren sowohl von Doppelkönigtum als auch von königsloser Zeit ausschalteten.

## II. Die Kurfürsten

Voraussetzung für das geregelte Wirksamwerden all dieser Vorkehrungen war die Sicherung einer „immerwährenden Vereinigung (unio) unter den Kurfürsten". Kaiser Karl bekennt freimütig, daß dies eine Sorge sei, die sein Herz täglich beunruhige (VII 1).

Unstreitig war es 1356, daß die drei rheinischen Erzbischöfe von Mainz, Trier und Köln die drei geistlichen Stimmen innehatten. Strittig war aber, welche weltlichen Herren Kurfürsten waren. Das Kurrecht des Königs von Böhmen wurde teilweise bezweifelt. So sprach der im 13. Jahrhundert entstandene und im 14. Jahrhundert weitverbreitete Sachsenspiegel dem Böhmenkönig die Kur ab, „da er nicht deutsch sei".[17] Noch am 11. Dezember 1356 haben sich die Kurfürsten in Metz feierlich gegen Zweifel am böhmischen Kurrecht verwahrt.[18] Auf die pfälzische und die brandenburgische Kurwürde erhoben verschiedene Linien der Wittelsbacher Anspruch, auf die sächsische die Lauenburger und die Wittenberger Askanier.

Diese Fragen wurden in Verhandlungen zwischen dem Kaiser und den Kurfürsten schon vor und dann während des Nürnberger Hoftages in Privilegien des Kaisers[19] und in Weistümern der Mitkurfürsten[20] – also durch ein fein gesponnenes Netz wechselseitiger Anerkennung bestimmter Fürsten unter Ausschluß anderer – zugunsten Karls IV. als König von Böhmen, Ruprechts des Älteren als Pfalzgraf bei Rhein, Rudolfs des Älteren als Herzog von Sachsen zu Wittenberg und Ludwigs des Römers als Markgraf zu Brandenburg vorentschieden.

Da die Goldene Bulle nicht nur Geltung für die lebende Generation beanspruchte, sondern „für ewige Zeiten", nannte sie nicht diese einzelnen Personen, sondern die Herrscher bestimmter Territorien. Sie erklärte als „allenthalben bekannt und offenkundig", daß der König von Böhmen, der Pfalzgraf bei

*Das Wahlkonklave 1486 mit dem todkranken Kurfürsten Albrecht Achilles von Brandenburg, der die Wahl Maximilians I. empfiehlt. Ehemaliges Wandgemälde von einem historischen Zyklus im nördlichen Querschiff des Frankfurter Doms. Historisches Museum Frankfurt a. M.*

Rhein, der Herzog von Sachsen und der Markgraf zu Brandenburg mit den drei Erzbischöfen „die wirklichen und rechtmäßigen Kurfürsten des heiligen Reiches heißen und sind" (VII). Um deren Stimmen ein tatsächliches Gewicht zu verleihen, wird bestimmt, daß „Recht, Stimme, Amt und Würde" (ius, vox, officium et dignitas) eines Kurfürsten nur demjenigen zukomme, der das betreffende Fürstentum mit dem dazugehörigen Land (cum terra) tatsächlich besitzt (XX). Damit darüber nach dem Tod eines Kurfürsten kein Streit entsteht, wird gleichzeitig für die weltlichen Kurfürsten deren Erbrecht an „Recht, Stimme und Befugnis zur Wahl" ausführlich kodifiziert (VII, XXV).

Tatsächlich hat die Goldene Bulle die sieben Kurfürsten nicht geschaffen, die gab es schon vorher. Darüber besteht Einigkeit. Strittig ist jedoch, wann und auf welche Weise das Kurfürstenkolleg entstanden ist. Zur Beantwortung dieser Frage ist in die Zeit vor 1356 zurückzugehen.

Der Historiker Martin Lintzel bezeichnete die Entstehung des Kurfürstenkollegs als ein „unlösbares verfassungsgeschichtliches Problem".[21] Warum hatten gerade die genannten sieben Fürsten das Recht, den König zu wählen, andere aber nicht? Für den Rechtshistoriker Heinrich Mitteis „galt das Schrifttum über diesen Gegenstand als unübersehbar, weiteres Bemühen als aussichtslos, das Thema als erschöpft".[22] Der Verfassungsgeschichtler Walter Schlesinger bezeichnete die Entstehung des Kurkollegs als „eine noch immer nicht gelöste Streitfrage der Forschung".[23] Und der Kölner Stadtarchivdirektor Hugo Stehkämper stellte fest: „Das bisherige Ergebnis aller Mühen um dieses Fundamentalrätsel der deutschen Verfassungsgeschichte läßt freilich resignieren: auf eine abschließende Aufklärung hofft kein Kenner mehr."[24]

Es gibt zwar die sogenannte Erzämter-Theorie, die sogar bis ins 13. Jahrhundert zurückgeführt werden kann und auch heute noch Anhänger hat.[25] Danach kam das Königswahlrecht denjenigen weltlichen Fürsten zu, die bestimmte (Erz-)Ämter innehatten: Truchseß, Marschall usw. Diese Theorie gründet angeblich auf dem Sachsenspiegel. Hiergegen spricht zunächst, daß in diesem Rechtsbuch des 13. Jahrhunderts gar keine Kongruenz zwischen Ämtern und Wahlrecht besteht. Im Sachsenspiegel haben nämlich die drei geistlichen Königswähler zwar das Wahlrecht, aber keine Ämter. Und bei den weltlichen Wählern hat der Böhmenkönig zwar ein Amt, aber ausdrücklich kein Wahlrecht. Der Sachsenspiegel kennt eine Entsprechung von Amt und Wahlrecht also überhaupt nur bei drei von sieben Königswählern.

Vor allem aber ist gegen die Erzämter-Theorie einzuwenden: Eine solche Theorie löst das Problem nicht, sondern verschiebt es nur. Denn selbst wenn die Kurfürsten ihr Wahlrecht erhalten hätten, weil sie bestimmte Ämter innehatten, so entstünde logisch die zweite Frage, warum gerade sie und nicht andere Fürsten diese Ämter – und folglich das Wahlrecht – erhalten hatten. Das Problem der Entstehung des Kurfürstenkollegs und die Frage der Auswahl der Wahlberechtigten blieben also bestehen.

Man war sich bisher nicht einmal einig, zu welchem Zeitpunkt das Kurfürstenkolleg entstanden sei. Mindestens sieben verschiedene Daten zwischen 1196 und 1256 sind schon vorgeschlagen worden. Meines Erachtens sind alle diese Daten unrichtig. Man hat nämlich das erst viel später abgeschlossene Kurfürstenkolleg in frühere Zeiten zurückprojiziert und sich dann über einen angeblichen Quellenmangel gewundert. So schrieb Martin Lintzel: „Die Quellen der Zeit aber, in der sich das Kurfürstenkolleg herausgebildet haben muß, sagen über sein Zustandekommen direkt gar nichts."[26]

Der angebliche Quellenmangel liegt daran, daß man in der falschen Zeit – um 1257 oder davor – suchte. Für einen späteren Zeitpunkt, 1298, also vor etwas über 700 Jahren, liegen die Quellen für die erste Vereinigung der sieben Kurfürsten, für ihre Konstituierung jedoch vor. Hierzu sind neuere Forschungen mitzuteilen.[27]

Um die Entstehung des Kurfürstenkollegs zu untersuchen, muß man allerdings noch ein Jahrhundert zurückgehen. Genau 100 Jahre vor 1298, im Jahr 1198, fand die erste deutsche Königswahl statt, von der die Namen der Wähler überliefert sind. Es war die streitige staufisch-welfische Doppelwahl. Jede

*Stammtafel mit Nachkommen König Heinrichs I. bis König Konrad IV., nach 1237. Die Tafel umfaßt 15 Generationen vom 9. bis zum 13. Jahrhundert. Hauptstaatsarchiv Düsseldorf, Liber Bibl. Sancti Pantaleonis* (*G V 2, fol. 148*$^{v}$)

der beiden Parteien schrieb an den Papst: Wir haben Philipp von Schwaben bzw. Otto von Braunschweig zum König gewählt, bitte weihe ihn zum Kaiser.

Aus diesen Schreiben kennen wir die Namen der Wahlberechtigten, die damals noch nicht die sieben Kurfürsten waren, sondern rund 35 geistliche und 16 weltliche, zusammen gut 50 Fürsten. Damals, 1198 trat auch erstmals der Begriff der „Vornehmsten und Fürsten des Reiches, denen die Wahl von Rechts wegen zukommt", auf (optimates et principes imperii, ad quos de iure spectat electio).[28] Der deutsche Ausdruck Kurfürsten erscheint erst hundert Jahre später, 1298, dann allerdings gleich an drei Stellen. Man sollte daher erst ab 1298 von Kurfürsten und vorher von Königswählern sprechen.

Das Problem der Entstehung des Kurfürstenkollegs enthält zwei Hauptfragen: 1. Woher stammt das Wahlrecht der ursprünglich so vielen Königswähler von 1198? Und 2. Auf welche Weise wurde das Wahlrecht der vielen Königswähler in dem Jahrhundert bis 1298 auf die sieben Kurfürsten eingeschränkt?

Weniger problematisch ist die Sache bei den geistlichen Wählern. Alle Bistümer im Reich zwischen 1198 und 1273 waren wenigstens einmal an einer der zehn Königswahlen beteiligt, einige auch drei bis fünf Mal, die drei rheinischen Erzbischöfe sogar acht Mal. Daß diese Erzbischöfe von Mainz, Trier und Köln schließlich als die einzigen geistlichen Königswähler übrigblieben, hängt nach herrschender Lehre

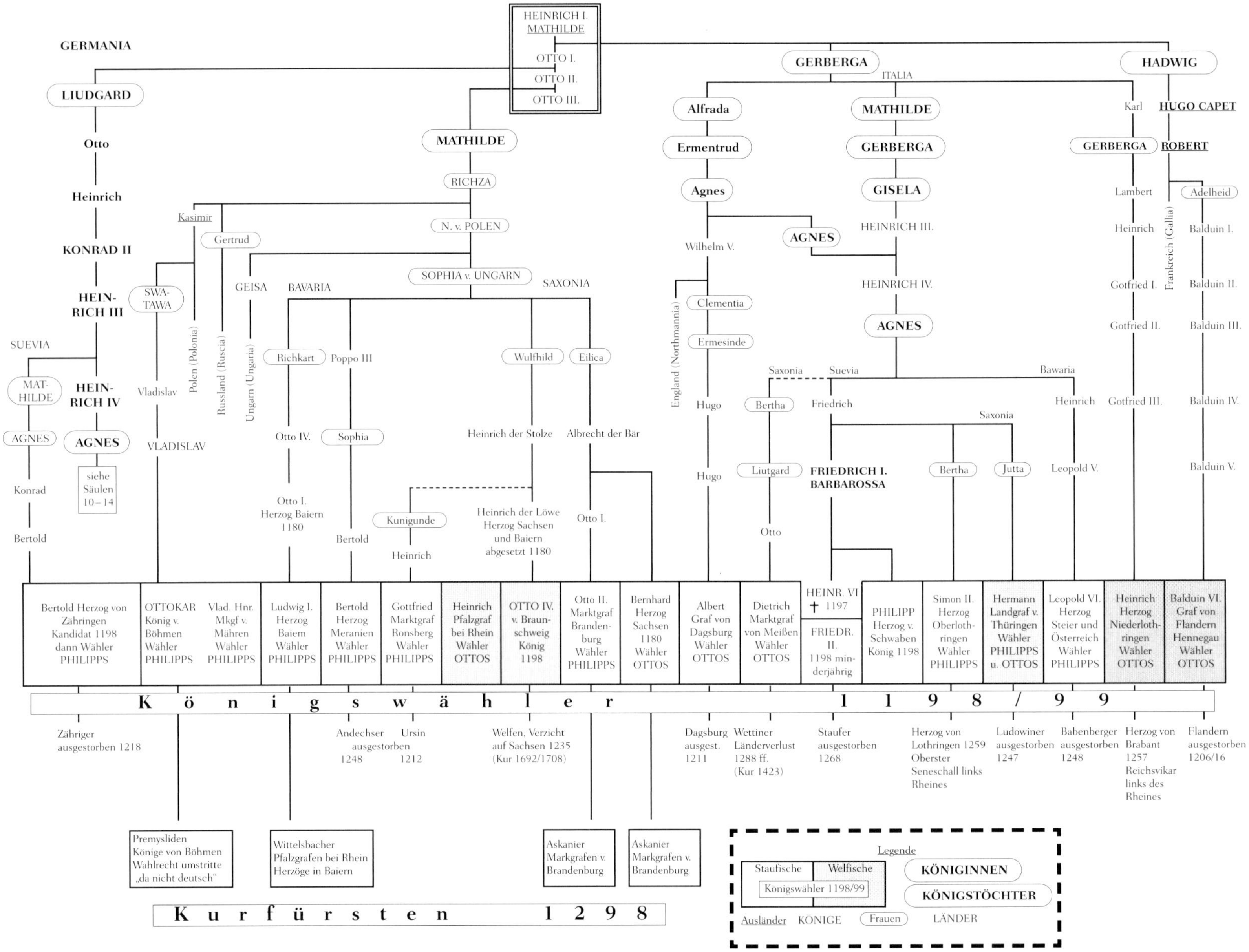


*Die deutschen Königswähler 1198/99 als Repräsentanten der Tochterstämme des ottonischen Kaiserhauses*

„offensichtlich mit deren Funktion bei der Königskrönung" zusammen.[29]

Hinzu kommt aber wohl auch, daß Trier, Köln und Mainz die ältesten Metropolitansitze in Deutschland waren. Sie standen in der Hierarchie allen Bischöfen und nach dem Rang der Anciennität den anderen Erzbischöfen vor. Wenn also – nach dem Vorbild der Bischofsweihe – bei der Königsweihe drei Bischöfe ausreichten, wird es verständlich, daß schließlich die drei rheinischen Erzbischöfe die ausschließlichen Königswähler und Kurfürsten werden konnten.

Ungelöst war dagegen die Entstehung des Königswahlrechts der weltlichen Fürsten. Hier habe ich eine neue Quellengrundlage rekonstruiert, die bisher weder bekannt war noch in ihrer verfassungsgeschichtlichen Bedeutung gewürdigt wurde. Dies sind die Verwandtschaftsverhältnisse der beteiligten Personen, d.h. der Könige und ihrer Wähler. Sie lassen die erbrechtliche Situation erkennen – und damit Interessen langfristigen und generationsüberdauernden Charakters.

Als verwandt (consanguinei) gelten – nach mittelalterlichem ebenso wie nach modernem Recht (§ 1589 BGB) – zwei oder mehr Personen, die von einem gemeinsamen Vorfahren abstammen. Dies gilt sowohl für die Abstammung in männlicher (agnatischer) als auch in weiblicher (cognatischer) Linie. Verwandtschaften (consanguinitates) sind von Schwägerschaften (affinitates) zu unterscheiden, die zusätzlich auf Heirat beruhen. Schwäger (affines) sind sowohl die Verwandten der Angeheirateten als auch die Angeheirateten der Verwandten. Schwäger der Schwäger sind aber keine Schwäger mehr; denn Schwägerschaft schafft keine Schwägerschaft (affinitas non facit affinitatem). So heißt es schon im mittelalterlichen Kirchenrecht. Diese Definitionen seien hier eingefügt, weil es manchmal überrascht, wie wenig diese Grundbegriffe bekannt sind.

Viele begnügen sich mit der Feststellung, daß alle Fürsten im Mittelalter verwandt waren. Es kommt rechtlich aber nicht bloß darauf an, daß Personen miteinander verwandt waren, sondern vor allem auch wie. So ist zu unterscheiden, ob sie durch direkte Abstammung verwandt waren oder als Seitenverwandte (collaterales), d.h. durch Abstammung von einem gemeinsamen Vorfahren. Wichtig war, ob eine Verwandtschaft agnatisch, d.h. im reinen Mannesstamm, oder cognatisch, d. h. auch im Frauenstamm verlief. Schließlich war wichtig, ob eine Verwandtschaft in einem näheren oder ferneren Grad bestand; die Gradzahl ergab sich aus der Anzahl der Zeugungen (generationes) oder Zwischenglieder, die zwischen zwei Verwandten vermittelten. Diese anthropologischen Gegebenheiten wurden auch im mittelalterlichen Erbrecht berücksichtigt.

Welchen Beitrag kann das Erbrecht zur Lösung des „Fundamentalrätsels der deutschen Verfassungsgeschichte" beitragen? Kein Erbrecht ohne Genealogie. Eine bald nach 1237 gemalte Stammtafel aus der Kölner Königschronik zeigt, daß die damaligen staufischen Könige und Kaiser über Töchter aus dem ottonischen Königs- und Kaiserhaus stammen. Das große zentralen Medaillon zeigt zusammen mit seiner Frau Mathilde König Heinrich I.,[30] die darunter angefügten kleineren Medaillons einen bedeutenden Teil ihrer Nachkommen, insbesondere die späteren deutschen Könige und römischen Kaiser aus den Häusern der Salier und der Staufer. Außer weiteren Nachkommen sind auch die von dem deutschen (ostfränkischen) Königspaar abstammenden französischen (westfränkischen) Könige bis zum Anfang des 12. Jahrhunderts eingetragen.

Alle werden auf Heinrich I. und Mathilde als ihren gemeinsamen Vorfahren zurückgeführt. Dies besagt auch eigens die Überschrift: Heinricum respice de cuius fluxit semine, d.h. „Schau zurück auf [König] Heinrich [I.], von dessen Samen herkommt". Eine Beischrift weist auf deren Verbreitung hin. Sie lautet übersetzt: „Wenn du vollständig den Adel ganz Sachsens, Italiens, Deutschlands, Frankreichs, der Normandie (d.h. damals auch Englands), Baierns, Schwabens, Ungarns, Rußlands und Polens kennen willst, so lies diese beigeschriebene Tafel ganz durch und behalte sie im Gedächtnis (in mente)". Die in mehreren Handschriften erhaltene Tafel bezeugt, daß im 13. Jahrhundert das Bewußtsein lebendig war, daß der hohe Adel weiter Teile Europas von König Heinrich I. und Königin Mathilde abstammte.[31]

Um die mittelalterliche Tafel leichter lesbar zu machen, habe ich sie in eine moderne Stammtafel umgezeichnet. Dabei sind zur Vereinfachung einige Personen weggelassen.[32] Die moderne Tafel beginnt oben in dem doppelten Rahmen mit König Heinrich I. und Mathilde und den ottonischen Kaisern. Sie zeigt dann vor allem deren Nachkommen über die vier verheirateten ottonischen Töchter (Liudgard, Mathilde, Gerberga mit zwei Ehen, Hadwig). Alle namentlich in der Tafel der Kölner Königschronik aufgeführten Personen sind hier durch Fettdruck hervorgehoben.

Drei fettgedruckte Filiationen verlaufen von den Ottonen über Liudgard, Gisela und Agnes zu den salischen Kaisern (Konrad II., Heinrich III. und IV.) und von diesen (wieder über eine Agnes) zu den staufischen Königen und Kaisern. Diese sind in der Reihe von Kästchen in der unteren Mitte mit doppelten Rahmen gekennzeichnet: Philipp von Schwaben und der 1198 noch minderjährige Friedrich II. Es ist deutlich, daß die Tafel der Kölner Königschronik zunächst das Kaisertum der Staufer legitimieren sollte.

Die beiden genannten Könige habe ich in eine breite Reihe „Königswähler 1198/99" gestellt, bis zu denen ich mit Hilfe moderner Forschung aufgrund anderer mittelalterlicher Zeugnisse die Tafel ergänzt habe. Auf diese Weise zeigte diese Stammtafel erstmals, daß im Jahr 1198 nicht nur die staufischen Könige und ihr welfischer Konkurrent Otto von Braunschweig, sondern auch die Königswähler beider Parteien von den ottonischen Königen und Kaisern abstammten. Nicht nur der Staufer und der Welfe waren miteinander verwandt (das war bekannt), sondern auch beide mit ihren Wählern, ja überhaupt alle Königswähler untereinander. Diese Verwandtschaft war keine beliebige, sondern verlief über eine gemeinsame königliche Abstammung von dem Königspaar Heinrich I. und Mathilde. Das heißt: Die Königswähler waren mit den von ihnen gewählten Königen ebenbürtig.

Die Königswähler stehen zwar nicht namentlich auf der Tafel der Kölner Königschronik, doch wird dort der Adel (nobilitas) Deutschlands, Sachsens, Bayerns und Schwabens ebenfalls zu den Nachkommen Heinrichs I. und Mathildes gezählt. Die Bezeichnungen Germania, Saxonia, Bawaria und Suevia sind deshalb an den entsprechenden Stellen eingefügt. Lothringen wird nicht in der Beischrift genannt, doch sind Herzöge sowohl von Ober- als auch von Niederlothringen bis ins 11. Jahrhundert als Nachkommen Heinrichs I. in Medaillons eingetragen. Im übrigen ist das Bewußtsein, daß die Königswähler zur Verwandtschaft der Könige und zu den Nachkommen der Ottonen gehören, gleichwohl in jeweils eigener dynastischer Geschichtsschreibung (soweit diese erhalten ist) bezeugt.[33]

Die Abstammung der Königswähler von den Ottonen verlief in mehreren Fällen über ausländische Königstöchter. Die in der Tafel der Kölner Königschronik genannten Länder Gallia, Nortmannia, Ungaria, Ruscia und Polonia wurden daher auch an den betreffenden Stellen (senkrecht) eingefügt.

In der Reihe „Königswähler 1198/99" sind die Wähler der staufischen Partei weiß, die der welfischen Partei grau hinterlegt. Die 16 Königswähler sind von links nach rechts: Berthold Herzog von Zähringen, Ottokar König von Böhmen und sein Bruder Vladislav Heinrich Markgraf von Mähren, Herzog Berthold von Meranien, Heinrich Pfalzgraf bei Rhein neben seinem Bruder König Otto von Braunschweig, Otto Markgraf von Brandenburg, Bernhard Herzog von Sachsen, Albert Graf von Dagsburg, Dietrich Markgraf von Meißen, es folgen die staufischen Könige, nämlich der minderjährige Friedrich II. und sein Onkel Philipp von Schwaben, sodann Simon Herzog von Oberlothringen, Hermann Landgraf von Thüringen, Leopold Herzog von Österreich und Steier, Heinrich Herzog von Niederlothringen-Brabant, schließlich Balduin Graf von Flandern und Hennegau.

Wenn die gemeinsame königliche Abstammung der fürstlichen Wähler-Familien bisher in der Forschung unbekannt geblieben war, so lag dies wohl daran, daß eine Vorstellung von Dynastien in reinen Mannesstämmen vorherrschte. Die deutschen Königshäuser des hohen Mittelalters (Ottonen, Salier, Staufer), die alle jeweils nach einem Jahrhundert im Mannesstamm ausstarben, lebten jedoch über Töchter fort. Die hier nachgewiesene Abstammung der Königswählerdynastien von den Königen verlief dementsprechend über Töchter. Die Wittelsbacher, Andechser, Welfen und Askanier (Spalten 3–8) stammten sogar in fünf aufeinanderfolgenden Generationen über Töchter von den Ottonen ab. Immerhin waren von diesen fünf Töchtern vier Königstöchter oder Königinnen. Um die Bedeutung der Töchter herauszuheben, sind deren Namen auf der Tafel jeweils rund umrahmt.

Eine Dynastie, die von der Tochter einer anderen Dynastie abstammte, nenne ich deren Tochterstamm. Die Einführung dieses Begriffs dient dazu, die Gesamtnachkommenschaft des ersten Königspaares zu gliedern und das scheinbare Chaos des Kommens und Gehens von Dynastien zu ordnen.

Meine These ist es nun, daß das Wahlrecht dieser königlichen Tochterstämme auf deren privilegierender königlicher Abstammung und damit auf Erbrecht beruhte. Hier ist jedoch ein gewichtiger Einwand zu machen: Es muß doch im Jahr 1198 noch viel mehr Nachkommen der Ottonen gegeben haben als nur die 16 weltlichen Königswähler!

Warum wählten diese vielen anderen nicht ebenfalls mit? Eine bloße königliche Abstammung reichte offenbar allein nicht aus. Es müssen noch weitere Qualifikationen hinzugekommen sein. Um diese Frage zu entscheiden, war es erforderlich, die Gesamtnachkommenschaft des Königspaares Heinrich I. und Mathilde bis um 1200 zu rekonstruieren und dann zu prüfen: Gibt es rechtlich relevante Merkmale, die nur die Königswähler besaßen, außer ihnen aber niemand?

Von den über 3400 Ottonen-Nachkommen vom 10. bis zum Anfang des 13. Jahrhunderts, die sich in jahrzehntelanger Arbeit nachweisen ließen, konnten natürlich nur Lebende wählen. Die zahlreichen vor 1198 bereits Verstorbenen schieden daher naturgemäß als Wähler aus. Sodann war festzustellen, daß die Ottonen-Nachkommen in Frankreich, Polen, Ungarn usw. sich zwar nicht an der deutschen Königswahl beteiligten, wohl aber die von deren Töchtern abstammenden deutschen Fürsten. Auch die Ausländer, d.h. die Angehörigen selbständiger Königreiche, schieden also aus. Frauen und Kinder galten als vom Familienvater vertreten, waren also ebenfalls keine Wähler. Auch illegitime Nachkommen waren ausgeschlossen. Die Geistlichen kamen natürlich nicht als weltliche Wähler in Frage. Sie hatten freilich die Chance, durch Aufstieg in ein Bischofsamt die fürstliche Würde und damit auch ein Königswahlrecht zu erlangen.

Bei den Sekundogenituren, d.h. den Angehörigen jüngerer Linien eines Hauses, war die Lage noch offen. In der Regel waren sie von der Primogenitur, also der ältesten Linie vertreten, mitunter wählten sie jedoch zusätzlich mit. Ich sehe darin ein Indiz dafür, daß das Wahlrecht ursprünglich einem Tochterstamm zu gesamter Hand zukam. Dies wiederum ist ein Indiz dafür, daß das Wahlrecht ein gemeinsames Erbe war.

Unter Beobachtung dieser Merkmale reduzierte sich die Zahl der potentiellen Königswähler unter den über 3400 Ottonen-Nachkommen schon ganz erheblich auf wenige Hundert.

In langen Versuchsreihen stellte sich schließlich heraus, daß auch Tochterstämme von lebenden Tochterstämmen von der Wahl ausgeschlossen waren. Die ersten nenne ich primär, die nachgeordneten sekundär. Sekundäre Tochterstämme sind nicht identisch mit Sekundogenituren. Sekundogenituren sind jüngere Mannesstämme, d.h. nachgeborene Söhne und deren Nachkommen. Sekundäre Tochterstämme sind dagegen, wie gesagt, Tochterstämme von Tochterstämmen. Es war nun zu beobachten: Wenn ein primärer Tochterstamm ausgestorben war, traten deren sekundäre Tochterstämme an dessen Stelle.

Wie es bekanntlich ein Repräsentationsrecht des Enkels für den vorverstorbenen Elternteil gibt, so repräsentierten die nachrückenden Tochterstämme die vor ihnen ausgestorbenen Tochterstämme und letztlich das Königsgeschlecht der Ottonen. Wie Kinder erst nach dem Tod ihrer Eltern erben, hatten sekundäre Tochterstämme eine Anwartschaft, bis der primäre Tochterstamm ausgestorben war und sie auf diese Weise ihrerseits primär wurden.

Der Ausschluß der sekundären Tochterstämme reichte aber immer noch nicht aus, um die Königswähler von den Nicht-Wählern innerhalb der königlichen Gesamtnachkommenschaft abzugrenzen. Es gab weiterhin einige wenige primäre königliche Tochterstämme, die nicht als Königswähler nachzuweisen waren. Es stellte sich dann aber heraus, daß bei einer chronologischen Ordnung der Tochterstämme nach dem Merkmal, wann sie in den Kreis der Königsverwandten eintraten, die älteren königlichen Tochterstämme zu den Königswählern gehörten, die jüngeren aber nicht. Es war also auch hier – wie später bei den geistlichen Wählern – der Grundsatz der Anciennität zu beobachten. Die Grenze lag um 1152, d.h. zur Zeit der Wahl Friedrichs Barbarossas.

Diese Merkmale des Ausschlusses bzw. der Privilegierung habe ich nicht willkürlich ausgedacht, sondern experimentell in Versuchsreihen beobachtet. Sie sind 1. eine Folge des Prinzips, daß zunächst die Söhne vor den Töchtern erbten, daß aber beim Fehlen von Söhnen oder beim Aussterben des Mannesstammes die Töchter bzw. deren Nachkommen ein subsidiäres Erbrecht besaßen. Und 2. sind sie eine Folge des Prinzips der Anciennität.

Die Beobachtung dieser Merkmale führte zu dem Ergebnis: Von den über 3400 Ottonen-Nachkommen bis 1198 blieben unter Abzug der Verstorbenen, der Ausländer, der Frauen, der Kinder, der Illegitimen, der Geistlichen, der Sekundogenituren, der sekundären und der jüngeren Tochterstämme diejenigen 16 Fürsten übrig, die 1198 als weltliche Königswähler 1198/99 nachweisbar sind. Diese 16 Königswähler waren die in Deutschland lebenden Häupter der alten königlichen Tochterstämme.

Die Erkenntnis der Identität dieser beiden Personenkreise ist der entscheidende Schritt meines Beweisganges. Der eine Personenkreis ist rechtlich definiert, der andere historisch feststellbar. Rechtlich definiert sind die Repräsentanten der älteren primären Tochterstämme des Königshauses, soweit sie in Deutschland verblieben waren oder nach Deutschland zurückgeheiratet hatten. Historisch feststellbar sind die Königswähler von 1198. Auf der Identität dieser beiden Personenkreise gründet die These: Das Wahlrecht der Königswähler erwuchs aus ihrem erbrechtlichen Status innerhalb der Königsverwandtschaft. Die Königswähler repräsentierten die Erbengemeinschaft Reich. Kurz: Wahlberechtigt waren die Erbberechtigten.

*Kaiserliche Wahlkapelle im Frankfurter Dom, erbaut 1335, Innenansicht. Historisches Museum Frankfurt a. M., C 9683, Foto: Ursula Seitz-Gray*

Diese erbrechtliche Theorie ist meine Antwort auf die erste Frage nach dem Grund des Wahlrechts der ursprünglich so vielen Königswähler. Der Begriff des Geblütsrechts, früher nur auf die Könige selbst und das passive Wahlrecht bezogen, ist auch auf die Wähler und das aktive Wahlrecht zu beziehen.

Es bleibt nunmehr die zweite Frage: Wie wurden aus den vielen Königswählern von 1198 die wenigen späteren Kurfürsten?

Für die zweite Wahl Ottos IV. im Jahr 1208 in Frankfurt ist die Zahl von 55 Fürsten bezeugt, geistliche und weltliche, also ähnlich viele wie bei der Doppelwahl 1198/99, jetzt aber nicht gespalten in zwei Parteien, sondern in einem gemeinsamen Wahlakt. Für die Wahlen von 1212 und 1220 sind die Wähler nicht im einzelnen überliefert.

Die Namen der einzelnen Wähler sind erst wieder von der Wahl Konrads IV. 1237 in Wien bekannt. Die Wahlurkunde weist nur noch 14 Fürsten als Königswähler aus: die Erzbischöfe von Mainz, Trier und Salzburg, die Bischöfe von Bamberg, Regensburg, Freising und Passau. Von den Weltlichen: der Pfalzgraf bei Rhein, der König von Böhmen, der Landgraf von Thüringen und der Herzog von Kärnten. Sie nennen sich Fürsten, die hierfür den Platz des römischen Senats angenommen haben (principes, qui circa hoc Romani senatus locum accepimus).[34] Der Markgraf von Brandenburg schloß sich der Wahl später an. Es nahmen nur noch sechs (statt 16) weltliche Wähler an der Wahl teil. Dazu ist auch der Kaiser selbst zu zählen; denn er hatte seinen Sohn zur Wahl vorgeschlagen.

Ebenso wie beim Kaiser und seinem königlichen Sohn ist der Generationswechsel auch bei den übrigen Wählern deutlich. Alle Königswähler von 1237 waren Söhne und Erben von Königswählern von 1198. Vier der Wählerfamilien von 1198 waren inzwischen im Mannesstamm ausgestorben: (Spalte 1) Zähringen, (Spalte 5) Ursin-Ronsberg, (Spalte 9) Dagsburg, (Spalte 16) Flandern. Andere nahmen diesmal nicht teil, obwohl sie auch später noch als wahlberechtigt bezeichnet werden, wie z.B. die Herzöge von Sachsen (Spalte 8) und Niederlothringen-Brabant (Spalte 15). Es gab keine Wahlpflicht, daher konnte die Zahl der Wahlberechtigten die der abgegebenen Stimmen durchaus übertreffen.

Im Jahr 1245 wurde Kaiser Friedrich II. von Papst Innozenz IV. auf dem Konzil von Lyon abgesetzt. Der Papst forderte im April 1246 den König von Böhmen, den Bischof von Würzburg, die Herzöge von Bayern, Brabant, Sachsen, Braunschweig und die Markgrafen von Meißen und von Brandenburg zur Neuwahl eines Königs auf. Aber die meisten blieben den Staufern treu und nur wenige folgten dem päpstlichen Aufruf. Neben zahlreichen Bischöfen wählten von den weltlichen Fürsten nur die Herzöge von Brabant und von Sachsen den Thüringer Landgrafen Heinrich Raspe.

Ein Jahr später starb der Gegenkönig kinderlos. Die päpstliche Partei wählte daraufhin Wilhelm von Holland. Einige Wähler blieben zunächst noch den Staufern treu. Erst als Konrad IV. Deutschland verlassen hatte, um nach Italien zu ziehen, traten sie 1252 zu Wilhelm von Holland über.

Bei der Doppelwahl Richards von Cornwall und Alfons' von Kastilien standen sich am 13. Januar 1257 zwei feindliche bewaffnete Parteien gegenüber: einerseits der Erzbischof von Trier und der Herzog von Sachsen im Schutz der Mauern von Frankfurt, andererseits vor den verschlossenen Toren der Stadt der Erzbischof von Köln und der Pfalzgraf (mit beanspruchter, aber nicht überlieferter Vollmacht für den Erzbischof von Mainz). Als Trier und Sachsen trotz Aufforderung nicht aus der Stadt herauskamen und auch Böhmen und Brandenburg, auf die man gewartet hatte, nicht erschienen, erklärten Köln und Pfalz/Bayern den Grafen Richard von Cornwall zum römischen König. Die Wettiner in Meißen und Thüringen blieben dem Staufer Konradin treu. Zweieinhalb Monate später erklärte der Erzbischof von Trier Alfons von Kastilien zum König. Er beanspruchte dabei eine – allerdings nicht überlieferte – Vollmacht für Böhmen, Sachsen und Brandenburg.

Aufgrund dieser Konstellation hat Karl Zeumer 1905 geschlossen, daß die sieben – m.E. erst späteren – Kurfürsten bereits vor 1257 das ausschließliche Königswahlrecht erhalten hätten.[35] Dem sind viele gefolgt. Dieser Schluß ist jedoch zweifelhaft. Die wenigen Teilnehmer an den beiden Wahlen Richards von Cornwall und Alfons' von Kastilien im Jahr 1257 waren noch kein Kurfürstenverein, sondern zerstrittene Fürstengruppen, die niemals an einem Ort gemeinsam versammelt waren. Sie konnten sich gar nicht konstituieren.

Von der lediglich vermuteten Fürstenversammlung Ende 1256, auf der die Einschränkung des Wahlrechts auf die sieben Kurfürsten beschlossen worden sei,[36] ist weder überliefert, ob sie überhaupt stattfand, noch wer daran teilnahm, noch wie der angebliche Beschluß lautete. Gegen eine solche Einigung über die Beschränkung des Wahlrechts auf die sieben Kurfürsten sprechen auch noch weitere Argumente.

1. Noch acht Wochen nach der Wahl Richards von Cornwall gab es eine Liste der in Deutschland Wahlberechtigten, in der viel mehr als die sieben späteren Kurfürsten stehen, nämlich außer den drei rheinischen Erzbischöfen vierzehn (!) weltliche wahlberechtigte Fürsten.[37] Sie stimmen fast ganz mit den königlichen Tochterstämmen überein. Diese „lange" Liste der Wahlberechtigten wurde von dem englischen Hofhistoriographen Mathew Paris überliefert, der sie persönlich von dem englischen König Henry III. erhalten hatte. Dieser hatte sie zur Vorbereitung der Wahl seines Bruders Richard benötigt und wahrscheinlich über seinen Gesandten vom Kölner Erzbischof erhalten.

2. Die Herzöge von Oberlothringen und die von Brabant haben nachträglich in eigenen Verträgen Alfons von Kastilien als römischen König anerkannt. Sie, die später nicht zum Kurkolleg gehörten, hatten offenbar noch nicht auf ihr Wahlrecht verzichtet.

Daß die deutschen Fürsten noch vor Richards Wahl auf ihr Wahlrecht verzichtet und dieses auf das siebenköpfige Kurkolleg übertragen hätten, wie man früher annahm, ist aus den genannten Gründen auszuschließen. Der Kreis der Wahlberechtigten war vielmehr immer noch größer als derjenige der abgegebenen Stimmen.

Im Jahr 1268 starben die Staufer aus, und 1272 verschied auch König Richard von Cornwall. Zur Königswahl Rudolfs von Habsburg im folgenden Jahr sehen wir sechs der späteren sieben Kurfürsten vereinigt, aber immer noch nicht alle sieben. Der Böhme, der als Stauferenkel selbst Anspruch auf die Krone erhob, protestierte gegen Rudolfs Wahl. Zu seiner Partei sind auch die Wettiner zu zählen, von denen Friedrich der Freudige zunächst selbst kandidiert hatte. Da dieser über seine Mutter ein Enkel Kaiser Friedrichs II. war, wurde seine Wahl jedoch vom Papst verboten. Es lebte auch weiterhin König Alfons von Kastilien, der noch nicht daran dachte, auf die Rechte aus seiner Wahl zu verzichten.

Genealogisch ist nun folgendes wichtig: Rudolfs erste weltliche Wähler stammten aus den Häusern der Wittelsbacher (in Pfalz und in Bayern) und der Askanier (in Sachsen und in Brandenburg). Diese zogen bei der Wahl von 1273 ihre zunächst aufgestellten eigenen Kandidaturen zurück, machten aber ihre Stimmen für Rudolf von Habsburg von der Bedingung abhängig, Töchter des neuen Königs zur Ehe zu erhalten. Dies zeigt, wie stark die Königswähler vom Geschlechtsbewußtsein und vom Denken in Erbansprüchen geprägt waren. Die beiden Hochzeiten wurden am gleichen Tag (24. Oktober 1273) gefeiert. Dies war kein beliebiger Tag, sondern der Abend des Krönungstages Rudolfs in Aachen. Juristisch erscheinen Königskandidatur und Eheforderung, Königswahl und Eheversprechen, Königskrönung und Ehevollzug der Königswähler mit den Königstöchtern wie ein Zug-um-Zug-Geschäft.

Zweige der Wittelsbacher und der Askanier wurden auf diese Weise zu Tochterstämmen auch des neuen Königs. Mit diesen Ehebündnissen wurde die Trennung der Wähler Rudolfs von Habsburg von den übrigen Fürsten eingeleitet.

Nach dem Tod des Böhmenkönigs versöhnte sich König Rudolf mit dessen Sohn, gab ihm ebenfalls eine Tochter zur Ehe und erkannte ihm das Königswahlrecht wieder zu. In der Urkunde heißt es, daß das Wahlrecht schon seinen Ururur-, Urur-, Ur- und Großvätern (abavis, attavis, proavis et avis) zugekommen sei.[38] Die Vorfahrenlinie Wenzels II. wurde also genau bis zu dessen Ururgroßvater Herzog Vladislav zurückgeführt, der über seine Mutter Swatawa als erster Böhmenfürst von den deutschen Königen abstammte.

Wie die Eheverbindungen von Rudolfs Töchtern zeigten, bereitete sich infolgedessen innerhalb der großen ottonischen Erbengemeinschaft das Entstehen einer kleineren habsburgischen Erbengemeinschaft vor, die später die weltlichen Kurfürsten stellte.

Nach dem Tod Rudolfs von Habsburg wurde jedoch nicht, wie erwartet, dessen Sohn Albrecht von Österreich gewählt, sondern – nach dem Zwischenspiel des „Königs für einen Tag“ Konrad von Teck[39] – Adolf von Nassau. Im Wahldekret von 1292 steht weder eine Liste der Wähler noch deren Zahl.

Entscheidend für die Entstehung des siebenköpfigen Kurfürstenkollegs wurden sechs Jahre später 1298 die Absetzung Adolfs von Nassau und die zwei Wahlen Albrechts von Österreich. Die Mainzer Versammlung, die König Adolf absetzte, bestand aus dem Erzbischof von Mainz, dem Herzog von Sachsen, drei Markgrafen von Brandenburg sowie zahlreichen anderen Fürsten, Grafen und Baronen des deutschen Reiches. Es war also immer noch nicht der geschlossene Kreis von sieben Kurfürsten. Wer am nächsten Morgen in Mainz Albrecht von Österreich zum König wählte, bleibt im Vagen. Jedenfalls fehlten von den späteren Kurfürsten die Erzbischöfe von Köln und Trier sowie der Pfalzgraf.

Von der gegnerischen Partei behauptete Ludwig der Bayer (der spätere Kaiser), „nach der Ordnung der Abstammung“ (ordine geniture), also aufgrund eines Kriteriums des Erbrechts, dem collegium der zur Königswahl Berechtigten anzugehören.[40] Seine Stimme zählte sowohl bei der Absetzung Adolfs als auch bei der ersten (Mainzer) Wahl Albrechts. Die Königswähler werden hier erstmals ein collegium genannt.

Es kam zwischen den beiden Königen, dem abgesetzten Adolf und dem neugewählten Albrecht, zur Schlacht, in der Adolf fiel. Dem Mainzer Erzbischof gelang es nun, die früheren Gegner zu Verhandlungen in Mainz zusammenzubringen. Erster Tagesordnungspunkt war eine sacri status imperii reformacio, frei übersetzt: Verfassungsreform des Heiligen Reiches.[41] Hier in Mainz wurde offenbar die erste Vereinigung der sieben Kurfürsten geschaffen. Diese einigten sich darauf, innerhalb von drei Tagen in Frankfurt gemeinsam einen König zu wählen. In seiner „Wahlrede“ sprach Albrecht von Österreich die sieben erstmals als Kurfürsten an.[42] Per Handschlag wurde die Vereinigung beschlossen.

*Der König (Albrecht I. von Österreich) und die sieben Kurfürsten, wohl 1299. Durch Wappen und Inschriften gekennzeichnet von links nach rechts die Erzbischöfe von Köln, Trier und Mainz, der römisch-deutsche König, der König von Böhmen, der Pfalzgraf bei Rhein, der Herzog von Sachsen, der Markgraf von Brandenburg. Fresko aus dem Haus zum langen Keller in Zürich; jetzt Schweizerisches Landesmuseum. Inv. Nr. LM 19713.2-4*

Albrechts zweite (Frankfurter) Königswahl im Juli 1298 war die erste, die von den sieben Kurfürsten – keinem mehr und keinem weniger – vorgenommen wurde. Dies ergibt sich aus der Frankfurter, heute in Wien aufbewahrten Urkunde, an der noch alle sieben Siegel hängen.[43] Sie dokumentiert sowohl die Mainzer Vereinigung der sieben Kurfürsten als auch die Frankfurter Wahl Albrechts von Österreich zum König. In dieser Konstituierungsurkunde der sieben Kurfürsten wurden die angeblich das Kurrecht begründenden Erzämter übrigens nicht einmal erwähnt.

König Albrecht berief seinen ersten Hoftag nach Nürnberg. Dorthin kam auch der König von Böhmen, der sich in Mainz und Frankfurt noch vertreten ließ. Der Chronist Johann von Victring erinnerte sich, daß seinerzeit erstmals seit Menschengedenken sämtliche Kurfürsten zusammengekommen waren.[44] Es war sogar nicht bloß seit Menschengedenken, d.h. für ein oder zwei Generationen, sondern bis dahin überhaupt das erste Mal, das sich alle sieben Kurfürsten an einem Ort trafen.

Insgesamt sind anläßlich der Königserhebung Albrechts von Österreich im Jahr 1298 fünf oder sechs wesentliche Neuerun-

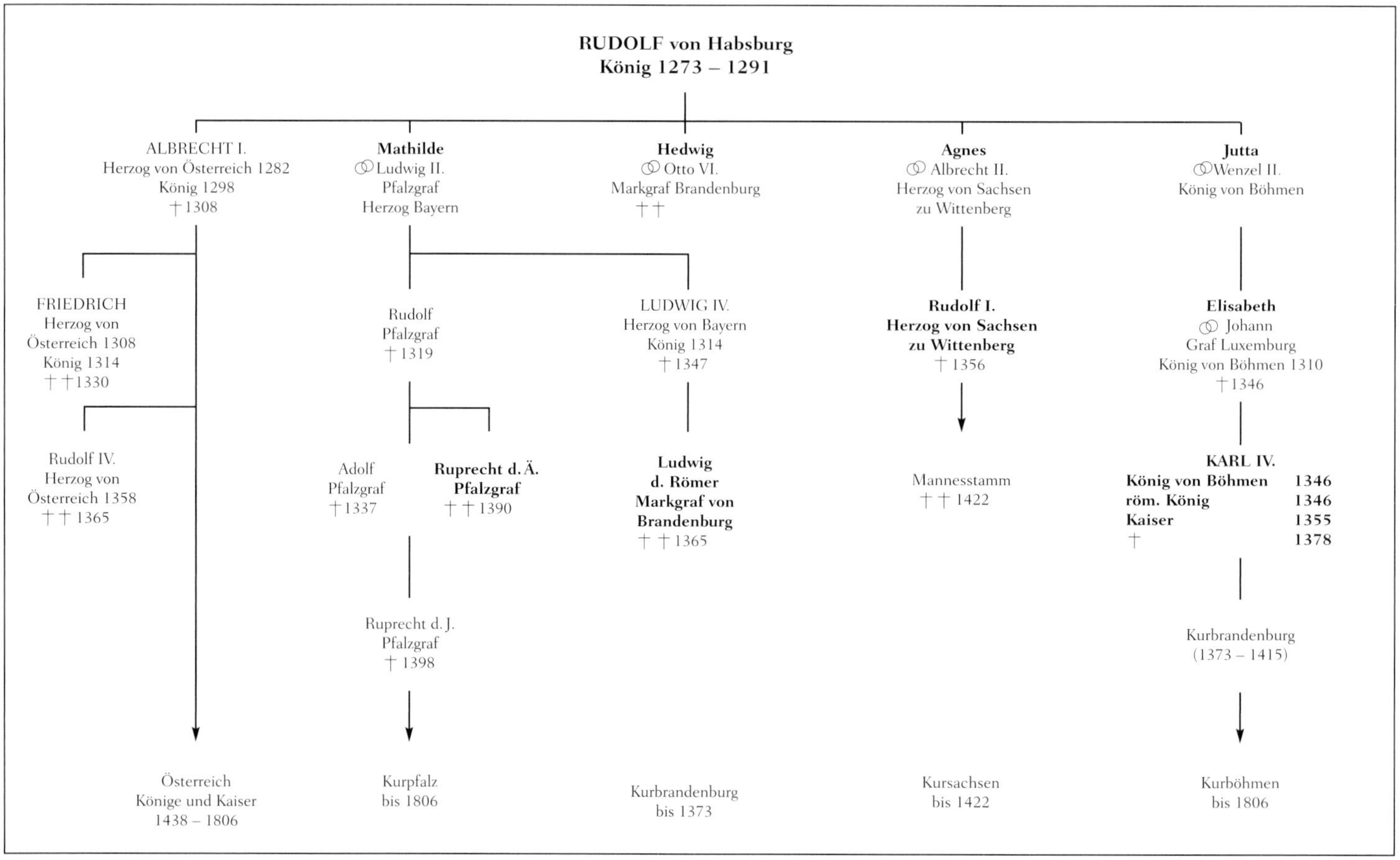


*Die Kurfürsten von 1356 als Vertreter der Tochterstämme König Rudolfs von Habsburg. Die Namen der am Abschluß der Goldenen Bulle beteiligten weltlichen Kurfürsten sind fett gedruckt. Die Namen der römisch-deutschen Könige stehen in Versalien*

gen festzustellen, die für das Kurfürstenkolleg kennzeichnend wurden:

1. Die Königswähler werden erstmals ein collegium genannt.
2. Sie werden erstmals mit dem Kurznamen „kurfursten" bezeichnet, und zwar gleich an drei Stellen.
3. Alle sieben Kurfürsten – Trier, Mainz, Köln; Böhmen, Pfalz, Sachsen und Brandenburg – wählen erstmals gemeinsam einen König und stellen darüber erstmals gemeinsam – und unter Ausschluß anderer – eine Urkunde aus.
4. Alle sieben Kurfürsten sind erstmals vollzählig an einem Ort versammelt
5. Alle vier weltlichen Kurfürsten üben erstmals in persona die (Erz)ämter an der königlichen Tafel aus.
6. Das erste erhaltene Bild, das den römisch-deutschen König und die sieben Kurfürsten darstellt,[45] wurde in Zürich gemalt, wahrscheinlich 1299 anläßlich des ersten Besuchs des neuen Königs in der damaligen Reichsstadt. Salopp formuliert, ist es als ein „Pressefoto" des neukonstituierten Organs der Verfassung des römisch-deutschen Reiches anzusehen.

Aus dieser Häufung der Neuerungen ergibt sich, daß sie kein Zufall waren. Die Neuerungen verraten vielmehr die – bisher so schwer nach Zeit und Ort festzulegende – erste Vereinigung der sieben Kurfürsten im Jahr 1298 in Mainz, Frankfurt und Nürnberg.

Die gemeinsamen Interessen der Kurfürsten, die sich 1298 zum Kurfürstenkolleg vereinigten und andere ausschlossen, ergeben sich wiederum aus den Verwandtschaftsverhältnissen. Drei bzw. vier der weltlichen Kurfürsten und der von ihnen gewählte König bildeten den Kreis der nächsten Verwandten Rudolfs von Habsburg: König Albrecht selbst war dessen Sohn und Vertreter des habsburgischen Mannesstammes. Pfalzgraf Rudolf und Herzog Rudolf von Sachsen-Wittenberg waren Enkel König Rudolfs (nicht aber der aus dem Kurkolleg ausgeschlossene Herzog von Sachsen-Lauenburg!). Wie ein Programm hatte man ihnen den Namen ihres königlichen Großvaters gegeben. König Wenzel von Böhmen war der Schwiegersohn Rudolfs von Habsburg, Markgraf Hermann von Brandenburg der Schwiegersohn Albrechts von Österreich. Diese vier weltlichen Wähler repräsentierten also die vier lebenden Tochterstämme des habsburgischen Königshauses im Reich.

Insofern konnten Albrecht von Österreich und die Kurfürsten bei ihrem Zusammenschluß im Jahr 1298 die Früchte der habsburgischen Heiratspolitik Rudolfs von Habsburg und seiner Wähler seit 1273 ernten.

Ich fasse zusammen: Das Kurfürstenkolleg der bekannten sieben wurde nicht schon 1256 oder gar noch früher, sondern erst 1298 konstituiert. Die Vereinigung der sieben Kurfürsten und deren Anerkennung durch Albrecht von Österreich bedeuteten rechtlich: Albrecht bestätigte den Repräsentanten der habsburgischen Tochterstämme das erbliche Wahlrecht und wurde im Gegenzug als Repräsentant des habsburgischen Mannesstammes zum König gewählt.

Dieser Vertrag bedeutete die rechtliche Herauslösung der neuen kleinen habsburgischen aus der alten großen ottonischen Erbengemeinschaft, d.h. der Repräsentanten der neuen aus denen der alten königlichen Tochterstämme. Die Mainzer Vereinigung von 1298 beantwortet die bisher unlösbar scheinende Frage, wie aus den ursprünglich vielen Königswählern (principes, ad quos electio de iure spectat) die wenigen Kurfürsten werden konnten. Jene repräsentierten die ottonischen, diese die habsburgischen königlichen Tochterstämme.

Das rechtliche Prinzip für den großen und für den kleinen Wählerkreis war das gleiche geblieben. Das Wahlrecht ruhte in beiden Fällen auf königlichem Erbrecht und damit auf einer bestimmten genealogischen Abstammung. Vom kinderlosen Tod Kaiser Ottos III. 1002[46] über die staufisch-welfische Doppelwahl 1198, die Absetzung Adolfs von Nassau und die Wahl Albrechts von Österreich 1298 bis zur Goldenen Bulle 1356 wird eine die Generationen überdauernde Struktur erkennbar.

## III. Die Goldene Bulle und die Kurfürsten

In der Goldenen Bulle wurde der Abschluß des Kurfürstenkollegs und der Ausschluß Dritter zum Reichsgesetz. Kapitel XX besagte: „Kein anderer soll zu den Wahlen und allen anderen Handlungen … zugelassen werden." Auch sollte ihnen auf den Hoftagen „kein anderer Fürst von welcherlei Stand, Würde, Hoheit oder Rang er auch wäre, auf irgendeine Weise vorgezogen werden." (Kapitel VI)

Beim Abschluß der Goldenen Bulle 1356 waren nunmehr alle vier weltlichen Kurfürsten Repräsentanten der Tochterstämme Rudolfs von Habsburg: ein Luxemburger in Böhmen und auf dem Kaiserthron, zwei Wittelsbacher in der Pfalz und in Brandenburg, ein Askanier in Sachsen-Wittenberg. Die habsburgischen Tochterstämme hatten unter Führung eines luxemburgischen Kaisers und Königs von Böhmen den habsburgischen Mannesstamm verdrängt. Sie hielten es auch für rechtmäßig, dabei einander ausdrücklich als Vetter, Oheim oder Schwager zu bezeichnen[47] und damit ihre „Vetternwirtschaft" zu dokumentieren, in der sie wohl eher eine erbrechtliche Legitimation sahen.

Im Erbrecht liegt der Schlüssel sowohl für das Wahlrecht der Königswähler als auch für die Verringerung von deren ursprünglich großer Zahl auf die kleine Zahl der Kurfürsten. Im Kurfürstenkolleg vereinten sich zusammen mit den drei rheinischen Erzbischöfen die Repräsentanten der Tochterstämme Rudolfs von Habsburg.

Die hier vertretene erbrechtliche Theorie zum Ursprung des kurfürstlichen Wahlrechts ergibt sich übrigens nicht allein aus der Interpretation der Verwandtschaftsverhältnisse als der „neuen Quelle", sie findet sich auch in der Goldenen Bulle selbst. Seit langem ist bekannt, daß dieses Gesetz „in einer Anzahl mehr oder weniger wesentlicher Punkte … keine Neuerungen einführen wollte noch eingeführt hat." Sie war „kein Reformgesetz, sondern im wesentlichen nur eine Kodifikation des geltenden Rechts".[48] Dies gilt offenbar auch für die Erblichkeit des Wahlrechts.

Die Goldene Bulle bezeugt im Kapitel VII De successione principum, d.h. von der Erbfolge der (Kur)fürsten, wie man Kurfürst wird, nämlich durch Erbfolge: Wenn ein weltlicher Kurfürst stirbt, solle Recht, Stimme und Macht der Wahl (ius, vox et potestas electionis) übergehen auf seinen erstgeborenen, rechtmäßigen, weltlichen Sohn (ad filium suum primogenitum legitimum laicum).

Dieses erste deutsche Erbfolgegesetz legte dann auch genau fest, daß hier beim Fehlen eines Sohnes Recht, Stimme und Macht der Wahl an seinen ältesten, aus echter väterlicher Linie stammenden Bruder weltlichen Standes und sodann auf dessen Erstgeborenen weltlichen Standes übergehen sollte: „Und auf diese Weise solle die Sukzession auf die Erstgeborenen und Erben der Fürsten auf ewige Zeiten beobachtet werden."

Wenn auch der Zweitgeborene als Erbe ausfalle, sollte derjenige weltliche Blutsverwandte (consanguineus laicus), der aus väterlichem Stamm in absteigender direkter Linie in Verwandtschaftsgraden näher (proximior) als andere ist, in der Kur nachfolgen (Cap. XXV). Laut diesen sehr ausführlichen Sukzessionsregeln der Goldenen Bulle erwarben die Kurfürsten ihr Kurrecht also in erster Linie durch Geburt und durch ihre Stellung in der kurfürstlichen Familie, mit anderen Worten: kraft Erbrecht.

Hinzu kommt: Die Kurfürsten werden in der Goldenen Bulle nirgendwo ein collegium genannt, wohl aber zweimal consortium (I 6, II 5) und zweimal unio (VII 1, XX). Consortium bedeutet unter anderem fortgesetzte Erbengemeinschaft, consors war auch der Ganz- oder Miterbe; unio die Vereinigung. Mit den beiden Begriffen consortium und unio enthält bereits die Goldene Bulle die Lösung des „Fundamentalrätsels der deutschen Verfassungsgeschichte".[49] Die Kurfürsten waren eine Vereinigung innerhalb einer Erbengemeinschaft.

Das Reich war sowohl vor als auch nach 1356 ein Wahl-Königreich und ein Erb-Wählerreich. Dabei waren die Geistlichen unter den Wählern auch wiederum durch Wahl in ihr Amt gekommen.

Dieses Ergebnis hat auch für den Vergleich mit den übrigen europäischen Königreichen Konsequenzen. Der Gegensatz von Wahlreichen und Erbreichen ist demnach nur graduell, nicht konträr. Im Grundsatz waren alle europäischen Königreiche erblich; aber es gab einfache und komplizierte Erbfälle. Wo es nur einen Erbberechtigten gab, war die Nachfolge in der Regel problemlos. Wo es aber mehrere Erbberechtigte gab, mußte unter den Anwärtern gewählt werden. Oder es wurde gekämpft. Als die Goldene Bulle 1356 Gesetz wurde, wütete in Frankreich ein 100jähriger Krieg zwischen dem näheren Tochterstamm (Anjou-England) und dem ferneren Mannesstamm (Valois-Frankreich) um die Krone Frankreichs. Für Edward III. sprach der Verwandtschaftsgrad, für Jean le Bon das agnatische Prinzip, d.h. die Zugehörigkeit zum Mannesstamm. Die Königswahl durch das Kurfürstenkolleg konnte solche Erbfolgekämpfe vermeiden. Insofern war die Goldene Bulle ein friedenstiftendes Werk.

## Anmerkungen:

1 Konrad Müller (Hrsg.): Die Goldene Bulle Kaiser Karls IV. 1356. Lateinischer Text mit Übersetzung. Bern 1964.

2 So im Jahr 1361. Nachweis bei Armin Wolf: Das „Kaiserliche Rechtbuch" Kaiser Karls IV. So genannte Goldene Bulle. In: Ius Commune. Veröffentlichungen des Max-Planck-Instituts für Europäische Rechtsgeschichte 2 (1969), S. 1–32, hier S. 1.

3 Bernd-Ulrich Hergemöller: Fürsten, Herren und Städte zu Nürnberg 1355/56. Die Entstehung der „Goldenen Bulle" Karls IV. Köln, Wien 1983.

4 Bernd-Ulrich Hergemöller: Der Abschluß der „Goldenen Bulle" zu Metz 1356/57. In: Friedrich Bernward Fahlbusch / Peter Johanek (Hrsg.): Studia Luxemburgensia. Festschrift Heinz Stoob zum 70. Geburtstag. Warendorf 1989, S. 123–232.

5 Johann Daniel von Olenschlager: Neue Erläuterung der Guldenen Bulle Keysers Carls des IV. ... Frankfurt, Leipzig 1766.

6 Karl IV. war zunächst als Gegenkönig zu Ludwig dem Bayern gewählt worden.

7 Johann Wolfgang Goethe: Dichtung und Wahrheit. I. Teil, 4. Buch.

8 König Wenzel, der seine Absetzung niemals anerkannte, ließ aus Protest dagegen die heute in Wien aufbewahrte Prunkhandschrift der Goldenen Bulle anfertigen. Vgl. das verkleinerte Faksimile in: Armin Wolf (Hrsg.): Die Goldene Bulle. König Wenzels Handschrift. Codex Vindobonensis 338 der Österreichischen Nationalbibliothek (=Glanzlichter der Buchkunst 11). Graz 2002, S. 78–84.

9 Aufgrund bestimmter politischer Situationen wurde im Westfälischen Frieden (1648) eine achte Kurwürde geschaffen, 1689/1708 eine neunte. Am Ende des Reiches von 1803 bis 1806 gab es kurzfristig sogar zehn Kurfürsten, die aber niemals eine Königswahl vornahmen.

10 Punkt 1 der kaiserlichen Proposition vom 29. November 1355: „welre laigen kurfursten werent". Text nach Karl Zeumer: Die Goldene Bulle Kaiser Karls IV. (=Quellen und Studien zur Verfassungsgeschichte des Deutschen Reiches in Mittelalter und Neuzeit II, 1 und 2). Weimar 1908, S. 70.

11 Punkt 5 der kaiserlichen Proposition vom 29. November 1355: „wen das mere teil der fursten kuse, dasz den die herren und stette vur einen kunig hetten, durch dasz nit me krieg umb das rich wurde, als vor ime gewesen ist". Text nach K. Zeumer: Goldene Bulle Karls IV. (wie Anm. 10), S. 71.

12 Das ganze Prooemium stellt in seinen geistesgeschichtlichen Zusammenhang Bernd-Ulrich Hergemöller: Die Eröffnung der „Goldenen Bulle". Vorgebet und Proklamationsdiplom von „Omne regnum" unter metaphorologischen und exegetischen Aspekten. In: Ders.: Cogor adversum te. Warendorf 1999, S. 126–220.

13 Winfried Trusen: Kurmainz und das Einberufungsrecht zur deutschen Königswahl seit der Goldenen Bulle. In: Geschichtliche Landeskunde III, 2 (=Festschrift Johannes Bärmann). Wiesbaden 1967, S. 127–152.

14 Winfried Dotzauer: Anrufung und Messe zum Heiligen Geist bei der Königswahl und Reichstagen in Mittelalter und früher Neuzeit. In: Archiv für mittelrheinische Kirchengeschichte 33 (1981), S. 11–44 und 34 (1982), S. 11–36.

15 Winfried Dotzauer: Das Königswahlgeleit für die Kurfürsten in der Goldenen Bulle Karls IV. (1356). In: Geschichtliche Landeskunde 21 (1980), S. 82-139.

16 Wolfgang Hermkes: Das Reichsvikariat in Deutschland. Reichsvikare nach dem Tod des Kaisers von der Goldenen Bulle bis zum Ende des Reiches. Karlsruhe 1968, bes. S. 23–25.

17 Sachsenspiegel. Landrecht III, 57.

18 K. Zeumer: Goldene Bulle Karls IV. (wie Anm. 10), Nr. 30.

19 K. Zeumer: Goldene Bulle Karls IV. (wie Anm. 10), Nr. 5 (für Karl selbst), 8 und 9 (für Pfalz), 10 und 18 (für Sachsen), 31 (für Brandenburg).

20 K. Zeumer: Goldene Bulle Karls IV. (wie Anm. 10), Nr. 21 (für Pfalz), 19 und 24 (für Sachsen), 22 (für Brandenburg) und 30 (für Böhmen).

21 Martin Lintzel: Die Entstehung des Kurfürstenkollegs. Berlin 1952, Sonderausgabe Darmstadt 1957, S. 47.

22 Heinrich Mitteis: Die deutsche Königswahl. Ihre Rechtsgrundlagen bis zur Goldenen Bulle. 2. Aufl. Wien 1944, Nachdruck Darmstadt 1969, S. 11.

23 Walter Schlesinger: Rezension von M. Lintzel: Entstehung des Kurfürstenkollegs (wie Anm. 21). In: Historische Zeitschrift 181 (1956), S. 357.

24 Hugo Stehkämper: Der Kölner Erzbischof Adolf von Altena und die deutsche Königswahl (1195–1205). In: Historische Zeitschrift. Beiheft 2. München 1973, S. 6–8.

25 Egon Boshof: Erstkurrecht und Erzämtertheorie im Sachsenspiegel. In: Historische Zeitschrift. Beiheft 2. München 1973, S. 84–121. Zuletzt Franz-Reiner Erkens: Kurfürsten und Königswahl. Zu neuen Theorien über den Königswahlparagraphen im Sachsenspiegel und die Entstehung des Kurfürstenkollegiums. Hannover 2002. Dazu jedoch die kritische Rezension von Armin Wolf in: Zeitschrift für Rechtsgeschichte, Germ. Abt. 120 (2003).

26 M. Lintzel: Entstehung des Kurfürstenkollegs (wie Anm. 21), S. 9.

27 Armin Wolf: Die Entstehung des Kurfürstenkollegs 1198–1298. Zur 700jährigen Wiederkehr der ersten Vereinigung der sieben

Kurfürsten (=Historisches Seminar NF 11). 2. Aufl. Idstein 2000. Ders.: Königliche Tochterstämme, Königswähler und Kurfürsten (=Studien zur Europäischen Rechtsgeschichte. Veröffentlichungen des Max-Planck-Instituts für Europäische Rechtsgeschichte 152). Frankfurt 2002.

28 In der Anzeige König Ottos IV. von Braunschweig an Papst Innozenz III. In: Monumenta Germaniae Historica. Constitutiones 2, Nr. 18.

29 W. Schlesinger: Rezension von M. Lintzel (wie Anm. 23), S. 359. Vgl. auch Bernward Castorph: Die Ausbildung des römischen Königswahlrechts. Göttingen 1978, S. 133.

30 Bei Heinrich werden auch noch sein Großvater Herzog Liudolf von Sachsen, sein Vater Herzog Otto und dessen Geschwister, Herzog Bruno und Königin Liudgard in eigenen Medaillons aufgeführt. Bei Mathilde wird in einem Text eigens darauf hingewiesen, daß ihr Vater Theodericus aus dem Geschlecht Widukinds, „des großen Herzogs Sachsens" stammt.

31 Dies bestätigt auch eine Chronik aus einem französischen Zisterzienserkloster. In: Monumenta Germaniae Historica. Scriptores 23, Nr. 737. A. Wolf: Entstehung des Kurfürstenkollegs (wie Anm. 27), S. 137.

32 Eine vollständige Umzeichnung findet sich bei A. Wolf: Entstehung des Kurfürstenkollegs (wie Anm. 27), S. 19.

33 Vgl. zum Abstammungsbewußtsein: A. Wolf: Königliche Tochterstämme (wie Anm. 27), insbesondere S. 43–50.

34 Monumenta Germaniae Historica. Constitutiones 2, Nr. 124. A. Wolf: Entstehung des Kurfürstenkollegs (wie Anm. 27), S. 137–139.

35 Karl Zeumer: Die böhmische und die bayrische Kur im 13. Jahrhundert. In: Historische Zeitschrift 94 (1905), S. 209–250, hier S. 210–212. Auszug bei A. Wolf: Entstehung des Kurfürstenkollegs (wie Anm. 27), S. 197–199.

36 Wolfgang Giese: Der Reichstag vom 8. September 1256 und die Entstehung des Alleinstimmrechts der Kurfürsten. In: Deutsches Archiv 40 (1984), S. 562–590. Auszug bei A. Wolf: Entstehung des Kurfürstenkollegs (wie Anm. 27), S. 209–210.

37 Monumenta Germaniae Historica. Scriptores 28, S. 367. Abgedruckt bei A. Wolf: Entstehung des Kurfürstenkollegs (wie Anm. 27), S. 148.

38 Monumenta Germaniae Historica. Constitutiones 3, Nr. 415.

39 Armin Wolf: König für einen Tag. Konrad von Teck: gewählt, ermordet und vergessen (=Schriftenreihe des Stadtarchivs Kirchheim unter Teck 17). 2. Aufl. Kirchheim unter Teck 1995.

40 Monumenta Germaniae Historica. Constitutiones 4, Nr. 5. A. Wolf: Entstehung des Kurfürstenkollegs (wie Anm. 27), S. 187.

41 Monumenta Germaniae Historica. Constitutiones 4, Nr. 8. A. Wolf: Entstehung des Kurfürstenkollegs (wie Anm. 27), S. 191.

42 Österreichische Reimchronik. Vers 72947. A. Wolf: Entstehung des Kurfürstenkollegs (wie Anm. 27), S. 75.

43 Monumenta Germaniae Historica. Constitutiones 4, Nr. 8. A. Wolf: Entstehung des Kurfürstenkollegs (wie Anm. 27), S. 1. Abbildung siehe Armin Wolf: Von den Königswählern zum Kurfürstenkolleg. Bilddenkmale als unerkannte Dokumente der Verfassungsgeschichte. In: Reinhard Schneider / Harald Zimmermann (Hrsg.): Wahlen und Wählen im Mittelalter (=Vorträge und Forschungen, Band 37). Sigmaringen 1990, S. 15–78, nach S. 56.

44 Johann von Victring. In: Monumenta Germaniae Historica. Scriptores rerum Germanicarum in usum scholarum 36, S. 359. A. Wolf: Entstehung des Kurfürstenkollegs (wie Anm. 27), S. 196.

45 Die älteren Bilder am alten Aachener Rathaus (um 1273) und in den Bilderhandschriften des Sachsenspiegels (Archetyp 1292/95) zeigen den König und die jeweils „drei Ersten an der Kur" (Wahl) von den Geistlichen und von den Weltlichen. Abbildungen siehe A. Wolf: Von Königswählern zum Kurfürstenkolleg (wie Anm. 43), Abb. 3–7.

46 Dazu Armin Wolf: Quasi hereditatem inter filios. Zur Kontroverse über das Königswahlrecht im Jahre 1002 und die Genealogie der Konradiner. In: Zeitschrift für Rechtsgeschichte 112 (1995), S. 64–157. In erweiterter Fassung unter dem Titel: Zur Königswahl Heinrichs II. im Jahre 1002. Verwandtschaftliche Bedingungen des Königswahlrechts. In: Genealogisches Jahrbuch 42 (2002), S. 5–89.

47 A. Wolf: Entstehung des Kurfürstenkollegs (wie Anm. 27), S. 97, mit Belegen.

48 K. Zeumer: Goldene Bulle Karls IV. (wie Anm. 10), S. 226.

49 Siehe H. Stehkämper: Kölner Erzbischof Adolf von Altena (wie Anm. 24).

# Wahl und Krönung im Spiegel der Diarien des 18. Jahrhunderts

*Von Barbara Dölemeyer*

In der „Wahl- und Krönungsstadt Frankfurt" fanden seit 1562 (Maximilian II.) nach den Wahlen auch die Königs- bzw. Kaiserkrönungen statt. Zwischen 1562 und 1792 war Frankfurt zehnmal Schauplatz solcher Großereignisse. Über Vorbereitung und Ablauf der Wahl wie der Krönung existieren zahlreiche handschriftliche wie gedruckte Beschreibungen privaten wie halboffiziellen Charakters. Seit 1711 wurden regelmäßig kurz nach Wahl und Krönung ausführliche Darstellungen der rechtlichen Handlungen und der Feierlichkeiten in den sogenannten Wahl- und Krönungsdiarien veröffentlicht. Das erste auch als solches bezeichnete Diarium, das kurz vor der Wahl und Krönung Karls VI. erschien, beschreibt retrospektiv die Wahl und Krönung Leopolds I. von 1658 und basiert auf vorangehenden privaten Beschreibungen wie der des Theatrum Europaeum oder Lünigs Theatrum Ceremoniale.[1] Als Vorläufer kann man Schriften, betitelt etwa als „Wahl- und Krönungshandlung", betrachten, die zu Krönungen Maximilians II. 1562 oder Matthias' 1612 erschienen. Sie enthalten häufig Illustrationen mit Beschreibungen, auch Personenverzeichnisse und Festberichte der eigentlichen Wahl und Krönung, geben aber weniger Auskunft über die rechtlichen Rahmenbedingungen.[2] Die Vorrede des Druckers Johann David Jung zum Diarium Karls VII. 1742 geht auf diese Werke ein und sagt zum „Nutzen diese(r) Art von Geschicht-Büchern", sie seien einerseits für diejenigen gedacht, die sich mit „Staats- und Ceremoniel-Geschäfften" befassen müssen, andererseits für „Liebhaber der Historie".[3]

Die Diarien des 18. Jahrhunderts waren halboffizielle, privilegierte, d.h. mit Druckprivilegien versehene Ausgaben. Sie

*Kaiser Maximilian II. (1527–1576). Seit seiner Krönung 1562 war Frankfurt a. M. Wahl- und Krönungsort zugleich. Historisches Museum Frankfurt a. M., C 15738, Foto: Ursula Seitz-Gray*

enthielten einerseits den rechtlich bedeutsamen Ablauf der Wahlhandlungen (die Verfasser hatten Zugang zu wichtigen Protokollen und anderen juristischen Quellen) und legten andererseits speziellen Wert auf die Beschreibung der öffentlich wahrnehmbaren Umstände: Krönungszug, Huldigungseid, Festivitäten im Umfeld der Krönung – alles, was Medienwirksamkeit hatte. Sie dienten zum einen als Nachschlagewerke für den Frankfurter Rat hinsichtlich der korrekten Abwicklung der Wahl- und Krönungshandlungen und wurden auch von Juristen als Material zur Unterweisung in Sachen Reichsrecht und Reichspublizistik verwendet. Zum anderen befriedigte die umfangreiche Berichterstattung über die anwesenden Persönlichkeiten, den Ablauf der Zeremonien, die Divertissements im Umfeld mit Porträts, Abbildungen, Speisefolgen etc. auch die Neugier eines – zahlenmäßig allerdings beschränkten – Publikums. Zur Flugschriften- und Zeitungspublikation aus dem 17. Jahrhundert, die die breite Masse erreichte, ist 1994 eine Untersuchung erschienen.[4] Hier sind speziell die umfangreichen Diarien des 18. Jahrhunderts und vor allem ihr juristischer Gehalt zu betrachten.

Zunächst sei (I.) der Inhalt eines solchen Werks am Beispiel des Diariums Karls VI. skizziert und auf Veränderungen in den späteren Diarien hingewiesen; dann sollen (II.) speziell die rechtlich wichtigen Bestimmungen vorgestellt werden. Auch Konflikte und Rangstreitigkeiten kamen bei solchen Anlässen zum Ausbruch; inwieweit sie in diesen Berichten reflektiert sind, ist zu fragen. Ferner (III.) seien einige weitere Publikationen im Wahl- und Krönungszusammenhang erwähnt. Danach (IV.) soll an den Beispielen der Juristen Johann Kaspar Goethe und Heinrich Christian von Senckenberg gezeigt werden, wie sie die Diarien zur Unterrichtung ihrer Söhne als Vorbereitung für das Verständnis der publizistischen Großereignisse verwendeten. Schließlich sei (V.) ein kritischer Blick auf die Rezeption der letzten Kaiserkrönungen aus der Sicht nach dem Ende des Alten Reichs gewagt und danach gefragt, inwieweit im Umfeld der beiden letzten Kaiserkrönungen 1790 und 1792 Bestrebungen nach Reichsreformen sozusagen in letzter Minute zum Ausdruck kamen.

## I. Beschreibung der Diarien

Die Diarien des 18. Jahrhunderts folgen in ihrem Aufbau weitgehend einem bestimmten Muster, wenngleich sie nicht so standardisiert sind, wie dies in der Sekundärliteratur gelegentlich behauptet wird. Sie enthalten meist zwei Teile (manchmal in einem, manchmal in zwei Bänden) – das „Wahldiarium" und das „Krönungsdiarium". Im Fall der Krönung Josephs II. sind es drei Teile, zusätzlich als erstes ein „Churtags-Diarium".[5] Die Werke enthalten umfangreiche Widmungen an Kaiser, auch Kaiserin sowie an die Kurfürsten, oft bekamen die Drucker/Verleger neben dem kaiserlichen auch ein Druckprivileg seitens der Reichsvikare. Die Verfasser hatten Zugang zu Dokumenten und Protokollen. Für die Bearbeitung des Diariums Josephs II. waren es z.B. Mitglieder der kurmainzischen Wahldelegation. Als halboffizielle Darstellungen sind sie meist von unangenehmen Ereignissen (wie Rangstreitigkeiten) „gereinigt"; allerdings fließen in die beiden letzten Diarien 1790 und 1792 durchaus auch persönliche Wertungen des Verfassers sowie die Beschreibung von Ereignissen außerhalb des Zeremoniells ein.

Als Beispiel sei der Titel des ersten ausführlichen Diariums des 18. Jahrhunderts zitiert: „Vollständiges Diarium alles dessen Was vor / in und nach denen höchstansehnlichsten Wahl- und Crönungs-Solennitaeten des AllerDurchlauchtigsten / Großmächtigsten und Unüberwindlichsten Fürsten und Herrn / Herrn Caroli des VI. Erwehlten Römischen Kaysers / zu allen Zeiten Mehrern des Reichs in Germanien / Hispanien / beyder Sicilien / Jerusalem / und Indien / wie auch zu Hungarn und Böheim etc. Ertz-Hertzogens zu Oesterreich etc. Sowol im gantzen Heil. Römischen Reich / Als auch insonderheit in dieser Freyen Reichs- und Wahl-Stadt Franckfurth am Mayn / Von Anfang biß zum Ende passiret ist, …, Unter Sr. Churfürstl. Durchl. Zu Pfaltz / als damaligem höchsten Reichs-Vicarii, Besonderem gnädigsten Privilegio, … Frankfurt am Main 1712".

Es gibt offenbar unterschiedliche Zusammenbindungen der einzelnen Teile. Das vorliegende Exemplar enthält zunächst den Abdruck der Privilegia impressoria. Der inhaltliche Teil beginnt mit einem Vorbericht über den Tod Josephs I. und zitiert die Trauerpredigten; es folgen die Dekrete betreffend das Reichsvikariat, Schreiben an die höchsten Reichsorgane. Wichtig für Frankfurt sind speziell die Vorbereitungen für die Aufnahme der an den Wahlhandlungen Beteiligten sowie die Festlegung des Wahltermins. Auf die rechtlich bedeutsamen Abschnitte ist sogleich zurückzukommen. Die Aktivitäten des Reichsquartiermeisters, das Eintreffen der Gesandten mit genauer Beschreibung ihres Einzugs (häufig auch in den Illustrationen festgehalten) etc. sind aufgezeichnet. Die ausführliche Beschreibung des Ablaufs des Wahltages bildet einen wesentlichen Abschnitt. Interessant für das allgemeine Lesepublikum waren sicherlich auch die abgedruckten Listen des Gefolges der Würdenträger: Fourierliste; Aufzählung der Suiten der Kurfürsten, mit genauer Wiedergabe der Anzahl der Diener, Pferde, Wagen; all dies soll das prächtige Ereignis auch quantitativ faßbar machen. Wichtig ist ferner der Abdruck der Goldenen Bulle als Rahmen und Grundgesetz sowie der Wahlkapitulation.

Die Krönung ist in einem separaten Teil als Continuatio Diarii dargestellt. Die Beschreibung des Einzugs des Neugewählten enthält zeremonielle wie auch rechtlich wichtige Akte, so die Begrüßungsansprache des Syndicus Orth bei Übergabe der Stadtschlüssel,[6] die persönliche Beschwörung der Wahlkapitulation durch den Gewählten in der Wahlkapelle des Doms vor den Kurfürsten (in Kurhabit) gegenüber dem gesamten Reich.[7] Auch der Abdruck der Predigt anläßlich der Krönung im Dom[8] findet sich hier – wie dies in den Diarien des 18. Jahrhunderts üblich ist. An Abbildungen sind u.a. beigefügt: Porträts des Kaisers, der Kurfürsten sowie ihrer Gesandten; außerdem einige das Geschehen erläuternde Skizzen wie das Schema der Aufstellung in der Bartholomäuskirche etc; außerdem Abbildungen der Krönungsmünzen,[9] die Darstellung des Krönungszugs zum Römer, der Verrichtung der Erzämter wie des Krönungsmahls im Römer. Die Aufteilung der Speisetafeln in unterschiedlichen Räumen – für den Kaiser und die Kurfürsten im Kaisersaal, für die Grafen und Herren im Wahlkonferenzzimmer, für die städtischen Deputierten und die Gesandten aus Köln, Aachen und Nürnberg in der Ratsstube – war festgelegt.

Zum Vergleich seien Bemerkungen zu den Diarien Karls VII., Franz' I., Josephs II. und Leopolds II. angeführt, wobei die Diarien Karls VII. und Franz' I. besonders umfangreich waren.

Im Diarium Karls VII. wird zunächst den Ereignissen und Diskussionen nach dem Tod Karls VI. und den Streitigkeiten um die Nachfolge breiter Raum gewährt; auch allerhand Deduktionen und juristische Gutachten zur Nachfolgefrage sind aufgenommen. Der Vorbericht des Druckers/Verlegers geht auf den Nutzen von Diarien insgesamt ein. Da Karl VII. infolge der politischen Umstände und kriegerischen Ereignisse im Zusammenhang mit seiner Wahl in Frankfurt seine Residenz aufschlug, sind dann auch einige der Maßnahmen aufgeführt, die er in der Reichsstadt vornahm: Wie nach anderen Krönungen üblich, fand die erste Versammlung des Reichshofrats hier statt. Weiter sind geschildert die Ankunft des Bischofs von Bamberg und Würzburg zu wichtigen geheimen Unterredungen, wobei es um eine Verlegung des Reichstags zu Regensburg nach Frankfurt ging. Der Reichstag trat am 1. Mai 1742 tatsächlich in Frankfurt zusammen. Es wird weiter berichtet, daß Kurmainz von Wien die Auslieferung des Reichsarchivs verlangte, wozu es aber nicht kam. Zwischen diesen Verhandlungen langten immer wieder Nachrichten von den Schlachtfeldern in Böhmen ein; es wird vom Durchmarsch französischer Hilfstruppen gegen Habsburg berichtet. So enthält dieses Diarium zusätzlich zu den üblichen Darstellungen der Wahl- und Krönungsfeierlichkeiten eine große Anzahl von Berichten zum „politischen" Umfeld dieser außergewöhnlichen Kaiserwahl. Den Abschluß bildet ein Krönungsdiarium der Kaiserin Maria Amalia. Es war dies die erste separate Zeremonie für eine Kaiserin im 18. Jahrhundert; mit der Krönung seiner Gemahlin, der Habsburger Prinzessin, zur Römischen Kaiserin wollte Karl Albrecht auch seinen

Anspruch auf die kaiserliche Nachfolge untermauern. Die Zeremonie entsprach zwar im Ablauf im wesentlichen der Kaiserkrönung, war aber weniger prachtvoll angelegt. 1690 war letztmals eine Kaiserinnenkrönung erfolgt (Eleonora Magdalena Theresia, Gemahlin Leopolds I.), so daß in Frankfurt keine Erfahrung mit einem solchen Zeremoniell bestand. Deshalb beschreibt das Diarium Maria Amalias auch für künftige Fälle genau alle Feierlichkeiten, unter Beifügung von Urkunden des Erzkanzlers und Erzmarschalls der Kaiserin.[10]

Das Wahldiarium Franz' I. enthält – und das ist neu – eine reichspublizistische Vorrede „Von den Vorzügen des Regierenden Hauses bey den teutschen Königs- und Kayser-Wahlen". Sie ist verfaßt von dem Frankfurter Juristen Johann Daniel Olenschlager und gibt etwa eine Geschichte der Wahlen wieder; ebenso enthält das Krönungsdiarium eine Vorrede, ebenfalls von Olenschlager: „Untersuchung des wahren Ursprungs Hertzogs Athici von dem Fränckischen Major-Domus Erchinoaldo Wie auch die wahrscheinliche Abkunfft Kaysers Berengarii I und der Salischen Kayser aus dem alten Elsaßischen Hause" (1747). Hier will der Autor den „hohen Adel des alten Elsaßischen Geschlechts aus welchem die beyde Allerdurchläuchtigste Häuser Lothringen und Österreich abstammen", nachweisen. Mitglieder der Familie Olenschlager gehörten neben den anderen Patrizierfamilien Uffenbach, Orth, von Loen, Lersner und Glauburg zu einem Kreis von Privatgelehrten, deren wissenschaftliches Interesse u.a. der Beschäftigung mit Reichsrecht und Reichshistorie sowie der Frankfurter Rechts- und Verfassungsgeschichte galt. Auch Heinrich Christian Senckenberg, auf welchen sogleich einzugehen ist, gehörte diesem Kreis an.[11]

Das Diarium Leopolds II.[12] enthält neben den Porträts des Kaisers und der Kurfürsten sowie ihrer Wahl-

*Titelkupfer aus dem Wahl- und Krönungsdiarium Kaiser Franz' I. Historisches Museum Frankfurt a. M., Bibliothek I, 859/1/2/28, Foto: Ursula Seitz-Gray*

botschafter die Druckprivilegien, und zwar je ein kaiserliches und eines seitens des Reichsvikariats (Carl Theodor von der Pfalz) auf fünf Jahre, die den Nachdruck verbieten. Stilistisch sind etliche Änderungen gegenüber früheren Diarien zu bemerken. Wie üblich, wird zunächst über Krankheit, Tod und Begräbnis des Vorgängers Josef II. berichtet, was auch eine Beschreibung von dessen Leben und Wirken beinhaltet. Allerdings finden sich hier stärker als in früheren Diarien persönliche Anmerkungen des Herausgebers („Besonders rührend ist der Abschied, den Joseph von seinen tapferen Kriegern nahm").[13] Es folgen die Traueranstalten in Frankfurt. Aus den Lob- und Trauerreden werden in diesem Diarium – abweichend von früher – nur einzelne Passagen zitiert, „welche einen unmittelbaren Bezug auf das ruhmvolle Leben des verewigten Kaisers haben oder die unserem Zeitalter zum Glücke und zur Ehre der Menschheit herrschenden religiosen Gesinnungen, vorzüglich bezeichnen."[14] Neu ist der § 6, der „Empfindungen und Betrachtungen deutscher Staatsbürger beim Tode des Reichsoberhaupts" behandelt.[15] Es folgt eine Abhandlung über das Reichsvikariat in seinen Grundsätzen (Entstehung, Rechte), wobei nicht unerwähnt bleibt, wie die Reichsvikare in den Verhandlungen über frühere Wahlkapitulationen ihre eigene Position festigen konnten; dann eine ausführliche rechtliche Erörterung von deren Handlungen im aktuellen Fall. Der dritte Abschnitt behandelt die Wahlvorbereitungen, wobei auch wieder prinzipielle historische Erörterungen zu den Kurfürsten und grundsätzliche Erwägungen über Für und Wider von Wahl- und Erbkönigtum mit der Beschreibung der aktuellen Wahlvorbereitungen verbunden sind.[16] Wie bereits in den früheren Diarien des 18. Jahrhunderts sind umfangreiche Abdrucke der betreffenden kurfürstlichen Schreiben und anderer Dokumente beigefügt. Nun folgen die seitens der Stadt Frankfurt getroffenen Vorbereitungen, unter Mitteilung der üblichen Ratsverordnungen („Abhaltung des Bettelvolks und herrenlosen Gesindels", Vermehrung der Garnison; gegen Degentragen, gegen zu starke Konkurrenz auswärtiger Händler; Zensur für Buchdrucker etc.). Die Aufgaben des Reichsquartiermeisters werden wie üblich beschrieben.[17] Der erste Anhang enthält die Namen aller Mitglieder des Frankfurter Magistrats und der Bürgerkollegien, Bürgerkompanien sowie Offiziere der Garnison, verbunden mit einer Lobpreisung Frankfurts und etlichen Bemerkungen zur Stadtverfassung. „Hier ist gut wohnen! Wir sind indessen weit entfernt, Frankfurt für ein himmlisches Jerusalem zu halten ... Das Land der Vollkommenheit liegt jenseits des Styx. Auf unserm Erdballe entscheidet das Maas des Übergewichts des Guten oder des Bösen; und das unläugbare Übergewicht des Guten in dieser Stadt macht ihr Lob aus. Übrigens gibt es allenthalben, folglich auch hier Unzufriedene, die selbst in Abrahams Schooße nicht gemächlich genug liegen würden: aber ihre Zahl ist geringe; nirgends ist wohl die Zufriedenheit der Bürger mit der Verfassung des Staats und dessen Verwaltung allgemeiner als zu Frankfurt."[18]

Vorrede
Von den Vorzügen
des
Regierenden Hauses
bey den
Teutschen Königs-
und
Kayser-Wahlen,
bey Gelegenheit
Der Höchst-beglückten Wahl
Unsers
Allerdurchlauchtigsten und Großmächtigsten
Kaysers
Frantz des Ersten
geschrieben
von
Johann Daniel Olenschlager, JCto.

Im 2. Teil (im selben Band) wird der Ablauf der Wahlhandlungen ab der Ankunft der Wahlbotschafter beschrieben; interessant ist der Hinweis darauf, daß der votierende trierische Wahlbotschafter ein Bürgerlicher ist, nämlich Staatsrat Johann Alois Josef Hügel.[19] Es folgt die Darstellung des Empfangs der Deputationen, der Geschenke und Bekomplementierungen, der Präliminarkonferenzen und der Beratungen über die Wahlkapitulation; alles dies wird ausführlich, unter Bezugnahme auf das Wahlprotokoll, geschildert. Den Beratungen über die aktuelle Wahlkapitulation wurde die vorangegangene zugrundegelegt, dann die Anträge und Monita dazu verhandelt. Hier weicht der Diarienschreiber von der Chronologie ab und behandelt einige ihm wichtig erscheinende Materien, wobei er (unter vielen Präkautionen) seine eigene Meinung zu einigen Bestimmungen zufügt.[20] Auf zwei Punkte sei besonders hingewiesen, zum einen auf die Vorstellungen gegen den Büchernachdruck, die für die Entwicklung des Urheberrechts wichtig sein sollten,[21] zum anderen auf die beabsichtigten Änderungen der Zensurbestimmungen. In den kurfürstlichen Kollegialschreiben (das sind Rechtsäußerungen, etwa eine Ebene unterhalb der Kapitulation, die dem zu Wählenden ans Herz gelegt werden) wird u. a. Bezug genommen auf die revolutionären Ereignisse in Frankreich sowie die Verfügungen der französischen Nationalversammlung, außerdem auf diverse Beschwerden der Reichskreise, das Mecklenburgische Privilegium de non appellando betreffend, etc.

Es folgen – wie üblich – die Sicherheitsbestimmungen, die von der Stadt Frankfurt einzuhalten sind, sowie der Bericht über die Leistung des Sekuritätseids, wobei der Diarienschreiber wieder einige eigene Bemerkungen einfließen läßt: „Für den nachdenkenden Zuschauer mußte diese Feierlichkeit in vielem Betrachte wichtig und ehrwürdig sein. Dort sahe er drey der ersten Häupter deutscher Völkerschaften, mächtig durch die innere Kraft ihrer Staaten, noch mächtiger durch ihre erhabensten Reichsämter und durch das darauf seit vielen Jahrhunderten ruhende gewichtvolle Ansehen bey den europäischen Mächten; … an ihrer Seite die Repräsentanten von fünf weltlichen Wahlfürsten, deren vereinte Macht den ganzen Erdball zu bezwingen fähig wäre. Hier erblickte er eine zahllose Menge mit allen Farben und Schattirungen eines vollständigen Gemäldes der Sittlichkeit, größtentheils wohlhabend, was wenige Staaten, noch weniger einzelne Städte von sich rühmen können – viele reich – … und diese ansehnliche Bürgerschaft verpflichtete sich nun, ihr Leben für die Sicherheit des höchsten Wahlcollegii erforderlichen Falles aufzuopfern."[22] Und er schließt einige rechtliche Betrachtungen über Hintergrund und Qualität dieses Eides an. Außerdem wird die Polizey- und Taxordnung abgedruckt.[23] Der Wahltag wird genau beschrieben, das Decretum electionis mitgeteilt. Die Wahlkapitulation mit den Abweichungen zur vorhergehenden findet sich im sechsten Abschnitt. Eine Liste der Subscribenten und Pränumeranten soll als Werbung für den Verkauf des Werkes dienen. Den Abschluß des Wahldiariums bildet eine Beschreibung der Feierlichkeiten am Wahltag, so u. a. auch des von Schauspieldirektor August Wilhelm Iffland geschriebenen und zu diesem Anlaß aufgeführten Stückes „Friedrich von Östreich".[24]

Demgegenüber ist der Teil des Diariums, der die Krönung betrifft, wesentlich weniger umfangreich und, im Unterschied zu früheren Diarien, vom ersten Teil nicht getrennt: Beschrieben werden die Abholung des Neugewählten aus Aschaffenburg, die Ankunft der Reichsinsignien, der Einzug Leopolds am 4. Oktober 1790 und sein persönlicher Eid auf die Wahlkapitulation in der Wahlkapelle.[25] Die Vorbereitungen für die Krönung (darunter die Anprobe des Krönungsornats) und die Krönungszeremonie, sind detailliert dargestellt, wobei auch die Huldigungsgedichte nicht fehlen dürfen. Große Stiche illustrieren die Krönungshandlung, die Ablegung des Huldigungseids des Frankfurter Rates und der Bürgerschaft;[26] Ernennungen, Ritterschlag, Bewerbung Hessen-Kassels um die Kurwürde bilden sozusagen den Nachtrag. Der zweite Anhang enthält „Namen und Listen sämmtlicher allerhöchsten und höchsten Herrschaften, dann hohen Wahlbothschaften und Reichs Erbbeamten, sammt allerseitigen hohen und niedern Gefolge und Schutzverwandten."

Zur Wahl und Krönung Franz' II. erschien auch noch ein „Diarium oder Tage-Buch, der Wahl und Krönung Franz des Zweiten, Kaiser der Deutschen"[27] – allerdings nicht mehr in der gewohnten Form eines aufwendig gestalteten Folianten, sondern als relativ knapper Bericht und auch mit z.T. neuen Akzenten. Der Aufbau folgt zunächst dem bewährten Muster: Erzählung der Solennitäten; Schirmungseid; Wahltag; Einzug Ihro Kaiserlichen Majestät; Krönungsfest; Ritterschlag; Huldigung der Burgerschaft; Abreise Ihro Majestät. Dann folgt aber etwas eher Ungewohntes: eine „Rede welche an Ihro K. Maj. von 3 Herren Capitains im Namen der Burgerschaft gehalten worden"; sodann die Huldigung der Judenschaft. Üblich ist wieder die Darstellung des „Dankfest[s] so wegen der Wahl und Krönung in Frankfurt celebriret worden". Dann wird vom „Unglkckliche[n] Schicksal eines bürgerlichen Kanoniers an diesem

Dankfeste“[28] berichtet. Es folgen Personen-Verzeichnisse (enthaltend die Namen der Wahlbotschafter, der Mitglieder der bürgerlichen Cavallerie und der bürgerlichen Infanterie); dargestellt werden die Bemühungen des Rats (wer wen begrüßt hat); Paraden, Quartiere, Parolen, Kanonen.

Offensichtlich standen die äußeren Bedrohungen infolge der Ereignisse in Frankreich, die auch die Zeremonien verkürzt und vereinfacht hatten, ebenso wie das wohl absehbare Ende des Reichs einer umfangreichen Publikation entgegen.

## II. Rechtlich bedeutsame Abschnitte

Die Diarien, wie auch andere im Umfeld der Wahlen und Krönungen publizierte Druckschriften, enthielten Rechtsnormen auf zwei Ebenen: zum einen die auf Frankfurt bezüglichen, betreffend den Ablauf und die Sicherung der Handlungen; zum anderen reichsrechtlich wichtige Normen (z.B. die Goldene Bulle oder die Wahl-Kapitulation).

### II. 1. Frankfurt

Nach der Bestimmung der Goldenen Bulle waren bekanntlich die Bürger der Stadt für die Sicherheit der Kurfürsten und ihres Gefolges verantwortlich. Verlust ihrer Privilegien, sogar Reichsacht drohte ihnen, falls sie diese nicht gewährleisten konnten. Ein wichtiger Akt war die Leistung des Sicherheitseids (Schirmungseid, Sekuritätseid) vor Beginn der Zeremonialhandlungen. Die juristische Bedeutung dieses Eids trat u.a. in einem Konfliktfall zutage, als anläßlich der Eidesleistung vor der Wahl Matthias' II. 1612 die Bürger die Privilegien zu sehen verlangten, mit deren Verlust sie bedroht waren und die ihnen der Magistrat seit längerer Zeit vorenthalten hatte. Aus dieser Unzufriedenheit mit der Selbstherrlichkeit des Rates entstanden Unruhen, die in den sogenannten Fettmilchaufstand, den Frankfurter Verfassungskonflikt des 17. Jahrhunderts mündeten. Der Sekuritätseid war also nicht nur eine Formalität. Er wurde im Römer vom Magistrat und von den Offizieren geleistet, dann von der gesamten Bürgerschaft auf dem Römerberg. Die Formulae Juramenti des Magistrats sowie der Offiziere und der Bürger wurden mitgeteilt.[29] Ebenso bedeutsam war der Huldigungseid vor dem Neugewählten, bei welchem die betreffenden Bestimmungen aus der Goldenen Bulle wieder verlesen wurden. Auch hier mußten sich die Bürger in bestimmter Ordnung aufstellen, was bekanntlich immer wieder zu Rangstreitigkeiten führte.

Ratsverordnungen (Dekrete, Edikte) regelten die Rahmenbedingungen eines sicheren und ordnungsgemäßen Ablaufs.[30] Sie wurden gedruckt und an bestimmten Orten der Stadt mit Pauken und Trompeten verkündet. Termin und Ablauf der Handlungen wurden den Bürgern kundgemacht, Vorschriften für die Händler und Handwerker zur Abwehr von Preiserhöhungen sowie Maßnahmen für Sauberkeit und Sicherheit. So wurde z.B. jeweils vor Einzug des zu Krönenden ein Dekret erlassen, in welchem die Bevölkerung ermahnt wurde, sich „still, sittsam, bescheidentlich“ aufzuführen, da der Magistrat „mehrmahlen mißfällig wahrnehmen müssen, daß bey denen vorgehenden hohen Solennitäten die Leute / und vornehmlich das Weibs-Volck ... mit heftigem Umgestüm sich herbeydringen ...“[31] Die Polizei- und Taxordnung, erlassen vom Reichserzmarschall, wurde im Einvernehmen mit dem Frankfurter Rat publiziert. Alle diese Verordnungstexte wurden auch den Diarien beigefügt.

Das Gefolge der zur Wahl kommenden Kurfürsten durfte – nach den Bestimmungen der Goldenen Bulle – 200 Personen, darunter höchstens 50 Bewaffnete, nicht überschreiten. Im 17. und besonders im 18. Jahrhundert ging man aber von dieser Vorschrift ab, da Frankfurt sich in seinem Glanz präsentieren wollte und die prächtigen Einzüge durchaus Teil dieses Glanzes waren. Die Verhandlungen der kaiserlichen Quartiermeister mit dem Frankfurter Rat zeugen von den Besorgnissen um Schaffung konvenierender Unterkunft und um Aufrechterhalt von Sicherheit und Ordnung. Der Ausschluß von Fremden aus der Stadt galt nur für den Tag vor der Wahl, nach dieser wurden die Tore wieder geöffnet. Im 18. Jahrhundert gab es jedoch Dispens von diesen strengen Auflagen.

## II. 2. Reichsrecht

Die Goldene Bulle als Reichsgrundgesetz findet sich selbstverständlich in allen Diarien abgedruckt. Im 18. Jahrhundert hat die Darstellung der Vorgänge um die Wahl einen wichtigen Stellenwert. In den Wahldiarien werden die Ereignisse ab dem Tod des Vorgängers, die Stellung der Reichsvikarien etc. sowie die Vorbereitungen zur eigentlichen Wahl genau dargestellt. In streitigen Fällen – wie bei der Wahl Karls VII. – sind auch umfangreiche Berichte und Dokumente über die reichsrechtlich strittigen Punkte verzeichnet.

Die Wahlkapitulationen als Verträge zwischen zu Wählendem und Kurfürstenkolleg bzw. als Willenserklärung und Verpflichtung des Neugewählten gibt es stricto sensu seit 1519 (Karl V.). Sie waren die wichtigsten Rechtsakte in diesem Zusammenhang und zählten jedenfalls zu den leges fundamentales des Reichs; erstmals findet man die Bezeichnung „Grundgesetz" in der Wahlkapitulation Ferdinands III. (1636). Die „Verfahrensgrundsätze, nach denen sich die Wahlkapitulation in den Wahlablauf einfügte"[32] entwickelten die Kurfürsten im Lauf der Zeit selbst, da die Goldene Bulle naturgemäß nichts darüber sagt. Das seit Beginn des 16. Jahrhunderts herausgebildete Verfahren blieb bis zum Ende des Alten Reichs in den Grundzügen erhalten. Die feierliche Wahlhandlung im Dom begann prinzipiell erst dann, wenn der zu Wählende und die Bestimmungen der Kapitulation (welche in den Wahlkonferenzen im Römer ausgehandelt wurden) feststanden. Als Grundlage diente meist die bei der vorangehenden Wahl vereinbarte Kapitulation. Monita und Anträge dazu konnten aus dem Kreis der Kurfürsten, aber auch von anderen Fürsten bzw. Kollegien an die Kurfürsten herangetragen werden. Punkte, die nicht so zentral waren, daß sie Eingang in die Kapitulation fanden, die aber doch als so wichtig erachtet wurden, daß man sie dem zu Wählenden ans Herz legte, sind in den sogenannten Kurfürstlichen Kollegialschreiben aufgenommen. Im 18. Jahrhundert wurde die Wahlkapitulation nach dem Beschluß des Wahlkollegiums von einem bevollmächtigten Vertreter des Neuzuwählenden beschworen (und wurde damit verbindlich), sodann bei dessen Eintreffen in Frankfurt, also nach der Wahl, aber vor der Krönung, mit persönlichem Eid angenommen.[33] Erstmals hatte Karl VI. beschworen, daß er bei seinem Eintreffen in Frankfurt die Kapitulation selbst beschwören werde und bestätigt, daß dies erst der konstitutive Akt der Regierungsübernahme sei.[34] Dieser persönliche Eid fand am 19. Dezember 1711 in der Wahlkapelle des Doms im Rahmen eines Gottesdienstes statt. Ähnlich wurde es auch bei den folgenden Kaisern gehandhabt (so durch Karl VII. am 31. Januar 1742). Zwischen Wahl und persönlicher Beschwörung der Wahlkapitulation konnte somit unterschiedliche Zeit liegen. In der zeitgenössischen staatsrechtlichen Literatur herrschte die Meinung vor, daß der Gewählte die Regierungsrechte mit der Wahl erlangte, sie aber bis zum Eid auf die Kapitulation noch nicht ausübte.[35] Die Beschwörung der Wahlkapitulation durch Franz II. fand 1792 im kaiserlichen Quartier statt.[36] In den Diarien – aber selbstverständlich auch separat – wurde die neue Kapitulation jeweils mit den Veränderungen gegenüber der vorigen ebenso abgedruckt wie die Kollegialschreiben.

## II. 3. Rangstreitigkeiten

Wie erwähnt, konnte ein für das Reichsgefüge so zentrales Ereignis wie Wahl und Krönung nicht vonstatten gehen, ohne daß auf diesem Podium im Zeremoniell Rang- und Rechtsverhältnisse zwischen den Akteuren geklärt werden mußten. In den halboffiziellen Diarien scheinen Unruhen und Streitigkeiten, die daraus entsprangen, nicht oder nur gemildert auf. In den übrigen Berichten, die überkommen sind, wie dem Tagebuch des Reichsquartiermeisters (1792)[37] oder dem Bericht des kursächsischen Feldschers (1790),[38] werden solche Streitigkeiten und Unstimmigkeiten jedoch thematisiert. Auch Johann Michael von Loen berichtet in seinen „Kleinen Schriften", die

die Wahl Karls VII. behandeln, von etlichen Zeremonialstreitigkeiten unter Kurfürsten und anderen hohen Persönlichkeiten: „Es ereigneten sich bey diesen Umständen einige Merkwürdigkeiten im Ceremoniel.“[39]

Auf eine noch nicht publizierte interessante Quelle ist hier aufmerksam zu machen, die durch Thomas Mutschler ausgewertet wurde. Im Archiv in Büdingen gibt es detaillierte Beschreibungen über Rangstreitigkeiten anläßlich der Krönungen Karls VI.[40] und Karls VII. seitens des Reichsgrafenstandes. Daraus ein Zitat aus dem Jahr 1742:[41] „Es hatten zwar Einige Cavalliers die den Reichs Grafen gewidmete Bühne bey deren Ankunfft eingenommen, wollten selbige auch auf geschehene Ermahnung des Kays. Cammer Fouriers nicht verlaßen; So bald aber Einige von denen jungen Herren Grafen, dem Kays Cammer Herrn Herrn Grafen Collowrath der hierüber die Aufsicht zu haben insbesondere bestellet war, herbey riefe; So wurden besagte Cavalliers fast mit Gewalt vertrieben, und denen Herren Reichs Grafen überlaßen, sich bey Ihren angewiesenen Plätzen selbsten zu handhaben; welches Sie dann auch bestens behaubteten und diejenige welche sich zu Ihnen einbringen wollten, mit guten und ernsthaften Worten abwießen.“

Ähnliche Vorrangstreitigkeiten gab es auch mehrfach unter der Frankfurter Bürgerschaft, so zwischen Patriziergesellschaften und Graduiertenkolleg,[42] etwa anläßlich der Eidesleistungen auf dem Römerberg.

## III. Übrige Publikationen

Neben den erwähnten Verordnungen, die den Ablauf regeln sollten, und den Diarien, die nach Abschluß der Feierlichkeiten erschienen, gab es selbstverständlich eine Flut von begleitenden Publikationen, Flugblättern, Einblattdrucken mit Darstellungen der Zeremonialhandlungen.[43]

Es existieren zudem zeitgenössische Berichte von Personen, die als Amtsträger oder in den Suiten der Fürstlichkeiten detaillierte Schilderungen gaben. So liegt etwa das Brieftagebuch des Feldschers der kursächsischen Schweizergarde von 1790 vor.[44]

Bei der Wahl Leopolds II. glaubte man besondere Sicherheitsvorkehrungen treffen zu sollen, da die Nachrichten aus dem revolutionären Frankreich auch über den Rhein drangen. So wurde durch Landgraf Wilhelm IX. von Hessen-Kassel bei Bergen vom 23. September bis 17. Oktober 1790 ein Feldlager eingerichtet, das einerseits zum Schutz der Wahlstadt, des Kurkollegiums und des zu wählenden Reichsoberhauptes dienen sollte, andererseits aber durch die dort gefeierten Feste in zeitgenössischen Berichten als „Lustlager“ bezeichnet wurde.[45] Hierzu existiert auch ein genauer Bericht, versehen mit einem Lageplan sowie mit der Inschrift der Säule, die zum Gedenken an dieses Lager dort errichtet wurde und die heute noch zu sehen ist (in der Nähe der Berger Warte, der höchsten Erhebung Frankfurts).[46]

Das kürzlich edierte Tagebuch des Reichsquartiermeisters[47] schildert die Ereignisse von 1792 aus der Sicht einer wichtigen, am technischen und organisatorischen Ablauf beteiligten Person. Selbstverständlich sind in der Memoirenliteratur des 18. Jahrhunderts die Wahl- und Krönungsfeierlichkeiten häufig Gegenstand einerseits der Bewunderung, andererseits – vor allem gegen Ende des Reichs – auch satirischer Betrachtungen.[48] Das kann hier nicht im Detail erörtert werden. Auf Goethes Schilderung in „Dichtung und Wahrheit“ ist allerdings im folgenden kurz einzugehen.

## IV. Diarien als Unterrichtsmaterial

### IV. 1. Johann Kaspar und Johann Wolfgang Goethe

Die wohl bekannteste literarische Darstellung der Wahl- und Krönungsfeierlichkeiten des Jahres 1764 stammt – allerdings aus dem Abstand von über 40 Jahren und aus der Sicht nach Ende des Alten Reichs – von Johann Wolfgang Goethe in seinen Erinnerungen „Dichtung und Wahrheit".[49] Über seine Darstellung des Zeremoniells als „abgelebtes Welttheater"[50] ist viel publiziert worden. Hier seien aber der Jurist Vater Goethe und speziell sein Rechtsunterricht betrachtet.

In der Literatur mehrfach beschrieben wurde die Disputation und Promotion eines Studenten, der einen sehr bekannten Namen trug: Mit einer Arbeit aus dem Erbrecht erwarb 1738 Johann Kaspar Goethe aus Frankfurt am Main in Gießen den Grad eines Juris Utriusque Doctor.[51] Er hatte erste juristische Unterweisungen bei dem mit seiner Familie befreundeten Heinrich Christian (von) Senckenberg erhalten, und dieser war auch der Präses bei seiner Inaugural-Dissertation. An den wichtigsten Orten des Reichsgeschehens, beim Reichskammergericht in Wetzlar, beim Reichstag in Regensburg und bei den Behörden in Wien, am Sitz des Kaisers und des Reichshofrats hatte Johann Kaspar Anschauungsunterricht in Sachen Reichsrecht erhalten. Wenn Johann Wolfgang über den Studiengang des Vaters berichtet, so sagt er selbst: „Es ist ein frommer Wunsch aller Väter, das was ihnen selbst abgegangen, an den Söhnen realisiert zu sehen, so ungefähr, als wenn man zum zweiten Mal lebte und die Erfahrungen des ersten Lebenslaufes nun erst recht nutzen wollte. Im Gefühl seiner Kenntnisse, in Gewißheit einer treuen Ausdauer und im Mißtrauen gegen die damaligen Lehrer nahm der Vater sich vor, seine Kinder selbst zu unterrichten", und er beschreibt eingehend die Lehranstrengungen des Vaters.

Am 16. Mai 1742 erlangte Johann Kaspar Goethe den Titel eines „Kaiserlichen Rats" – dies im Umfeld der Kaiserkrönung Karls VII., die am 12. Februar 1742 stattfand. Er hatte sich wohl dadurch eine Stellung im Reichsregiment erhofft, diese Hoffnung war aber durch den Tod des Kaisers 1745 zerfallen. Und unter den darauf wieder die Reichsspitze einnehmenden Habsburgern hatte er als Parteigänger des Wittelsbachers keine Chance. 1749 erwarb er das Frankfurter Bürgerrecht, nachdem er 1748 Catharina Elisabeth Textor, die Tochter des Stadtschultheißen Johann Wolfgang geheiratet hatte. Er lebte nun als vermögender Privatier und konnte sich intensiv der Unterrichtung seines Sohnes widmen. Dieser schreibt nun über das Jahr 1764: „Kaum war ich zu Hause angekommen, als mein Vater mich rufen ließ und mir die Eröffnung tat, es sei nun ganz gewiß, daß der Erzherzog Joseph zum Römischen König gewählt und gekrönt werden sollte. Ein so höchst bedeutendes Ereignis müsse man nicht unvorbereitet erwarten, und etwa nur gaffend und staunend an sich vorbei gehen lassen. Er wolle daher die Wahl- und Krönungsdiarien der beiden letzten Krönungen mit mir durchgehen, nicht weniger die letzten Wahlkapitulationen, um alsdann zu bemerken, was für neue Bedingungen man im gegenwärtigen Falle hinzufügen werde. Die Diarien wurden also aufgeschlagen, und wir beschäftigten uns den ganzen Tag damit bis tief in die Nacht."[52] Goethe junior mußte auch bekanntlich, wenn er an den Ereignissen teilnahm, „genau aufpassen, weil wir nicht nur gaffen, sondern alles wohl bemerken sollten, um zu Hause gehörig Rechenschaft zu geben, ja manchen kleinen Aufsatz auszufertigen. Und wirklich gereichte mir dies zu besondrem Vorteil, indem ich über das Äußerliche so ziemlich ein lebendiges Wahl- und Krönungsdiarium vorstellen konnte."[53]

In die Beschreibung der Ereignisse anläßlich der Krönung Josephs II. sind Goethes eigene Anschauung und – vor allem für die Teile des Zeremoniells, an denen er nicht selbst teilnehmen konnte – die Berichte der Wahl- und Krönungsdiarien eingegangen. Bekanntlich hat Goethe für die Abfassung seiner Erinnerungen viel zeitgenössisches Literatur- und Quellenmaterial verwendet; er schöpfte u.a. aus der Bibliothek Johann Friedrich Heinrich (Fritz) Schlossers,[54] Sohn des mit Goethe befreundeten Hieronymus Peter und Neffe von Goethes Schwager Johann Georg Schlosser. Goethe hatte von August Friedrich Wilhelm Crome dessen Werk über „Die Wahl-Capitulationen der römischen Kayser Leopold des Zweyten – allerglorwürdigsten Andenkens – und Franz des Zweyten k. k. Majestät" erhalten.[55] Ihm stand auch die Publikation des Frankfurter Bürgermeisters Johann Daniel von Olenschlager d.Ä. „Neue Erläuterung der Guldenen Bulle" (1766)[56] zur Verfügung.[57]

Aus der Sicht von 1811 sind sicher auch die Bemerkungen zu erklären, die er über die Wahlverhandlungen machte: „Andrerseits konnte ich mir ein geheimes Mißfallen nicht verbergen, wenn ich nun zu Hause die innern Verhandlungen zum Behuf meines Vaters abschreiben und dabei bemerken mußte, daß hier mehrerer Gewalten einander gegenüber standen, die sich das Gleichgewicht hielten und nur insofern einig waren, als sie den neuen Regenten noch mehr als den alten zu beschränken gedachten; daß jedermann sich nur insofern seines Einflusses freute, als er seine Privilegien zu erhalten und zu erweitern und seine Unabhängigkeit mehr zu sichern hoffte. Ja, man war diesmal noch aufmerksamer als sonst, weil man sich vor Joseph dem Zweiten, vor seiner Heftigkeit und seinen vermutlichen Planen zu fürchten anfing.“ [58]

## IV. 2. Heinrich Christian und Renatus Carl von Senckenberg

Brachte 1745 dem Rat Goethe eine große Enttäuschung, so war dieses Jahr der Krönung des Erzherzogs Franz Stephan von Lothringen, des Gemahls Maria Theresias, zum Römischen König und Deutschen Kaiser Franz I., für Goethes Rechtsfreund Senckenberg ein positives. Senckenberg hatte sich als Professor in Göttingen und Gießen in seinen Schriften und Vorlesungen u. a. intensiv mit Reichsrecht und Reichshistorie befaßt und sich in den Streitigkeiten, die sich nach dem Tode Karls VI. um die Pragmatische Sanktion und um die weibliche Erbfolge im Haus Habsburg ergaben, auf die Seite Maria Theresias geschlagen und die österreichische Position vertreten. Am 2. Oktober 1745 also erhielt er eine der angesehensten Juristen-Stellungen im Reich: Er wurde von Franz I. zum Mitglied des Kaiserlichen Reichshofrats ernannt, eines der beiden höchsten Gerichte des Alten Reichs.[59] Einige Jahre später wurde er in den Freiherrnstand erhoben. Er repräsentierte wie kaum ein anderer Frankfurter Jurist die traditionelle Bindung der Reichsstadt an Kaiser und Reich. 1764, anläßlich der Wahl und Krönung Josephs II., kam er im kaiserlichen Gefolge zu den Feierlichkeiten nach Frankfurt. Sein Bruder Johann Christian (der berühmte Arzt und Stifter) hatte – wie aus beider Briefwechsel hervorgeht – nicht unerhebliche Schwierigkeiten, für ihn ein angemessenes Quartier zu besorgen: „Nunmehro muß aber berichten, daß ich heute noch von dem Quartier Amt vernommen, daß daßelbe und Herr von Bebra in beyden genannten Häusern ohnmöglich Mon Frere mit den mitkommenden Personen, auch nicht in dem gantzen Kayserlichen Quartire, placieren können. Gräfin von Wallerstein ist eine niece vom Fürsten von Liechtenstein und läßt sich nicht delogiren. Überall ist alles abscheulich besetzt und die Quartire so arg als jemahl.“ [60] Der Reichshofrat wurde von seinem 1751 geborenen Sohn Renatus Karl begleitet. Ebenso wie Vater Goethe es mit dem jungen Johann Wolfgang hielt, so ging Vater Senckenberg mit seinem Sohn die Wahl- und Krönungsdiarien durch und brachte ihm anhand der Wahlkapitulationen Reichsrecht und Reichshistorie nahe. Hören wir dazu Renatus Carl selbst, wenn er über seine Unterweisung durch den Vater schreibt:[61] „Unter dieser Erziehung kam das Jahr 1764 heran, in welchem mein seeliger Vater Befehl bekam, im Gefolg des kaiserlichen Hofs nach Frankfurt zu dem Wahlgeschäffte des großen zu früh verstorbenen K. Josephs des 2ten zu reisen ... (Er) gab mir, ... sechs Wochen lang täglich eine Stunde Vorbereitungs-Unterricht über alles, was bey der Wahl und Krönung eines Römischen Königs vorzüglich zu merken ist.“

Man könnte sich durchaus vorstellen, daß die Beurteilung der kaiserlichen Position 1764/65 durch Senckenberg senior und durch Goethe senior eine unterschiedliche war. Senckenberg war – wie erwähnt – prokaiserlich, mehr eigentlich prohabsburgisch. Johann Kaspar Goethe hingegen hatte bekanntlich durch seine Stellungnahme für den Wittelsbacher Karl VII. und den diesem verdankten Ratstitel nach 1745 seine politischen Hoffnungen begraben müssen, und er war – wie Johann Wolfgang berichtet – propreußisch, eher „fritzisch“ gesinnt.[62]

## IV. 3. Unterweisung eines Kurprinzen

In diesem Zusammenhang ist für die kurze Regierungszeit Kaiser Karls VII. in Frankfurt zu erwähnen, daß der bekannte Jurist Johann Adam von Ickstatt als Lehrer des Kurprinzen Max Josef 1742 einen Lehrplan für dessen juristische Unterweisung ausarbeitete, der Naturrecht, ius publicum universale, Reichsstaatsrecht, Völkerrecht etc. enthielt und wohl auch im Hinblick auf künftige Regierungsaufgaben Max Josefs konzipiert war.[63] 1743 wurde in Frankfurt eine öffentliche Disputation abgehalten, bei der der Kurprinz Max Josef als Respondent, Ickstatt und ein anderer Lehrer, Pater Daniel Stadler, als Praesides fungierten. Es war ein ausgewähltes Publikum und die Veranstaltung sollte wohl auch als Reverenz und Erheiterung des in Frankfurt sozusagen im Exil befindlichen Kaisers Karl VII. dienen. Die Schrift wurde unter dem Namen des Kurprinzen bei dem Frankfurter Verleger Varrentrapp publiziert.[64]

## V. Die letzten Kaiserkrönungen und die Wahlkapitulationen Leopolds II. und Franz' II. im Licht der Reichsreformbestrebungen

Daß sich die – wohl von einigen Teilnehmern empfundenen – Ahnungen einer Endzeit des Alten Reichs in gewissem Maß auch in den Darstellungen der beiden letzten Krönungen niederschlugen, wurde bei der Beschreibung der Diarien Leopolds II. und Franz' II. erwähnt. Allerdings gilt das stärker für die Publikationen im Umfeld als für die „offiziösen" Diarien selbst. Daß die Bezeichnung des Zeremoniells als „abgelebtes" oder „überlebtes Welttheater" und die Qualifizierung der historischen Entwicklung als Verfallserscheinung nur eine Ansicht ist, darauf hat Rolf Haaser hingewiesen.[65] Diese Sichtweise, basierend vorwiegend auf Meinungsäußerungen vom Beginn des 19. Jahrhunderts, wurde durch neuere Arbeiten zur Geschichte und Verfassung des Alten Reichs teilweise modifiziert. Dies gilt generell für den Blick auf dieses Gebilde, das heute keineswegs mehr als „monstro simile" gesehen wird. Daß sich in weiten

*Titelkupfer aus dem Krönungsdiarium Kaiser Leopolds II.*
*Historisches Museum Frankfurt a. M.,*
*Bibliothek I, 865/1/2/32*
*Foto: Ursula Seitz-Gray*

Kreisen der Bevölkerung, aber auch unter den politisch Verantwortlichen in den letzten Jahrzehnten des 18. Jahrhunderts „reichspatriotische" Gefühle in einer grundsätzlich positiven Einstellung gegenüber dem Reich, verbunden mit der Überzeugung der Notwendigkeit durchgreifender Reformen, äußerten, hat die neuere Forschung herausgearbeitet.[66]

Hier soll nur auf die Bedeutung der beiden letzten Wahlkapitulationen im Zusammenhang der Reichsreformbestrebungen hingewiesen werden. Die Beratungen über die Kapitulation Leopolds II., die – wie erwähnt – auch im Diarium sehr ausführlich dargestellt sind, fanden vor dem Hintergrund einer politisch bewegten Szenerie statt, sie spiegeln aber auch eine durchaus intensive Diskussion um Veränderungen der Reichsverfassung.[67] In den Monita und Beschwerden, die von einzelnen Reichsfürsten an das Wahlkollegium herangetragen wurden, kommt dies zum Ausdruck. Alle Themen, die das Reich im ganzen und auch in seinem Verhältnis zu Frankreich betrafen, standen in den Jahren ab 1790 im Brennpunkt politisch-juristischer Dispute. Leopolds Herrschaft wurde, wohl vor allem aufgrund seiner Regierungstätigkeit und seines umfassenden Reformwerks in der Toskana, von Teilen der politisch interessierten Öffentlichkeit durchaus als Alternative zur französischen Revolution betrachtet. Die Bedeutung der Wahlkapitulation wurde auch von der zeitgenössischen Publizistik so wahrgenommen. Der Gießener Kameralwissenschaftler August Friedrich Wilhelm Crome,[68] der als Berater mehrerer Wahlgesandtschaften in Frankfurt war, hatte selbst Gelegenheit, anläßlich einer Audienz mit Leopold über dessen Auffassungen über Staatsverwaltung, wie er sie in der Schrift „Gobierno della Toscana" niedergelegt hatte, zu sprechen. Crome bezeichnete die Wahlkapitulation Leopolds II. als „magna charta der deutschen Nation".[69] Auch die Wahlkonvente 1790 und 1792 zeigten, daß es im letzten Jahrzehnt des 18. Jahrhunderts eine tiefgreifende Reformdiskussion gab, deren Protagonisten auf allen Ebenen für eine Erneuerung der Reichsverfassung im Sinne von Reorganisation statt Revolution agierten. Und dies spiegelt sich, wenn auch in gewisser Weise gebrochen, in den letzten beiden Krönungsdiarien 1790 und 1792 wider.

## Verzeichnis der Wahl- und Krönungsdiarien des 18. Jahrhunderts

(mit vollem Titel und Standort)

### 1711 retrospektiv betr. Leopold I., 1658

HMF 1/2/17

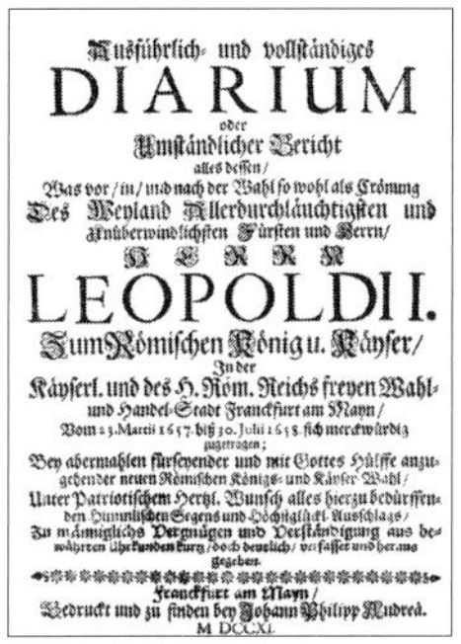

Ausführlich- und vollständiges
DIARIUM
oder
Umständlicher Bericht
alles dessen /
Was vor / in / und nach der Wahl so wohl als Crönung
Des Weyland Allerdurchläuchtigsten und
Unüberwindlichsten Fürsten und Herrn /
H E R R N
LEOPOLDI I.
Zum Römischen König u. Käyser /
In der
Käyserl. und des H. Röm. Reichs freyen Wahl- und Handel-Stadt Franckfurt am Mayn /
Vom 23. Martii 1657. biß 30. Julii 1658. sich merckwürdig zugetragen;
Bey abermahlen fürseyender und mit Gottes Hülffe anzugehender neuen Römischen Königs- und Käyser-Wahl /
Unter Patriotischem Hertzl. Wunsch alles hierzu bedürffenden himmlischen Segens und Höchstglückl. Ausschlags /
Zu männiglichs Vergnügen und Verständigung aus bewährten Urkunden kurtz / doch deutlich / verfasset und herausgegeben.
Franckfurt am Mayn /
Gedruckt und zu finden bey Johann Philipp Andreä.
M DCCXI.

Ausführlich- und vollständiges Diarium oder Umständlicher Bericht alles dessen / Was vor / in / und nach der Wahl so wohl als Crönung Des Weyland Allerdurchläuchtigsten und Unüberwindlichsten Fürsten und Herrn / Herrn Leopoldi I. Zum Römischen König und Kayser / In der Kayserl. und des H. Röm. Reichs freyen Wahl- und Handel-Stadt Franckfurt am Mayn / Vom 23. Martii 1657. biß 30. Julii 1658. sich merckwürdig zugetragen. Bey abermahlen fürseyender und mit Gottes Hülffe anzugehender neuen Römischen Königs- und Kayser-Wahl / Unter Patriotischem Hertzl. Wunsch alles hierzu bedürffenden himmlischen Segens und Höchstglückl. Ausschlags / Zu männiglichs Vergnügen und Verständigung aus bewährten Urkunden kurtz / doch deutlich / verfasset und herausgegeben. Franckfurt am Mayn (Johann Philipp Andreä) 1711.

### Karl VI., 1712

MPI, HMF 1/2/22, 1/2/22-1, 1/2/22-2 (3 Ex.),
ISG Wahl 6, 6°

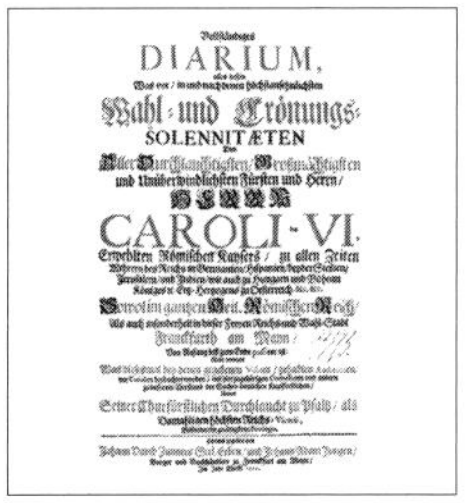

Vollständiges
DIARIUM,
Wahl- und Crönungs-
SOLENNITAETEN
HERRN
CAROLI VI.
Franckfurt am Mayn

Vollständiges Diarium, alles dessen Was vor / in und nach denen höchstansehnlichsten Wahl- und Crönungs-Solennitaeten Des Allerdurchlauchtigsten / Großmächtigsten und Unüberwindlichsten Fürsten und Herrn / Herrn Caroli des VI. Erwehlten Römischen Kaysers / zu allen Zeiten Mehrern des Reichs in Germanien / Hispanien / beyder Sicilien / Jerusalem / und Indien / wie auch zu Hungarn und Böheim Königes etc. Ertz-Hertzogens zu Oesterreich etc. Sowol im gantzen Heil. Römischen Reich / Als auch insonderheit in dieser Freyen Reichs- und Wahl-Stadt Franckfurth am Mayn / Von Anfang biß zum Ende passiret ist: Nicht weniger Was diesesmal Bey denen gegebenen Visiten / gehabten Audienzien / vor Curialien beobachten worden / mit hierzugehörigen Contrefaiten und andern zu besserem Verstand der Sachen dienlichen Kupferstichen /…

Ihrer Kayserlichen Majestät /
Carl des Sechsten /
Erwehlten Römischen Kayser /
Kayser-Würde /
IO. GEORGIO PRITIO

- Johann Georg Pritius: Die Höchstfeyerliche Einweyhung Ihrer Kayserlichen Majestät / Des Allerdurchlauchtigsten / Großmächtigsten und Unüberwindlichen Fürsten und Herrn, Herrn Carl des Sechsten / Erwehlten Römischen Kayser / Zu allen Zeiten Mehrern des Reichs / Königs in Germanien / Hispanien / der Indien / wie auch in Ungarn und Böheim / etc Ertz-Hertzogs in Oesterreich … zu der allerhöchsten Kayserwürde, an dem … wegen der an Ihrer Kayserlichen Majestät höchstglücklich verrichteten Crönung … verordneten Hochfeyerlichen Danck und Freuden Feste, den 3. Januarii des 1712. Jahrs …, Franckfurth am Mayn.

**Karl VII., 1742**
HMF 1/2/25 (in 1 Band); 1/2/25-1-2
(in 2 Bänden, breiter Rand); ISG Wahl 7

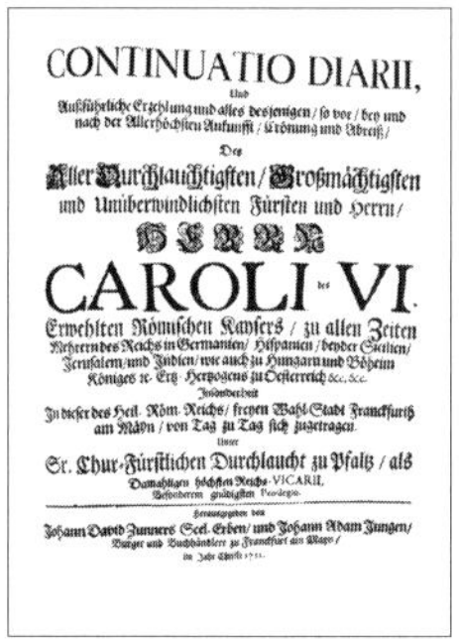
CONTINUATIO DIARII,
Und
Außführliche Erzehlung und alles desjenigen / so vor / bey und nach der Allerhöchsten Ankunfft / Crönung und Abreiß /
Des
Aller-Durchlauchtigsten / Großmächtigsten und Unüberwindlichsten Fürsten und Herrn /
HERRN
CAROLI VI.
Erwehlten Römischen Kaysers / zu allen Zeiten Mehrern des Reichs in Germanien / Hispanien / beyder Sicilien / Jerusalem / und Indien / wie auch zu Hungarn und Böheim Königes etc. Ertz-Hertzogens zu Oesterreich &c. &c.
Insonderheit
In dieser des Heil. Röm. Reichs / freyen Wahl-Stadt Franckfurth am Mäyn / von Tag zu Tag sich zugetragen
Unter
Sr. Chur-Fürstlichen Durchlaucht zu Pfaltz / als
Johann David Zunners Seel. Erben / und Johann Adam Jungen /

- Continuatio Diarii und Außführliche Erzehlung und alles desjenigen / so vor / bey und nach der Allerhöchsten Ankunfft / Crönung und Abreiß / Des Allerdurchlauchtigsten … Insonderheit in dieser Des Heil. Röm. Reichs / Freyen Wahl-Stadt Franckfurth am Mayn / von Tag zu Tag sich zugetragen. Frankfurt am Main (Johann David Zunners Erben und Johann Adam Jung) 1712.

Merckwürdiges
DIARIUM
Sowohl von der
Wahl und Crönung
Ihro Käyserl. Majestät
CAROLI des VII.
Als auch von der
Crönung
Ihro Majestät der Käyserin
Maria Amalia.
Wie solche
mit ausserordentlichem Pracht
in Franckfurt am Mayn
vollzogen worden.

Merckwürdiges Diarium Sowohl von der Wahl und Crönung Ihro Kayserl. Majestät Carls des VII. Als auch von der Crönung Ihro Majestät der Kayserin Maria Amalia. Wie solche mit ausserordentlichem Pracht in Franckfurt am Mayn vollzogen worden. (Außentitelblatt; die Titelblätter der einzelnen Teile sind in unterschiedlicher Reihenfolge gebunden).

- Vollständiges Diarium Von den Merckwürdigsten Begebenheiten, Die sich vor, in und nach der Höchst-beglückten Wahl und Crönung Des Allerdurchlauchtigsten, Großmächtigsten und Unüberwindlichsten Fürsten und Herrn, Herrn Carls des VII. Erwehlten Römischen Kaysers, Zu allen Zeiten Mehrern des Reichs, in Germanien und Böheim Königs, in Ober- und Nieder-Bayern, auch der Obern Pfaltz Herzogs, Pfaltzgrafen bey Rhein, Ertz-Hertzogs zu Österreich, Landgrafen zu Leuchtenberg, etc. Im gantzen Heil. Röm. Reich, und sonderlich in dieser Freyen Reichs- und Wahl-Stadt Franckfurt am Mayn zugetragen; Nebst umständlicher Beschreibung der Ein- und Aufzüge, Freuden-Feste, und übrigen feyerlichen Handlungen, sammt vielen Urkunden / Portraits, und andern Kupferstichen; auch einem Anhang von Beylagen / und ausführlichem Register. Franckfurt am Mayn (Johann David Jung) 1742.

- Merckwürdiges Diarium Von Beyder Kayserlichen Majestäten Höchst-feyerlichen Crönung, Welche Zu Franckfurt am Mayn In der St. Bartholomäi Stiffts- Kirche Mit Gewöhnlichen Ceremonien verrichtet worden. Vollständiges Diarium Von den Merkkwürdigen Begebenheiten Die sich vor, bey und nach der Höchst-beglückten Crönung, Des All., Gr. Und Unüberw. Fürsten und Herrn, Herrn Carls des VII. Erwehlten Römischen Kaysers, … Im heil Röm. Reich, sonderlich zu Franckfurt am Mayn, zugetragen. … Nebst … einer Vorrede Von den Vorrechten der Wahl- und Crönungs-Städte Franckfurt und Aachen vor der Güldenen Bulle, und der Treue ihrer Bürger vor ihre Kayser, von einem Freund des Verfassers. Franckfurt am Mayn (Johann David Jung) 1743.

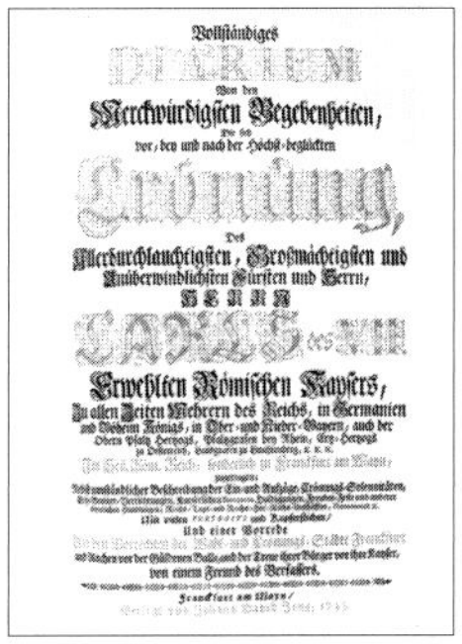

- Vollständiges Diarium Von allem, was sich Vor, in und nach der höchsterwünschten Crönung Der Allerdurchlauchtigsten, Großmächtigsten Fürstin und Frauen Frauen Maria Amalia Gecrönten Römischen Kayserin, In Germanien und Böheim Königin, in Ober- und Nieder-Bayern, auch der Obern Pfaltz Hertzogin, Pfaltzgräfin bey Rhein, Ertz-Hertzogin zu Österreich, Landgräfin zu Leuchtenberg etc. In dieser Freyen Reichs- und Wahl-Stadt Franckfurt am Mayn zugetragen, … Franckfurt am Mayn (Johann David Jung) 1743.

## Franz I., 1745

HMF 1/2/28 (in 1 Band), 1/2/28-1 (in 2 Bänden);
ISG Wahl 2 (in 1 Band), Wahl 2a, 2/1 (in 2 Bänden)

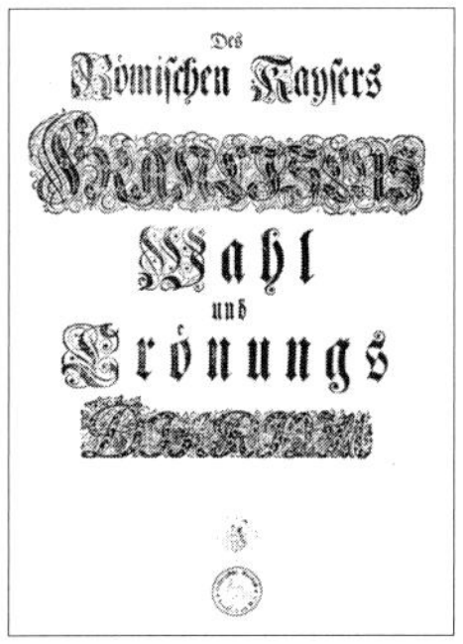

- Des Römischen Kaysers Franciscus Wahl- und Crönungs Diarium. Vollständiges Diarium Von der Höchst-beglückten Erwehlung Des Allerdurchlauchtigsten, Großmächtigsten und Unüberwindlichsten Fürsten und Herrn, Herrn Franciscus, Königs zu Jerusalem, Herzogs zu Lothringen und Baar, Groß-Herzogs von Toscana, Herzogs zu Calabern, Geldern, Montferrat, in Schlesien, zu Teschen, Für-

Vollständiges

Von der

Höchst-beglückten

Des

Allerdurchlauchtigsten Großmächtigsten

und Unüberwindlichsten Fürsten und Herrn,

HERRN

Königs zu Jerusalem,

Herzogs zu Lothringen und Baar, Groß-Herzogs

Römischen König und Kayser

Worin die Merckwürdigsten Handlungen und Begebenheiten enthalten,

Nebst einer Vorrede,

Frankfurt am Mayn.

sten zu Charleville, Marggrafen zu Pont a Mousson und Nomeny, Grafen zu Provintz Vaudemont, Blanckenberg, Zütphen, Saarwerden, Salm und Falckenstein etc. Zum Römischen König und Kayser Worin die Merckwürdigsten Handlungen und Begebenheiten enthalten, Mit Kupfferstichen und Schematischen Vorstellungen versehen. Nebst einer Vorrede, Von den Vorzügen des Regierenden Hauses bey den teutschen Königs- und Kayser-Wahlen (Johann Daniel Olenschlager). Franckfurt am Mayn (Johann David Jung) 1745/1746 (=Wahldiarium).

Des

Römischen Kaysers

Crönungs

- Des Römischen Kaysers Franciscus Crönungs Diarium. Vollständiges Diarium von der Höchst-erfreulichen Crönung des Allerdurchlauchtigsten, … Franciscus Erwehlten Röm. Kaysers, zu allen Zeiten Mehreren des Reichs, … etc. Worin die Ein- und Aufzüge, solenne Visiten, Crönungs-Ceremonien, Ertz-Ämter-Functionen, Kayserl. Banquets, Illuminationen, Huldigungen, Chur-Vereins-Errichtung, und andere öffentliche Handlungen enthalten, mit vielen Portraits und Kupffer-Stichen und einer Vorrede Von dem hohen Adel des alten Elsaßischen Geschlechts aus welchem die beyde Allerdurchläuchtigste Häuser Lothringen und Österreich abstammen. Franckfurt am Mayn (Johann David Jung) 1746.

Vollständiges

Von der

Höchst-erfreulichen

Des

Allerdurchlauchtigsten, Großmächtigsten

und Unüberwindlichsten Fürsten und Herrn,

HERRN

Erwehlten Römischen Kaysers,

Zu allen Zeiten Mehrern des Reichs, in Germanien

Und einer Vorrede,

Frankfurt am Mayn.

- Vorrede (Johann Daniel Olenschlager): Untersuchung des wahren Ursprungs Hertzogs ATHICI von dem Fränckischen

Johann Daniel Olenschlagers, JCti.

Untersuchung

Des wahren Ursprungs

Hertzogs ATHICI

von dem

Fränckischen MAJOR-DOMUS

ERCHINOALDO

Wie auch

Der wahrscheinlichen Abkunfft

Kaysers BERENGARII I.

und der

Salischen Kayser

aus dem alten

Elsaßischen Hause.

Major-Domus Erchinoaldo Wie auch die wahrscheinliche Abkunfft Kaysers Berengarii I und der Salischen Kayser aus dem alten Elsaßischen Hause. 1747 (=Krönungsdiarium).

## Joseph II., 1764

ISG Wahl 12; HMF 1/2/29 (3 Teile in 1 Band)

Ausführliches

DIARIUM

Wie sowohl

Der

Churfürstliche COLLEGIAL-Tag

Als auch die

Wahl und Crönung

Ihro Römisch Königlichen Majestät

JOSEPHI des Andern.

In

Der Reichs-Stadt Franckfurt am Mayn

In dem Jahr 1764 vollzogen worden.

Ausführliches Diarium wie sowohl der Churfürstliche Collegial-Tag als auch die Wahl und Croenung Ihro Roemisch Koeniglichen Majestaet Josephi des Andern in der Reichs-Stadt Franckfurt am Mayn in dem Jahr 1764 vollzogen worden. 1767–1771 (Außentitelblatt).

Vollständiges

DIARIUM

Wahl- und Crönung

HERRN

JOSEPHI des Andern

Erwehlten Römischen Königs,

- Vollständiges Diarium Von denen Merckwürdigsten Vorfällen Die sich Bey dem letzt gehaltenen hohen Churfürsten Tag Und darauf Höchstbeglückt erfolgten Wahl- und Crönung Des Allerdurchlauchtigsten, Großmächtigsten und Allergnädigsten Fürsten und Herrn / Herrn Josephi des Andern Erwehlten Römischen Königs, Zu allen Zeiten Mehrern des Reichs, in Germanien Königs, zu Hungarn, Böheim, Dalmatien, Croatien, Schlavonien, Königlichen erb-Prinzens, Erz-Herzogs zu Östreich, Herzogs von Burgund, zu Lotharingen und Baar etc Erb-Prinzen zu Toscana etc In der Freyen Reichs und Wahl-Stadt Franckfurt am Mayn Ergeben samt umständlicher theils auch schematischer Beschreibung aller feyerlichen Handlungen und vielen Urkunden. Erster Abschnitt Durch Franciscum Erwinum Serger (Churfürstl. Mayntz. Regierungs- auch Revisions Gerichts-Secretar). Maynz (Hospital-Druckerei) 1767 (= Churtagsdiarium).

Vollständiges
Diarium
Von der
Höchst-beglückten
Wahl
Des
Allerdurchlauchtigsten, Großmächtigsten
Fürsten und Herrn,
HERRN
Josephs des Andern,
Erwählten Römischen Königes,
Zum
Römischen Könige
Zweiter Abschnitt

- Vollständiges Diarium von der Höchst-beglückten Wahl des Allerdurchlauchtigsten, Großmächtigsten Fürsten und Herrn, Herrn Josephs des Andern, Erwählten Römischen Königes, … da Allerhöchst Sie am 27ten März im Jahre 1764 Zum Römischen Könige Durch einmüthige Stimme des Kurfürstl. Höchsten Collegiums erwählet worden … Zweiter Abschnitt Durch Philipp Johann Nepomuk Seitz Mainz 1770 (= Wahldiarium).

Vollständiges
Diarium
Von der
Höchst-beglückten
Krönung
Des
Allerdurchlauchtigsten, Großmächtigsten
Fürsten und Herrn,
HERRN
Josephs des Andern,
Erwählten und gekrönten
Römischen Königes,
Ihro Kurfürstlichen Gnaden zu Mainz,
Dem Hochwürdigsten Fürsten und Herrn,
HERRN
Emerich Joseph,
des Heil. Stuhls zu Mainz Erzbischoffen, des Heil. Röm.
Zum
Römischen Könige
Dritter und letzter Abschnitt

- Vollständiges Diarium Von der Höchst-beglückten Krönung des Allerdurchlauchtigsten, Großmächtigsten Fürsten und Herrn, Herrn Josephs des Andern, Erwählten und gekrönten Römischen Königes, Zu allen Zeiten Mehrern des Reichs, in Germanien Königs, zu Hungarn, Böheim, Dalmatien, Croatien, Sklavonien, Königlichen Erb-Prinzens, Erz-Herzogs zu Östreich, Herzogs von Burgund, zu Lotharingen und Baar etc Groß-Prinzen zu Toscana … da Allerhöchst Sie am 3tenn April im Jahre 1764 Von Ihro Kurfürstlichen Gnaden zu Mainz. Dem Hochwürdigsten Fürsten und Herrn, Herrn Joseph Emerich, des Heil. Stuhls zu Mayntz Erzbischoffen d. Heil. Röm. Reichs durch Germanien Erzkanzlar und Kurfürst etc. Zum Römischen Könige in der Freien Reichs-Stadt Frankfurt am Main … feierlich gesalbet und gekrönet worden, … Dritter und letzter Abschnitt Durch Philipp Johann Nepomuk Seitz … verfasset. Mainz 1771 (= Krönungsdiarium).

## Leopold II., 1790

HMF 1/2/32; ISG Wahl 8

Vollständiges
Diarium
der
Römisch-Königlichen
Wahl
und
Kaiserlichen Krönung
Ihro
Leopold des Zweiten.

Wahl- und Krönungs-Diarium Kaiser Leopold des Zweiten. Vollständiges Diarium der Römisch-Königlichen Wahl und Kaiserlichen Krönung Ihro nunmehr allerglorwürdigst regierenden Kaiserlichen Majestät Leopold des Zweiten. Mit Kupferstichen geziert und mit allergnädigsten und gnädigsten Freiheiten ans Licht gestellt. Frankfurt am Main (Johann Christian Jäger) 1791.

## Franz II., 1792

HMF 1/2/34; ISG Wahl 9

Diarium
oder
Tage-Buch,
der
Wahl und Krönung
Franz des Zweiten
Kaiser der Deutschen.
Frankfurt am Mayn
bei dem Buchhändler Weber
1792.

Diarium oder Tage-Buch, der Wahl und Krönung Franz des Zweiten, Kaiser der Deutschen. Franckfurt am Main (Christian Gottlieb Weber) 1792.

## Abkürzungen:

MPI: Max-Planck-Institut für europäische Rechtsgeschichte, Frankfurt am Main
HMF: Historisches Museum, Frankfurt am Main
ISG: Institut für Stadtgeschichte, Frankfurt am Main

## Anmerkungen:

1 Ausführlich- und vollständiges Diarium oder Umständlicher Bericht alles dessen / Was vor / in / und nach der Wahl so wohl als Crönung Des Weyland Allerdurchläuchtigsten und Unüberwindlichsten Fürsten und Herrn / Herrn Leopoldi I. Zum Römischen König und Kayser / In der Kayserl. und des H. Röm. Reichs freyen Wahl- und Handel-Stadt Franckfurt am Mayn / Vom 23. Martii 1657. biß 30. Julii 1658. sich merckwürdig zugetragen; Bey abermahlen fürseyender und mit Gottes Hülffe anzugehender neuen Römischen Königs- und Kayser-Wahl /... Frankkfurt am Mayn (Johann Philipp Andreä) 1711 [Bibliothek des Historischen Museums Frankfurt (zitiert nach Historisches Museum, Frankfurt/Main) 1/2/17]. Vgl. Bernd Herbert Wanger: Kaiserwahl und Krönung im Frankfurt des 17. Jahrhunderts. Darstellung anhand der zeitgenössischen Bild- und Schriftquellen und unter besonderer Berücksichtigung der Erhebung des Jahres 1612. Frankfurt/Main 1994, S. 172 f.

2 Vgl. B. H. Wanger: Kaiserwahl und Krönung (wie Anm. 1), S. 173 ff.

3 Merckwürdiges Diarium Sowohl von der Wahl und Crönung Ihro Kayserl. Majestät Carls des VII. Als auch von der Crönung Ihro Majestät der Kayserin Maria Amalia. Wie solche mit ausserordentlichem Pracht in Franckfurt am Mayn vollzogen worden. Franckfurt am Mayn 1742, Vorrede des Drucker/Verlegers Johann David Jung.

4 B. H. Wanger: Kaiserwahl und Krönung (wie Anm. 1), S. 172 f.

5 Ausführliches Diarium wie sowohl der Churfürstliche Collegial-Tag als auch die Wahl und Croenung Ihro Roemisch Koeniglichen Majestaet Josephi des Andern in der Reichs-Stadt Franckfurt am Mayn in dem Jahr 1764 vollzogen worden. Mainz 1767–1771 (Außentitelblatt), [Institut für Stadtgeschichte (zitiert nach Institut für Stadtgeschichte, Frankfurt/Main) Wahl 12. Historisches Museum, Frankfurt/Main 1/2/29 (3 Teile in 1 Band)].

6 Diarium Karls VI. Continuatio, S. 17.

7 Diarium Karls VI. Continuatio, S. 23. Vgl. Gerd Kleinheyer: Die kaiserlichen Wahlkapitulationen. Geschichte, Wesen und Funktion. Karlsruhe 1968, S. 107. Wolfgang Burgdorf: Reichskonstitution und Nation. Verfassungsreformprojekte für das Heilige Römische Reich Deutscher Nation im politischen Schrifttum von 1648 bis 1806. Mainz 1998, S. 384 ff.

8 Im Fall Karls VI. durch den Senior des Predigerministeriums Georg Pritius.

9 Zu den Krönungsmedaillen und -münzen vgl. Gisela Förschner: Frankfurter Krönungsmedaillen aus den Beständen des Münzkabinetts. Katalog des Historischen Museums, Frankfurt am Main, Münzkabinett. Frankfurt/Main 1992.

10 Vollständiges Diarium Von allem, was sich Vor, in und nach der höchsterwünschten Crönung Der Allerdurchlauchtigsten, Großmächtigsten Fürstin und Frauen Frauen Maria Amalia Gecrönten Römischen Kayserin, In Germanien und Böheim Königin, in Ober- und Nieder-Bayern, auch der Obern Pfaltz Hertzogin, Pfaltzgräfin bey Rhein, Ertz-Hertzogin zu Österreich, Landgräfin zu Leuchtenberg etc. In dieser Freyen Reichs- und Wahl-Stadt Franckfurt am Mayn zugetragen, ... Franckfurt am Mayn (Johann David Jung) 1743. Vgl. Maria Amalia Kurfürstin und Kaiserin. In: Rainer Koch / Patricia Stahl (Hrsg.): Wahl und Krönung in Frankfurt am Main. Kaiser Karl VII. 1742–1745. Ausstellungskatalog I.–II. Frankfurt/Main 1986. Hier II., S. 219 ff.

11 Barbara Dölemeyer: Heinrich Christian Senckenberg. Frankfurter Jurist und Reichshofrat (1704–1768). In: Fürstenhof und Gelehrtenrepublik. Hessische Lebensläufe des 18. Jahrhunderts (=Kleine Schriftenreihe zur hessischen Landeskunde 5). Wiesbaden 1996, S. 103–111.

12 Johann Christian Jäger (Hrsg.): Wahl- und Krönungs-Diarium Kaiser Leopold des Zweiten. Vollständiges Diarium der Römisch-Königlichen Wahl und Kaiserlichen Krönung Ihro nunmehr allerglorwürdigst regierenden Kaiserlichen Majestät Leopold des Zweiten. Frankfurt/Main 1791.

13 Diarium Leopolds II., S. 2, Anmerkung.

14 Diarium Leopolds II., S. 23.

15 Diarium Leopolds II., S. 27.

16 Diarium Leopolds II., S. 71 ff.

17 Diarium Leopolds II., S. 98 ff.

18 Diarium Leopolds II. Anhang, S. 17.

19 Allerdings wurde er 1791 zum Freiherrn erhoben. Vgl. Wolfgang Klötzer: Frankfurter Biographie I. Frankfurt/Main 1992, S. 359.

20 Diarium Leopolds II., S. 145.

21 Diarium Leopolds II., S. 178 ff.

22 Diarium Leopolds II., S. 264 f.

23 Diarium Leopolds II., S. 267 ff.

24 Zu den Stücken Ifflands vgl. Rolf Haaser: Das Zeremoniell der beiden letzten deutsch-römischen Kaiserkrönungen in Frankfurt am Main und seine Rezeption zwischen Spätaufklärung und Frühromantik. In: J. J. Berns / Thomas Rahn (Hrsg.): Zeremoniell als höfische Ästhetik in Spätmittelalter und Früher Neuzeit. Tübingen 1995, S. 600 ff., hier S. 612 f.

25 Diarium Leopolds II., S. 306 f.

26 Text des Eides in: Diarium Leopolds II., S. 342: „Dem allerdurchlauchtigsten, Großmächtigsten und Unüberwindlichsten Fürsten und Herrn Herrn Leopold dem Zweyten, ... huldigen und schwören wir Burgerschaft und Gemeine dieser Ihro Kais. Majestät und des heil. Röm. Reichs Stadt Frankfurt am Mayn, getreu und gehorsam zu seyn, Ihro Kais. Maj. Frommen und Bestes zu werben und Schaden zu warnen, und alles zu thun, das getreue und gehorsame Unterthanen Ihro Kaiserlichen Majestät, ... schuldig und pflichtig zu thun seynd, getreulich und ohn alle Gefährde, also helfe uns Gott und das heilige Evangelium".

27 Diarium oder Tage-Buch, der Wahl und Krönung Franz des Zweiten, Kaiser der Deutschen. Franckfurt am Main (Christian Gottlieb Weber) 1792 [Institut für Stadtgeschichte, Frankfurt/Main Wahl 9; Historisches Museum, Frankfurt/Main 1/2/34].

28 Diarium Franz II., S. 64.

29 Zum Beispiel im Diarium Karls VI., S. 108.

30 Bernhard Reichel: Wahl und Krönung Kaiser Karls VII. in den Ratsverordnungen der Stadt Frankfurt am Main. In: R. Koch / P. Stahl (Hrsg.): Wahl und Krönung (wie Anm. 10), S. 45–48.

31 Zum Beispiel im Diarium Karls VI. Continuatio, S. 8. Diarium Karls VII. Krönungsdiarium, S. 2.

32 G. Kleinheyer: Kaiserliche Wahlkapitulationen (wie Anm. 7), S. 107. W. Burgdorf: Reichskonstitution und Nation (wie Anm. 7), S. 384 ff.

33 G. Kleinheyer: Kaiserliche Wahlkapitulationen (wie Anm. 7), S. 119.

34 Diarium Karls VI. Wahlkapitulation, S. 52: „Uns zu Vesthaltung besagter Capitulation nochmals zu verbinden / auch ehe Wir solches gethan / Uns der Regierung vorher nicht zu unterziehen".

35 G. Kleinheyer: Kaiserliche Wahlkapitulationen (wie Anm. 7), S. 123.

36 Christian Hattenhauer: Wahl und Krönung Franz II. AD 1792. Das Heilige Römische Reich krönt seinen letzten Kaiser. Das Tagebuch des Reichsquartiermeisters Hieronymus Gottfried von Müller und Anlagen. Frankfurt/Main 1995, S. 146. Unter Bezug auf Heinz Schomann: Kaiserkrönung. Wahl und Krönung in Frankfurt nach den Bildern der Festbücher. Dortmund 1982, S. 24.

37 Ch. Hattenhauer: Wahl und Krönung Franz II. (wie Anm. 36), S. 146.

38 Erna Berger / Konrad Bund (Hrsg.): Wahl und Krönung Leopolds II. 1790. Brieftagebuch des Feldschers der kursächsischen Schweizergarde. Frankfurt/Main 1981.

39 Johann Michael von Loen: Kleine Staats-Schriften, welche bey Gelegenheit der Wahl und Krönung Carl des Siebenden und andern Begebenheiten sind aufgesetzt worden. In: Gesammelte kleine Schriften (1749–1752) II. Frankfurt, Leipzig, Nachdruck Frankfurt/Main 1972, S. 135–138, 144 f.

40 „Protocollum was bey Ihro Röm. Kays. May. Caroli VI. am 22. Dec. 1711 zu Franckfurt vollzogenen Crönungsactu vorgelaufen soviel nämlich die Reichsgraffen und deren Concurrenz dabey betrifft" (Bündiger Archiv, Allgemeine Grafenakten 8).

41 Krönung und Wahl Karls VII. 25. April 1742 (Bündiger Archiv, Allgemeine Grafenakten 22): „umbständliche Erzehlung desjenigen, was an dem Crönungs-Tage Ihro Röm. kays. May. Carl des VII. vorgegangen ist und ins besondere den Reichsgrafenstand betroffen hat, so wie selbige ohne unterthänigste Maasgabe, als eine Beylage dem Protocoll bey dem jetzigen allgemeinen Grafen-Convent angefüget werden könnte".

42 Barbara Dölemeyer: Frankfurter Juristen im 17. und 18. Jahrhundert. Frankfurt/Main 1993, S. XLVII.

43 B. H. Wanger: Kaiserwahl und Krönung (wie Anm. 1), S. 172 f.

44 E. Berger / K. Bund (Hrsg.): Wahl und Krönung Leopolds II. (wie Anm. 38).

45 E. Berger / K. Bund (Hrsg.): Wahl und Krönung Leopolds II. (wie Anm. 38), S. 43. Vgl. R. Haaser: Zeremoniell der beiden letzten deutsch-römischen Kaiserkrönungen (wie Anm. 24), S. 610.

46 Institut für Stadtgeschichte, Frankfurt/Main Wahl 15: Beschreibung des Lagers bey Bergen, welches von dem Herrn Landgrafen zu Hessen Wilhelms IX. Hochfürstl. Durchl. Mit einem Corps Höchstdero Truppen zur Sicherheit der Wahlstadt Frankfurt am Main, des alda versammelten Churfürstl. Collegiums und des zu wählenden Reichsoberhaupts vom 23ten September bis zum 17ten October 1790 gehalten worden. In Form eines Tagebuchs: B.W. Wiederhold (Hauptmann der leichten Infanterie Bataillon Lenz und Quartiermeisterlieutnant). Mit einem Plan sowie mit Inschrift der Säule im Ms. Cassel 1791 (Waisenhaus).

47 Ch. Hattenhauer: Wahl und Krönung Franz II. (wie Anm. 36), S. 146.

48 Bernd Heidenreich: Der Aufenthalt Karls VII. in Frankfurt am Main im Spiegel der zeitgenössischen Memoiren. In: R. Koch / P. Stahl (Hrsg.): Wahl und Krönung (wie Anm. 10), S. 67 ff. Zu den Publikationen anläßlich der beiden letzten Krönungen vgl. R. Haaser: Zeremoniell der beiden letzten deutsch-römischen Kaiserkrönungen (wie Anm. 24), S. 600 ff.

49 Johann Wolfgang Goethe: Dichtung und Wahrheit. Bde. I–III. Frankfurt/Main 1975. Hier Bd. I, S. 199 ff.

50 Manfred Beetz: Überlebtes Welttheater. Goethes autobiographische Darstellung der Wahl und Krönung Josephs II. in Frankfurt/M. 1764. In: J. J. Berns / T. Rahn (Hrsg.): Zeremoniell als höfische Ästhetik (wie Anm. 24), S. 572 ff.

51 Dissertatio inauguralis. Electa de aditione hereditatis ex iure Romano et patrio illustrata sistens. Giessen 1738. Vgl. B. Dölemeyer: Frankfurter Juristen (wie Anm. 42), Nr. 209, 394.

52 J. W. Goethe: Dichtung und Wahrheit (wie Anm. 49), S. 199 ff.

53 J. W. Goethe: Dichtung und Wahrheit (wie Anm. 49), S. 203.

54 Zu Fritz Schlosser und dem Schicksal seiner Bibliothek vgl. neuestens Arnd Rühle: Goethes Frankfurter Statthalter. Eine Kabinettausstellung in der Mainzer Martinus-Bibliothek und eine Monographie über den Bücher-Kosmos Fritz Schlossers. In: Frankfurter Allgemeine Zeitung vom 14. April 2002.

55 Mit historischen und publicistischen Anmerkungen und Erklärungen, nebst den dazu gehörigen kurfürstlichen Kollegialschreiben und mehreren Akten-Stücken in einem 3fachen Anh. Lemgo 1794.

56 Neue Erläuterung der Guldenen Bulle Kaysers Carls des IV. aus den älteren Teutschen Geschichten und Gesezen zur Aufklärung des Staatsrechts mittlerer Zeiten als dem Grunde der heutigen Reichsverfassung. Frankfurt/Main, Leipzig 1766.

57 Vgl. M. Beetz: Überlebtes Welttheater (wie Anm. 50), S. 586.

58 J. W. Goethe: Dichtung und Wahrheit (wie Anm. 49), S. 204 f.

59 Decretum zur Reichs-Hof-Raths-Stelle für den Herrn Senckenberg, d. d. Frfurth den 2t. Oct. 1745. In: Haus-, Hof- und Staatsarchiv Wien. Bestand Reichshofrat blau 31, Folge 238.

60 Brief Johann Christians an Heinrich Christian von Senckenberg. Frankfurt, 16. Februar 1764 (Transkriptionen im Archiv der Senckenbergischen Stiftung, Frankfurt/Main).

61 Friedrich Wilhelm Strieder: Grundlage zu einer Hessischen Gelehrten und Schriftsteller Geschichte. Seit der Reformation bis auf gegenwärtige Zeiten. Kassel 1804, S. 203 ff. (Heinrich Christian), S. 225 ff. (Renatus Karl), hier S. 230 f. Herman Haupt: Renatus Karl Frhr. von Senckenberg (1751 – 1800). Gießen 1900.

62 J. W. Goethe: Dichtung und Wahrheit (wie Anm. 49), S. 55.

63 Ohnvorgreifflicher Entwurff Auf was für Arth und Weiße Sr. Königl. Hoheit dem Cron Printzen die Staats- und Rechts-Wißenschaften nützlich zu tradiren und der gantze Cursus Juris in anderthalb Jahren … zu End gebracht werden könne (1742). Ms. Geh. Hausarchiv München. Elementa Juris naturalis Hominis extra societatem in usum Sermi Principis Regii methodo scientifica adornata authore Joan Adamo ab Ickstatt J. Cto Sac. Caes. Majestatis et Imperii Consiliario aulico actuali (1743–44). Ms. Vgl. Fritz Kreh: Leben und Wirken des Reichsfreiherrn Johann Adam von Ickstatt (1702–1776). Paderborn 1974, S. 73 ff.

64 Principia philosophiae ac matheseos in publica luce gemina concertatione propugnata a Maximiliano Josepho. Principe Regio ac Electorali Bavariae. Frankfurt/Main Juni 1743.

65 R. Haaser: Zeremoniell der beiden letzten deutsch-römischen Kaiserkrönungen (wie Anm. 24), S. 600, 602 ff.

66 Statt vieler W. Burgdorf: Reichskonstitution und Nation (wie Anm. 7), S. 384 ff.

67 Carl Friedrich Häberlin: Pragmatische Geschichte der neuesten kaiserlichen Wahlcapitulation und der an kaiserliche Majestät erlassenen kurfürstlichen Collegialschreiben. Leipzig 1792.

68 August Friedrich Wilhelm Crome: Selbstbiographie. Ein Beitrag zu den gelehrten und politischen Memoiren des vorigen und gegenwärtigen Jahrhunderts. Stuttgart 1833. Vgl. zu Crome: Barbara Dölemeyer: Iura et cameralia. Gießener Professoren zwischen Reformabsolutismus und Frühliberalismus. In: Bernard Durand / Laurent Mayali (Hrsg.): Excerptiones iuris. Studies in Honor of André Gouron. Berkeley/California 2000, S. 147 – 161, hier S. 152 ff.

69 August Friedrich Wilhelm Crome: Die Wahlcapitulation des römischen Kaisers Leopold II. Mit historischen und publicistischen Anmerkungen und Erklärungen, nebst den dazu gehörigen kurfürstlichen Kollegialschreiben. (Widmung an Dalberg) Hildburghausen 1791, Vorrede.

# Krönung und Fest

*Von Paul-Joachim Heinig*

Festivitäten, in deren Zentrum das Mahl stand, waren integraler Bestandteil aller Krönungsfeierlichkeiten in der europäischen Vormoderne, ja – etwa in Deutschland – bis zum Ende der Monarchie. Wie die Krönungen selbst folgten auch die Feste tradierten Zeremonien und Ritualen als den wichtigsten Formen nichtverbaler Kommunikation.[1] In diesen artikulierte sich nicht einfach ein persönliches oder schichtenspezifisches Luxusbedürfnis, sondern die inneren staatlichen und gesellschaftlichen Prinzipien einer höfischen Welt, die Jürgen Habermas als „repräsentative Öffentlichkeit" der „bürgerlichen Öffentlichkeit" gegenübergestellt hat.[2] Der Begriff der „Repräsentation" in seinem ursprünglichen Wortsinn als „Wiedergabe" oder „Abbildung" bezeichnet nicht nur eines der zentralen Strukturelemente der höfischen Gesellschaft, sondern ist auch dazu angetan, uns das Verständnis von „Krönung und Fest" einer andersartigen, ja – wenn wir bis ins frühe und hohe Mittelalter zurückgehen – fremden Welt zu erschließen, die deswegen nicht weniger tiefgründig ist als die Moderne und aus historischer Perspektive auch nicht weniger berechtigt. Daß diese entgegen der augenscheinlichen Unterstellung von Habermas eine Entwicklung durchgemacht hat, deren tiefste Zäsur im Zeitalter der Konfessionalisierung gelegen haben dürfte, verleiht ihr einen spezifischen Reiz, erschwert aber die Darstellung. Dies beginnt strenggenommen schon bei der Themenformulierung „Krönung und Fest", obwohl sich ein entsprechendes Kapitel auch in Percy Ernst Schramms bahnbrechender „Geschichte des englischen Königtums im Lichte der Krönung" findet.[3] Zumindest in der mittelalterlichen Realität waren die geistlich-sakrale Krönung und das weltliche Fest nicht zwei voneinander getrennte oder gar gegeneinander isolierte Bereiche, sondern ansehnlich aufeinander bezogen, ja geradezu miteinander verquickt, und inwieweit dieser Zusammenhang in der Frühen Neuzeit gelöst worden ist, ist noch kaum schlüssig analysiert worden. Dies sollte man voraussetzen, wenn man wie ich im folgenden den Blick aus heuristischen und darstellungstechnischen Gründen dennoch ganz so auf die weltlichen Segmente fokussiert, wie dies schon Goethe getan hat,[4] dessen Darstellung ich allenfalls hinsichtlich des historischen Verständnisses zu ergänzen hoffen darf.

## I.

In ihrem Kern sind sowohl die Theorie der „höfischen Gesellschaft" von Norbert Elias als auch das Urteil Richard Alewyns, diese Gesellschaft habe ihre „gültige Form" erst im Fest erreicht,[5] als auch die Habermassche Repräsentationstheorie Verallgemeinerungen frühneuzeitlicher Phänomene auf die ganze Gesellschaftsformation, die nicht weniger problematisch gelegentlich noch als „Feudalismus" bezeichnet wird. Für das Mittelalter zutreffend ist dies immerhin insoweit, als auch dessen gesellschaftliche Ordnung „von der Idee der Repräsentation ... ergriffen (war), die durch die Darstellung ihrer Ränge erst sichtbar als Ordnung erschien. In der Majestät fand die Gesamtheit der gesellschaftlichen Glieder ihre Darstellung, in ihr faßte sich die Vielheit der Organe einheitlich zusammen".[6] Mit der Krönung und Salbung[7] der Majestät wurde das „Gottesgnadentum" einer Person konstituiert. Mit dem anschließenden Fest „begoß" man diesen Akt nicht einfach, sondern stellte diese Form der Epiphanie dar und repräsentierte die göttliche Ordnung. Darüber hinaus begründete man den im wesentlichen auf Eiden beruhenden Staat neu, nachdem der Tod alle vorherigen personellen Bindungen gelöscht hatte.[8]

Schon deshalb, weil die mittelalterliche Krönung im römisch-deutschen Reich[9] wohl nie eine Massenveranstaltung der Herrschaftsträger war, sondern auf den kleinen Kreis des Königs, der Kurfürsten und einiger regionaler Machthaber beschränkt blieb und geradezu einer Gefolgschaftsversammlung glich, genügt diese nur rudimentär der Theorie der Repräsentation. Etliche Elemente vom Adventus und dem Krönungszug als Epiphanie des Gesalbten bis hin zur Speisung von reich und arm mit Brot und Wein verweisen vielmehr deutlich auf den Charakter des christlichen Abendmahls. Erst in der Frühen Neuzeit[10] mit ihren vielfältig veränderten und verbesserten Möglichkeiten konnten sich in diesem Fest als der Repräsentation der Majestät die sittlichen Ideen des Staates als einer göttlichen Ordnung auch publikumswirksam darstellen.[11] Entgegen der wahrscheinlich den Tenor Goethes mißverstehenden Einschätzung Alewyns war das Fest deshalb kein „Theater", keine Metapher, keine Maske, sondern Artikulation eines verinnerlichten und schwerlich in Frage gestellten Herrschaftsbewußtseins sowie präziser Ausdruck der sozialen Positionen, denn „die Zeit der höfischen Feste kannte nur den Menschen, der an einer bestimmten Stelle im gesellschaftlichen Aufbau stand und seinen sozialen Rang repräsentierte".[12] Weil in einem ständisch geschichteten und von oben hierarchisierten Gemeinwesen nur durch sozial- und berufsständische Repräsentation „Persönlichkeit" zu erlangen war, waren die Regularien und Lebensformen der adeligen Gesellschaft nicht etwa auf diese Gruppe beschränkt, sondern standen auch bei anderen Schichten und Gruppen in Geltung: Unter Bürgern und Bauern galt eine vergleichbare Rangordnung ebenso wie ein Ehrbegriff mit entsprechenden Konflikten.

Prunkvolle Hoffeste, deren bedeutendste fraglos die Herrscherkrönungen waren, erwuchsen folglich weder einfach einer äußerlichen Vergnügungssucht eines ansonsten gelangweilten Adels noch manifestierte sich in ihnen im Kern eine nicht gottgefällige Eitelkeit, sondern sie erfüllten maßgebliche soziale und staatliche Funktionen. Und allen Festen voran haben die Krönungen in der gesamten europäischen Vormoderne im Hinblick auf das „Ziel, die bestehende Rang- und Staatsordnung symbolisch zu veranschaulichen, zu bestätigen und zu festigen",[13] zugleich „die ideale Tugendwelt des Herrschers und seines Hofes demonstriert".[14] Gleichwohl haben verschiedene säkulare Trends und historische Phänomene nicht nur in protestantischen, sondern auch in katholischen Ländern neben Anpassungen im Detail auch gravierende Veränderungen bewirkt.[15] In Deutschland waren dafür etliche Faktoren maßgebend, so – in Stichworten – Reformation, Konfessionalisierung und Säkularisierung, dann auch die Abkehr von geistlicher Demut und vom Armutsideal zugunsten geradezu einer Legitimation der gesellschaftlichen Spitzenstellung durch Reichtum. Das sakralauratische Zeremoniell des Mittelalters, welches durch ständige Wiederholungen gekennzeichnet ist, wurde durch das ganz auf Aktualität ausgerichtete theatralisch-ästhetische Zeremoniell verdrängt, welches bevorzugt mit Allegorisierungen des Antiken arbeitete.

Besonders gravierend ist die Weiterentwicklung, die eine weitere Funktion der Krönungsfeste in der Frühen Neuzeit genommen hat. Damals ist der zu allen Zeiten gegebene Zweck, die Untertanen zu beeindrucken, dominant geworden. Im Mittelalter organisierte das Zeremoniell primär die diversifizierende Selbstidentifikation einer Gruppe, die durch ständige Prestigekonkurrenz, Rangstreitigkeiten und Rangkonflikte geprägt war.[16] Von diesen Regularien ließen sich auch vergleichsweise neue gesellschaftliche Schichten und Gruppen „infizieren". Bürger nichtadeliger Abkunft imitierten relativ früh landadelige Lebensformen, und in der institutionalisierten Form des Stadtrats wurden sie geradezu zum Bestandteil des feudalen Herrschaftssystems, und die Bauern waren verhältnismäßig egal. Welche Genese die Inklusion oder Exklusion der jüdischen Mitbewohner genommen hat, ist meines Wissens nicht untersucht. Den Frankfurter Juden war das Zuschauen erst seit 1764 erlaubt, aber das Verbot mag selbst frühneuzeitlich sein. Primär auf „Untertanen", von denen sich die „feudalen Herrschaftsträger" distanzieren und sich als Obrigkeit erweisen wollten, konnte das Zeremoniell im Sinne einer auch

*Krönung Franz' I. am 4. Oktober 1745 im Frankfurter Dom. Historisches Museum Frankfurt a. M., Foto: Ursula Seitz-Gray*

edukatorischen Machtdemonstration erst zielen, nachdem sich der Untertanenbegriff entwickelt hatte, d.h. Gesellschaft und Staat entsprechend hierarchisch durchgestaltet waren.

Gemäß dem Menschenbild, welches die Zeremonialwissenschaft des 18. Jahrhunderts lediglich nachvollzogen hat,[17] vermochten die meisten Menschen und zumal der „Pöbel" mangels Vernunftbegabung nur über sinnliche Empfindung und Einbildung zur Erkenntnis zu gelangen. Auf diese, so schien festzustehen, wirke die Aussage, der König sei von Gottes Gnaden, keinesfalls überzeugend, wenn dieser im Bürgergewand daherkomme. Dies habe schon der biblische König David gewußt und den Schäferstecken und die Schleudertasche gegen äußere Zeichen der Majestät ausgetauscht. Derlei Zeichen, also Feste, Zeremonien, Garderoben, Paläste, Gefolge etc. waren also auch in dieser Hinsicht nicht bloß geschmackvolles Dekor, sondern schienen imstande, die Untertanen zur Einsicht in den Sinn und die Würde der allgemeinen Ordnung zu führen, zur Ehrfurcht vor dieser und zur Erkenntnis des eigenen Platzes in dieser. Mit dem untertänigen Gehorsam gegenüber dieser Ordnung erhielten sie zugleich den Sinn ihres eigenen Lebens.

## II.

Während das am weitesten verbreitete deutschsprachige Lexikon des 18. Jahrhunderts[18] seine ohnehin knappe Darstellung des Krönungszeremoniells der römisch-deutschen Herrscher noch mit dem Bemerken abbrechen zu können glaubte, „was beim Krönungsbankett vor andere Ceremonien vorgehn, z.E. was dem Volcke Preißgegeben wird, ist nicht noethig, weitlaeufftig hier zu erzehlen, da es fast jeder selbst wissen wird", läßt sich heute einer problemorientierten Phänomenologie nicht jeglicher Wert absprechen. Ehe aber im folgenden skizziert wird, in welcher Weise die Krönungsfeste die angesprochenen Funktionen konkret erfüllt haben, welchen Zeremonien sie folgten und welche Zeichen sie entworfen haben, sind einige Einschränkungen zu fixieren.

Geben wir uns ungeachtet der einleitenden Kritik mit der Vorstellung zufrieden, das Fest sei der weltliche Teil der in ihrer Substanz stark „geistlich-kirchlich" geprägten Königskrönung[19] gewesen, dann können wir die nach den maßgeblichen Stationen und Akten gewichtete Verlaufsskizze weder auf das Krönungsmahl fokussieren noch mit diesem beginnen, weil ihm bedeutende Zeremonien vorausgingen und nachfolgten. Als Initiationsriten müssen vor allem die noch im 18. Jahrhundert in den mittelalterlichen Formen vollzogenen Akte der Belehnung der bei der Krönung anwesenden Herrschaftsträger sowie der Huldigung der Krönungsstadt erwähnt werden, wenngleich deren krönungsspezifischer Charakter dadurch gemindert wird, daß derlei auch bei anderen Gelegenheiten stattfinden konnte. Nicht direkt zu unserem Thema gehören hingegen die Vorbereitungen und die einzelnen Akte der Krönung sowie die Visiten und Gegenvisiten und die Abreise des Gekrönten und der Teilnehmer. Auch die Elemente, mittels derer in der Frühen Neuzeit die bis dahin zeitlich und örtlich dislozierten, nun aber direkt aneinander anschließenden Akte der Wahl und der Krönung miteinander verbunden wurden, sollen uns nicht über Gebühr in Beschlag nehmen und ebensowenig die hochmittelalterlichen Festkrönungen sowie die weltlichen Aspekte der Krönung der Königin/Kaiserin an sich oder die Besonderheiten der Königskrönung vivente imperatore in der Frühen Neuzeit. Und weil ich auch die Konjunkturförderung[20] sowie die Mißhelligkeiten ignorieren möchte, die die Krönungen mit sich brachten (wie Platzmangel und Futtermittelknappheit, Unmut bei der Bevölkerung wegen der Requirierung von Zimmern zu niedrigen Preisen, die Sicherheitsprobleme und Preiserhöhungen), können wir uns somit auf fünf Komplexe konzentrieren: auf den Adventus, auf den Krönungszug, auf das Krönungsbankett, auf die Rituale der Herrschaftsbegründung und auf das „Fest der Untertanen".

### 1. Einzug (Adventus, Joyeuse entrée, Entrée solennelle)

Das Zeremoniell des Einzugs oder der Einholung geht zurück auf Ehrungen der Götter bei deren Epiphanie.[21] Die griechische Antike hat dies auf die weltlichen Herrscher übertragen und Riten stark sakral-liturgischen Charakters ausgeformt, die von den altrömischen Kaisern übernommen wurden. Unter Ersetzung der heidnischen durch christliche Elemente wurden sie in Byzanz weiter ausgestaltet und mit der Kaiserkrönung Karls des Großen durch das Papsttum auch in das weströmische Herrschaftsmodell transferiert, welches für jegliche Herrschaftsbegründung vorbildhaft wirkte und bis zum Ausgang des Mittelalters in den Grundsätzen unverändert blieb. Die Joyeuse entrée beim Ersteinzug (Krönung) organisierte die für die mittelalterliche Lehns- und Privilegiengemeinschaft charakteristische gegenseitige Bindung von Herrschern und Beherrschten: Huldigung, Loyalitätsbekundung und Unterwerfung gegen Anerkennung des Status quo durch Privilegienbestätigung. Bei den Krönungen der römisch-deutschen Könige und Kaiser in Aachen und Frankfurt bezog sich dies nicht nur auf die jeweilige Stadt, sondern im Rahmen der Krönung auch auf die Spitzen des gesamten Reichs.

Ein Kennzeichen des gemeinschaftsbekundenden und gemeinschaftsstiftenden Charakters der Krönung von 34 Königen und elf Königinnen, die bis 1531 in Aachen vorgenommen wurden und die ich im weiteren der Einfachheit halber auch als „mittelalterliche" Krönungen bezeichne, ist der gemeinsame Adventus der Festgesellschaft.[22] Normalerweise reisten der electus und die an dessen Wahl Beteiligten von Frankfurt aus per Schiff main- und rheinabwärts, wobei sich nur leichte Anklänge an einen Triumphzug ergaben, und sammelten sich mit den eigens zur Krönung angereisten, mehrheitlich niederrheinischen Herrschaftsträgern auf freien Flächen vor der Stadt. Auch wenn die Termine der Wahl und der Krönung weit auseinanderlagen, wie bei Karl V., setzte der gemeinsame Adventus die Vereinigung zu einer Art Heerlager voraus. Daß man erst bei dieser Gelegenheit eine Ordnung für den Einzug in die Stadt aufstellte, hat nicht nur praktische Gründe, insofern der Kreis der Teilnehmer zuvor ja nicht bekannt war, sondern entspricht auch einer zeremoniellen Archaik, derzufolge abseits der Liturgie fast allenthalben gewohnheitsmäßige Verbindlichkeiten herrschten und kaum etwas schriftlich fixiert war. Die Bemü-

*Karlsbüste aus dem Aachener Domschatz, Mitte 14. Jahrhundert. In dem „sprechenden" Reliquiar wird die Schädeldecke Karls des Großen aufbewahrt. Domkapitel Aachen, Foto: Ann Münchow*

*Einzug zu Pferde: Kaiser Matthias (1612–1619). Seine Krönung – die dritte in Frankfurt am Main nach Maximilian II. und Rudolf II. – war überschattet vom Aufstand des Vinzenz Fettmilch.*

*Historisches Museum Frankfurt a. M., C 15738, Foto: Ursula Seitz-Gray*

hungen, die durch derlei „Spontaneität" hervorgerufenen Rangstreitigkeiten und anderen Hindernisse beizulegen, währenddessen man sich in Truppenschauen erging und die anderen zu beeindrucken trachtete, zielten darauf, durch die Einordnung der Herrschaftsträger in das königliche Gefolge einen Hof zu konstituieren, der für die Zeit der Krönung den ganzen „Staat" abbildete.

Der gemeinsame Adventus war der erste bedeutende Akt des weltlich-geistlichen Festzusammenhanges. Am Stadttor wurde der electus von einer Deputation des Aachener Stadtrats und von der städtischen Geistlichkeit erwartet. Von den Ratsherren, die sich anschließend in den Reiterzug einreihten und weiße Stäbe trugen, erhielt er die Stadtschlüssel und gab sie zum Zeichen des delegierten Kommunalregiments zurück. Die Geistlichkeit führte zuweilen außer dem Kopfreliquiar Karls des Großen, welches der König küßte, auch die Krone und ein Brustbild des Heiligen mit sich, 1520 auch eine aufsehenerregende Maske Karls des Großen. Karls V. prachtvolle, um die 5000 Reiter umfassende, sorgfältig nach dem Rang auf den König hin geordnete und von etlichen Trompeterkorps begleitete Joyeuse entrée in das von Gefolge und Schaulustigen völlig überfüllte Aachen dauerte einiges über vier Stunden. Entsprechend den bis dahin europaweit vorherrschenden Gepflogenheiten waren manche Abteilungen noch schwer gerüstet, andere hingegen nach einer fortschreitenden Tendenz nur festlich und einheitlich gekleidet, die königliche Reiterei in Karls Farben rot-weiß-gold, andere mit seiner gestickten Devise auf dem Rücken. Wie üblich, ritt der König auf einem Schimmel unter einem Baldachin, und nachdem die Frage, wer ihm das blanke Schwert vorantragen dürfe, bei früheren Anlässen zu handfesten Auseinandersetzungen geführt hatte, kam diese Ehre diesmal unbestritten dem Erzmarschall zu. Zum Zeichen königlicher Mildtätigkeit warfen berittene Herolde oder Diener des Königs am Stadttor Geld unter die Leute. Dort bliesen die Torwächter nach dem Herkommen eine Zeitlang auf alten, langen, kupfernen Hörnern und nahmen das ihnen zustehende Pferd des Königs entgegen, welcher es allerdings gegen Geld auslöste und dennoch ein anderes bestieg. Um das Recht an diesem wiederum brach fast regelmäßig vor der Marienkirche ein Streit zwischen dem Kölner Erbmarschall und dem herzoglich-jülichschen Stadtvogt von Aachen aus, der vom König geschlichtet wurde. Der Adventus endete am Portal der Krönungskirche vor den karolingerzeitlich-antiken Bronzefiguren einer Bärin und eines Pinienzapfens, die dort auf zwei steinernen Pfeilern standen und deren Deutung bis heute umstritten ist. Deshalb wird man nicht darüber richten wollen, wenn Maximilian I. 1486 weder die Bärin als Symbol der Jungfrauengeburt in der marianischen Typologie noch den Pinienzapfen als Symbol der Fruchtbarkeit erklärte, sondern beide Figuren als Herrschaftsattribute interpretierte und die Bärin sogar als Wölfin verkannte: wie der Pinienzapfen aus vielen „Zungen“ bestehe, so sei Maximilian der Herrscher über alle Völker, und wie die Wölfin bekanntermaßen ihre Jungen verteidige, so möge er ein Verteidiger des Reiches sein. Weil dies auch dem Welt-

*Ferdinand II., gekrönt am 9. September 1619 in Frankfurt a. M.*
*Im Hintergrund: Frankfurt zur Zeit der Krönungsrituale.*
*Historisches Museum Frankfurt a. M., N 42754,*
*Foto: Ursula Seitz-Gray*

bild des dergestalt Belehrten entsprach, betrat dieser anschließend hochgestimmt das Münster, wo mit seinem Niederknien vor dem Marienaltar das orgelbegleitete Tedeum und eine kurze Meßfeier anhoben. Dem Rang entsprechend, geleitete man sich dann gegenseitig in die Herbergen, am nächsten Tag oder einem der nächsten Tage erfolgte die Krönung.

Zwischen dem ausgehenden 16. und dem 17. Jahrhundert kam in Frankfurt ein gemeinsamer Adventus des Herrschers und der Fürsten nicht mehr zustande, so daß die Einheit des „Staates" anders denn durch den alles umfassenden Hof des Kaisers repräsentiert werden mußte.[23] Zur Wahl und Krönung in Frankfurt reisten der eligendus und die Kurfürsten getrennt an und zogen je für sich ein. Matthias II. wollte 1612 gemeinsam mit seiner Gemahlin und beider gesamtem Hofstaat im Umfang von über 2000 Menschen und Pferden einziehen und beherbergt werden, nachdem zuvor die Kurfürsten zusammengenommen schon 1300 Personen Gefolge und über 1000 Pferde mitgebracht hatten. Obwohl es in Aschaffenburg zu Reibereien mit der Bevölkerung gekommen war, machten der Frankfurter Rat und die Kurfürsten eine Ausnahme von der eng

*Imperialwagen. Wien, Schloß Schönbrunn*

*Die Frankfurter Bartholomäuskirche (Kaiserdom). Hier fanden regelmäßig Wahl und (seit 1562) Krönung der deutschen Kaiser und Könige statt. Historisches Museum Frankfurt a. M., C 1267, Foto: Ursula Seitz-Gray*

bemessenen Einzugskontingentierung, welche die Goldene Bulle für Berittene und Bewaffnete vorsah und der sich die Kurfürsten gebeugt hatten. In dem für die Unterbringung der Habsburger vorgesehenen Stadtviertel wurden diesen 18 weitere Häuser und ein zusätzlicher Stall überlassen. Gleichwohl mußte Matthias einen Teil seines Gefolges in den Vororten bis nach Hanau einquartieren. Seit dem ausgehenden 17. Jahrhundert wurde das Bedürfnis nach immer umfangreicheren und prächtigeren Einzügen auch deshalb überwältigend, weil nun die Kurfürsten auf veränderter Grundlage wieder in den herrscherlichen Adventus zurückkehrten. In Anbetracht der erhöhten Konkurrenz wurde die Quote der Goldenen Bulle seitdem nicht mehr eingehalten. Damals wurde der Verständniskomplex von Fürst und Herrschaft auch insofern „überwunden", als die Teilnehmer an Wahl und Krönung nicht mehr auf Pferden ritten, sondern in Kutschen fuhren.[24] Freilich waren nicht erst damit die Zeiten vergangen, zu denen Kriminelle dadurch Strafbefreiung hatten erlangen können, daß sie sich an den Pferdeschweif des einziehenden Herrschers klammerten.

Diese Veränderungen und die Steigerung der säkularen Prachtentfaltung überhaupt waren nicht nur die Folge einer modisch veränderten Festkultur und einer Verkehrung des mittelalterlichen Armutsideals in sein Gegenteil,[25] wenngleich auch diese Phänomene europaweite Geltung beanspruchen dürfen. Gerade in Deutschland waren sie vielmehr auch das Ergebnis dreier anderer Vorgänge: erstens Folge des schon im 14. Jahrhundert einsetzenden Bedeutungsschwundes der Krönung, welche dem mit der Wahl regierungsfähigen König ja nichts hinzugab; zweitens Kompensation der zerbrochenen liturgischen Einheit; drittens Ausdruck des durch die Konfessionalisierung gestärkten Selbstbewußtseins der Kurfürsten und Reichsstände, welches manchen Herrschaftsträgern nicht einmal mehr symbolische Unterwerfungsakte zu erlauben schien, wenn diese öffentlich zelebriert wurden. Die dem entgegenstehende These der älteren Forschung, die gegenseitige Verpflichtung von Herrschern und Beherrschten, die das Mittelalter gekennzeichnet habe, sei im Absolutismus stark zugunsten des Monarchen abgeschwächt worden, ist im Zuge der Revision des Absolutismus-Konzepts wohl nicht mehr zu halten. Noch schärfer als in England, wo die letztmals 1661 durchgeführte Prozession vom Tower nach Westminster Hall ihren halb geistlichen Charakter viel früher zugunsten eines Triumphzugs verloren hatte,[26] auf dem sich die neue Majestät dem Volk zeigte, wurden in Deutschland die durch Reformation und Säkularisation obsolet gewordenen liturgischen Elemente (wie das Sakralgeleit und die gemeinsame Feier der Messe) durch Ehrenpforte, Kanonaden und Feuerwerk ersetzt. Die weltlichen Krönungselemente wurden gestärkt und vermehrt, oder besser: Krönung und Fest wurden „verweltlicht", weil nur noch das adelige und obrigkeitliche Bewußtsein jene überkonfessionelle Gemeinsamkeit der Herrschaftsträger bot, die eine Krönung überhaupt ermöglichte. Bemerkenswert dabei ist indes, daß in der Krönungsstadt in dieser Hinsicht ein geringerer Aufwand getrieben wurde als in den Städten, die der neue Herrscher auf der Heimreise aufsuchte. Auch in Frankfurt säumten antikisierende Ein-Tages-Aufbauten wie Triumphportale etc. den Weg, aber alles in allem scheint das überlieferte Empfangszeremoniell hier doch ebenso dämpfend gewirkt zu haben wie in Frankreich, wo die Einzüge in die Krönungsstadt Reims gleichfalls hinter den Entrées solennelles in die Hauptstadt Paris zurückstanden.

## 2. Der Krönungszug

Schon im mittelalterlichen Aachen verband der feierliche Zug des mit dem Krönungsornat angetanen und von den Kurfürsten geleiteten Königs vom Münster zur Pfalz, später zum „Grashaus", dem alten, und seit Mitte des 14. Jahrhunderts zum neuen „gotischen" Rathaus, die kirchliche Krönung und das weltliche Festmahl. Im frühneuzeitlichen Frankfurt wurde diese Tradition des Krönungszugs von der Bartolomäuskirche in den Römer übernommen. Dieser übertraf schließlich die Pracht des Adventus, weil er das ganze Schauspiel auf einem Platz konzentrierte, weil sich alle Anwesenden beteiligten und weil ein Teil der Zuschauer dem gekrönten und gesalbten, mit liturgischen Klerikergewändern bekleideten und mit allen weltlichen Insignien (Reichskleinodien, Adlerwappen etc.) unter einem Baldachin einherschreitenden Kaiser sowie den von diesem berührten Gegenständen übernatürliche Kräfte beimaß. Der auch in der Frühen Neuzeit noch prozessionartige Zug bildete das bestehende Herrschaftsgefüge einer als gottgegeben vorausgesetzten Gesellschaftsordnung ab, bei welcher die jubelnde Menge ungeachtet der realen und sozialen Distanz nicht nur Zuschauer war, sondern auch durch die Sinne angesprochener Teil des Ganzen. Um dem Spektakel eine Bühne zu geben, ließ der Stadtrat seit 1612 zwischen Bartholomäuskirche und Rathaus (Alter Markt) einen etwa 200 Meter langen und 30 Zentimeter hohen Steg zimmern, welcher zugleich die kostbaren Gewänder der hohen Herrschaften vor Verschmutzung schützte. Das Holz und die mehreren tausend Ellen farbigen Tuchs, mit denen diese „Krönungsbrücke" verkleidet wurde, wurden dem Volk preisgegeben, was regelmäßig zu ebenso tumultuarischen Szenen führte wie der Brauch des Geldauswerfens. Mit leichten Variationen gehörte dieses seit der römischen Antike tradierte Zeichen der königlichen Mildtätigkeit, das sich Matthias II. 1612 immerhin 1000 Gulden kosten ließ, zu allen europäischen Krönungen einschließlich derjenigen des Papstes. Diesen Brauch wie in Frankreich sogleich in der Krönungskirche auszuüben, dürfte man in Deutschland als degoutant empfunden haben, ja, hier verschob man ihn seit 1653 aus ordnungspolitischen Gründen so lange, bis die hohen Herrschaften das sichere Rathaus erreicht und sich zum Krönungsmahl niedergelassen hatten.

### 3. Das Krönungsmahl

Ein „offizielles“, von begleitenden Empfängen und Banketten zu unterscheidendes Festmahl bildete zweifellos schon immer einen konstitutiven Bestandteil der Krönung, war es doch dasjenige Segment des ganzen Vorgangs, bei dem sich der beteiligte Adel als Gruppe am stärksten selbst erleben und verwirklichen mochte.[27] Der „Sozialwert“, die gemeinschaftsstiftende Funktion des kollektiven Essens, Trinkens und – später – Tanzens war zu allen Zeiten und in allen Gesellschaften beträchtlich.[28] Mit Mählern wurden Feindschaften beendet und Familienverbindungen rituell begründet, zugleich ermöglichten sie dem Gastgeber wie den Gästen, ihre Macht und ihren Reichtum zur Schau zu stellen.[29]

Ehe man den durchschnittlichen Ablauf und einige besondere Vorkommnisse skizziert, muß man aber spätestens hier Bemerkungen zu zwei signifikanten Strukturmerkmalen der Krönung des römisch-deutschen Königs vorausschicken: Erstens handelt es sich nicht um ein großdimensioniertes, etwa gar nach außen geöffnetes Fest, sondern um das Ereignis einer kleinen Gruppe. Damit und mit dem im Prinzip selbstgenügsamen und illiteraten Charakter dieser Gruppe, die auch in Anbetracht einer offenbar fehlenden Öffentlichkeit keine literati zugelassen hat, dürfte zu begründen sein, warum es nach der gleichermaßen frühen wie kargen Beschreibung des Krönungsmahls Ottos des Großen (936)[30] mit zwei „Ausnahmen“[31] geschlagene fünfhundert Jahre lang gedauert hat, ehe mit der Aachener Krönung Friedrichs III. im Jahr 1442 eine nicht mehr unterbrochene Reihe ebenso ausführlicher wie differenzierter Schilderungen zumeist mehrerer Teilnehmer oder Augenzeugen einsetzt. Im modernen Sinn „öffentlich“ wurde das Mahl aber erst im 18. Jahrhundert, als man ein gaffendes Publikum zuließ, in welches sich auch der ansonsten so abgeklärte junge Goethe einreihte.

Zweitens setzte sich dieses Ereignis zweifellos von Anfang an aus genossenschaftlichen wie aus herrschaftlichen Komponenten zusammen, die man eher von Fall zu Fall als strukturgenetisch gewichten möchte. Der Annahme, im Verhältnis zu einem archaisch-frühmittelalterlichen Krönungsmahl wie demjenigen Ottos des Großen sei erst dasjenige der späteren „höfischen Gesellschaft“ dominierend herrschaftlich ausgerichtet gewesen,[32] steht sowohl eine „genossenschaftlichere“ Deutung der Frühen Neuzeit entgegen als auch die Tatsache, daß das ottonische Mahl ja gerade in einem besonders signifikanten Bestandteil vorbildlich gewirkt hat: der Bedienung des Gekrönten durch die Stammesherzöge von Lothringen, Franken, Schwaben und Bayern in ihrer (fiktiven) Eigenschaft als Kämmerer, Truchseß, Mundschenk und Marschall des königlichen Hofes. Dieser erste Beleg der späteren Erzämter ist ein eindeutig herrschaftliches Indiz, insofern die Bedienung eine Anerkennung, wenn nicht gar eine Unterwerfung ausdrückte, deren symbolische Bekundung man frühzeitig zu vermeiden trachtete.[33] Die Tatsache, daß der König diejenigen, die ihm gedient hatten, zum Zeichen seiner Freigebigkeit, Fürsorge und Gnade beschenkte, ändert daran ebensowenig wie die angebliche Teilhabe von Bischöfen und „Volk“ an diesem Mahl in der Königshalle der Pfalz oder etwa die Tatsache, daß der an einer marmornen, prächtig gedeckten Tafel speisende König aus ihnen nicht herausgehoben wird.

Die Berechtigung zur Wahl und zur im weiteren gelegentlich als unzumutbare Ansehensminderung oder als politisch inopportun begriffenen Bedienung bei der Krönung korrespondierten miteinander. Irregularitäten und – vor allem – die dauernden Rangstreitigkeiten beseitigte die ebenfalls überwiegend als herrschaftliches Dokument zu deutende und den geistlichen Kurfürsten eine klare Präferenz zuweisende Goldene Bulle Kaiser Karls IV. von 1356[34]: Alle Beteiligten sollen an separaten Tischen speisen. Es handelt sich also um eine hierarchische Veranstaltung, nicht etwa um ein Mahl Gleichrangiger, wie dies durch einen „runden Tisch“ für König Artus' Tafelrunde beschrieben wird. Der Tisch des Königs soll um sechs, die Tische der Kurfürsten sollen um eine Stufe höher stehen als

*Krönungsbankett Karls VII. Kolorierter Kupferstich, Frankfurt a. M. 1742.*
*Historisches Museum Frankfurt a. M., C 1144, Foto: Ursula Seitz-Gray*

*„Kostbares Tractament zu Ehren der Abgeordneten und Ratsherren am 4. Oktober 1745“.*
*Historisches Museum Frankfurt a. M., Foto: Ursula Seitz-Gray*

*Kaisertreppe im Frankfurter Römer (um 1930).*
*Staatliche Bildstelle, Berlin.*
*Historisches Museum Frankfurt a. M., C 31635,*
*Foto: Ursula Seitz-Gray*

diejenigen der übrigen Teilnehmer. Nächst dem König sollen die geistlichen Kurfürsten sitzen, die Erzkanzler der drei in Personalunion regierten Regna Alemania, Italia und Arelat (Burgund), welche während des Mahls die Tischgebete sprechen: zu seiner Rechten Mainz oder Köln, je nachdem, in wessen Amtsbereich das Mahl stattfindet, der andere dann zur Linken; gegenüber dem König der Trierer. Die weltlichen Kurfürsten nehmen die zweiten und dritten Plätze bzw. Tische rechts vom König ein und kommen ihren spezifischen Pflichten als „Hofbeamte" nach: rechts vom König der König von Böhmen (Mundschenk) und der Pfalzgraf bei Rhein (Truchseß), links vom König der Herzog von Sachsen (Marschall) und der Markgraf von Brandenburg (Kämmerer). Um der hier deutlich hervortretenden Gruppenhierarchie zugunsten der geistlichen Kurfürsten entgegenzuwirken, sollte wenigstens keiner der Kurfürsten am königlichen Tisch Platz nehmen dürfen, solange ein anderer noch seinen Dienst am König ableistete. Weil dem König beim Essen in jedem Fall aufgewartet werden mußte, wurden abwesende Kurfürsten dabei vertreten, nicht jedoch an ihren eigenen Tischen: Als wenn nichts geschehen wäre, wurden diese nicht nur aufgestellt und eingedeckt, sondern es wurden an ihnen auch sämtliche Essen serviert, obwohl sich niemand daran setzen durfte.[35] Mit Ausnahme einer zugleich gekrönten Königin, die in der Regel mit ihrem Gatten am Tisch saß, mitunter aber auch etwas erniedrigt, waren Frauen zum

Mahl grundsätzlich ebensowenig zugelassen wie in der Krönungskirche, doch wurden besonders behandelte Ausnahmen gemacht: Als Herzogin Margarethe von Österreich der Krönung ihres Neffen Karl V. beiwohnen wollte, baute man in den Chor des Aachener Münsters eine hölzerne Frauenempore ein.

In dem heutigen Aachener Rathaussaal, auf den hin Karl IV. seine Sitzordnung wahrscheinlich fixiert hat, läßt sich diese nur noch mit Mühe vergegenwärtigen. Seinerzeit konnte man den Saal nur über den halbrunden Marktturm durch eine Tür in der Nordwestecke betreten. Erst in der Mitte des 19. Jahrhunderts, als – bezeichnenderweise – die Krönungsherrlichkeit endgültig vorüber war, hat man an der Längsseite des Saales einen neuen Treppenaufgang gebaut. Ausgerechnet an der Stelle, an dem dieser noch heute in den Saal hineinführt, stand seit dem ausgehenden Mittelalter der von einem Baldachin überdachte und den Vorschriften der Goldenen Bulle gemäß sechs Fuß erhöhte Tisch des Königs in der Mitte des Saales zwischen der Südwand und den beiden Mittelpfeilern mit Blick auf den Marktplatz.[36] Im frühneuzeitlichen Frankfurt war es gerade umgekehrt: Dort thronte der Kaiser mit dem Rücken zum Balkon und zu den fünf Fenstern, die auf den Römerberg hinausgehen. Über dem Saaleingang wurde für die Musikanten eine Empore gezimmert, die Wände wurden mit Seidentapeten verkleidet. Die vorgeschriebene Hierarchie der Sitzhöhen erreichte man in der

*Bankett bei König Karl V. von Frankreich anläßlich des Besuchs Kaiser Karls IV. und seines Sohnes Wenzel in Paris. Miniatur aus den „Grandes Chroniques de France", um 1380. Paris, Bibliothèque Nationale*

of works relating to court, civic and religious festivals in Europe 1500–1800. London u. a. 2000. Eigens genannt seien noch Johan Huizinga: Herbst des Mittelalters. Studien über Lebens- und Geistesformen des 14. und 15. Jahrhunderts in Frankreich und in den Niederlanden. 11. Aufl. Stuttgart 1975, S. 368–373. Jörg Jochen Berns (Hrsg.): Höfische Festkultur in Braunschweig-Wolfenbüttel 1590–1666 (=Daphnis 4). Amsterdam 1981. Paul Hugger (Hrsg.): Stadt und Fest. Zur Geschichte und Gegenwart europäischer Festkultur. Stuttgart 1987. Uwe Schultz (Hrsg.): Das Fest. Eine Kulturgeschichte von der Antike bis zur Gegenwart. München 1988. Peter Moraw: Die Hoffeste Kaiser Friedrich Barbarossas von 1184 und 1188. In: Uwe Schultz (Hrsg.): Das Fest, S. 70–83, 425–428. Sara Smart: „Doppelte Freude der Musen". Court festivities in Brunswick-Wolfenbüttel 1642–1700. Wiesbaden 1989. Thomas Zotz: Der Reichstag als Fest. Feiern, Spiele, Kurzweil. In: Hans Schadek (Hrsg.): Der Kaiser in seiner Stadt. Maximilian I. und der Reichstag zu Freiburg 1498. Freiburg 1998, S. 146–170. Ellen Widder: Alltag und Fest am welfischen Fürstenhof im 15. und 16. Jahrhundert. In: Niedersächsisches Jahrbuch für Landesgeschichte 72 (2000), S. 11–43. H. Ottomeyer / M. Völkel (Hrsg.): Die öffentliche Tafel (wie Anm. 1).

6 E. Straub: Repraesentatio Maiestatis (wie Anm. 1), S. 8.

7 Achim Thomas Hack: Zur Herkunft der karolingischen Königssalbung. In: Zeitschrift für Kirchengeschichte 110 (1999), S. 170–190.

8 André Holenstein: Die Huldigung der Untertanen. Rechtskultur und Herrschaftsordnung 800–1800 (=Quellen und Forschungen zur Agrargeschichte 36). Stuttgart u.a. 1991.

9 Siehe dazu Percy Ernst Schramm: Die Krönung in Deutschland bis zum Beginn des Salischen Hauses. In: Zeitschrift der Savigny-Stiftung für Rechtsgeschichte. Kanonistische Abteilung 24 (1935), S. 184–332. Aloys Schulte: Die Kaiser und Königskrönungen zu Aachen 813 bis 1531 (=Rheinische Neujahrsblätter 3). Bonn 1924. Walter Kaemmerer (Hrsg.): Quellentexte zur Aachener Geschichte. Heft III: Die Aachener Königs-Krönungen. Aachen 1961. Mario Kramp (Hrsg.): Krönungen. Könige in Aachen – Geschichte und Mythos. Ausstellungskatalog. Mainz 2000.

10 Siehe dazu Walter Goldinger: Das Zeremoniell der deutschen Königskrönung seit dem späten Mittelalter. In: Mitteilungen des österreichischen Landesarchivs 5 (1957), S. 91–111. Hans Joachim Berbig: Der Krönungsritus im Alten Reich (1648–1806). In: Zeitschrift für Bayerische Landesgeschichte 38 (1975), S. 639–700. Winfried Dotzauer: Die Ausformung der frühneuzeitlichen deutschen Thronerhebung. Stellenwert, Handlung und Zeremoniell unter dem Einfluß von Säkularisation und Reformation. In: Archiv für Kulturgeschichte 68 (1986), S. 25–80. Susanne Schlösser (Hrsg.): Wahl und Krönungsakten des Mainzer Reichserzkanzlerarchivs 1486–1711 (=Geschichtliche Landeskunde 39). Stuttgart 1993.

11 E. Straub: Repraesentatio Maiestatis (wie Anm. 1), S. 6, weist zu Recht darauf hin, daß sich damals im Fest durch die Person des Herrschers die Verbindung von Gott und Welt offenbart habe. Dem Allmächtigen zwar seinerseits in Ehrfurcht gegenübertretend, sei er in seiner Eigenschaft als imago dei doch geradezu dazu verpflichtet gewesen, das Ideal darzustellen, in welchem die sittlichen Ideen der staatlichen Ordnung zusammengefaßt waren und die erst durch eine sichtbare Erscheinung überzeugten, denn dadurch habe er den „sittliche(n) Bestand einer Ordnung" garantiert.

12 E. Straub: Repraesentatio Maiestatis (wie Anm. 1), S. 8.

13 Bernd Herbert Wagner: Kaiserwahl und Krönung im Frankfurt des 17. Jahrhunderts. Darstellung anhand der zeitgenössischen Bild- und Schriftquellen und unter besonderer Berücksichtigung der Erhebung des Jahres 1612 (=Studien zur Frankfurter Geschichte 34). Frankfurt/Main 1994, S. 75.

14 E. Straub: Repraesentatio Maiestatis (wie Anm. 1), S. 7.

15 Dies war z.B. in England nicht anders. Der allgemeine Aufbau, die wichtigsten Akte der englischen Krönung haben sich nach P. E. Schramm: Geschichte des englischen Königtums (wie Anm. 3), S. 93 im Spätmittelalter „nicht wesentlich verändert, aber sie ist doch der allgemeinen Entwicklung des Festwesens gefolgt".

16 Paul-Joachim Heinig: Verhaltensformen und zeremonielle Aspekte des deutschen Herrscherhofs am Ausgang des Mittelalters. In: W. Paravicini (Hrsg.): Zeremoniell (wie Anm. 1), S. 63–82.

17 Milos Vec: Zeremonialwissenschaft im Fürstenstaat. Studien zur juristischen und politischen Theorie absolutistischer Herrschaftsrepräsentation. Frankfurt/Main 1998.

18 Stichwort „croennung". In: Johann Heinrich Zedler: Großes vollständiges Universal-Lexikon aller Wissenschaften und Künste. Bd. 6. Halle, Leipzig 1733, Sp. 1682 f.

19 Die mittelalterliche Kaiserkrönung in Rom bleibt im folgenden unberücksichtigt, und für die Frühe Neuzeit wird terminologisch nicht zwischen König und Kaiser unterschieden.

20 Diejenigen städtischen Handwerker, die im mittelalterlichen Aachen wie im frühneuzeitlichen Frankfurt am meisten zu tun bekamen, waren die Zimmerleute und die Schreiner. Sie verfertigten die „Krönungsbrücke", den Weinbrunnen, die Ochsenküche und die Krönungsmahlküche. Überdies hatten sie den Bankettsaal und die Krönungskirche durch die Einbringung von Emporen, Bühnen, Baldachinen und temporären Altären herzurichten, die dann von anderen ausgestattet wurden. Schließlich errichteten sie rings des Römerbergs Zuschauertribünen.

21 Siehe dazu zuletzt Achim Thomas Hack: Das Empfangszeremoniell bei mittelalterlichen Papst-Kaiser-Treffen. Köln u. a. 1999

und Gerrit Jasper Schenk: Zeremoniell und Politik. Beiträge zur Erforschung von Herrschereinzügen im spätmittelalterlichen Römischen Reich nördlich der Alpen (= Forschungen zur Kaiser- und Papstgeschichte des Mittelalters 18 bzw. 21). Köln u.a. 2002.

22 Siehe dazu Paul-Joachim Heinig: Die letzten Aachener Krönungen. Maximilian I., Karl V. und Ferdinand I. In: M. Kramp (Hrsg.): Krönungen (wie Anm. 9). Bd. 2, S. 563–572. Die dortigen Ausführungen über die Krönungszeremonien zwischen 1486 und 1531 sowie die dort verzeichneten Quellen werden im folgenden prinzipiell nicht wiederholt.

23 Siehe zum folgenden vor allem B. H. Wagner: Kaiserwahl und Krönung (wie Anm. 13).

24 Sofern Kaiser Friedrich III. im Jahr 1486 als erster römisch-deutscher Herrscher in einem Wagen zur Krönung seines Sohnes Maximilian nach Aachen einzog, war dies eine Ausnahme und nicht schon der Beginn des „Modewechsels", denn dieser Kaiser bevorzugte wohl aus Gründen eines notorischen Beinleidens ständig den Wagen. Bemerkenswert ist vielmehr die Unkonventionalität und interessant somit, wie darauf reagiert wurde.

25 Biblischer Adventus des Messias nach Jerusalem in Armut und Demut. Messianischer Charakter der mittelalterlichen Kaisereinzüge nach Rom, aber schon frühzeitig tendenziell schwächer werdend. Endgültig seit Karl V. Ursprünglich wurden als Herrschaftszeichen nur der Aufwand an Personen (Zahl und ständische Qualität) und Pferden eingesetzt. Seit dem 17. Jahrhundert trat immer stärker die Qualität der Ausstattung hinzu. Die Konkurrenz in der „Prozession" wurde auch deshalb größer, weil nun die Kurfürsten wieder an ihr teilnahmen, nachdem sie sich seit dem 16. Jahrhundert nicht am Einzug des Kaisers beteiligt hatten.

26 P. E. Schramm: Geschichte des englischen Königtums (wie Anm. 3), S. 94 f.

27 Siehe zum folgenden Albert Huyskens: Die Krönungsmähler im Reichssaal des Aachener gotischen Rathauses. In: Zeitschrift des Aachener Geschichtsvereins 66/67 (1954/55), S. 35–71. Hildegard Hoos: Kaiserliches Krönungsmahl im Frankfurter Rathaus, dem Römer. In: Ilsebill Barta-Fliedl u.a. (Hrsg.): Tafeln bei Hofe. Zur Geschichte der fürstlichen Tafelkultur in Europa. Hamburg 1998, S. 63–72. Claudia Rotthoff-Kraus: Krönungsfestmähler der römisch-deutschen Könige. In: M. Kramp (Hrsg.): Krönungen (wie Anm. 9). Bd. 2, S. 573–582.

28 Gleichwohl bleibt die vielzitierte abendmahlsanaloge Deutung von Georg Simmel: Soziologie der Mahlzeit (1910). In: Ders.: Brücke und Tür. Stuttgart 1957, S. 243–250, zu überprüfen. Vgl. ferner Günther Schiedlausky: Essen und Trinken. Tafelsitten bis zum Ausgang des Mittelalters (= Bibliothek des Germanischen Nationalmuseums Nürnberg). München 1956. Irmgard Bitsch u.a. (Hrsg.): Essen und Trinken in Mittelalter und Neuzeit. Sigmaringen 1987. I. Barta-Fliedl u.a. (Hrsg.): Tafeln bei Hofe (wie Anm. 27). H. Ottomeyer / M. Völkel (Hrsg.): Die öffentliche Tafel (wie Anm. 1). Sowie die in Anmerkung 1 und 5 genannte Literatur zum Fest.

29 Siehe jetzt die skeptische Analyse von Reinhold Kaiser: Trunkenheit und Gewalt im Mittelalter. Köln u.a. 2002.

30 Georg Waitz (Hrsg): Widukind von Corvey. Rerum gestarum Saxonicarum libri III. In: Georg Heinrich Pertz (Hrsg.): Monumenta Germaniae Historica. Scriptores 3. Hannover 1839, S. 408–467, bes. S. 437 f.

31 Es sind dies 1257: Richard von Cornwall, und 1273: Rudolf von Habsburg.

32 „Inwieweit das Mahl der höfischen Gesellschaft, namentlich dasjenige im Rahen der Hoffeste, noch Formen und Bedeutungsinhalte des archaischen Mahlverständnisses spiegelt, und inwieweit es Ausdruck neuer gesellschaftlicher Bedingungen ist, wäre ein interessantes ... Thema", Gerd Althoff: Friedens-, bündnis- und gemeinschaftsstiftender Charakter des Mahles im früheren Mittelalter. In: Irmgard Bitsch u.a. (Hrsg.): Essen und Trinken (wie Anm. 28), S. 13–25, hier S. 25.

33 Einen frühen Bedienungskonflikt König Wenzels von Böhmen anläßlich der Krönung König Albrechts I. (1298) erwähnt Joachim Bumke: Höfische Kultur. Literatur und Gesellschaft im hohen Mittelalter. 2 Bde. München 1986; hier Bd. 1, S. 256 f.

34 Die Goldene Bulle Kaiser Karls IV. vom Jahre 1356. In: Deutsche Akademie der Wissenschaften Berlin (Hrsg.): Monumenta Germaniae Historica. Fontes iuris Germanici antiqui in usum scholarum separatim editi. Bd. 11. Weimar 1972.

35 So 1486 im Fall des Königs von Böhmen und des Markgrafen von Brandenburg.

36 Ein Plan bei W. Kaemmerer (Hrsg.): Quellentexte zur Aachener Geschichte (wie Anm. 9), S. 111.

37 Siehe hierzu und zum folgenden die Berichte in: Deutsche Reichstagsakten. Mittlere Reihe 1. Nr. 885, S. 842–848 und Nr. 915, S. 912–945, bes. S. 929–945. Ebd. Nr. 916–918, S. 945–978. Drei anonyme Aufzeichnungen von einigem Wert.

38 Dies annotieren die Deutschen Reichstagsakten: Historische Kommission bei der Bayerischen Akademie der Wissenschaften (Hrsg.): Deutsche Reichstagsakten unter Kaiser Karl V. 2. Bd.: Der Reichstag zu Worms 1521. 2. Aufl. Göttingen 1962, S. 100. Siehe ansonsten zur Krönung Friedrichs III. Joseph Hansen: Zur Krönung Kaiser Friedrichs III. in Aachen im Juni 1442. In: Zeitschrift des Aachener Geschichtsvereins 9 (1887), S. 211–216. Joseph Seemüller: Friedrichs III. Aachener Krönungsreise. In: Mitteilungen des Instituts für österreichische Geschichtsforschung 17 (1896), S. 584–665. Brigitte Streich: „Uf dem zcoge zcu unserm Herrn dem Romischen Kunige." Die Aachenfahrt des sächsischen

Hofes im Sommer 1442. In: Rheinische Vierteljahrsblätter 55 (1991), S. 32–57.

39 Dabei erwies sich 1521, daß die Stadt Frankfurt nicht vertreten war und daß die Gesandten der Stadt Mainz, denen der beanspruchte Tisch ausnahmsweise bewilligt worden war, voreilig abgereist waren.

40 Deutsche Reichstagsakten. Jüngere Reihe 2, S. 99 Anm. 2.

41 Was 1486 anstelle des kurz zuvor verstorbenen Markgrafen von Brandenburg durch den Erbkämmerer von Weinsberg geschah.

42 Wrede bietet in: Deutsche Reichstagsakten. Jüngere Reihe 2, S. 98–100, den kritisch ergänzten Bericht der kursächsischen Gesandten, demzufolge das Bankett von 1521 ziemlich präzise von 11 oder 12 Uhr bis gegen 15 oder 16 Uhr stattfand.

43 Deutsche Reichstagsakten. Jüngere Reihe 2, S. 100 Anm. 6.

44 Deutsche Reichstagsakten. Jüngere Reihe 2, S. 101 Anm. 1 und 4.

45 Siehe zum Tanz Rudolf Braun / David Gugerli (Hrsg.): Macht des Tanzes – Tanz der Mächtigen. Hoffeste und Herrschaftszeremoniell 1550–1914. München 1993. Zu Maskeraden Claudia Schnitzer: Höfische Maskeraden. Funktion und Ausstattung von Verkleidungsdivertissements an deutschen Höfen der frühen Neuzeit. Tübingen 1999, sowie zur Musik Albert Dunning: Die Staatsmotette 1480–1555. Utrecht 1970, und Sabine Zak: „Luter schal und süeze doene". Die Rolle der Musik in der Repräsentation. In: Hedda Ragotzky / Horst Wenzel (Hrsg.): Höfische Repräsentation. Das Zeremoniell und die Zeichen. Tübingen 1990, S. 133–148.

46 Es gibt allerdings keinen Hinweis darauf, daß diese erste vierstimmige gregorianische Messe im freien Motettenstil tatsächlich in Reims erklungen ist. Bei der Wahl und der Krönung des von seiner international bekannten burgundischen Hofkapelle begleiteten Maximilian I. im Jahr 1486 hat der Orgelvirtuose Paul Hofhaimer (1459–1537) aufgespielt. Siehe dazu und zum folgenden z.B. Paul-Joachim Heinig: Musik und Medizin am Hof Kaiser Friedrichs III. (1440–1493). Studien zum Personal der deutschen Herrscher im 15. Jahrhundert. In: Zeitschrift für Historische Forschung 16 (1989), S. 151–181. Zur Feier der Königskrönung Karls V. in Aachen (1520) hat der blinde Hoforganist Arnold Schlick die zehnstimmige Choralbearbeitung „Ascendo ad patrem meum" geschrieben; zur Kaiserkrönung dieses Habsburgers in Bologna hat Nicolas Gombert, der Karl gewöhnlich auf seinen langen Reisen begleitete, möglicherweise die Motette „In illo tempore" komponiert, die Monteverdi achtzig Jahre später einer eigenen Messe zugrundelegte.

47 Wie die Zeiten sich veränderten, zeigt exemplarisch die Prager Krönung Karls VI. zum König von Böhmen im Jahr 1723, anläßlich welcher nicht nur die mit dem Wahlspruch des späteren Kaisers betitelte Prunkoper „Costanza e fortezza" von Johann Joseph Fux komponiert und aufgeführt wurde, sondern außerdem noch Jan Zelenkas „Sub olea pacis et palma virtutis". Den ihm von den auftraggebenden Prager Jesuiten zugeschriebenen Zweck, die vasallitische Tradition Böhmens gegenüber dem Kaiser und den Habsburgern vorzuführen, erreicht diese überwiegend allegorische Komposition interessanterweise durch die Integration umfangreicher deklamatorischer Auftritte von studierenden Söhnen aus hervorragenden adeligen und Patrizier-Familien. Dies und die Tatsache, daß die musikalischen Teile erzwungenermaßen den Charakter einer losen Folge von Arien und Rezitativen tragen, macht verständlich, warum dieses Stück erst im Jahr 2000 zum zweiten Mal (!) aufgeführt wurde. Georg Friedrich Händels Programmmusik zur Krönung Georgs II. (1727), die „Coronation Anthems" sind bekannt. Luigi Cherubini komponierte eine Messe zur Krönung Karls VII., und 1745 war der kurmainzische Hofkapellmeister Jan Zach (1699–1773) für die musikalische Gestaltung der Krönung Kaiser Franz' I. in der Frankfurter Bartholomäuskirche zuständig. Anläßlich der Krönung Leopolds II. zum König von Böhmen in Prag (1791) schuf Wolfgang Amadeus Mozart seine Oper „La Clemenza di Tito", und Ludwig van Beethoven schrieb anläßlich der Kaiserkrönung desselben Herrschers eine Kantate. Seine Krönungs-Walzer waren wohl Gelegenheitskompositionen anläßlich der Krönung Kaiserin Carolina Augustas zur Königin von Ungarn am 25. September 1825 in Preßburg.

48 Es handelt sich um „Die Reise nach Reims", die kaum jemals aufgeführt wird.

49 Eduard Mörike (1804–1875): „Die traurige Krönung". 1939 vertont von Hugo Distler (1908–1942) und E. Mörike: „Der König bei der Krönung". 1902/03 vertont von Max Reger (1873–1916) und von Hugo Wolf (1860–1903).

50 Bei diesem Schauspiel, welches auch bei Hoftagen und in anderen europäischen Ländern aufgeführt wurde, hat übrigens der Landgraf von Hessen 1471 aufsehenerregend „gemogelt", indem er dem König die Insignien der ihm gar nicht zustehenden Grafschaften Ziegenhain und Nidda unterschieben wollte.

51 Deutsche Reichstagsakten. Jüngere Reihe 2, S. 100.

52 E. Straub: Repraesentatio Maiestatis (wie Anm. 1), S. 7 f.

53 Siehe zum Ganzen E. Straub: Repraesentatio Maiestatis (wie Anm. 1), S. 9.

54 E. Straub: Repraesentatio Maiestatis (wie Anm. 1), S. 9.

55 E. Straub: Repraesentatio Maiestatis (wie Anm. 1), S. 9. So auch Jürgen Hartmann: Staatszeremoniell. 3. Aufl. Köln u.a. 2000. Vgl. die Besprechung von Paul-Joachim Heinig. In: Zeitschrift der Savigny-Stiftung für Rechtsgeschichte. Germanistische Abteilung 119 (2002).

# Die Reichskleinodien

## Objekte zwischen Liturgie, Kult und Mythos

*Von Josef J. Schmid*

### I. Eine unbestimmte Größe: Das Reich und seine „Kleinodien"

Ein dem Verfasser dieser Zeilen bekannter Historiker pflegte seinen Zuhörern oft im Scherz jenes Wortspiel vorzutragen: „In folgendem Satz, meine Damen und Herren, befinden sich drei historische Fehler: ‚Im Dom zu Frankfurt wurden über Jahrhunderte die deutschen Kaiser gekrönt'. Welche Fehler sind dies? – Antwort: Das Frankfurter Bartholomäus-Münster ist kein Dom, die dort praktizierte Liturgie war keine Kaiserkrönung, und es gibt keinen deutschen, sondern nur einen römischen Kaiser!"

Wenn dieser Historikeraphorismus auch ein wenig nach kleinlicher Quisquilie riecht – ganz von der Hand zu weisen sind die darin zum Ausdruck gebrachten Ungenauigkeiten der monarchischen Tradition des Heiligen Römischen Reiches[1] nicht. Sie werfen ein bezeichnendes Licht auf alle damit verbundenen Fragen, zuvorderst auf jene nach den sogenannten Reichskleinodien.[2] Wenngleich die historische Forschung der letzten Jahrzehnte scheinbar Grundlegendes zu diesem Bestand an Realquellen beigetragen hat,[3] so bleiben doch manche Unklarheiten, Unsicherheiten und Ungereimtheiten zurück.

Dies beginnt mit der Bestimmung dessen, was denn nun eigentlich unter dem Oberbegriff der „Reichskleinodien" zu verstehen sei, kurz, welche Objekte hierzu gehören. Zieht man nur drei der maßgeblichen dazu verfaßten Werke, nämlich die Arbeiten von Götzinger[4], Eichmann[5] und Fillitz[6] heran, so erhält man eine völlig unterschiedliche Liste, mit voneinander abweichenden Zählungen, Angaben und Überschneidungen. Während alle darin übereinstimmen, daß die „Reichskleinodien" sowohl die Regalien des Reiches als auch dessen Kronschatz umfaßten, so bleibt im einzelnen offen, was hierzu gehört.

Doch ist dieses Phänomen der Reichskleinodien nicht singulär – sie teilen es mit jener übergeordneten Größe, in deren Dienst sie standen: dem Heiligen Römischen Reich. War Karl der Große[7] wirklich der Ahnherr[8] dieses Gebildes, oder doch eher Otto I.[9]? Kamen die entscheidenden Impulse der staats- und ideengeschichtlichen Definition von den Ottonen,[10] den Saliern,[11] oder vor allem vom heiligen Idealkaiser Heinrich II.?[12] Oder gar erst von den Staufern,[13] die dem Reich das Prädikat „heilig" hinzufügten[14] – ohne daß die benachbarten Mächte an diesem heilsgeschichtlichen Anspruch etwas auszusetzen hatten. Jene Staufer, deren Friedrich I. Barbarossa[15] seinen historischen Platz weniger in der tatsächlichen Politik denn in seinem vermeintlichen Nachleben im Kyffhäuser[16] als Zentralfigur einer beginnenden Kaisermystik und Kaiserapokalyptik[17] fand, bis hin zum volkskundlich interessanten „Haberfeld-Treiben" Süddeutschlands.[18] Oder Friedrich II., für die einen der Endzeitkaiser, für die anderen, vor allem für die päpstliche Partei, dessen genauer Gegenpart, nämlich der Antichrist[19] selbst. Rudolf von Habsburg beendete die heilsgeschichtlich gesehen „schreckliche Zeit" des Interregnums („tempus horribile")[20] – seine Deszendenz machte das Reich der Neuzeit quasi zur Apanage des sich hinfort „Haus Österreich"[21] nennenden Geschlechtes, mit Ausnahme der Zäsur von 1742.[22] Damit aber herrschte „der Kaiser" auch über Gebiete und dachte in Kategorien, die außerhalb des Reiches lagen. Gab es denn nach 1530, dem Jahr der letzten Kaiserkrönung durch Papst Clemens VII. zu San Petronio in Bologna noch Kaiser? Maximilian I.

war dereinst aus Gründen der politischen Unmöglichkeit, nach Rom zu kommen, vom Papst das Recht zugestanden worden, den Titel eines „Erwählten Römischen Keysers" („Imperator Romanorum electus") zu führen.[23] Die Nachfolger Karls V. usurpierten diesen Ausnahmedispens und etablierten so ein weitgehend säkulares Gebilde nördlich der Alpen, dem nun in der Tat der Zusatz „Deutscher Nation" zukam. Der universale Gedanke des Kaisertums, aber auch der Brauch der symbolträchtigen, die Allianz der beiden höchsten Autoritäten der Christenheit, Papst und Kaiser, symbolisierenden Krönung am Grab des Heiligen Petrus,[24] jenes Petrus, der laut evangelischem Bericht einst die beiden Schwerter geführt hatte,[25] war damit außer Übung gekommen. Zu Aachen[26] und dann zu Frankfurt vollzogen sich lediglich Salbung und Krönung zum Deutschen König, mit der eindeutigen Formel „Ungo te in Regem ..." („ich salbe Dich zum König ...").[27]

Doch auch diese Salbung hatte die Rivalität der beiden Schwerter, geistlich und weltlich, im hohen Mittelalter ihres eigentlichen, alttestamentarisch-sakramentalen Gehaltes beraubt. Innozenz III. hatte im Anschluß an das IV. Laterankonzil ein Edikt erlassen, wonach auf das die priesterliche Würde vermittelnde und der geweihten Seele ein unauslöschliches Merkmal („nota impressa")[28] einprägende Chrisma bei den Krönungen im Abendland fortan verzichtet werde.[29] Damit war der essentielle Charakter der Herrscherweihe verlorengegangen – außer in jenen Monarchien, welche sich einfach nicht an das päpstliche Gebot hielten, nämlich das gallikanische Frankreich und das staatskirchlich denkende, bald anglikanische England[30] sowie die von Rom getrennte Orthodoxie.[31]

Diese Vorüberlegungen sind auch und gerade für die Frage nach den Reichskleinodien zentral, sollen diese doch die monarchischen Traditionen ihres Reiches zum Ausdruck bringen.[32] Was soll zum Beispiel jene Krone,[33] aus dem komplexen Ritus der Kaiserkrönung zu Rom geboren, wo dem zu Krönenden zunächst als Zeichen seiner (schattenhaften) geistlichen Autorität die Bischofsmitra nach Art der alttestamentarischen Hohepriester um neunzig Grad gewendet auf das Haupt gesetzt wurde, darauf dann schließlich die Krone, die eben zu jenem Zweck einen Bügel zur leichteren Handhabung (Einpassen) besitzen mußte[34] – was soll diese Krone als Symbol einer Monarchie, der dieser Gebrauch und die damit zum Ausdruck gebrachte Ambition bzw. Symbolik längst obsolet geworden waren? Deren „Kaisersalbung" – nach den neuen päpstlichen Büchern[35] zunächst nur mehr die Salbung des rechten Ellenbogens – als Symbol der gottgefälligen Führung des weltlichen Schwertes auf Geheiß des Pontifex Maximus verblieben war,[36] bevor schließlich die Kaiserkrönung und -salbung ganz entfiel? Im Gegenzug aber beanspruchten die Päpste für sich die Fülle der „insignia imperialia" (der kaiserlichen Amtinsignien) – muß man also Tiara und Fanum, Ferrula und Sedis gestatoria des Papstes auch zu den „Reichskleinodien" rechnen?[37]

Der Leser erhält spätestens hier einen Eindruck, wie verwirrend die Geschichte dieser Objekte sich bereits anläßt, ohne bislang die klassischen Fragen nach Entstehungszeit, Auftraggeber etc. angesprochen zu haben. Oder etwa jene des europäischen Vergleichs mit anderen monarchisch-zeremoniellen Traditionen, etwa derjenigen Burgunds,[38] die sich der Casa d'Austria[39] vererbte, einschließlich des zugehörigen Hausordens, welcher zwar wie bei allen Monarchien[40] nicht zu den Regalien, aber durch die Personalunion des Monarchen als Großmeister doch zum Reichsschatz gehörte, der „Ordre de la Toison d'Or" (Orden vom Goldenen Fließ),[41] der aber nicht Reichsorden ist. Das Reich hatte überhaupt keinen Orden, und selbst sein Wappen war nur eine Kopie des byzantinischen Doppeladlers, also eine Anlehnung an den großen Konkurrenten im Osten, dessen Erbe schließlich das russische Reich fortführen sollte.[42]

Man stößt also bei der eingrenzenden Betrachtung der Frage, was denn alles die Geschichte der Reichskleinodien bestimmt habe, auf nicht wenige offene Fragen – Fragen, die so für andere Monarchien undenkbar wären. Diese Lücke einer logischen und vor allem kontinuierlichen Definition des Reiches und seiner Kleinodien aber erklärt für diese, warum sich spätestens ab dem 15. Jahrhundert hier eine neue Sicht durchsetzte: Nicht mehr (nur) als Symbol und Unterpfand einer sehr fragwürdigen politischen und monarchisch-sakralen Realität wurden diese Objekte nunmehr gesehen, sondern als im heilsgeschichtlich-eschatologischen Kontext selbst geheiligte Dinge, Reliquien der Kaisermystik, von Kaiserkult und Kaisertum. Als sie 1423 nach Nürnberg gelangen,[43] haftet ihnen bereits der Charakter von Heiltümern an, wie ein Pendant des Schatzes von Aachen werden sie dem Volk „geweist". In dieser Sicht, als Unterpfand des „Reichsglaubens", überleben sie auch als Reliquien im protestantischen Raum.

Schon Karl IV. hatte diesen Weg beschritten,[44] den Carolus-Kult seines Namenspatrons gefördert und mit der Einführung des Festes der Heiligen Lanze die Sicht auf die Reichskleinodien weg von der tatsächlichen Monarchie hin zur diesseitigen Mystik eingeleitet.[45] Dies geschah zu einer Zeit, da die Resakralisierungspläne der Reichsmonarchie (Ordo von 1308/09) als endgültig gescheitert gelten mußten. Karls Kernland Böhmen aber hatte eine eigene Tradition, eine eigene Liturgie der Königsweihe, einen eigenen Kronschatz.[46] Der Weg war bereitet für das Haus Habsburg, für die Traditionen Burgunds, für die Krone Rudolfs I., welche bald auch im Wappen des Reiches den byzantinischen Adler krönen und 1806 dann als neues Kleinod eines neuen Reiches gelten wird.[47] Sie hat die typische Form der Mitrenkrone, sogar die bischöflichen Infuln fehlen nicht – sie ist aber nicht die Reichskrone und gehörte nicht zu den Reichskleinodien, die sich mittlerweile weit von jeder Realität entfernt hatten.

## II. Der historische Weg der Reichskleinodien

Am Anfang der Geschichte der Reichskleinodien[48] steht das Zentrum ihres heilsgeschichtlichen Bezuges: das Leiden und der Opfertod, schließlich aber die glorreiche Auferstehung des Erlösers und Gottmenschen Jesus Christus. So wie der verklärte Herr nunmehr die Male seines Leidens als Siegeszeichen über Tod und Hölle an seinem in den Himmel aufgefahrenen Leib in Ewigkeiten trägt, so muß der Kaiser, als endzeitliche Entsprechung des einst auf den Wolken des Himmels wiederkehrenden Christus, in jener Zwischenzeit die dinglichen Symbole dieser Statthalterschaft besitzen, die zugleich in besonderer Weise Herrenreliquien waren, Garant und Verheißung der Führung eines jener Schwerter, von denen der Herr am Abend vor seinem Leiden gesagt hatte: „zwei sind genug".[49] Das andere aber führte der Papst zu Rom, Zeichen seines besonderen Auftrages, die Herde Christi zu weiden, für Zeit und Ewigkeit zu binden und zu lösen.[50]

So steht denn auch die dingliche Wiederentdeckung der Herrenreliquien am Anfang dieser Tradition, nach deren Ausweis es der Kaiserin Helena, Mutter Konstantins des Großen, gelang, im vierten Jahrhundert das Heilige Kreuz und die Heiligen Nägel in Palästina wiederzufinden.[51] Erst im 10. Jahrhundert aber finden sich Teile davon, darunter das Reichskreuz mit dem Partikel des wahren Kreuzes, im Besitz Konrads I., zu denen sich nach Widukind von Corvey auch die Heilige Lanze gesellte, welche doch erst 935 vom Burgunder König Rudolph II. an Heinrich I. gelangte.[52] Otto I. setzte mit seiner Krönung einen neuen Meilenstein – ob die dabei getragene Krone wirklich jene heutige der Wiener Schatzkammer war, muß bezweifelt werden. Gemäß germanischer Fürsteninitiation bleibt die Lanze weiter im Mittelpunkt des Interesses: Im heilsgeschichtlich bedeutsamen Jahr 1000 erhält der Polenfürst Boleslaw eine Kopie („Krakauer Lanze"), ein Jahr später auch König Stephan von Ungarn.[53] Im gleichen Jahr 1000 läßt Otto III. das Grab des großen Carolus zu Aachen öffnen, das Reichsevangeliar, die Stephanusbursa und der „Karlssäbel" werden dabei entnommen. Um 1020 entsteht im Heinrich-Sakramentar die erste bildliche Darstellung der Heiligen Lanze und einer unexakt wiedergegebenen Krone. Im gleichen Jahr beginnt die Anfertigung des Reichskreuzes, welches Lanze, Kreuzpartikel und andere Reliquien bergen sollte.[54] Die Regierung Heinrichs II.

(1024, kanonisiert 1146) führt das Reich, das schon jetzt als „heilig" verstanden wird, zur unerreichten geistlichen Höhe. In seine Zeit fällt wohl auch die Anfertigung der „Reichskrone", welche 1027 zur Krönung Konrads II. dienen sollte.[55] Im 11. Jahrhundert geraten die Reichskleinodien, deren Verwahr in dieser Zeit unklar bleiben muß (wohl führte der jeweilige König sie in seinem Privatschatz), in das Interesse der Tagespolitik.[56] Als Anno von Köln 1062 Heinrich IV. in seinen Gewahrsam bringt, nimmt er, wie zur Versicherung, „crucem et regiam lanceam ex capella" („das Kreuz und die königliche Lanze aus der Kapelle") vorsichtshalber auch gleich mit.[57] Von Limburg wandern sie nach Speyer, schließlich nach Goslar. Heinrich führt auf seinen Wegen bis nach Canossa die königlichen Insignien stets mit sich, sein Gegenspieler Papst Gregor VII. fordert schließlich ihre Herausgabe. Doch bleibt immer unklar, was unter diesem Begriff („regia insignia") verstanden wird. Bei der endlichen Kaiserkrönung Heinrichs zu Rom (1084) wird die Lanze erstmals – wohl korrekt – als Mauritiuslanze bezeichnet und dem Fürsten vorausgetragen. 1106 übergibt Heinrich IV. in Ingelheim Kreuz und Lanze an Heinrich V. Die erstmals genannten Szepter und Reichsapfel mit Krone, Ring und Schwert sendet er vom Lütticher Totenbett.

1153 beginnt mit Kaiser Friedrich I. die von A. Bühler so bezeichnete Zeit der festen Verwahrung an nachweisbaren Orten, zunächst in der Pfalz Hagenau (heute: Haguenau im Elsaß), nach Verlust und Wiedergewinnung bei Legnano (1176)[58] gelangen die Kleinodien auf die Trifels,[59] wo 1191 der heutige Reichsapfel zur Krönung Heinrichs VI., 1194/95 aber der gesamte sizilianische Kronschatz von Palermo mit Krönungsmantel (1133), Albe (1181), Tunicella, Schuhen, Strümpfen, Adlerstola und Cingulum hinzukommen, nachdem Heinrich VI. damit 1194 in Palermo zum König von Sizilien gekrönt worden war. Diese Inkorporation wirft ein bezeichnendes Licht auf das Verständnis vom Reich, das nunmehr im Blickfeld der dominierenden Dynastien hinter ihren Hausländern (späte Staufer: Sizilien; Luxemburger: Böhmen; Habsburger: Österreich und Ungarn) zurücktritt. Als Friedrich II. schließlich 1220 zum Kaiser gekrönt wird, spielt dieser ganze Ornat, geschweige denn die „Reichskrone", keinerlei Rolle, es werden, wohl aufgrund der vollkommen unterschiedlichen päpstlichen und kaiserlichen Interessenlage neue Objekte angefertigt.[60] Diese sind es dann auch, welche im Jahr darauf in die Waldburg („in castro Walpurc") bei Ravensburg gesandt werden.[61] 1262 läßt der deutsche König Richard von Cornwall wiederum einen gänzlich neuen Satz anfertigen, vieles spricht dafür, daß dieser bis zum Ende des Reiches die tatsächlichen liturgischen Gerätschaften darstellte, während die anderen Objekte in den Bereich der „Votiva" und Reliquien entrückt wurden.[62] Rudolf von Habsburg läßt in den 1270er Jahren „das heilige sper und die crone" zunächst nach Mainz, dann nach Boppard, schließlich auf die Kyburg bringen. 1323 erscheinen die Reichskleinodien erstmals in Nürnberg, im Jahr darauf werden sie unter Ludwig IV. zu Regensburg zur kultischen Verehrung ausgestellt („Weisung"). Beim Tod des Kaisers 1347 bezeichnet der Begriff „das heilige reiche" nun nicht mehr das politische Gebilde, sondern die Reichskleinodien – die oben skizzierte Mythisierung ist vollzogen.[63]

In der Goldenen Bulle von 1356 kommen die zu dieser Zeit in Nürnberg befindlichen Reichskleinodien nicht vor.[64] Unter den Luxemburgern aber gelangen sie nach Böhmen (Karlstein, Prag 1361) unter Sigismund schließlich nach Ungarn (Visegrad) – wobei immer unklar bleiben muß, was hier wirklich auf die Reise ging. Alle historiographischen Zuweisungen und vermeintlichen Identifizierungen sind Deduktionen einer späteren Zeit.

1423 vermacht Kaiser Sigismund „auf ewige zeiten unser und des heiligen reichs heiligtum der Stadt Nürnberg zum Verwahr, wo sie am 22. März 1424 eintreffen.[65] Am 5. Mai werden sie zum ersten Mal dem Volk zur Verehrung dargeboten, im Jahr darauf kursieren die ersten Andachtsbilder von der Heiligen Lanze, 1458 entsteht das Manuskript zum Heiltumsbüchlein, das, 1487 und 1493 gedruckt, als Pilger- und Wallfahrtsbuch dienen soll.[66] 1523 kommt es aufgrund der einsetzenden reformatorischen Wirren zur letzten Heiltumsweisung, von da an nur mehr „gelegentlich und nur mehr (im Verwahrort) Heilig Geist".[67] Der Krönungsort der Könige wechselt nun von

Aachen (letzte Krönung: Ferdinand I. 1531) nach Frankfurt,[68] während die Kaiserkrönungen vollständig erlöschen.

Den Bemühungen der Habsburger um eine sofortige Auslieferung der Reichskleinodien nach Wien bzw. Prag ist zunächst kein Erfolg beschieden (Maximilian II. 1567, Rudolf II. 1602). Erst 1796 gelangen die Objekte im Zuge der Evakuierung vor der revolutionären Franzosengefahr an die Donau,[69] wo sie – mit einer Ausnahme von 1938 bis 1951, die abschließend noch interessieren soll – bis heute verwahrt werden.

Wie ihre Geistesgeschichte, so ist auch das Itinerar der Reichskleinodien Ausdruck der Ruhelosigkeit und Unbestimmtheit des Reiches, denen beiden eine relative Ruhe erst bestimmt ist, als sie politisch und monarchisch kaum mehr etwas bedeuten. Feste Aufbewahrungsorte, wie Saint Denis für Frankreich oder der Tower of London für England, waren den Reichskleinodien in der politisch bedeutsamen Zeit vor 1424 unbekannt,[70] danach war eine organische Weiterentwicklung (wie etwa in Großbritannien bis hin zur „Crown of India“[71]) ausgeschlossen, die Reichskleinodien waren zu Reliquien und Relikten ihres eigentlichen Gedankens geworden.

## III. Die Objekte im einzelnen

Wie bereits erwähnt, ist nicht einmal die Gliederung und Listung der Reichskleinodien in der Literatur unumstritten.[72] Die nachfolgende Gliederung basiert auf der von Eduard Eichmann 1942 erstellten,[73] da der analytische Ansatz Eichmanns dem unseren am nächsten kommt.

Der Gesamtbestand gliedert sich in drei maßgebliche Untergruppen:

a. die „eigentlichen Insignien“ des Reiches, also: Krone, Szepter, Schwert und Globus;
b. den „Kaiserlichen Ornat“, bestehend aus: Mantel, Albe, Cingulum, Tunika, Dalmatik(en), Schuhe, Strümpfe und Handschuhe, wozu die von Eichmann nicht erwähnte Stola kommt. Diese beiden Bestände fanden in der christlichen Initiationsliturgie Verwendung;
c. die „Reichsheiligtümer“ mit dem Reichskreuz und der Heiligen Lanze, dem goldenen Kreuzreliquiar, der Stephansbursa und dem Reichsevangeliar.

Diese Liste beinhaltet nicht die verlorengegangenen Stücke, so etwa die Mantillae und die beiden Tuch-Reliquien, ebenso nicht liturgische Gebrauchsstücke, wie etwa das Aspergile und weitere Reliquiare, welche ihrerseits am passenden Ort kurz angesprochen werden sollen.

*Reichsinsignien: Krone, Apfel, Schwert, Szepter, Kreuz. Kunsthistorisches Museum, Wien*

## A. Die Reichsinsignien

### Die Krone

Der Themenkreis der Krone ist durch neuere Arbeiten hinlänglich erforscht.[74] Auf Genese und Stellung der Krone im Rahmen des Krönungszeremoniells wurde bereits verwiesen. Dieser Brauch – und damit die Verwandtschaft der Krone mit der bischöflichen Mitra – findet ihr Vorbild im Alten Testament, wo es, in Anspielung auf Aarons[75] Gewandung ausdrücklich heißt: „... mit dem Diadem aus Feingold über dem Kopfbund mit der eingegrabenen heiligen Inschrift, eine erhabene Herrlichkeit, und ein gewaltiger Ruhm, eine Lust für das Auge und eine vollkommene Schönheit".[76]

Von Belang ist die zitierte Stelle – neben ihrer offensichtlichen „Vorbildfunktion" für die „Reichskrone" – außerdem als Synthese der beiden alttestamentarischen Begriffe für Krone: zum einen der „stéphanos" der Septuaginta,[77] Zeichen der himmlischen Auszeichnung und Auserwählung Gottes, so für die heilige Stadt Jerusalem.[78] Er kommt mit Sicherheit aus dem Salbungsritus, wo das um den Kopf geschlungene Band das Herabträufeln des Salböls verhindern soll.[79] Seine beiden hinter dem Knoten herabfallenden Enden wurden dann im christlichen Kontext als „infulae" bezeichnet und sind heute noch Bestandteil jeder bischöflichen Mitra – Zeugnis für den gemeinsamer Ursprungsgedanken von königlicher und hohepriesterlicher Salbung und Weihe.[80] Die Tatsache, daß die „Reichskrone" diese Infuln nicht aufweist, könnte dafür sprechen, daß sie tatsächlich in einem Ritus verwendet wurde, der das Tragen einer echten Mitra unter der eigentlichen Krone noch vorsah.[81]

Das andere biblische Symbol ist das „diádema", Zeichen des Siegers und Triumphators,[82] wie es auch der heidnisch-antiken Welt bekannt war.[83] Nicht übersehen werden darf ebenso eine weitere Bedeutung der Krone, nämlich jene als Sinnbild für die Tugend, ein Element, das auch das Neue Testament dann aufgreift, wo die Krone als Unterpfand der ewigen Herrlichkeit gesehen wird.[84] Der erste christliche Märtyrer verkörperte in sich die Summe dieser Aspekte bis hin zum Namen: Stephanus – ein Name, der auch für die christliche Ära, man denke nur an Ungarn,[85] zum Programm werden sollte.

Welche Krone aber im Ritual des Römischen Reiches, wo, wie geschildert, die enge Verbindung von Salbung und Krönung durch die Marginalisierung des Salbungsgedankens aufgebrochen wurde, Verwendung fand, welche gar zu den Feierlichkeiten in Aachen, Frankfurt oder Rom gedient hat, läßt sich heute nicht mehr feststellen.[86] In der frühen Neuzeit hat die „Reichskrone" sicherlich einen auch heraldischen Anspruch als „Symbol" des Reiches, wenngleich es auch hiervon eklatante Ausnahmen gibt.[87]

### Das Szepter[88]

Eduard Eichmann ist sicherlich zuzustimmen, wenn er feststellt, daß „das eigentliche Herrschaftszeichen und Machtsymbol [besser spräche man, ohne Anlehnung an Schramm, wohl von: Symbol der Majestät[89]] das Szepter (ist); es bedeutet in der Schrift geradezu die Herrschaft selbst".[90] Schon die Genesis weiß um das Nichtaufheben des Szepters von Juda.[91] Wichtig wird für die christliche Tradition aber die zentrale Stellung des Psalmes 109, wo es vom Priesterkönig heißt: „Dein machtvolles Szepter streckt der Herr vom Sion aus, herrsche inmitten deiner Feinde!"[92]

Die beiden lateinischen Bezeichnungen für diesen Gegenstand, „virga" und „baculus", weisen auf zwei völlig verschiedene Instrumente hin, gehen aber doch auf die gleichen biblischen Wurzeln zurück. Sie zeigen auch hierin eine enge Verwandtschaft mit dem Bischofsamt, für das schon das Aachener Konzil (816) die Führung der beiden Stäbe (virga und baculus) vorschrieb, erstere zur äußeren Züchti-

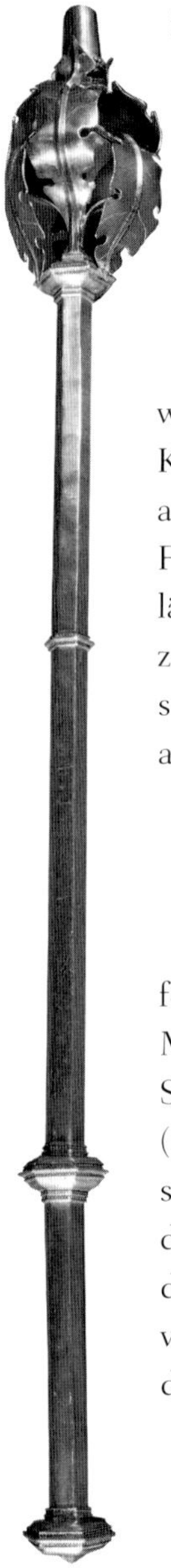

*Reichsinsignien: Szepter, deutsch, 1. Hälfte 14. Jh. Kunsthistorisches Museum, Wien*

gung und Regierung, letzteren als Hirtenstab.[93] Diese Union kommt im Prinzip auch dem König zu, wie dies in Frankreich („sceptre" et „main de justice") oder England (zwei Staatsszepter)[94] seinen Ausdruck fand, im Römischen Reich aber im Zug der von Rom durchaus gewollten Desakralisierung des Monarchen schließlich wegfiel.[95] Eines der eigentlichen Szepter wurde so zum Aspergile, also zum Weihwasserwedel, umgestaltet und umgedeutet.[96]

## Das (Reichs-)Schwert[97]

Diese einzige Waffe unter all den Regalien fällt in der Tradition aus dem Rahmen, da die Heilige Schrift des Alten Bundes, also das unmittelbare Vorbild der christlichen Könige, dafür keine Referenz und lediglich eine, allerdings bezeichnende spirituelle Deutung liefert, die „nicht ohne Eindruck bleiben konnte"[98] – jene Stelle, wo der Hohepriester Onias das Traumgesicht hat, Jeremias reiche dem Judas Makkabäus ein Schwert mit den Worten: „Nimm das heilige Schwert als Gottesgeschenk! Mit ihm sollst du deine Feinde schlagen".[99] Diese buchstäbliche Aufforderung ging ein in die christliche Tradition, und die Übergabe des Schwertes wurde zum festen Bestandteil aller Königsweihriten.[100]

Untrennbar verbunden aber bleibt das Schwert der für die christliche Politik zentralen Lehre von den beiden Schwertern,[101] welche der Herr selbst dem Petrus gegenüber als ausreichend bezeichnet hatte.[102] Damit aber kann man nicht die Existenz von zwei Schwertern unter den Reichskleinodien erklären, quasi als späte Reklamation der beiden Gewalten. Vielmehr kennen fast alle Krönungsriten mehrere Blankwaffen. Interessant ist die Namensgebung der beiden Schwerter römisch-deutscher Tradition: Während das eine als Schwert Karls des Großen („Säbel Karls des Großen") gilt, fungiert das zweite als „Schwert St. Mauritii", auf dessen Rolle als Reichsheiliger noch bei der Heiligen Lanze einzugehen sein wird. Dazu kam noch das um 1220 in Palermo entstandene sizilianische Reichsschwert, welches nun im Reich als Zeremonienschwert diente.

*Reichsschwert (Mauritiusschwert) und Scheide, 2. Drittel des 11. Jahrhunderts. Kunsthistorisches Museum, Wien*

## Der Reichsapfel[103]

„Der Globus, Weltkugel, Reichsapfel (malum oder pomum aureum) ist das Zeichen der Weltherrschaft, bei den Römern das Attribut der Roma, das caput orbis, der domina mundi, mit der Viktoria als Zeichen der Welteroberung oder dem Steuerruder als Zeichen der Weltlenkung oder mit dem Phönix als Zeichen der Welterneuerung oder mit dem Adler, dem Zeichen des Sonnengottes".[104] In der Tat verläßt die kaiserliche Symbolik mit dem Globus vollkommen den christlich-biblischen Bereich, dem dieses Instrument fremd ist. Der König von Frankreich führt ihn daher nicht – was auch in dessen Partikularrolle begründet liegt, im Gegensatz zum universalen Anspruch des römischen Kaisertums.[105] Hingegen findet sich „the Globe" im britischen Kronschatz, hier, ebenso wie die imperial crown oder der imperial mantle, Ausdruck des besonderen uralten „Kaisertums des Westens".[106]

Glaubt man der Einhardsvita Karls des Großen, so schmückte das Dach der Basilika zu Aachen ein goldener Apfel, der als Vorbote des kaiserlichen Todes in einem Gewitter zerbarst.[107] Eine liturgisch-zeremonielle Verwendung ist für diese Zeit nicht bekannt. Ob der Heinrich II. von Benedikt VIII. 1014 zu Rom überreichte Gegenstand[108] wirklich unser „Reichsapfel" war und nicht viel eher ein christliches Lebens- oder Fruchtbarkeitssymbol, sei dahingestellt, stand doch der Apfel im christlichen Kontext auch für die Überwindung der diabolischen List gegenüber den ersten Menschen, was zahlreiche Mariendarstellungen mit Apfel erklärt.[109] Darum krönt die rituellen Globen auch stets zuoberst das Kreuz, Inbegriff dieses historischen und universellen Sieges über Tod und Sünde.

*Reichsapfel, Köln, um 1200. Kunsthistorisches Museum, Wien*

## Der Ring

Unser Bericht wäre unvollständig ohne eine zumindest kurze Erwähnung jenes Regaliums, das sich in keiner der überlieferten Listen der Reichskleinodien findet: des herrscherlichen Rings. Für das Verständnis des Fürstenamtes ist er zentral,[110] symbolisiert er doch die untrennbare Union von Fürst und Reich,[111] ebenso wie von Bischof und Diözese, von Ordensfrau und himmlischem Bräutigam, letztlich und ursächlich von Braut und Bräutigam.[112] Seit dem 9. Jahrhundert gebräuchlich, wird er am Ringfinger der rechten Hand getragen. Der Umstand, daß sich keines der Exemplare im Reichsschatz wiederfindet, mag auf die Tatsache zurückzuführen sein, daß dieses Objekt, mehr noch als Krone und Ornat, den unterschiedlichen Bedürfnissen des jeweiligen Trägers angepaßt werden muß und daher wohl zu seinen persönlichen Dingen zählt. Analog dem Fischer-Ring des Papstes wurde er wohl den verstorbenen Monarchen mit ins Grab gelegt, bedeutet doch der Tod das Ende jener mystischen Einheit (unio mystica) der beiden Gesponse.

## Verlorene Objekte: Sporen und Armspangen

Ebenfalls der Vollständigkeit halber sei hier auch auf jene Gegenstände verwiesen, welche nach Ausweis der zeitgenössischen Quellen einst zu den Reichskleinodien zählten, heute aber als verloren gelten.[113] Unter den Insignien sind dies die kaiserlichen Sporen, welche nach der Krönungsliturgie angelegt wurden,[114] ebenso die „zwo Arm- oder vielmehr Achselspangen. Armillae", mit welchen schon Murr 1790 nichts mehr anzufangen wußte.[115] Sie dienten als Schmuckstück und zum Schürzen der Ärmel, nicht unähnlich den bis ins 20. Jahrhundert vielerorts üblichen „Kontoristen-Bändern", welche die Hemdsärmel schürzen und schützen sollten.

## B. Der Kaiserliche Ornat

### 1. Ein geistlicher Herrscher?

Mehr noch als die eigentlichen Reichsinsignien erklären sich Bedeutung, Deutung und Verwendung des Kaiserornates aus dem Sinnzusammenhang der abendländischen Liturgie, und das heißt in unserem Falle: aus der Analogie von Bischofs- und Königsweihe.[116] Diese Entwicklung, die, wie schon gesehen, durch die Entsakralisierung des Kaiser-Königs ab dem 12. Jahrhundert zunehmend an Bedeutung verlieren sollte, hatte im universal-sakramentalen Kontext der Ottonenzeit in Otto III. ihren Gipfel erreicht, dessen würdiger Erbe und Sachwalter dann Heinrich II. werden sollte, das Bindeglied zu den Saliern.[117]

Als Inbegriff dieser Konzeption gilt der Forschung bislang die liturgische Funktion des Kaisers auch außerhalb der Krönungsmesse, besonders am Weihnachtsfest, da – so die vorherrschende Darstellung – an diesem Tag der Kaiser, wenn er zu Rom anwesend war, in höchsteigener Person als Diakon das Evangelium der Messe vortrug.[118] Als Diakon mußte er natürlich geistliche Gewänder, sprich einen liturgischen Ornat,[119] tragen – von daher ist es also nicht mehr weit zur theologischen Deutung des heute in der Wiener Schatzkammer befindlichen „Kaiser-Ornats".

Indes sollte man bei dieser allzu schnellen geistigen Brücke doch etwas vorsichtig sein. Zunächst gilt es zu klären, was der Kaiser hier wann und wo tatsächlich vollführte, zumal wir für die sakramental-liturgiegeschichtlich bedeutsame Zeit unsrer Fragestellung, vom 10. bis zum 13. Jahrhundert, in der auch der „Ornat" entstand, keine Hinweise für eine entsprechende Praxis finden;[120] und auch später sind die Angaben spärlich: „Nachweislich haben dies 1468 Friedrich III. während seiner zweiten Romreise und 1529 Karl V. so gehandhabt. Bereits von Karl IV. wird berichtet, daß er wiederholt das Weihnachtsevangelium – allerdings nicht in Rom – sang. Kaiser Sigismund soll das Evangelium bei seiner Kaiserkrönung in Rom 1433 und sogar [schon zuvor] bei seiner Königskrönung in Aachen 1414 gesungen haben. Eine weitere Praxis als hier erwähnt ist nicht mehr nachzuweisen".[121]

Die Möglichkeit aber, daß hier irgendetwas geschehen sei, das für die kaiserliche Funktion zumal in den Augen der Zeitgenossen überlieferungswert gewesen war und daher für unsere Frage nach der geistlich-liturgischen Stellung des Kaisers/Königs zentral sein könnte, bleibt bestehen. „Das Ritual liest sich sehr eindrucksvoll. Der Kaiser wird von zwei Diakonen während der Messe mit den geistlichen Gewändern bekleidet und mit dem geweihten Schwert umgürtet. Dann tritt er inmitten zweier Kardinaldiakone vor den Papst, macht eine Verbeugung, zieht das Schwert, schwingt es, wischt es am Ärmel ab und steckt es wieder in die Scheide. Damit soll symbolisiert werden, daß der Kaiser mit dem geweihten Schwert für das Evangelium, das er jetzt verkünden werde, einstehen wird. Danach begibt er sich an das Pult und verliest das Evangelium. Danach schreitet er wiederum zum Papstthron, küßt den Fuß des Papstes und wird zu seinem Platz zurückgeführt. Er entledigt sich der geistlichen Gewänder, und das Schwert wird dem Schwertträger übergeben".[122]

In der Tat – sehr eindrucksvoll. Es bleibt nur die Frage, ob dies vorstellbar ist und wie genau hier die Angaben sind. Handelte es sich wirklich um die Weihnachts-Messe? Oder nicht viel eher um die Feier der Mette, welche aus der liturgischen Matutin besteht? Der eigentliche Grund der Evangeliums-Verkündigung, gerade an Weihnachten, ist klar, beginnt doch die entsprechende Perikope mit den Worten „In illo tempore – exiit edictum a Caesare Augusto ... / In jenen Tagen geschah es, daß ein Befehl vom Kaiser Augustus ausging ...".[123] Doch genau diese Textstelle findet in der Heiligen Nacht nach römischer Ordnung zweifache Verwendung: zunächst als VII. Lektion der Matutin (III. Nocturn),[124] sodann, nach vollendeter Feier der Matutin, als Festevangelium der Mitternachtsmesse (Missa in nocte).[125]

Alle Umstände sprechen dafür, daß der kaiserliche Vortrag die Lektion der Matutin betraf: Sie ist ebenfalls mit „Lectio sancti Evangelii secundum Lucam" überschrieben, was auch im Vortrag so zitiert wird,[126] die Quellen sprechen also zu Recht von „Evangeliums-Lesung". Entscheidend aber ist die der Lektion vorausgehende Benediktionsformel, also der Segen des Papstes vor der Verkündigung,[127] heißt es doch hier: „Evangelica lectio sit nobis salus et protectio (Die Lesung des Evangeliums sei uns Heil und Schutz). Amen".[128] Dies paßt eindeutig und eigentlich nur zur kaiserlichen Schutzfunktion für die Kirche und zur entsprechend dazu ausgeführten Schwertgeste, die wie eine kaiserliche Antwort auf den päpstlichen Segenswunsch im Raum steht. In der Messe ergäbe dies keinen Sinn.[129]

Es kann also mit Sicherheit davon ausgegangen werden, daß der Kaiser seine „Funktion" an dieser Stelle versah, daß die beiden assistierenden Throndiakone des Papstes ihn mit dem geistlichen Gewand der Soutane und des Chorrocks (Rochette) bekleideten (woran man ein Schwert auch besser „abwischen" kann als an einer Albe oder Dalmatik des Diakons), er dann zum Papst und darauf zum Pult (nicht zum Ambo!) trat und im Lektionston die Heilsbotschaft der Menschwerdung Christi vortrug.

Für unser Anliegen folgt daraus, daß der Kaiser zu keiner Zeit Diakon, also Träger einer höheren Weihestufe war. Zur Lesung der Lektionen genügt die niedere Weihe des „Lectors", wovon man im fürstlichen Fall dispensieren kann.[130] Form und Gestalt des Kaiserornats der Reichskleinodien können sich also nicht von einer derartigen Vorgabe herleiten. Ebenso bleibt die wirkliche sakramentale Rolle des Kaisers/Königs, vor allem für die interessantere Frühzeit, weiterhin unklar: „Wie ist das nun sakramententheologisch zu bewerten? In keinem der hochmittelalterlichen Krönungs-Ordines wird davon berichtet, daß der Kaiser das Evangelium zu singen hätte, obwohl gerade für die frühere Zeit, wie wir gesehen haben, die Kaiserkrönung [u.v.a. die Königskrönung] sakramentalen, ja fast bischofsweiheähnlichen Charakter gehabt hatte. Es wäre ja gerade konsequent gewesen, wenn der Kaiser zumindest bei der Krönungsmesse liturgische Funktionen übernommen hätte. Dem war aber nicht so. Der Brauch der Evangliumsverkündigung durch die Kaiser taucht offenbar erst im spätmittelalterlichen 14. Jahrhundert unter den Luxemburgern auf, zu einer Zeit also, da die Kaiserkrönung nur mehr wenig mit einem sakramentalen Weiheakt gemein hatte".[131]

## 2. Die einzelnen Teile des Kaiserornates

Es liegt nahe, bei diesem Gesamtkomplex nun nicht von der bei Eichmann gegebenen[132] und für die Wichtigkeit der Objekte auch sicher richtigen Reihung auszugehen, sondern sich praktischerweise den deutschen König vorzustellen, wie er sich zum Krönungsakt anschickt. Die Salbungen (ohne Chrisma) wurden zu Beginn der Feier vorgenommen, danach wurde er „von den Kurfürsten oder deren Stellvertretern in das Wahlkonklave geführt. Der Kurfürst von Mainz (als Offiziator) blieb beim Altar zurück. Hierbei trugen die Reichserzämter die Insignien vor dem Kaiser her. In der Kapelle angelangt, überreichten die Abgeordneten von Nürnberg die Strümpfe und Schuhe. Der kurbrandenburgische Gesandte legte ihm das lange Unterkleid, das Oberkleid und die Stola an, letztere um den Hals ordnend, daß deren beide Hälften vorn, über der Brust, einander kreuzten, worauf ihm die nürnbergischen Gesandten die Strümpfe und Schuhe anzogen. So bekleidet schritt der Kaiser, begleitet von dem Wahlgefolge, wiederum in die Kirche zurück".[133]

Mehrere Ungewöhnlichkeiten fallen dabei ins Auge, deren geringste noch darin besteht, jemandem, im Gegensatz zum Beispiel zur bischöflichen Praxis, zuerst die Oberkleider, dann aber erst die Fußbekleidung anzulegen. Bezeichnend ist diese Zeremonie der Ankleidung nach der Salbung für die nun eindeutig sakramental verstandene Person des Gekrönten, der, „ein anderer Mann geworden",[134] nunmehr Anrecht auf geistliche Kleidung hat. Auch dies ist eine Neuerung der späteren Zeit (Ordo von 1309), der deutsche Königsordo von 930 war in dieser Frage, obwohl er dem König die „Teilnahme am bischöflichen Amt „zugestand" (participare), „weit zurückhaltender, wie auch hier von einer Aufnahme in den geistlichen Stand keine Rede" war.[135]

### Strümpfe und Schuhe[136]

Sie bilden, in theologischer Hinsicht, eine Einheit und sollen das Schuhwerk bei der „Bereitung des Friedens des Evangeliums" sowie die im Psalm verheißene „Bergung unter dem Schutze der Flügel"[137] der (Erz-)Engel versinnbildlichen.[138] Sie sind ein schönes Beispiel für die langsame „Usurpation" geistlicher Insignien im Kaiserkult, stammen doch beide heutigen Exemplare (Schuhe und Strümpfe) aus dem Bestand der Könige von Sizilien, wohl von Roger II., dem „Papst Eugen III. 1149 das [bischöfliche] Recht zugestanden hatte, ‚mitram et sandalia' zu tragen".[139] Der Kaiserritus kannte sie also vor den Staufern wohl nicht. Götzinger weist zu Recht darauf hin, daß aus praktischen Gründen „davon mehrere Paare vorhanden [waren] und zwar in verschiedener Größe; gegenwärtig ist nur noch ein Paar zu sehen, ein auffallend kleines".[140] Wie die Füße eines doch eher normal großen Mannes, wie etwa Josephs I., Leopolds II. und Franz' II. darin Platz fanden, bleibt unklar.

### Albe, Tunika (Tunicella) und Dalmatik[141]

Diese Ornatteile, die Reinheit des im Blut des Lammes weißgewaschenen Gewandes (Albe),[142] die Freude über das geistliche Amt (Tunicella)[143] und das Gewand der Gerechtigkeit und des Heiles (Dalmatik)[144] bezeichnend und dem Bischof in seiner Pontifikalliturgie eigen, werden normalerweise in der Reihenfolge: Albe – Tunicella – Dalmatik übereinander angelegt. Nicht so bei den deutschen Königen. Hier wird von den beiden Übergewändern Tunicella und Dalmatik, jeweils liturgische Kleidung des Subdiakons bzw. Diakons, nur eine „gebraucht", wiewohl es „zwo Dalmatiae" gibt.[145] Der Reichskleinodienhistoriker des 18. Jahrhunderts, Christoph Gottlieb von Murr, erklärt auch deren Herkunft und Verwendung, sie habe „ihren Namen von Dalmatien, und wird auch die dalmatische Kleidung genannt". Im Kaiserornat – und das ist das wirklich Außergewöhnliche – stellt sie ein „kostbares Unterkleid" dar,[146] ein Brauch, der bei Götzinger dann bereits zur Gleichsetzung „Untergewand, Dalmatica, lat. tunica, talaris"[147] führt. Dies aber ist eine liturgische und liturgiegeschichtliche Absurdität.

In allen Riten und Kleiderordnungen ist stets die weiße Alba (daher ihr Name) das Untergewand, über das dann die eigentlichen liturgischen Gewänder gelegt werden.[148] Die im deutschen Königsbrauch vorkommende und durch die Ikonographie der Frühen Neuzeit von Dürer bis zu den Kaiserbildern des 18. Jahrhunderts eindeutig bestätigte Gewohnheit ist eine absolute liturgische Einmaligkeit, die jeder Regel widerspricht. Die Dalmatik, ebenfalls ein sizilianisches Werk, wird hier zur Unterkleidung, also eigentlich zum Talar, herabgewürdigt, und es hat den Anschein, als solle das Diakonat des Kaisers/Königs gleichsam versteckt werden. Eine Entsprechung zu dem seltsamen, oben ausführlich dargestellten Brauch des Evangelienvortrags – der ja in der Messe ebenfalls dem Diakon zukommt – mag zwar bestehen, doch sollte man sich hier vor übereilten Schlußfolgerungen hüten.[149] Vielmehr mag der Grund in der Heterogenität der Reichskleinodien liegen, nur bedingt kompatibel für die Verwendung in einer diskontinuierlichen Liturgietradition, die ihrerseits wiederum lediglich Abbild einer diffusen monarchischen Konzeption war.

### Stola[150] und Cingulum

Wie in der Schilderung oben gesehen, wurde dem Kaiser/König die Stola ebenfalls vom kurbrandenburgischen Gesandten umgelegt – es handelt sich also nicht um konsekriertes liturgisches Gerät. Der Wert der Stola, die der Priester als Symbol der in der Taufe wiederhergestellten Unsterblichkeit der Seele im Angesicht des göttlichen Heilsmysteriums trägt,[151] liegt in der Andeutung des königlichen Priestertums, das der Erwählte aber nachweislich nicht besaß.[152] Eigenartig ist auch hier die Tragweise: wäre die Stola für des Monarchen (eventuelles) Diakonat gestanden, hätte er sie nach Art des (westlichen) Diakons diagonal von der linken Schulter fallend und auf der rechten Seite gegürtet tragen müssen; handelte es sich um einen Beleg der naheliegenden Entsprechung der Bischofswürde, so hätte er sie wohl um den Hals, aber mit den beiden Enden gerade nach unten fallend, im Cingulum vergürten müssen, um so die uneingeschränkte Hirtenvollmacht des Bischofs zu verdeutlichen. Der deutsche König aber trägt die Stola nach Art der Priester der lateinischen Kirche über der Brust verschränkt,[153] obwohl das heute in Wien erhaltene Stück eindeutig byzantinischer Herkunft, also ein loros ist.[154] Es gab einst „zwo Stolen"[155], die bei der Krönung gebrauchte ist die heute noch erhaltene „gelb gebluemte"[156]; vor Heinrich VII. (gekrönt 1308) ist ihr Gebrauch nicht bezeugt.[157]

An Cingula, dem Bilde der priesterlichen Keuschheit,[158] waren einstmals „drey Gürtel"[159] vorhanden, heute finden sich noch zwei – „welcher von allen dreien zum eigentlichen Krönungsornate zählte, läßt sich nicht mehr ermitteln".[160]

## Die Handschuhe[161]

Wie der Stephanos-Reif der ersten Krone hatten die Handschuhe ursprünglich den Sinn, das Salböl auf den eben gesalbten Händen zu fixieren und dessen Herabtropfen auf die restliche Kleidung zu verhindern. Symbolisch stehen sie für die höchste sakramentale Weihevollmacht des Bischofs, der diese im Pontifikalamt vom Einzug bis zum Offertorium trägt.[162] In Gallien kannte man sie bereits im 7. Jahrhundert,[163] der römische Ritus aber hat die chirotecae erst ab dem 10. Jahrhundert.[164] Sie waren – wohl ebenfalls aus praktischen Gründen der Größe – persönliches Eigentum des jeweiligen Fürsten und fanden sich auch als Grabbeigaben, so bei Heinrich III. im Speyerer Dom.[165] Sie stellen die einzige eindeutige Referenz an die – wie auch immer definierte – bischöfliche Würde des Königs dar und stehen somit abseits der anderen Gerätschaften.[166]

## Der Krönungsmantel[167]

Das letzte Stück des kaiserlichen Ornates, „das Pluviale oder der kaiserliche Chormantel"[168] scheint die gelungenste Entsprechung zur priesterlichen Kleidung zu sein. Bedeutsam ist allerdings, daß es sich dabei schon von der Form her nicht um eine Analogie zur Kasel („casula" ) oder „Pianeta" der Meßfeier handelt, wie sie etwa die vergleichbaren Stücke der französischen, englischen und wohl auch deutschen Könige der früheren Zeit aufwiesen, wo die Idee des sakramentalen Priestertums des Herrschers – es wurde schon wiederholt darauf hingewiesen – mit anderer Konsequenz zu Ende gedacht wurde als im späten Reich.[169]

Das Pluviale ist, wie Murr schon sagte, der „Chormantel der Kleriker (auch: Rauch- oder Vespermantel), das offizielle Kleidungsstück bei liturgischen nicht-eucharistischen Feiern, so zum Beispiel Vespern, Segensandachten, Prozessionen, aber auch bei Sakramentenspendungen (Firmung) und Segnungen".[170] Allerdings ist sein Gebrauch nicht streng auf Kleriker beschränkt – in Spanien etwa tragen sogar die Akolythen, so etwa die Ministranten bei der großen Pilgerprozession in Santiago de Compostela, Rauchmäntel. Die sakramentale Aussage im Hinblick auf den deutschen König wird so sichtlich eingeschränkt, mehr noch durch die sicher richtige Beobachtung Eichmanns, daß es sich bei dem heute erhaltenen Stück wohl doch eher um einen „großen purpurnen Festmantel handelt, der die Form eines Pluviale (Rauch-, Vespermantel) hat".[171]

*Krönungsmantel (König Rogers II.). Kunsthistorisches Museum, Wien*

Wenn also die priesterliche Anspielung durchaus vorhanden

sein mag, so sollte man doch überlegen, ob hier nicht eher die Andeutung einer Anspielung vorliegt, nämlich an Wesen und Art des byzantinischen Basileus. Gerade die purpurrote Farbe entzieht das Stück der römisch-liturgischen Sphäre[172] und rückt es in die Nähe der antiken imperialia, der römischen (und von diesen abgeleiteten venezianischen) Senatorenstolen, vor allem aber der oströmisch-kaiserlichen chlamys: „Die Chlamys war ein purpurseidener, an der rechten Seite offener Mantel, der den Arm frei ließ und auf der rechten Schulter mit einer Fibula (Spange, Schließe) zusammengehalten war, mit reichen Goldstickereien beladen, deren Motive aus der Tier- und Pflanzenwelt genommen waren (Löwen, Pfauen, Damhirsche; Efeu, Eicheln). Die Spange war mit einer kostbaren Edelsteinscheibe geziert. Purpurchlamys und Edelsteinscheibe waren kaiserliches Vor- und Alleinrecht“.[173]

Betrachtet man die Geschichte dieses Stückes, so wird der Beziehungszusammenhang noch klarer. Wie viele der Textilien der Reichskleinodien war es Bestandteil des um 1133 für König Roger II. von Sizilien gearbeiteten Ornates,[174] gibt also zunächst die sizilianische Königsidee wieder, die der byzantinischen nahe steht. Er ist Zeuge des Monarchieverständnisses Friedrichs II., der ihn, mit anderen Stücken, dem Reichsornat hatte einfügen lassen. Die Zeitläufe aber standen dieser Idee der Übernahme byzantinischer Konzeptionen des Fürstenamtes entgegen. Die Zukunft gehörte nicht dem universalen, sondern dem im Interregnum zerstrittenen Reich, wofür Richard von Cornwall eigens neue Krönungsparamente anfertigen ließ.[175] Eine machtvolle, logische und konsequente Grundlegung der imperialen Monarchie, wie sie in den sizilianisch-byzantinischen Gewändern des Staufers zum Ausdruck kommt, blieb dem Reich versagt.

*Reichskreuz, westdeutsch. Kunsthistorisches Museum, Wien*

## IV. Die Reichsheiligtümer

In einem anderen Sinnzusammenhang als die beiden vorausgehenden Gruppen stehen die Reichsheiligtümer.[176] Doch sollten auch sie den sakralen und eschatologischen Anspruch des Kaisers/Königs verkünden und Unterpfand der göttlichen Nähe sein. Die Darstellung sei hier auf die vier herausragenden Objekte beschränkt, eine knappe Zusammenfassung ist dem Rest gewidmet.

### Das Reichskreuz: Reliquiar für die Heilige Lanze und Partikel vom Kreuz Christi

Da der Anspruch des Monarchen christologischer Natur war, mußte das Reichsheiligtum notwendigerweise Reliquien[177] der Passion Christi enthalten, jenem zentralen kosmischen Ereignis, dessen epochenteilende Wirkung – bis hin zum Endgericht des wiederkehrenden Christus – die theologische und eschatologische Grundlage des Kaisertums bildete.

Es ist daher kein Zufall, daß sich im Inneren der als Edelsteinkreuz (crux gemmata) angelegten Hauptreliquie des Reiches, dem großen Reichskreuz, nach der Überlieferung gerade „die heilige Lanze“, darin (in der Spitze) wiederum ein heiliger Nagel und darunter Partikel vom Kreuz des Herrn befanden. All diese Objekte, besonders aber die Lanze, waren während der Passion unmittelbar mit dem Blut Christi in Berührung gekommen, jenem Lebenssaft, der nach der Vorstellung der Zeit das Wesen des Menschen definierte und so Christi Wesen, Gottheit und Menschheit, vermittelte. Ebenso gilt die geöffnete Seitenwunde Jesu als Urquell und Geburtsstunde der Sakramente und damit der Kirche,[178] was für den sakramentalen und hierarchischen Anspruch des Kaisers nicht ohne Bedeutung sein konnte. Schließlich aber war so eine Anknüpfung an die mittelalterliche Tradition der Blutreliquien gegeben, die ihren – auch kulturellen und literarischen – Höhepunkt in der Grals-Verehrung fand,[179] die ihrerseits zur sozialen Richtlinie für das Rittertum werden sollte.

Die Bedeutung des Speerstiches durch den in der Tradition als Longinus überlieferten römischen Hauptmann[180] kann gar nicht hoch genug gewertet werden. Das nach Matthäus dabei von diesem gesprochene Wort: „Wahrhaft, dieser war Gottes Sohn"[181] wird durch Sieg und Auferstehung Jesu Christi seines Imperfekts enthoben und zur strahlenden Gegenwart des göttlichen Erlösungswerkes, vor allem in der Eucharistie, wo die bei der Konsekration in das Blut Christi gewandelten Gestalten des Kelches, Wein und Wasser, ihre Entsprechung in den aus der Seitenwunde Jesu hervorquellenden Flüssigkeiten finden. „Die spätere Literatur baut diese Vorstellung weiter aus. Der Speerstich wird zum Bild der doppelten Taufe der in der Sünde gefallenen Welt mit Wasser und mit Blut. Im Laufe der Zeit entwickeln sich weitere Gedankenverbindungen. Die Quelle der Sünde und des Todes ist durch Eva, dem aus der Rippe Adams geschaffenen Weib, in die Welt geflossen. Ihr wird der heilige Strom gegenübergestellt, der aus dem Lanzenstich in die Brust (Rippe) des neuen Adam, Christus, hervorsprang als Quelle der Erlösung und des Lebens. Auch sieht man in Wasser und Blut eine Parallele zur Wassertaufe der Christen und der Bluttaufe der Märtyrer".[182]

Das durch den Lanzenstich ausgetretene Blut wurde nach der Überlieferung durch Longinus gesammelt, dann aber, in der ersten Verfolgung, durch ihn in Norditalien vergraben, wo es zu Zeiten Karls des Großen, während eines Treffens des Imperators mit Papst Leo III., wiederentdeckt wurde.

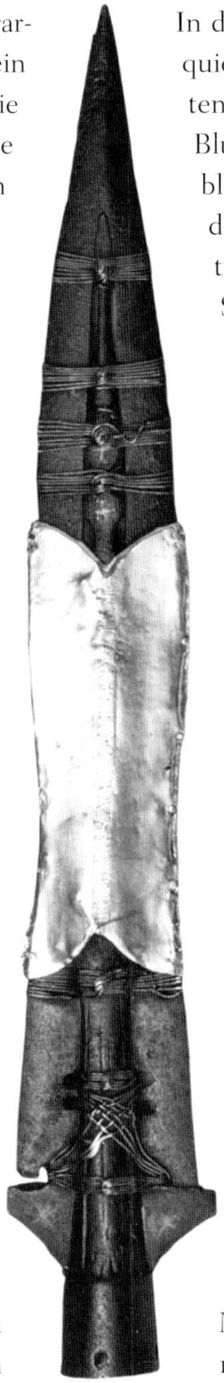

*Die Heilige Lanze.*
*Kunsthistorisches Museum, Wien*

In den Ungarneinfällen wiederum verborgen, kam die Reliquie 1045 erneut in Mantua ans Licht. In der Folge erhielten Papst, Kaiser und der Herzog von Mantua je einen Blutstropfen, während die Reliquie selbst zu Mantua verblieb, bis 1848 österreichische Truppen die Kirche plünderten und sie zerstörten. Bis heute aber haben sich Partikel davon erhalten, die alljährlich, nebst dem Schwamme Christi, Hauptwallfahrtsziele an den Kartagen darstellen.[183]

Dies alles beantwortet aber nicht die Frage nach der Authentizität der Reichsreliquien. Dieser im Zusammenhang mit Reliquien nicht erst seit der Reformationszeit oft kontrovers und polemisch diskutierte Punkt erhält hier eine besondere Bedeutung. Der Kaiser war nämlich nicht der einzige, der die Heilige Lanze des Longinus[184] für sich reklamierte und, wie gesehen, auch fleißig in Kopien verteilte. Es existiert im Abendland eine „zweite" Heilige Lanze, und zwar – man ahnt es schon – eben bei jener theologisch-historischen Größe, die dem Kaisertum stets in Bezug auf dessen sakrale Ansprüche gegenüberstand, dem Papst zu Rom. Erst unter Papst Innozenz VIII. (reg. 1482–1492) nach Rom gekommen,[185] komplettierte sie den bislang dort vorhandenen Bestand an Hauptreliquien, das Schweißtuch der Veronika, einige Partikel des Heiligen Kreuzes und das Haupt des Evangelisten Andreas. Diese Sammlung war dem Heiligen Stuhl so wichtig, daß das Zentrum des Neubaus der Peterskirche mit seiner gewaltigen Vierung über der Confessio, dem Grab des Hl. Petrus, und dem Papstaltar unter der Kuppel Michelangelos eben jenen vier Reliquien gewidmet ist: in der unteren Zone die entsprechenden Monumentalfiguren, darunter der Hl. Longinus von Bernini, darüber die Emporenerker, von denen herab die Reliquien dem Volk gezeigt werden.[186]

Angesichts dieser Überlieferung hatte die Lanze des Kaisers natürlich wenig

Chancen, weiterhin als „arma Christi" zu gelten.[187] Hinterfragt man die Überlieferungsgeschichte der Heiligen Lanze etwas näher, so zeigt sich aber, daß das Bild der Lanze als „lancea S. Longini", wie so viele Dinge des Kaiserkultes, erst aus dem späten Mittelalter, aus der Zeit des Luxemburgers Karl IV. datiert. Zuvor – und das in Italien bereits ab dem 10. Jahrhundert – galt sie als Konstantins-Lanze, war also Bezug und Anspruch auf antik-kaiserliches Erbe.[188] Bereits „unter den Ottonen [aber] wird der aus Burgund übertragene hl. Mauritius zum bevorzugten Reichspatron, und wohl schon zu Anfang des 11. Jahrhunderts wird die Lanze auf ihn bezogen".[189] „Aber etwas später, zwischen 1035 und 1099, ist das ursprüngliche Eisen [der Lanze] verschwunden und das heutige Wiener an seine Stelle getreten, wohl weil das erstere bei irgend einer Gelegenheit in Verlust geraten war. Das Wiener Eisen ist nicht mehr das der ursprünglichen deutschen Königslanze, das wir nicht mehr besitzen. Wie besitzen aber eine getreue Nachbildung davon, ohne die Nagelreliquie, in der Krakauer Lanze".[190]

Für die Bedeutung als Reichsschatz ist dieser Bedeutungswandel kapital, wesentlich entscheidender noch, als es Adolf Hofmeister in seiner grundlegenden Untersuchung des Gegenstands formulierte: „Auf Schritt und Tritt sehen wir vielmehr, wie es von Anfang an gerade die Lanze, die heilige Lanze, ist, mag sie nun nach Konstantin, Mauritius oder Longinus sich nennen, die der König bewahrt oder erstrebt, die das Volk verehrt".[191]

Für das Wesen des Kaisertums ergibt sich nämlich aus dieser Untersuchung, daß der zuletzt als Mauritius-Lanze verehrte Gegenstand nichts anderes als ein Phantom, ein Wunschbild ohne geistlichen Gehalt war. In der Anfangszeit nach germanischem Brauch als grundlegendes Herrschaftszeichen geführt, geriet die Lanze nach und nach in den Strudel der Entwicklung des gesamten Reiches, bis sie zuletzt als blasse Konkurrenz zum römischen Original nur mehr Ausdruck einer unerfüllbaren Sehnsucht blieb, einer Sehnsucht von Kaiser und Reich nach Sakralität und Christologie, nach einem Platz im Heilsgeschehen, wie ihn die anderen Monarchien längst eingenommen hatten. Befanden sich nicht die Dornenkrone Christi, jene monarchische Reliquie par excellence, und auch die Spitze der echten Heiligen Lanze seit den Tagen des Hl. Ludwig IX. im Königreich Frankreich, der Gral zunächst in Glastonbury im angelsächsischen England, bevor er nach Valencia in Spanien gelangte, Schweißtuch, Kreuz und eben auch der Schaft der echten Lanze beim Papst in Rom?[192] All diese Dinge blieben dem deutschen Kaiser/König unerreichbar, und so gab politisches Wollen und religiös-eiferndes Verlangen den Anstoß zur Umwidmung einer von Anfang an ganz anders gelagerten Insignie. Die bewußte Falschausgabe einer Reliquie als echt – noch dazu als Reliquie Christi –, wie sie uns bis ins 18. Jahrhundert auf Gebets- und Andachtzetteln im protestantischen Nürnberg gegenübertritt, kann nicht anders als Betrug an heiligen Dingen gewertet werden, wofür der Rechtskanon der in diesen Dingen gar nicht so flexiblen katholischen Kirche die höchsten Kirchenstrafen vorsieht.

## Stephanusbursa und Reichsevangeliar[193]

Bei diesen beiden letzten bedeutenden Objekten des Reichsschatzes handelt es sich um Teile des karolingischen Kronschatzes, was sich nicht zuletzt darin äußerte, daß sie, zusammen mit dem „Säbel Karls des Großen", bis zum Ende des Reiches in Aachen verblieben und das Itinerar der Reichskleinodien nicht mitmachten.[194] In ihrem Bezug auf den vermeintlichen Reichsgründer Karl und – im Fall der Bursa – noch weiter zurück auf die christliche Personifikation der biblischen Kronen-Theologie in der Person des Erzmärtyrers Stephanus, dessen Reliquien die Burse wohl einst enthielt, sind sie Belege für eine echte Kontinuität der Königsidee, wie sie uns in den übrigen Objekten nur selten gegenübertritt.

## Restliche Reliquien

Die Wiener Schatzkammer weist heute noch einen beachtlichen Bestand an bedeutenden Reliquien auf, der allerdings nicht mit den Sammlungen anderer Fürsten, etwa des bayerischen Kurfürsten Maximilian I., konkurrieren kann. Darunter finden sich etwa ein Teil des Gewandes des Heiligen Evangelisten Johannes,[195] ein Reliquiar mit einem Span von der Krippe Christi,[196] ein anderes mit dem Armbein der Hl. Mutter Anna,[197] eines mit einem Stück vom Tischleinen des Letzten Abendmahles[198] und ein Zahn des Hl. Johannes des Täufers.[199] Neben der Aufgabe aller Reliquien, die Nähe des Heilswirkens Gottes in der Fürbitte durch die jeweiligen Heiligen – bzw. bei Christusreliquien die unmittelbare Nähe des göttlichen Heiles – zu gewährleisten, haben diese Stücke natürlich auch meist einen Bezug zur Person des Fürsten. Als Besitzer dieser Unterpfänder stellen sie ihn in den Umkreis des Heilsgeschehens (Krippe, Abendmahl), ja in die Familie des Erlösers selbst (Hl. Anna und Johannes Baptist).

## Resümee – Das Nachleben der Reichskleinodien nach 1806

Die Reichskleinodien teilen die ganze Ambivalenz der Geschichte des Alten Reiches, das 1806 von seinem letzten Monarchen für beendet erklärt wurde. Damit begann gerade für die Kleinodien ein geistiges Leben, daß nunmehr ausschließlich der Sehnsucht nach dem Alten Reich, der „theutschen Herrlichkeit" der Romantik gewidmet war. Diese Sehnsucht stand jedoch bei weitem nicht allein. In einer Zeit, als es dem „Kaisertum" Österreich zwar gelang, in den neuen Reichsinsignien wieder eindeutig traditionelle Bezüge herzustellen,[200] während sonst zahlreiche neue „Kaisertümer" bis hin zu Brasilien und Mexiko nur so aus dem Boden schossen, blieb das Alte Reich umkämpft zwischen den Ansprüchen einer neuen (Österreich 1804) und einer ganz neuen (Preußen 1871) Kaisermacht. Den fundamentalen Anspruch jedes Kaisertums aber hatte man, außer in Rußland,[201] darüber vergessen – daß es nämlich der Natur der Sache nach überhaupt nur einen Kaiser geben konnte.

Die Reichskleinodien aber eigneten sich als Vehikel des spezifisch deutschen Traumes um so mehr, als ihr realer monarchischer Bezug, wie zur Genüge ausgeführt, oftmals reichlich unbestimmt war. Historisches und patriotisches Schrifttum bemächtigte sich ihrer, wovon hier nur einige, wenngleich sprechende Kostproben zitiert werden können.

So sprach der Historiker Arthur Winkler 1872 im Hinblick auf die im Vorjahr stattgefundene „feierliche Reichsproklamation in Versailles" davon, sie erfülle „jedes wahrhaft deutsche Herz mit unendlicher Freude über den glücklichen Abschluß der kaiserlosen, der schrecklichen Zeit".[202] Das Interregnum der nachstaufischen Zeit, als die realen Konzepte der Reichsmonarchie definitiv gescheitert waren und das Reich zur politischen Bedeutungslosigkeit verkam, wurde hier begrifflich instrumentalisiert, um den unmittelbaren Anschluß der Hohenzollernmonarchie zu konstruieren.

Doch hiermit nicht genug. Wie die Reichskleinodien es schon im Alten Reich verstanden, den deutschen Traum stärker als die deutsche Realität zu symbolisieren und so auch bei den bilderfeindlichen Protestanten als „nationale Reliquie" zu bestehen, so war der Schritt nicht groß, nun gar als Unterpfand eines protestantischen, von Rom getrennten Kaisertums zu gelten.[203] Trotzdem bleibt das Unbehagen über die mangelnde kirchliche Weihe, die das Kaisertum ja seit dem 16. Jahrhundert ausgezeichnet hatte, bestehen: „Aber nicht nur den Römlingen [d.h. den Katholiken] ist die kirchliche Weihe unbedingt nothwendig zur wahren Kaisermajestät, auch unseren rechtgläubigen Lutheranern erscheint die Würde eines deutschen Herrschers so lange des göttlichen Segens baar, so lange nicht die Kirche [d.h. die protestantische] durch feierliche Salbung und Krönung dem Oberhaupt des deutschen Volkes die letzte und höchste Weihe gegeben hat".[204]

Diese erstaunlichen Worte sind um so beachtlicher in einer Zeit, wo es auch die vorgeblich so katholische österreichische Monarchie nicht bewerkstelligen, konnte, die Weihe des Herrschers ihrer Tradition einzuverleiben, und der vorgeblich fromme Franz Joseph I. sich sogar jahrelang weigerte, die obligatorische Weihe und Krönung als Apostolischer König von Ungarn zu empfangen[205] – von der ebenfalls ehrwürdigen verwandten Zeremonie in Prag oder gar von der noch unter Ferdinand I. eifrig praktizierten Krönung zum König der Lombardei ganz zu schweigen.[206]

Doch sollte das Revolutionsgeschehen von 1917/18 die letzten Imperien hinwegfegen, noch bevor sich die oben angedachte Erkenntnis von der „unbedingt nothwendigen kirchlichen Weihe" durchgesetzt hatte. Mit ihr verschwand auch das letzte echte Kaisertum, und Zar Nikolaus II. mußte den Weg des Märtyrer-Monarchen beschreiten, den vor ihm schon Karl I. von England und Ludwig XVI. von Frankreich gegangen waren.

Auf die internationale sozialistische Revolution folgte die nationalsozialistische, und mit ihr traten die Reichskleinodien, nunmehr völlig jeder monarchischen und kirchlichen Bindung beraubt, wieder ins Blickfeld des öffentlichen Interesses.

Bereits 1934 glaubte Fritz Schulz in ihnen „in Zeiten, in denen ein Volk aus innerer Zerrissenheit zur Einigkeit und Selbstbesinnung zurückgeführt wird", „Gegenstände von sinnbildlicher Bedeutung" erkennen zu können, die so „einen neuen Wert und einigende Kraft" gewännen.[207]

Als die nationalsozialistische Revolution über Deutschland hinauszuschwappen begann und 1938 im „Anschluß" auch Österreich erreicht hatte, befand der Verlag von Arpad Weixlgärtners Reichskleinodien-Geschichte, dem 1937 abgeschlossenen Manuskript ein Vorwort hinzuzufügen. Darin vergaß man nicht hervorzuheben, der Autor hätte schon 1930 in einem Vortrag vor dem „Gesamtverein der deutschen Geschichts- und Altertumsvereine" in der Wiener Universität betont, „wir [d.h. die Österreicher] seien nur ‚Kronenwächter' ..., weder für einen Habsburger, noch für einen Hohenzollern, sondern für das gesamte deutsche Volk" und „würden sie [die Reichskleinodien] mit Jubel ans Deutsche Reich zurückstellen".[208]

Diese Aussage kann man, mißt man sie an den Gegebenheiten des 16. bis 20. Jahrhunderts, durchaus recht verstehen, in der Weise, daß beide Herrscherhäuser in ihrer Art die eigentliche sakrale Reichsidee verleugnet hatten. Hier aber wird die Aussage des dezidiert nicht nationalsozialistischen Autors Weixlgärnter, der 1938 seines Postens als Kustos der Wiener Schatzkammer verlustig ging, gerade mit dem Hinweis auf die Reichskleinodien ins Gegenteil, in die national(sozialistisch)e Perversion verkehrt. Und so endet das Buch denn auch mit dem Hinweis: „In der Nacht vom 15. auf den 16. März 1938 haben sich SS-Leute überzeugt, daß in der Schatzkammer alles in Ordnung war [offenbar befürchtete man einen monarchistischen Entführungs-Coup unter Mitwisserschaft Weixlgärtners], und haben deren Bewachung verstärkt, denn am denkwürdigen 12. März sind die deutschen Reichskleinodien mitsamt der deutschen Ostmark wieder ins Reich heimgekehrt".[209]

Zufrieden konnte der deutsche Historiker Georg Haupt ein Jahr später feststellen: „Seit dem 10. Reichsparteitag [1938] sind die Reichskleinodien nach Nürnberg zurückgekehrt, an die Stelle, wohin sie gehören und wo sie sich dem Bewußtsein des Volkes am tiefsten verbinden".[210]

Von 1938 bis zum bitteren Ende des diabolischen, vermeintlich dritten Reiches verblieben die Reichskleinodien denn auch in Nürnberg, während des Krieges, der eine Integration in das Reichsparteitagsgelände verhinderte, im Bunker. 1946 wurden sie nach Wien zurücküberstellt, wo sie noch heute einen Teil der Schatzkammer der ehemaligen k.u.k. Hofburg bilden.[211]

Hermann Fillitz hat in einer seiner Schriften zur Geschichte der Reichskleinodien deren eigentliche Aufgabe gut herausgestellt: „Das Mittelalter hüllt seinen Herrscher in besondere Gewänder, es gibt ihm ‚heilige' Waffen und es setzt ihm eine Krone aufs Haupt, welche die Erhabenheit seiner Sendung und das Hervorgehobensein aus allen anderen Menschen deutlich machen. Denn der souveräne Herrscher ist durch sein Amt der Stellvertreter Christi, der Gesalbte des Herrn. Das Reich, dessen Oberhaupt er ist, steht bereits im Licht des himmlischen Reiches des Endzeit, in dem Christus herrscht".[212]

Doch gilt es auch hier im Licht der aristotelischen und historischen Logik einiges richtigzustellen. Denn der christliche Herrschergedanke ist, wie man in Frankreich bis ins 19., in Rußland bis ins 20. Jahrhundert und in England bis heute feststellen kann, keine Eigenheit des Mittelalters oder irgendeiner anderen Epoche. Wie die Lehre von der Kirche erhebt er den Anspruch, immer und überall, jedenfalls nicht epochal zu gelten, wobei länder- und zeitenspezifische Ausprägungen zu verzeichnen sind. Seinen Rang innerhalb des eschatologischen christlichen Ordo, der Weltenordnung, kann der Kaiser auch nicht „durch sein Amt" erhalten, sondern durch die sakramentale Gnadenvermittlung, durch „Salbung und Krönung" als „letzte und höchste Weihe", wie dies der Protestant Winkler 1872 sehr genau erkannt hatte. Schließlich herrscht Christus nicht erst im Reich der Endzeit, sondern – wie es die Liturgie der Osternacht jährlich verkündet – durch alle Jahrhunderte, also auch jetzt; die subjektive Akzeptanz dieser „Regierung" ist hingegen Sache der persönlichen Zustimmung. Das Herrscheramt des Kaisers ist mithin in seinem Anspruch nicht irgendwann einmal eintreffende, sondern wie die Königsherrschaft Christi stets aktuelle Realität.[213]

In seinen Aussagen ist der Fillitzsche Text Spiegel der Geschichte der Reichskleinodien bis in unsere Tage, ihres Wesens zwischen Realität und Traum, zwischen Sehnsucht und politischer Wirklichkeit. Damit sind sie – und darin liegt ihre eigentliche Bedeutung – Zeugen der spezifisch „deutschen" Geschichte und des Reiches, das „das alte" zu nennen man sich gewöhnt hat: einer Geschichte mit all ihren Glanz- und Höhepunkten, aber auch mit ihren Niederlagen und ihrem Scheitern.

## Anmerkungen:

1 Zur Geschichte des Heiligen Römischen Reichs siehe Friedrich Heer: Das Heilige Römische Reich. Von Otto dem Großen bis zur Habsburgischen Monarchie. München 1977. Gerhard Hartmann: Das Heilige Römische Reich. In: Ders. / Karl Schnith: Die Kaiser. 1200 Jahre europäische Geschichte. Augsburg 2003, S. 788–806. Zu den „verfassungsmäßigen" Grundlagen (soweit man im Fürstenstaat von „Verfassung" sprechen kann) Hans Boldt: Deutsche Verfassungsgeschichte. Politische Strukturen und ihr Wandel. Bd. 1: Von den Anfängen bis zum Ende des Älteren deutschen Reiches 1806. München 1984. Arno Buschmann: Kaiser und Reich. Klassische Texte zur Verfassungsgeschichte des Heiligen Römischen Reiches Deutscher Nation vom Beginn des 12. Jahrhunderts bis zum Jahre 1806. München 1984.

2 Der Begriff „Reichskleinodien" ist historisch seit der Frühen Neuzeit nachweisbar, man zögerte auch nicht, ihn in „R(e)ichsklinodiae" zu latinisieren. Vgl. die Literatur in Anm. 3. – Hingegen bezeichnen die „Regalia" gemeinhin nur die wirklich beim Weiheritus des Königs verwendeten Instrumente, da nur diese in sakramentalem Zusammenhang zu seiner sakralen Person stehen, so etwa in Frankreich (vgl. Regalia. Les instruments du Sacre des Rois de France. Les honneurs de Charlemagne. In: Ausstellungskatalog des Musée du Louvre 1987/1988. Paris 1987). Da die Verhältnisse im römisch-deutschen Reich aber nicht so einfach lagen, ist auch die Nomenklatur problematisch. Allgemein siehe Jürgen Petersohn: Die Reichsinsignien im Herrschaftszeremoniell und Herrschaftsdenken des Mittelalters. In: Stadtarchiv Göppingen (Hrsg.): Die Reichskleinodien. Herrschaftszeichen des Heiligen Römischen Reiches (=Schriften zur staufischen Geschichte und Kunst). Göppingen 1997, S. 162–183.

3 Aus der mittlerweile fast unüberschaubaren Menge an Publikationen zu diesem Thema vgl. die Quellen: Christian Erdmann: Relatio Historico-parentetica de sacrosanctis, sancti Romani Imperij, reliquiis et ornamentis … 1629. Johann Paul Roeder / Christoph Theophilus (=Gottlieb) von Murr: Codex historicus testimoniorum locupletissimorum de fatis klinodiorum augustalium Norimbergae adservatorum … Frankfurt/Main, Leipzig 1789. Johann Adam Delsenbach: Wahre Abbildung der sämtlichen Reichskleinodien … Nürnberg 1790. Christoph Gottlieb von Murr: Diplomatarium Lipsiano-Kleinodiographicum s[ancti] rom[ani] imp[erij] ab a[nno] 1246 ad a[nnum] 1764. In: Journal zur Kunstgeschichte und zur allgemeinen Literatur 12 (1784), S. 35–216. Ders.: Beschreibung der sämtlichen Reichskleinodien und Heiligthümer, welche in der des Heiligen Römischen Reichs freyen Stadt Nuremberg aufbewahret werden. Nürnberg 1790. – Literatur: Julius von Schlosser: Die Schatzkammer des Aller-

höchsten Kaiserhauses in Wien. Wien 1918 (der Text zu den Reichskleinodien erschien als: Ders.: Die Deutschen Reichskleinodien. Wien 1920). Arpad Weixlgärtner: Geschichte im Widerschein der Reichskleinodien. Baden bei Wien, Leipzig 1938. Hermann Fillitz: Die Insignien und Kleinodien des Heiligen Römischen Reiches. Wien, München 1954. Ders.: Die Schatzkammer in Wien. Symbole abendländischen Kaisertums. Wien 1997. Ders.: Die Reichskleinodien. In: Mario Kramp: Ausstellungskatalog Krönungen. Könige in Aachen – Geschichte und Mythos. 2 Bde. Mainz 2000, S. 141–150. Percy E. Schramm u.a.: Denkmale der deutschen Könige und Kaiser. Bd. 1: Ein Beitrag zur Herrschergeschichte von Karl dem Großen bis Friedrich II. 768–1250. München 1962; Bd. 2: Ein Beitrag zur Herrschergeschichte von Rudolf I. bis Maximilian I. 1273–1519. München 1978. Helmut Trnek: Reichsinsignien. In: Lexikon des Mittelalters 7. 1995, Sp. 623–626. Alfred Wendehorst: Reichskleinodien. In: Stadtlexikon Nürnberg. Nürnberg 2000, S. 874.

4 Ernst Götzinger. Reallexikon der Deutschen Altertümer. Ein Hand- und Nachschlagebuch der Kulturgeschichte des deutschen Volkes. Leipzig 1885, Nachdruck Leipzig 1998 (Artikel Krönungsinsignien, S. 549–553).

5 Eduard Eichmann: Die Kaiserkrönung im Abendland. Ein Beitrag zur Geistesgeschichte des Mittelalters. Mit besonderer Berücksichtigung des kirchlichen Rechts, der Liturgie und der Kirchenpolitik. Bd. 2: Einzeluntersuchungen. Würzburg 1942. – Es handelt sich hierbei um die sicherlich beste jemals zu diesem komplexen Sujet verfaßte Studie, die Sinnzusammenhänge werden eigentlich nur hier wirklich erkannt.

6 H. Fillitz: Schatzkammer in Wien (wie Anm. 3), S. 165–178, hat nicht die Cingula und eine ganz andere Zählung.

7 Zu Karl dem Großen grundlegend Jean Favier: Charlemagne. Paris 1999. Dessen Rolle kritisch hinterfragt bei: Max Kerner: Karl der Große. Entschleierung eines Mythos. Köln 2000.

8 Vgl. Friedrich Prinz: Grundlagen und Anfänge. Deutschland bis 1056. München 1993.

9 Die erste monographische Lebensskizze des großen Kaisers jetzt bei Johannes Laudage: Otto der Große. Eine Biographie. Regensburg 2001. Daneben siehe Harald Zimmermann (Hrsg.): Otto der Große. Darmstadt 1976.

10 Zur politischen Entwicklung der Zeit siehe Eduard Hlawitschka: Vom Frankenreich zur Formierung der europäischen Staaten- und Völkergemeinschaft 840–1046. Darmstadt 1986. Helmut Beumann: Die Ottonen. Stuttgart 1987. Gerd Althoff: Die Ottonen. Königsherrschaft ohne Staat. Stuttgart 2000. Hagen Keller: Die Ottonen. München 2001. Der Bezug zu Krönung und Zeremoniell in Johannes Fried: Politik der Ottonen im Spiegel der Krönungsordnungen. In: M. Kramp: Ausstellungskatalog Krönungen (wie Anm. 3), S. 252–264.

11 Biographisch Manfred Höfer: Heinrich II. Das Leben und Wirken eines Kaisers. Esslingen 2000. Zur Reichs- und Wirkungsgeschichte Hans L. Mikoletzky: Kaiser Heinrich II. und die Kirche. Wien 1946. Klaus Guth: Die Heiligen: Heinrich und Kunigunde. Leben, Legende, Kult und Kunst. Petersberg 2002. Stefan Weinfurtner: Die Zentralisierung der Herrschaftsgewalt im Reich durch Kaiser Heinrich II. In: Historisches Jahrbuch 106 (1986), S. 241–297.

12 Stefan Weinfurter: Die Salier und das Reich. 3 Bde. Sigmaringen 1991. Ders.: Herrschaft und Reich in der Salierzeit. Sigmaringen 1991.

13 Die Zeit der Staufer. Geschichte, Kunst und Kultur. 5 Bde. Stuttgart 1977–1979. Hartmut Boockmann: Stauferzeit und spätes Mittelalter 1125–1517 (=Das Reich und die Deutschen 3). Berlin 1987. Odilo Engels: Die Staufer. Stuttgart 1989.

14 Gottfried Koch: Auf dem Wege zum Sacrum Imperium. Studien zur ideologischen Herrschaftsbegründung der deutschen Zentralgewalt im 11. und 12. Jahrhundert. Berlin 1972 (wiewohl der Terminus „ideologisch" in der vorrevolutionären Zeit sehr problematisch ist!).

15 Zur politischen Geschichte: Ferdinand Opll: Friedrich Barbarossa. Darmstadt 1990. Zu der für unsere Fragestellung zentralen Mythologisierung des Kaisers: Ernst W. Wies: Kaiser Friedrich Barbarossa. Mythos und Wirklichkeit. Esslingen 1998.

16 „An einem dürren Baum wird er seinen Schild hängen und es wird eine bessere Zeit werden" (Grimms Deutsche Sagen. In: Otto Holzapfel: Kyffhäuser. In: Lexikon der abendländischen Mythologie. Freiburg 1993/2002, S. 245.

17 Hannes Möhring: Der Weltkaiser der Endzeit. Entstehung, Wandel und Wirkung einer tausendjährigen Weissagung (=Mittelalter-Forschungen 3). Stuttgart 2000. Zu Friedrich I. siehe ebenda, S. 178 ff.

18 Elmar A. M. Schieder: Das Haberfeldtreiben. Ursprung, Wesen, Deutung (=Miscellanea Bavarica Monacensia 125). München 1983. Wilhelm Kaltenstadler: Haberfeldtreiben in Bayern und Umgebung. München 1998.

19 H. Möhring: Weltkaiser der Endzeit (wie Anm. 17), S. 209–216. Hans M. Schaller: Endzeit-Erwartung und Antichrist-Vorstellungen in der Politik des 13. Jahrhunderts. In: Ders.: Stauferzeit. Ausgewählte Aufsätze (=Monumenta Germaniae Historica. Scriptores 38). Hannover 1993, S. 25–52.

20 Theo L. Görlitz: Rudolf von Habsburg. Beender des Interregnums. Wien 1961. Vgl. Oswald Redlich: Rudolf von Habsburg. Wien 1903, Nachdruck Wien 1965.

21 Adam Wandruszka: Das Haus Habsburg. Die Geschichte einer europäischen Dynastie. Wien 1978. Brigitte Hamann (Hrsg.): Die Habsburger. Ein biographisches Lexikon, Wien 1988.

22 Gemeint ist die die habsburgische Kontinuität einer quasi Erbmonarchie im Reich aufbrechende Wahl und Krönung des baye-

rischen Kurfürsten Carl Albrecht. Zu Karl VII. siehe Peter C. Hartmann: Karl Albrecht – Karl VII. Glücklicher Kurfürst – unglücklicher Kaiser. Regensburg 1985. Alois Schmid: Karl VII. In: Anton Schindling / Walter Ziegler (Hrsg.): Die Kaiser der Neuzeit 1519–1918. München 1990, S. 215–231. Hans und Marga Rall: Karl VII. In: G. Hartmann / K. Schnith: Die Kaiser (wie Anm. 1), S. 599–606.

23 Ihm war der Romzug verwehrt, da ihm die mit Kaiser und Reich im Streit liegende Republik Venedig das Durchzugsrecht durch ihre oberitalienischen Besitzungen verweigerte. Vgl. Hermann Wiesflecker: Kaiser Maximilian I. Das Reich und Europa an der Wende zur Neuzeit. 5 Bde. Wien 1971–1986. Ders.: Maximilian I. Die Fundamente des habsburgischen Weltreichs. Wien 1991.

24 Zur Geschichte der Kaiserkrönungen siehe E. Eichmann: Kaiserkrönung im Abendland (wie Anm. 5), Bd. 1 und 2. Für die Frühzeit Egon Boshof: Die Kaiserkrönungen von Ludwig dem Frommen bis Ludwig II. In: M. Kramp: Ausstellungskatalog Krönungen (wie Anm. 3), S. 195–202.

25 Siehe Carl Andresen / Georg Denzler: Wörterbuch der Kirchengeschichte. München 1987, S. 644. Manfred Heim: Kleines Lexikon der Kirchengeschichte. München 1998, S. 464.

26 Aachen war seit jeher der klassische Ort der Königskrönung im Deutschen Reich, was der Karls-Tradition einen eher königlichen als kaiserlich-imperialen Anstrich verleiht. Siehe Silvinus Müller: Die Königskrönungen in Aachen (936–1531). Ein Überblick. In: M. Kramp: Ausstellungskatalog Krönungen (wie Anm. 3), S. 49–58. Für die Frühe Neuzeit und Aachen: Paul-Joachim Heinig: Die letzten Aachener Krönungen: Maximilian I., Karl V. und Ferdinand I. In: M. Kramp: Ausstellungskatalog Krönungen (wie Anm. 3), S. 563–572. Für Frankfurt Heinz Duchhardt: Krönungen außerhalb Aachens. Die Habsburger bis 1806. In: M. Kramp: Ausstellungskatalog Krönungen (wie Anm. 3), S. 636–642.

27 Mit Beleg bei P. C. Hartmann: Karl Albrecht – Karl VII. (wie Anm. 22), S. 235.

28 So der Beleg im römischen Katechismus: „… und dies heißt man auch den geistigen Charakter (des Sakraments der Priesterweihe), weil die Geweihten durch ein inneres, der Seele eingeprägtes Merkmal von anderen Gläubigen unterschieden und dem Dienste Gottes verpflichtet werden (… quod qui sacris imbuti sunt, interiori quadam nota animae impressa ab aliis fidelibus distinguatur)". In: Cathechismus ex Decreto SS. Concilii Tridentini. Pars II. Caput VII: De Sacramento Ordinis. Nr. 34. Venetiis 1727, S. 266 f. Deutsch: Katechismus nach dem Beschluß des Konzils von Trient. 1970, S. 250.

29 Vgl. G. Hartmann: Das Heilige Römische Reich (wie Anm. 1), S. 797 f.

30 Zu Frankreich siehe Jean-Paul Bayard: Sacres et couronnements royaux. Paris 1985, sowie die Untersuchung von Josef J. Schmid: Le Roy Enfant. Der Sacre Ludwigs XV. zu Reims 1722. Eine Studie zu sakralem Königtum und monarchischer Tradition in der Frühen Neuzeit. Mainz 2003. Zu England immer noch Leopold G. Wickham Legg: The Sacring of the English Kings. A Paper Read before the Royal Archaeological Institute at Westminster Abbey on Wednesday, July 21, 1893. London 1894.

31 Zu Rußland: Couronnements des Souverains Russes … partir du Tsar Michel Fédorovitch. Jusqu' … l'Empereur Alexandre III. Saint Petersbourg 1883.

32 Anspruch und Idee des Reiches immer noch am besten bei Alois Dempf: Sacrum Imperium. Geschichts- und Staatsphilosophie des Mittelalters und der politischen Renaissance. Darmstadt 1954.

33 Zur Krone siehe die Anmerkungen 74 bis 87.

34 Die Anweisungen (ordines) für die Krönungen des Mittelalters liegen vor in Rainer Elze: Die Ordines für die Weihe und Krönung des Kaisers (=Monumenta Germaniae Historica. Fontes 9). Hannover 1960.

35 Nach: Caeremoniale Romanum … Rom 1516.

36 Die heute gültige Form der Königskrönung im Anschluß an die Trienter Reformen z.B. in: Pontificale Romanum Clementis VIII. Pont. Max. iussu restitutum … Antverpiae 1627, S. 163–174. Die Salbung nur am linken Arm mit Kathechumenenöl siehe ebenda, S. 167. – Der identische Text findet sich in der Editio princeps: Pontificale Romanum … 1595/1596. A cura di Manlio Sodi e Achille M. Triacca (=Monumenta liturgica Concilii Tridentini 4). Città del Vaticano 1997, S. 224–242. In Frankfurt hielt man sich nachweislich nicht daran, sondern salbte nach wie vor Haupt, Brust und Hände, allerdings nur mit Kathechumenenöl. Die letztendliche Form der „Kaiser-Krönung" zu Frankfurt in: Vollständiges Diarium der Römisch-Königlichen Wahl und Kaiserlichen Krönung (sic) Ihro nunmehr allerglorwürdigst regierenden Kaiserlichen Majestät Leopold des Zweiten. Frankfurt/Main 1791.

37 Zur Papstkrönung siehe Eduard Eichmann: Weihe und Krönung des Papstes im Mittelalter (=Münchner Theologische Studien. III. Abteilung, Bd. 1). München 1951.

38 Zum Verhältnis Burgunds zum Reich siehe Dietmar Schmitz: Die Niederlande, das Reich und der Abschluß des Burgundischen Vertrags von 1548. Aspekte und Auswirkungen eines distanzierten Verhältnisses. In: Josef J. Schmid (Hrsg.): Arte & Marte. In Memoriam Hans Schmidt. Bd. 2: Aufsätze. Herzberg 2000, S. 17–47.

39 Karl Vocelka / Lynne Heller: Die Lebenswelten der Habsburger. Kultur- und Mentalitätsgeschichte einer Familie. Graz 1997.

40 Eine Auflistung der Vornehmsten in: Abbildung und Beschreibung aller hohen Geistlichen, Weltlichen, Frauenzimmer und Ritter-Orden in Europa. Augsburg 1792, Nachdruck Leipzig 1995.

41 Charles de Terlinden: Der Orden vom Goldenen Fließ. Wien/München 1970. Nach den Streitigkeiten um das spanische Erbe wurde der Orden 1725 in einen spanischen und einen österreichischen Zweig geteilt. Siehe Annemarie Weber: Der österreichische Orden vom Goldenen Fließ. Bonn 1970. – Der Ordensschatz, heute Bestandteil der Wiener Schatzkammer, aber nicht der Reichskleinodien, bei H. Fillitz: Schatzkammer in Wien (wie Anm. 3), S. 194–199.

42 Siehe Rom: Costantinopoli. Mosca (=Da Roma alla terza Roma 1). Napoli 1983.

43 Siehe Julia Schnelbögl: Die Reichskleinodien in Nürnberg 1424–1523. In: Mitteilungen des Vereins für die Geschichte der Stadt Nürnberg 51 (1962), S. 78–159.

44 Ferdinand Seibt: Karl IV. Ein Kaiser in Europa. München 2000.

45 Das Fest der „Heiligen Nägel und der Lanze des Herrn" wurde 1375 von Karl IV., nicht etwa vom Papst für die „Weltkirche" und „auf ewige Zeiten" eingeführt, wie das Caeremoniale Coloniense festhält: „Festum clavorum et lanceae Domini, quod anno Domini 1375 Carolus quartus imperator Romanorum per universum singulis annis perpetuisque temporibus in singulis ecclesiis celebrari instituit"; Gottfried Amberg: Ceremoniale Coloniense. Die Feier des Gottesdienstes durch das Stiftskapitel an der Hohen Domkirche zu Köln bis zum Ende der reichsstädtischen Zeit (=Studien zur Kölner Kirchengeschichte 17). Siegburg 1982, S. 174. In der Tat ist das Fest auch dem heutigen universalen Meßbuch (In: Missale Romanum ex Decreto Sacrosancti Concilii Tridentini restitutum … Barcinonae 1946, S.138) im Anhang („pro aliquibus locis") bekannt (Festum Sacrae Lanceae et Clavorum D.N.J.C.). Der Termin ist hier der Freitag nach dem ersten Fastensonntag, in Köln (und auch in Wien) aber der Freitag nach dem Weißen Sonntag der Osterzeit. Auch weichen die Meßformulare voneinander ab. – Das Fest wurde am 13. Februar 1353 von Innozenz VI. bewilligt und am 31. Dezember 1423 anläßlich der Überführung der Lanze nach Nürnberg von Martin V. bestätigt. Vgl. Josef Kettel: Die Liturgie von der Lanze und dem Herzen. In: Kölner Pastoralblatt 11 (1959), S. 164–170.

46 Zur böhmischen Königsweihe-Liturgie siehe Johann Loserth: Die Krönungsordnung der Könige von Böhmen. Wien 1876. Zu den Insignien vgl. Karl Fürst Schwarzenberg: Die Sankt-Wenzels-Krone und die böhmischen Insignien. Wien 1960. Zu Böhmen und Karl IV. siehe Karel Otavsky: Die Sankt Wenzelskrone im Prager Domschatz und die Frage der Kunstauffassung am Hofe Kaiser Karls IV. (=Europäische Hochschulschriften. Reihe XXVIII: Kunstgeschichte, Bd. 142). Bern u. a. 1992.

47 Hermann Fillitz: Die österreichische Kaiserkrone und die Insignien des Kaisertums Österreich. Wien/München 1959. Ders.: Schatzkammer in Wien (wie Anm. 3), S. 185–189. Zur Krone siehe ebenda, S. 182 f.

48 Allgemein zur historischen Dimension der Reichskleinodien: Albert Bühler: Reichskleinodiengeschichte im Überblick. Karlsruhe 1953 (grundlegende Chronologie). Ernst Kubin: Die Reichskleinodien. Ihr tausendjähriger Weg. München 1991.

49 „Er (=Christus) sagte zu ihnen: Jetzt aber soll, wer einen Beutel hat, ihn an sich nehmen, ebenso auch die Tasche; und wer es nicht schon hat, der verkaufe seinen Mantel und kaufe dafür ein Schwert. … Sie (=die Jünger) erwiderten: Herr, siehe, zwei Schwerter sind hier! Er aber sagte: Es ist genug." [„At illi dixerunt: Domine, ecce duo gladii hic. At ille dixit eis: Satis est."] (Lc 22,38).

50 Zur Gelasianischen Zwei-Schwerter-Lehre siehe Carl Andresen / Georg Denzler: Wörterbuch der Kirchengeschichte. München 1987, S. 644. Manfred Heim: Kleines Lexikon der Kirchengeschichte. München 1998, S. 464.

51 „Quaesivit (S. Helena) clavos quibus crucifixus est Dominus et invenit" In: S. Ambrosius: Oratio de Obitu Theodosii 47. Sir Mary Dolorosa Mannix: S. Ambrosii. Oratiode Obitu Theodosii. Text, Translation, Introduction and Commentary (=The Catholic University of America Patristic Studies 9). Washington 1925, S. 61. Zur Heiligen Helena siehe Friedrich W. Bautz: Helena, Die Heilige. In: BBKL II (1990), Sp. 701, mit Literatur.

52 Albert Brackmann: Die Heilige Lanze Heinrichs I. In: Deutsches Archiv zur Erforschung des Mittelalters 6 (1943), S. 401–411. Hans-Walter Klewitz: Die heilige Lanze Heinrichs I. In: Ebenda, S. 42–58.

53 Zum Gesamtkomplex der Lanzenkopien: Albert Bühler: Die Kopien der Heiligen Lanze bei den deutschen Reichskleinodien. In: Mitteilungen des Vereins für die Geschichte der Stadt Nürnberg 52 (1963/64), S. 428–439.

54 Nach A. Bühler: Reichskleinodiengeschichte (wie Anm. 48), S. 1. Datierung bestätigt bei H. Fillitz: Schatzkammer in Wien (wie Anm. 3), S. 166 f., der aufgrund einer bildlichen Entsprechung in einer Metzer Handschrift die Arbeit in Lothringen ansiedelt.

55 Für eine spätere Fertigung plädiert Hans M. Schaller: Die Wiener Reichskrone – entstanden unter Konrad III. In: Stadtarchiv Göppingen (Hrsg.): Reichskleinodien (wie Anm. 2), S. 58–105.

56 Allgemein zu den Aufbewahrungsorten Dankwart Leistikow: Die Aufbewahrungsorte der Reichskleinodien. In: Stadtarchiv Göppingen (Hrsg.): Reichskleinodien (wie Anm. 2), S. 146–161. Hypothesen zur spätottonischen Zeit in Heinrich Spier: War die Harzburg Aufbewahrungsort der Reichskleinodien unter Kaiser Otto IV.? In: Harz-Zeitschrift 28 (1976), S. 101–105.

57 Zitiert nach A. Bühler: Reichskleinodiengeschichte (wie Anm. 48), S. 2.

58 Dankwart Leistikow: Aufbewahrungsorte der Reichskleinodien in staufischer Zeit. In: Burgen und Schlösser 15 (1974), S. 87–103.

59 Helmut Seebach: Der deutsche Reichsschatz auf Burg Trifels. Mainz 2000.

60 Percy E. Schramm: Kaiser Friedrichs II. Herrschaftszeichen. Göttingen 1955. Ders.: Le insegne di potere di Federico II. In: Atti del convegno di studi su Federico II. Jesi 1976, S. 73–82. Albert Bockler: Bemerkungen zu Percy E. Schramms Kaiser Friedrichs Herrschaftszeichen. In: DA 13 (1957), S. 538–542. Reinhard Gösch: Die Herrschaftszeichen Kaiser Friedrichs II. In: Stadtarchiv Göppingen (Hrsg.): Reichskleinodien (wie Anm. 2), S. 30–57.

61 A. Bühler: Reichskleinodiengeschichte (wie Anm. 48), S. 3 f. Zitiert ebenda, S. 3.

62 Wenige Punkte und Kontroversen um die Geschichte der Reichskleinodien ließen eine derartige Menge an Tinte und Druckerschwärze fließen wie die durchaus glaubhaften Thesen A. Huyskens über die Regalien Richards von Cornwall: Albert Huyskens: Der Plan des Königs Richard von Cornwallis zur Niederlegung eines deutschen Krönungsschatzes in Aachen. In: AHVNRh 115 (1929), S. 180–204. Ders.: Noch einmal der Krönungsschatz des Königs Richard von Cornwallis. Eine Entgegnung an Paul Kirn. In: AHVNRh 118 (1930), S. 136–143. Paul Kirn: Mit welcher Krone wurde König Sigmund in Aachen gekrönt? In: AHVNRh 118 (1930), S. 132–136. Ders.: Zur Geschichte der deutschen Kroninsignien. Eine Erwiderung an Albert Huyskens. In: AHVNRh 119 (1931), S. 169–173. Heinrich Schiffers: Die deutsche Königskrönung und die Insignien des Richard von Cornwallis (=Veröffentlichungen des Bischöflichen Diözesanarchivs Aachen 2). Aachen 1936.

63 Alles nach A. Bühler: Reichskleinodiengeschichte (wie Anm. 48), S. 4 f.

64 Sie sind nur in der Beschreibung der Erbamtdienste ersichtlich, hingegen werden sie 1361 bei der Geburt Wenzels in Nürnberg zur Verehrung ausgestellt. Siehe A. Bühler: Reichskleinodiengeschichte (wie Anm. 48), S. 6.

65 J. Schnelbögl: Die Reichskleinodien in Nürnberg (wie Anm. 43).

66 Franz Machilek: Die Nürnberger Heiltumsweisungen. In: Pirckheimer-Jahrbuch für Renaissance- und Humanismusforschung 17 (2002), S. 9–52.

67 Zitiert nach A. Bühler: Reichskleinodiengeschichte (wie Anm. 48), S. 8. Zum letzten Ort des Reichsschatzes Annamaria Böckel: Heilig-Geist in Nürnberg. Spitalstiftung und Aufbewahrungsort der Reichskleinodien (=Nürnberger Schriften 4). Nürnberg 1990.

68 Vgl. Anmerkung 26.

69 Klaus-Peter Schroeder: Die Nürnberger Reichskleinodien in Wien. Ein Beitrag zur „großdeutschen" Rechts- und Zeitgeschichte. In: ZSRG 108 (1991), S. 323–346.

70 Dom Michel Félibien: Histoire de l'Abbaye Royale de Saint Denis. Paris 1706. Max Buchner: Die Hut der Krönungsinsignien in Frankreich und Deutschland im Mittelalter. In: Martin Grabmann / Karl Hofmann (Hrsg.): Festschrift für Eduard Eichmann. Paderborn 1940, S. 21–67.

71 The Crown Jewels. 2 Bde. London 1999.

72 Vgl. Anmerkung 3 bis 5.

73 E. Eichmann: Kaiserkrönung im Abendland (wie Anm. 5). Bd. 2, S. 43.

74 Vgl. dazu den Beitrag dieses Bandes von Reinhart Staats: Die Reichskrone. Die Selbstmächtigkeit der schönsten Reichskleinodie in deutscher Geschichte (mit Literatur).

75 Bezeichnend ist bei Aaron seine „Erhöhung" durch Gott („Excelsum fecit Aaron fratrem", Eccl. 45,7 – Sir 45,6). Die Erwählung und Ausstattung (Eccl. 45,1-12 – Sir 45,1–16) des Aaron ist das Vorbild für jeden Priesterkönig. Die Erhöhung findet sich bildlich wieder im Karlsthron des Aachener Münsters bzw. in der Apotheose des französischen Königs auf dem Lettner der Kathedrale zu Reims nach vollbrachtem Sacre. Auch die bekannte Zwei-Emporen-Einteilung der Palastkirchen geht wohl auf diese Stelle zurück. Die Thronsetzung war auch Teil des Aachener Zeremoniells der deutschen Königsweihe, bei „den neuzeitlichen Krönungen in Frankfurt entfiel [sie] natürlich". Siehe G. Hartmann: Das Heilige Römische Reich (wie Anm. 1), S. 796.

76 Eccl. 45,14 – Sir 45,12.

77 Walter Grundmann: Stéphanos. In: Theologisches Wörterbuch zum Neuen Testament VII (1964), S. 615–635.

78 Ez. 16,15.

79 Zum Gesamtkomplex der Krone Joachim Ott: Krone und Krönung. Die Verheißung und Verleihung von Kronen in der Kunst von der Spätantike bis um 1200 und die geistige Auslegung der Krone. Mainz 1998.

80 Eduard Eichmann: Königs- und Bischofsweihe (=Sitzungsberichte der Bayerischen Akademie der Wissenschaften. Philosophisch-Philologische und Historische Klasse. Abhandlungen 6). München 1928.

81 Diese „Rudolfskrone" hingegen ist eine einteilige Kombination aus beidem, d.h. die Infuln hängen hinten am Kronenrand. Vgl. Anmerkung 47.

82 Vgl. Is. 62,3 bzw. für das Neue Testament 1 Th. 2,19.

83 Erwin R. Goodenough: The Crown of Victory in Judaism. In: The Art Bulletin 28 (1946), S. 139–159.

84 Sap 4,1–2. Prov 4,9. Sir 1,11–22. Sir 6,18.

85 Am 1. Januar 1001 wurde Prinz Vajik als Stephan I. zum König von Ungarn gekrönt. Vom Datum über den Namen bis hin zur Gestalt der Insignien war alles an dieser Feier ein nach den Vorgaben der abendländischen Monarchietraditionen konzipiertes Gesamtsymbol. Vgl. Josef J. Schmid: La couronne des saints – les saintes couronnes. In: Actes du Colloque „Le Prince Chrétien" Paris 2000. Endre Töth / Károly Szelény:

Die Heilige Krone von Ungarn. Könige und Krönungen. Budapest 1996.

86 „Die Reichskrone als solche läßt sich erst um das Jahr 1200, und zwar zunächst in der deutschen Dichtung, unverwechselbar aus schriftlichen Bezügen nachweisen, nämlich aufgrund ihres hervorstechenden Leitsteins, des Waisen. Sie hat sicher nicht die Anfänge des ostfränkisch-deutschen Königtums gesehen". Zitiert nach: J. Petersohn: Die Reichsinsignien (wie Anm. 2), S. 152.

87 Eines der sprechendsten Beispiele ist die Ausgestaltung des Kaisersaals der Bamberger Residenz durch Melchior Steidl unter Fürstbischof Lothar Franz von Schönborn in den Jahren 1707 bis 1709. Auf den insgesamt über zwanzig Porträts deutscher Könige und römischer Kaiser ist die „Reichskrone" nur ein einziges Mal zu sehen, bei Joseph I. (1705–1711), im Hintergrund auf einem Kissen liegend. Da ein „Versehen" aufgrund der Stellung des Auftraggebers, der als Reichserzkanzler neben seinen geistlichen Würden zudem zweitwichtigste Instanz des Reiches war, ausgeschlossen werden muß, kann dies nur für die mehr denn relative Bedeutung des „Kleinods" im Alten Reich sprechen – zeremoniell und ikonographisch.

88 Percy E. Schramm u.a.: Denkmale deutscher Könige und Kaiser (wie Anm. 3). H. Fillitz: Schatzkammer in Wien (wie Anm. 3), S. 174. E. Eichmann: Kaiserkrönung im Abendland (wie Anm. 5). Bd. 2, S. 82–92.

89 Der „Herrschafts"-Begriff als Grundvokabel des Geschichts- und Monarchieverständnisses war eines der Lieblingskinder der Historiographie in der Mitte des 20. Jahrhunderts, v.a. bei Percy E. Schramm.

90 E. Eichmann: Kaiserkrönung im Abendland (wie Anm. 5). Bd. 2, S. 83.

91 „Non auferetur sceptrum de Juda" (Gen 49,10).

92 „Virgam virtutis tuae emittet Dominus ex Sion: dominare in medio inimicorum tuorum" (Ps 109,2).

93 „Teneant in manu baculum et virgam; baculum qou aliorum virium imbellicates sustentant, virgam vero, qua vitia de linquentium zelo rectitudinis feriant" (C. 134. MG Conc. II, S. 412).

94 Vgl. Anmerkung 6 und 71.

95 Auch hier lagen im Lauf der Zeit mehrere Objekte vor. Das „ursprüngliche Reichszepter ging schon früh verloren". (RDA 551).

96 Percy E. Schramm u.a.: Denkmale deutscher Könige und Kaiser (wie Anm. 3). H. Fillitz: Schatzkammer in Wien (wie Anm. 3), S. 175.

97 Percy E. Schramm u.a.: Denkmale deutscher Könige und Kaiser (wie Anm. 3). H. Fillitz: Schatzkammer in Wien (wie Anm. 3), S. 171. E. Eichmann: Kaiserkrönung im Abendland (wie Anm. 5). Bd. 2, S. 99–119. Vgl. Mechthild Schulze-Dörrlamm: Das Reichsschwert – neue Untersuchungen zu Alter und Herkunft. In: Stadtarchiv Göppingen (Hrsg.): Reichskleinodien (wie Anm. 2), S. 106–129. Dies.: Das Reichsschwert. Ein Herrschaftszeichen des Saliers Heinrich IV. und des Welfen Otto IV. Mit dem Exkurs: Der verschollene Gürtel Kaiser Ottos IV. Sigmaringen 1995.

98 E. Eichmann: Kaiserkrönung im Abendland (wie Anm. 5). Bd. 2, S. 99.

99 „Accipe sanctum gladium munus a Deo, in quo deiicies adversarios populi mei Israel" (2 Mach 15,16).

100 Vgl. J. J. Schmid: Le Roy Enfant (wie Anm. 30), S. 289–295 (für Frankreich). Von diesem rituellen Aspekt ist deutlich der wohl auch bei den Reichskleinodien vorherrschende Gesichtspunkt des Sammlerobjekts ohne definierten Bezug zur eigenen Monarchie zu unterscheiden. Im Reichsschatz befand sich z.B. auch das sogenannte Schwert Attilas. Vgl. Percy E. Schramm: „Attilas Schwert". Ein ungarischer Säbel des 9./10. Jahrhunderts zum Kaiserschatz seit der salischen Zeit gehörend. In: Ders.: Herrschaftszeichen und Staatssymbolik. 3 Bde. Stuttgart 1954–1956; hier Bd. 2 (1955), S. 487–491.

101 Siehe Anmerkung 50.

102 Lc. 22,38.

103 Percy E. Schramm u. a.: Denkmale deutscher Könige und Kaiser (wie Anm. 3). H. Fillitz: Schatzkammer in Wien (wie Anm. 3), S. 168 f. E. Eichmann: Kaiserkrönung im Abendland (wie Anm. 5). Bd. 2, S. 119–123.

104 E. Eichmann: Kaiserkrönung im Abendland (wie Anm. 5). Bd. 2, S. 119. Allgemein zum Reichsapfel siehe Percy E. Schramm: Sphaira, Globus, Reichsapfel. Wanderung und Wandlung eines Herrschaftszeichens von Caesar bis zu Elisabeth II. Ein Beitrag zum Nachleben der Antike. Stuttgart 1958.

105 Die Grundlage der französischen Monarchie, der Bund Gottes mit Chlodwig bei dessen Taufe, sichtbar in Gestalt der vom Himmel herabgekommenen Heilig-Geist-Taube, ist exklusiv und spezifisch – ein universaler Anspruch muß daher eo ipso ausscheiden.

106 Es sind dies Belege für den uralten Titel eines „Imperator Britanniae" von kosmischer Sichtweise: der „Lord Paramount of all the Isles of the West" – „a dominion looked upon in those early ages as stretching over a second world, even as the dominion of the Roman emperor extended over the world known to the ancients". Zitiert nach L. G. Wickham Legg: Sacring of English Kings (wie Anm. 30), S. 15.

107 Einhard: Vita Karoli Magni. Das Leben Karls des Großen. Lateinisch und Deutsch. Übersetzung, Nachwort und Anmerkungen von Evelyn Coleman. Stuttgart 1968, S 64 f. Der Passus bezieht sich eindeutig auf die Basilika („in qua postea sepultus est, basilica"), nicht auf die Pfalz, wie Eichmann meint. Siehe E. Eichmann: Kaiserkrönung im Abendland (wie Anm. 5). Bd. 2, S. 119.

Interessant ist hingegen der Verweis auf den Globus bereits als Teil des Metzer Standbilds des großen Karl.

108 „Quasi aureum pomum, ... ac desuper auream crucem". Zitiert nach E. Götzinger: Reallexikon der Deutschen Altertümer (wie Anm. 4).

109 In diesen Kontext der Überwindung des Bösen durch Geburt (Weihnachten), Tod (Kreuz) und Auferstehung Jesu Christi gehört, neben der „Jungfrau mit dem Apfel", auch der Weihnachtsbrauch der „Paradies-Äpfel", die das durch die Menschwerdung des Erlösers wieder zugängliche Paradies versinnbildlichen sollen. An einen Baum gehängt, der für die Ursünde bzw. deren Besiegung am Kreuzesholz steht, bilden sie eine Art Vorläufer des heutigen „Christbaums". Die lateinische Sprachähnlichkeit (malum = das Böse, aber auch der Apfel) ist hier sicher nicht unbeteiligt. Vgl. Manfred Becker-Huberti: Feiern, Feste, Jahreszeiten. Freiburg 1998/2001, bes. S. 134 f.

110 Vgl. dafür als eine der seltenen biblischen Referenzen: Est 3,10, wo dem Ring eindeutig die Symbolik der Regierungsübertragung zukommt.

111 E. Eichmann: Kaiserkrönung im Abendland (wie Anm. 5). Bd. 2, S. 94–99.

112 RDA 855 f., bes. 856.

113 Bester Ausweis dafür sind heute die exakten zeichnerischen Darstellungen bei Deschenbach.

114 Spätestens seit dem 12. Jahrhundert galten die Sporen, wie eines der Schwerter und die „Heilige Lanze", als Instrumente des Heiligen Mauritius. Der Kaiser zog sie nach der Krönung, also nach der Entledigung der Pontifikalschuhe, über die Stiefel. Vgl. E. Eichmann: Kaiserkrönung im Abendland (wie Anm. 5). Bd. 2, S. 139 f., 147.

115 C. G. von Murr: Beschreibung der sämtlichen Reichskleinodien (wie Anm. 3), S. 52–54; Zitat S. 52.

116 Vgl. Anmerkung 80.

117 Siehe dazu: Bernd Schneidmüller / Stefan Weinfurter: Otto III. – Heinrich II. Eine Wende? Sigmaringen 1997.

118 Vgl. allgemein M. Heim: Lexikon der Kirchengeschichte (wie Anm. 25), S. 107 f. Zur liturgischen Funktion des Diakons siehe Andreas Schmid: Caremoniale. München 1906, S. 353–362.

119 Das Diakonat ist die zweite höhere Weihestufe (Subdiakon-Diakon-Priester), wird vom Bischof durch Handauflegung gespendet und verpflichtet zum geistlichen Leben (Breviergebet, Kleidung).

120 G. Hartmann: Das Heilige Römische Reich (wie Anm. 1), S. 800: „In keinem der hochmittelalterlichen Krönungs-Ordines wird davon berichtet, daß der Kaiser das Evangelium zu singen hätte, obwohl gerade in früher Zeit, wie wir gesehen haben, die Kaiserkrönung sakramentalen, fast bischofsweiheähnlichen Charakter gehabt hat."

121 G. Hartmann: Das Heilige Römische Reich (wie Anm. 1), S. 800.

122 G. Hartmann: Das Heilige Römische Reich (wie Anm. 1), S. 800.

123 Lc. 2,1

124 Breviarium Romanum ex Decreto SS. Concilii Tridentini ... Ratisbonae 1940, S. 308 (Ad Matutinum III. Nocturno, Lectio VII). Die Texte zur Weihnacht gehören mit zu den ältesten der christlichen Liturgie. Es kann mit Sicherheit davon ausgegangen werden, daß die mittelalterlichen den heutigen identisch waren. Das Tridentinum kompilierte und verallgemeinerte hier nur den römischen Brauch, welcher für unsere Fragestellung entscheidend ist.

125 Missale Romanum (wie Anm. 45), S. 15 f. (In Nativitae Domini. Ad primam Missam in nocte).

126 Breviarium Romanum (wie Anm. 124), S. 308. Der Titel zum Messevangelium würde lauten: „Sequentia sancti Evangelii secundum Lucam".

127 Auch die Messe kennt eine eigene Benediktion für die Evangeliumsverkündung.

128 Breviarium Romanum (wie Anm. 124), S. 308.

129 Die Benediktion der Messe wäre: „Der Herr sei in deinem Herzen und auf deinen Lippen, damit du Sein Evangelium würdig und geziemend verkündest." (In: Das vollständige Römische Meßbuch lateinisch und deutsch ... Freiburg 1962, S. 451).

130 Vgl. Anmerkung 119. Der Lektor stellt die zweite der sogenannten Niederen Weihen („Minores" ) dar.

131 G. Hartmann: Das Heilige Römische Reich (wie Anm. 1), S. 800.

132 E. Eichmann: Kaiserkrönung im Abendland (wie Anm. 5). Bd. 2, S. 129–159. Vgl. Ders.: Von der Kaisergewandung im Mittelalter. In: Historisches Jahrbuch 58 (1938), S. 268–304.

133 Zitiert nach: RDA 552.

134 1 Reg 10,6 (=1 Sam 10,6). „Et mutaberis in virum alterum", durch die Geistsendung in der Weihe. Es ist dies nichts anderes, denn das bereits angesprochene „unveränderliche Zeichen", das der Seele des Geweihten eingebrannt wird.

135 E. Eichmann: Kaiserkrönung im Abendland (wie Anm. 5). Bd. 2, S. 151 f.

136 Percy E. Schramm u.a.: Denkmale deutscher Könige und Kaiser (wie Anm. 3). H. Fillitz: Schatzkammer in Wien (wie Anm. 3), S. 172 f. E. Eichmann: Kaiserkrönung im Abendland (wie Anm. 5). Bd. 2, S. 155.

137 Vgl. die Versikel der Sonntagscomplet: „V /. Custodi nos, Domine, ut pupillam oculi. R /. Sub umbra alarum tuarum protege nos."

138 Vgl. die Oration des Bischofs beim Anlegen der Pontifikalschuhe: „Calcea, Domine, pedes meos in praeparationem evangelii pacis, et protege me in velamento alarum tuarum."

139 H. Fillitz: Schatzkammer in Wien (wie Anm. 3), S. 172.

140 RDA 550.

141 Percy E. Schramm u.a.: Denkmale deutscher Könige und Kaiser (wie Anm. 3). H. Fillitz: Schatzkammer in Wien (wie Anm. 3),

S. 171 f. E. Eichmann: Kaiserkrönung im Abendland (wie Anm. 5). Bd. 2, S. 140 f., 154 f.

142 „Dealba me, Domine, et a delicto meo munda me; ut cum his, qui stolas suas dealbaverunt in sanguine Agni, gaudiis perfruar sempiternis." (Oration des Bischofs beim Anlegen der Albe).

143 „Tunica jucunditatis et indumentum laetitiae induat me Dominus." (Oration des Bischofs zur Tunicella, dem Gewand des Subdiakons).

144 „Indue me, Domine, indumento salutis et vestimento laetitiae; et dalmatica justitiae circumda me semper."

145 C. G. von Murr: Beschreibung der sämtlichen Reichskleinodien (wie Anm. 3), S. 31–34, Zitat S. 33.

146 C. G. von Murr: Beschreibung der sämtlichen Reichskleinodien (wie Anm. 3), S. 31–34, Zitat S. 33.

147 RDA 550.

148 Das Sticharion der Byzantiner (Ostkirche) ist meist auch weiß, kann aber im Gegensatz zu seinem westlichen Äquivalent, der Albe, auch andere Farben annehmen. Siehe Nikolaj V. Gogol: Betrachtungen über die Göttliche Liturgie. Würzburg 1989, S. 165.

149 Es ist sicher, daß die ebenfalls vorhandene Tunicella im Krönungsritus, zumal der späteren Zeit, nicht mehr vorkam, der deutsche König trug also, im Gegensatz zum französischen und englischen, nicht sämtliche liturgischen Pontifikalornate in korrekter Reihenfolge übereinander.

150 Percy E. Schramm u.a.: Denkmale deutscher Könige und Kaiser (wie Anm. 3). H. Fillitz: Schatzkammer in Wien (wie Anm. 3), S. 174. E. Eichmann: Kaiserkrönung im Abendland (wie Anm. 5). Bd. 2, S. 149–153.

151 Vgl. die Oration des Bischofs in: Missale Romanum (wie Anm. 45), S. 47, wo von der „stola immortalitatis, quam perdidi in praevaricatione primi parentis" die Rede ist.

152 Der deutsche König hatte wohl das Recht, unter beiderlei Gestalten zu kommunizieren. Es fehlt hier aber ein eindeutiger Bezug auf den Vollzug des eucharistischen Opfers, wie etwa beim König von Frankreich, der auf der erhobenen Lettneremporc einen eigenen Altar besitzt, wo „seine" Messe („La Messe du Roy") zelebriert wird. Da der deutsche König schon nachweislich die Diakonatsweihe nicht besaß, kann von einem Weihe-Priestertum gar keine Rede sein.

153 Vgl. die Abbildung: Der Priester hat die Stola um den Hals zu legen, „transversando eam ante pectus in modo crucis". (Ritus servandus in celebratione Missae. In: Missale Romanum [wie Anm. 45], S. 32–38, hier S. 32). Der Bischof hingegen „non ducit Stolam ante pectus in modo crucis, sed sinit hinc inde utrasque extremitates pendere". (In: Missale Romanum [wie Anm. 45], S. 32–38, hier S. 32.)

154 Der „loros" war eines der Abzeichen des byzantinischen Basileus, also ein eher weltliches Stück, nicht zu verwechseln mit der Stola der Byzantiner, dem Epitrachelion, welche fest doppelläufig genäht ist, also nicht gekreuzt werden kann. Vgl. N. V. Gogol: Betrachtungen über die Göttliche Liturgie (wie Anm. 148), S. 159.

155 C. G. von Murr: Beschreibung der sämtlichen Reichskleinodien (wie Anm. 3), S. 37 f.

156 C. G. von Murr: Beschreibung der sämtlichen Reichskleinodien (wie Anm. 3), S. 37 f.

157 H. Fillitz: Schatzkammer in Wien (wie Anm. 3), S. 174.

158 Vgl. die Oration des Bischofs: „Praecinge me, Domine, cingulo fidei et virtute castitatis lumbos meos, et extingue in eis humorem libidinis; ut jugiter maneat in me vigor totius castitatis."

159 C. G. von Murr: Beschreibung der sämtlichen Reichskleinodien (wie Anm. 3), S. 48–51, hier S. 48.

160 RDA 550 f.

161 Percy E. Schramm u. a.: Denkmale deutscher Könige und Kaiser (wie Anm. 3). H. Fillitz: Schatzkammer in Wien (wie Anm. 3), S. 172 f. E. Eichmann: Kaiserkrönung im Abendland (wie Anm. 5). Bd. 2, S. 146 f.

162 Vgl. das lange bischöfliche Gebet zum Anziehen der Handschuhe in: Missale Romanum (wie Anm. 45), S. 47.

163 Josef Braun: Die liturgische Gewandung im Occident und Orient nach Ursprung und Entwicklung, Verwendung und Symbolik. Freiburg 1907, S. 66 f. Die korrekte liturgische Bezeichnung für die Zeremonialhandschuhe lautet „chirotecae", während die fränkische Tradition auch „(g)wantus" oder „wanto" kennt, woraus das französische „gant" und das italienische „guanto" wurden.

164 J. Braun: Liturgische Gewandung (wie Anm. 163), S. 65 f. Vgl. E. Eichmann: Kaiserkrönung im Abendland (wie Anm. 5). Bd. 2, S. 146 f.

165 E. Eichmann: Kaiserkrönung im Abendland (wie Anm. 5). Bd. 2, S. 147.

166 Bereits eine Handschrift von 1165 trägt den Titel „De gwanto imperiali" („Über den kaiserlichen Handschuh"). Bei der Öffnung des Karlsgrabes 1001 zu Aachen wurde dieser nach einem Bericht der Zeit gefunden: „sceptrum cum wantonibus indutus tenens manibus" („das Szepter in Händen haltend, mit Handschuhen bekleidet"). In der Frühzeit (bis etwa 1300) scheinen die königlichen Handschuhe nicht verbindlich gewesen zu sein, zumal in Frankreich, wo, wenn der Fürst diese nicht tragen wollte, ihm nach der Salbung die Hände mit Brotkrumen trokkengerieben wurden. Trotzdem finden sich die meisten Darstellungen Westeuropas, darunter die Gräber in Fontevrault (Henry II., Richard I.), mit Handschuhen. Nach: Henri Leclecq: Gants royaux. In: DACL VI/1 (1924), Sp. 627 f.

167 Percy E. Schramm u.a.: Denkmale deutscher Könige und Kaiser (wie Anm. 3). H. Fillitz: Schatzkammer in Wien (wie Anm. 3),

S. 171. E. Eichmann: Kaiserkrönung im Abendland (wie Anm. 5). Bd. 2, S. 141, 148.

168 C. G. von Murr: Beschreibung der sämtlichen Reichskleinodien (wie Anm. 3), S. 39–42.

169 Die Kasel ist ein den priesterlichen Körper umschließendes Kleidungsstück, welches im Lauf der Zeit immer mehr seitlich verkürzt wurde, bis schließlich in der Barockzeit nurmehr die Vorder- und Rückenbahn übrigblieben. Der Rauchmantel (Pluviale) hingegen ist vorne geöffnet und mit einer Schließe gehalten. Vgl. J. Braun: Liturgische Gewandung (wie Anm. 163), S. 65 f. Ludwig Eisenhofer: Handbuch der katholischen Liturgik. Freiburg 1932. Bd. 1, S. 401–472. Joseph Lechner: Liturgik des römischen Ritus. Freiburg 1953, S. 112–129.

170 Literatur wie in Anmerkung 169.

171 E. Eichmann: Kaiserkrönung im Abendland (wie Anm. 5). Bd. 2, S. 129.

172 Rot als liturgische Farbe trifft nach römischer Ordnung an allen Messen vom Heiligen Geist, der Passion Christi und der Märtyrer, regional auch am Karfreitag (Trier, Köln, statt dem römischen Schwarz). Völlig eigene Ritten, etwa jener von Salisbury, hatten eine völlig andere Farbenzuordnung, was die Bedeutung und Schwierigkeit solcher Rückschlüsse erklärt.

173 E. Eichmann: Kaiserkrönung im Abendland (wie Anm. 5). Bd. 2, S. 130. Die imperiale Bedeutung des Purpurs leitet sich mit Sicherheit von seiner aufwendigen und teueren Anfertigung her.

174 H. Fillitz: Schatzkammer in Wien (wie Anm. 3), S. 171.

175 Siehe dazu Anmerkung 62.

176 Percy E. Schramm u.a.: Denkmale deutscher Könige und Kaiser (wie Anm. 3), S. 145, 194. H. Fillitz: Schatzkammer in Wien (wie Anm. 3), S. 166 f. E. Eichmann: Kaiserkrönung im Abendland (wie Anm. 5). Bd. 2, S. 55, 118.

177 Zum Gesamtkomplex der Reliquien siehe Joseph Clauss: Reliquien. In: LThKu 8 (1936), Sp. 807–812. Henri Leclecq: Reliques. In: DACL 14/2 (1948), Sp. 2294–2359.

178 Es besteht hierin ein unmittelbarer Zusammenhang zur bereits mittelalterlichen Herz-Jesu-Frömmigkeit, wo das geöffnete Herz des Erlösers als „Heiligtum der göttlichen Freigiebigkeit" erscheint (Vgl. die Präfation zum Herz-Jesu-Fest: „divinae largitatis sacrarium". In: Missale Romanum [wie Anm. 45], S. 283).

179 Grundlegend für die kulturhistorischen Aspekte dieser Frage Karl Kolb: Vom Heiligen Blut. Eine Bilddokumentation der Wallfahrt und Verehrung. Würzburg 1980, S. 195–202. Zum Heiligen Gral siehe ebenda, S. 64. O. Holzapfel: Gral. In: Lexikon der Mythologie (wie Anm. 16), S. 170 f.

180 Eckart Sauser: Longinus. In: BBKL 20 (2002), Sp. 943. Stefan Heid: Longinus. In: LThKu 6 (1997), Sp. 1047.

181 Mt 26,54.

182 K. Kolb: Vom Heiligen Blut (wie Anm. 178), S. 33.

183 K. Kolb: Vom Heiligen Blut (wie Anm. 178), S. 29–32.

184 Überblick über die Verehrungsgeschichte und die verschiedenen Objekte: Josef Sauer: Heilige Lanze. In: LThKu 6 (1934), Sp. 384 f. Johannes Emminghaus / Joachim Kettel: Heilige Lanze. In: LThKu 6 (1997), Sp. 646. Einzeluntersuchungen: Peter Worm: Die Heilige Lanze. Bedeutungswandel und Verehrung eines Herrschaftszeichens. In: Erika Eisenlohr (Hrsg.): Arbeiten aus dem Marburger Hilfswissenschaftlichen Institut (=Elementa diplomatica 8). Marburg 2000, S. 179–216. Gunther G. Wolf: Prolegomena zur Erforschung der Heiligen Lanze. In: Stadtarchiv Göppingen (Hrsg.): Reichskleinodien (wie Anm. 2), S. 130–145. Albert Bühler: Die Heilige Lanze. In: Das Münster 16 (1963), S. 85–116.

185 Es handelt sich dabei um das Hauptteil, den Schaft der Hl. Lanze Christi, welcher um 800 nach Konstantinopel gelangt war und nach der Erstürmung der Stadt durch die Türken 1453 durch Sultan Bajazet II. Papst Innozenz VIII. zum Geschenk gemacht wurde. Die Spitze der Lanze, also das eigentliche Instrument der Passion, war schon 614 nach Byzanz gekommen, wo es König Ludwig IX. von Frankreich 1241 erwarb und es dem Reliquienschatz der französischen Krone in der dafür neu erbauten Sainte Chapelle zu Paris zugesellte, wo es 1796 in der Revolution zerstört wurde. Vgl. Charles Rohault de Fleury: Mémoire sur les instruments de la passion. Paris 1870, S. 272–275.

186 Erwin Gatz: Roma christiana. Regensburg 1998, S. 125 f.

187 Zu den „Armae Christi" siehe K. Kolb: Vom Heiligen Blut (wie Anm. 178), S. 36 f. (mit Abbildung).

188 So nach: Adolf Hofmeister: Die heilige Lanze. Ein Abzeichen des alten Reichs (=Untersuchungen zur Deutschen Staats- und Rechtsgeschichte 96). Breslau 1908.

189 A. Hofmeister: Heilige Lanze (wie Anm. 188), S. 84.

190 A. Hofmeister: Heilige Lanze (wie Anm. 188), S. 84.

191 A. Hofmeister: Heilige Lanze (wie Anm. 188), S. 84.

192 Zur Teilung der Lanze siehe Anmerkung 185. Zum Gral in diesem Kontext Konrad Burdach: Der Gral. Forschungen über seinen Ursprung und seinen Zusammenhang mit der Longinuslegende. Stuttgart 1938.

193 Percy E. Schramm u.a.: Denkmale deutscher Könige und Kaiser (wie Anm. 3). H. Fillitz: Schatzkammer in Wien (wie Anm. 3), S. 169 f.

194 Fritz Ramjou: Die Eigentumsverhältnisse an den drei Aachener Reichskleinodien. Stuttgart 1968. Zu den in Aachen verwahrten Reichskleinodien siehe weiter Hans Siemons: Das Kustodienrecht der Stadt Aachen an den vier Großen Heiligtümern und an den drei Krönungsinsignien. In: ZAGV 102 (1999/2000), S. 137–163.

195 H. Fillitz: Schatzkammer in Wien (wie Anm. 3), S. 176.

196 Percy E. Schramm u.a.: Denkmale deutscher Könige und Kaiser

(wie Anm. 3). H. Fillitz: Schatzkammer in Wien (wie Anm. 3), S. 176 f.

197 Percy E. Schramm u.a.: Denkmale deutscher Könige und Kaiser (wie Anm. 3). H. Fillitz: Schatzkammer in Wien (wie Anm. 3), S. 177 f.

198 Percy E. Schramm u.a.: Denkmale deutscher Könige und Kaiser (wie Anm. 3). H. Fillitz: Schatzkammer in Wien (wie Anm. 3), S. 178. Die größte Reliquie des Abendmahlleinens wird bis heute im Schatz der Reichsabtei Mönchengladbach verwahrt und galt als eine der Hauptreliquien – und damit Hauptwallfahrtsorte – der mittelalterlichen Christenheit.

199 Percy E. Schramm u.a.: Denkmale deutscher Könige und Kaiser (wie Anm. 3). H. Fillitz: Schatzkammer in Wien (wie Anm. 3), S. 178.

200 Hermann Fillitz: Die österreichische Kaiserkrone und die Insignien des Kaisertums Österreich (=Die Kronen des Hauses Österreich 1). Wien, München 1959. Ders.: Schatzkammer in Wien (wie Anm. 3), S. 185–189.

201 Zu Rußland siehe Anmerkung 31 und 42.

202 Arthur Winkler: Die deutschen Reichskleinodien. Berlin 1872, S. 3.

203 In diese Richtung geht auch die von Wilhelm II. angeregte Reproduktion der Reichskleinodien, welche heute im Aachener Rathaus zu sehen sind.

204 A. Winkler: Deutschen Reichskleinodien (wie Anm. 202), S. 4.

205 Die Regierung Franz Josephs I. (1848-1916) kann als die unzeremoniellste der ganzen Kaisertradition gelten: Den alten Orden (darunter dem Deutschen Orden) wurde die Hoftafel im Ordenskleid verboten, die militärische Uniform dominierte allenthalben, von einem sakralen Amtsverständnis war – bei aller persönlichen Frömmigkeit des Kaisers – nirgends etwas zu spüren. Erst Karl I. (ab 1916) dachte über eine Kaiserkrönung nach, konnte dies aber aufgrund der Kriegswirren nicht weiterverfolgen.

206 Magda von Bárány-Oberschall: Die eiserne Krone der Lombardei und der lombardische Krönungsschatz (=Die Kronen des Hauses Österreich 4). Wien 1966.

207 Fritz Schulz: Die deutschen Reichskleinodien. Leipzig 1934, S. 9.

208 Arpad Weixlgärtner: Geschichte im Widerschein der Reichskleinodien. Wien 1938, S. 5.

209 A. Weixlgärtner: Geschichte im Widerschein der Reichskleinodien (wie Anm. 208), S. 91.

210 Georg Haupt: Die Reichskleinodien. Ihre Geschichte und Bedeutung. Leipzig 1939, S. 9.

211 A. Bühler: Reichskleinodiengeschichte (wie Anm. 48), S. 12. 1946 wurden die Reichskleinodien nach Wien zurückgeführt, die Begleitstücke (Dürerbild, Heiltumsschrein, Urkunden und Behältnisse) blieben in Nürnberg und wurden 1952 im Germanischen Museum in einem „oberen Versperr“ zusammengefaßt. Ebenfalls 1952 beschloß der Deutsche Bundestag in seiner 242. Sitzung, die Reichskleinodien aus dem Generalvertrag herauszunehmen und die Rechtsverhältnisse „mit Österreich direkt“ zu klären. Beide Zitate: A. Bühler: Reichskleinodiengeschichte (wie Anm. 48), S. 12.

212 H. Fillitz: Schatzkammer in Wien (wie Anm. 3), S. 5.

213 Vgl. die Liturgie der Osternacht in der erneuerten (alten) Form, wo es heißt: „Christus gestern und heute. Anfang und Ende. Alpha und Omega. Sein sind die Zeiten, Sein die Jahrhunderte. Sein ist die Herrlichkeit und das Reich. Durch alle Äonen der Ewigkeit.“

# Die Reichskrone

## Die Selbstmächtigkeit der schönsten Reichskleinodie in deutscher Geschichte

*Von Reinhart Staats*

Mit dem deutschen Wort „Reichskleinodien" sind jene Herrschaftszeichen gemeint, die für das alte Heilige Römische Reich Verfassungsrang hatten. Sie heißen auch Reichsinsignien. An ihrer eigenen Aussage und an ihrer Wirkungsgeschichte läßt sich vorzüglich studieren, was wesentlich die Idee (um nicht zu sagen „Ideologie") jenes Alten Reiches gewesen war. Dieses sich von Kaiser Karl dem Großen und Kaiser Otto dem Großen herleitende Reich hieß seit dem späten fünfzehnten Jahrhundert gelegentlich auch „Heiliges Romisches Reich Deutscher Nation". Doch dieser Name bezeichnete technisch und ohne jede „nationalistische" Wertung nur das deutsche Gebiet im Rahmen des viel umfassenderen Heiligen Römischen Reiches. Bekanntlich gibt es ein „deutsches" Reich erst seit 1871. Freilich war das Heilige Römische Reich ein übernationales, ja ein europäisches Reich, obschon es sein Zentrum im Gebiet des im neunzehnten Jahrhundert entstandenen Deutschen Reiches hatte. Zu den Reichskleinodien gehört die Reichskrone. Von ihr soll im folgenden die Rede sein; denn Eigenaussage und Wirkungsgeschichte der Reichskrone sind einzigartig und überaus aussagekräftig.

*Standbild Kaiser Karls des Großen auf der Alten Brücke in Frankfurt a. M., Jakob Fürchtegott Dielmann. Historisches Museum Frankfurt a. M., HMV 26, Foto: Ursula Seitz-Gray*

Die Reichskrone ist erst spät aufgrund des ihr seit den Napoleonischen Kriegen zugewiesenen Aufbewahrungsortes in der Wiener Hofburg zur „Wiener" Reichskrone geworden. Gleichwohl hieß sie früher und längere Zeit die „Nürnberger Krone". Denn wegen des der Reichsstadt Nürnberg im Jahr 1424 verliehenen und bis zum Jahr 1796, also fast vierhundert Jahre ausgeübten Privilegs, Hort des Reichsschatzes zu sein, hatte die Stadt Nürnberg ein gewisses Anrecht auf diese Krone. Bis ins zwanzigste Jahrhundert wurde diese Krone irrtümlich auch für eine Krone Karls des Großen gehalten. Das demonstriert das berühmte Nürnberger Dürer-Bild von Karl dem Großen. Auch noch ein Denkmal am Frankfurter Römer zeigt Karl den Großen mit dieser Krone. Dieses heute vor dem Kunsthistorischen Museum stehende Monument war 1843 zur Tausendjahrfeier des Vertrages von Verdun geschaffen worden und hatte auf der alten Main-Brücke Frankfurts bis zu deren Zerstörung gestanden. Damit sollte auch an die Teilung des Reiches unter den Nachkommen Karls des Großen im Jahr 843 erinnert werden. Jene Reichsteilung von Verdun hatte man im 19. Jahrhundert gern als den Beginn einer westfränkisch-französischen und einer ostfränkisch-deutschen Nationalgeschichte interpretiert. Sogar in Paris kann man eine Reichskronenimitation bestaunen, nämlich auf einem um 1890 fertigen Reiterdenkmal gleich neben der Kathedrale „Notre-Dame". Es stellt Kaiser Karl unter der Reichskrone und „mit seinen Lehensleuten" dar. Der Vergleich von Frankfurter und Pariser Denkmal ist lehrreich; denn er lehrt uns, wie das alte Heilige Römische Reich eigentlich ein übernationales, ein europäisches Reich war, auf dessen gemeinsamen Ursprung sich sowohl Frankreich als auch Deutschland berufen können.

*Kaiser Karl der Große, Albrecht Dürer, um 1511–1513. Germanisches Nationalmuseum, Nürnberg*

*Kaiser Karl der Große und seine Lehnsleute. Denkmal in Paris, um 1890. Foto: Friedrich Paravicini*

Seit den sechziger Jahren des vorigen Jahrhunderts besteht ein breiter Konsens in der Forschung, daß die Reichskrone erst in die ottonische Zeit gehört. Mit den Reichskleinodien zählt also die Reichskrone zu den Reichsinsignien, die das Alte Reich in der Mitte Europas, das von 962 bis zum Jahr 1806 Bestand hatte, als ein christliches „Heiliges Römisches Reich" charakterisierten. Wer Kaiser dieses Reiches sein wollte, mußte über diese Insignien verfügen. Europa hatte – und hat – bekanntlich bis heute keine Hauptstadt. Doch wo immer große, die Reichseinheit garantierende Ereignisse stattfanden, Königskrönungen und Kaiserkrönungen (in Rom, Aachen, Mainz, Bonn, Regensburg, Augsburg und Frankfurt am Main) verlieh die Anwesenheit der Reichsinsignien dem Reich Recht und Gewalt. In Frankfurt fanden in Spätmittelalter und Neuzeit (1356 – 1792) die meisten Wahlen und Krönungen statt; von insgesamt 23 Krönungen geschahen 17 in Frankfurt, 6 in Aachen, 3 in Regensburg, 1 in Augsburg. Die letzten sechs Wahlen und Krönungen geschahen ausnahmslos in Frankfurt: Karl VI. 1711; Karl VII. 1742; Franz I. (Gemahl Maria Theresias) 1745; Joseph II. (zu Lebzeiten des Vaters, *vivente imperatore*) 1764; Leopold II. 1790 und schließlich Franz II. 1792.

Wenn es noch heute keine zentrale europäische Hauptstadt gibt, so hängt das sicher auch damit zusammen, daß es gerade im Zentrum des mittelalterlichen Europa, und daher gerade auch auf deutschem Gebiet, von Anfang an keine königliche oder kaiserliche Residenz gab. Der König und Kaiser zog von einer seiner Pfalzen zur anderen. Sein „Reisekönigtum" war besonders im hohen Mittelalter ganz üblich, weshalb die bewegte Geschichte der Reichskrone an der bewegten Geschichte ihrer Träger schon im zehnten und elften Jahrhundert teilhatte. Die Ursachen dieses Reisekönigtums sind zunächst nicht nur staatspolitischer, sondern auch ökonomischer Art gewesen; denn der Herrscher mußte sich mit seinem Gefolge von seinen verstreuten Königsgütern ernähren. Vordergründig hatte sich der reisende König und Kaiser je vor Ort auch um die politischen Aufgaben zu kümmern. Auch als oberster Gerichtsherr war er allerorten gefragt. Doch liegt dem Reisekönigtum auch ein ideeller Sinn zu Grunde. Wir wissen, daß der Kaiser in Klöstern und Stiften, zumal in seinen Reichsabteien, zu geistlicher Erbauung und Zuspruch einkehrte. Auch das Vorbild des wandernden Christus mag, modern gesprochen, wie ein geistiger „Überbau" die Reisetätigkeit des Herrschers ideologisch motiviert haben. Kaiser Konrad II. (1024–1039) wurde „Stellvertreter Christi" genannt. Doch schon in der Krönungsliturgie aus ottonischer Zeit, im „Mainzer Ordo" (vor 980), taucht indirekt der Titel des „vicarius Christi" auf, da es dort in den Gebeten heißt, der König sei „typus" und „exemplum" Christi und da das Krönungsgebet mit der Weisung schließt: „Dir wird anvertraut, den Namen und das Stellvertreteramt Christi zu tragen". Das christliche Wandermotiv geht deutlich aus dem unmittelbar vorangehenden Gebet hervor, das der Mainzer Erzbischof bei der Übergabe des „Zepters und Stabes" (sceptrum et baculum) spricht. Hier wird der Herrscher zur Nachahmung des guten Hirten Christus verpflichtet, und diese Nachahmung Christi soll gerade bei der Rechtspflege draußen im Land geschehen: „Nimm hin das Zepter der Tugend und des Rechtes. Daran mögest du erkennen, wie die Frommen zu schonen und die Frechen zu strafen sind, wie den Verirrten Weg zu weisen, den Gefallenen die Hand zu reichen und die Hochmütigen zugrundezurichten und die Demütigen aufzurichten sind. Und es möge dir die Tür Jesus Christus, unser Herr, erscheinen, der von sich sagt, ‚ich bin die Tür, wer zu mir eingeht, der wird errettet werden' (Johannesevangelium 10.9) … und in allen Dingen mögest du ihm nachfolgen dürfen, von dem der Prophet David gesungen hat: ‚Dein Thron, Gott, bleibt immer neu und ewig, das Zepter deines Reiches ist ein gerechtes Zepter'" (Psalm 45,7). Natürlich macht oft die gottesdienstliche Liturgie auf den modernen Menschen einen fernen, fremden und unwirklichen Eindruck. Aber wenn man weiß, wie realistisch und aktuell im Mittelalter die Sprache der Liturgie empfunden wurde, wird einem klar, daß so eine Krönungsliturgie auch eine wichtige Quelle für vorherrschende politische und verfassungsrechtliche Anschauungen sein kann.

## I. Aus der Geschichte der Reichskrone

Nun stellt sich dem historisch kundigen Betrachter die Reichskrone als eines der ältesten, schönsten und bedeutsamsten Stücke der Reichsinsignien dar. Geschaffen wurde sie, wie heute überwiegend angenommen wird, in den Jahren 961 bis 967 in einer westdeutschen Goldschmiede im Raum Köln/Essen. Diese kunsthistorisch-materialtechnische Datierung und Lokalisierung kann durch theologisch-historische Beobachtungen bestätigt werden. Demnach ist das aus der Reichskrone ersichtliche theologische Programm die ästhetische Ausprägung einer theologisch begründeten Politik am Hof der ottonischen Sachsenkaiser in den Jahren 961 bis 967. Der Auftraggeber der Reichskrone, der die aus ihr sprechenden christlichen Wertvorstellungen in seiner eigenen Politik auch verwirklichte, war sehr wahrscheinlich der höchste Geistliche im ottonischen Reich, der Reichsbischof Brun von Köln, ein Bruder Ottos des Großen. Erzbischof Brun stand in enger Verbindung mit Benediktinermönchen der seit 933 weit wirkenden Gorzer Klosterreform. Daher ist von vornherein zu bedenken, daß auch der Geist eines benediktinischen Reichsidealismus, der beispielhaft bei den Trierer Mönchen in St. Maximin lebendig war, in dieser Krone zu Gold und Edelstein geworden war. Der Lehrer und geistliche Ratgeber Bruns war ein Mönch in der Trierer Reichsabtei St. Maximin. Von diesem Benediktinerkloster aus sollten dann auch die ersten Mönche auf die Missionsreise in die Länder jenseits der Elbe gehen. Von Trier kamen die Mönche, die das Magdeburger Moritzkloster seit 937 füllten. Magdeburg wurde seit 968 als Erzbistum das Tor zur Mission des Ostens. Erzbischof Brun umgab sich in Köln auch gern mit griechischen Gelehrten und Künstlern – noch heute erinnert in Köln ein „Griechenmarkt" an mittelalterliche Verbindungen mit Byzanz –, und Kaiserin Theophano, die aus Konstantinopel stammende und seit 972 mit Otto II. vermählte Kaiserin, suchte immer wieder die Nähe des Grabes des Erzbischofs Brun in der Kirche St. Pantaleon zu Köln. Daher ist der byzantinische Einfluß in der Krone sehr gut aus ihrer westdeutschen Herkunft zu erklären, wo in den Reichsstiften und Klöstern dieser Einfluß aus dem christlichen Orient allgemein stark war.

Gut möglich ist, daß die erste Krönung mit dieser Krone schon am Tag Maria Lichtmeß, am 2. Februar 962, in der alten Peterskirche zu Rom geschah, als Papst Johannes XII. den zum Schutz gegen italienische Widersacher um Hilfe gerufenen Otto zum Kaiser krönte. An jenem denkwürdigen Tag wurde das seit Karls des Großen Kaiserkrönung, Weihnachten 800, bestehende abendländische und christlich-römische Kaisertum erneuert. Damit war die weltpolitische Dimension des sächsischen Herrscherhauses, in Ansätzen schon bei Heinrich I. (918-936) und immer stärker bei seinem Sohn Otto I., der schon 951 bei Papst Agapit II. über eine Krönung zum Kaiser verhandeln ließ, seit dem 2. Februar im Jahr 962 zu einer vollendeten Tatsache geworden. Liutprand, ein für die deutschen Sachsen begeisterter Bischof von Cremona, meinte damals, daß mit Papst Johannes XII. eine verwerfliche Gestalt der Papstgeschichte diese Krönung vollzogen habe, ein jugendlicher, ungeistlicher Playboy, gegen den man sogar den Vorwurf der Anstiftung zur Kindsabtreibung bei seiner Geliebten erhoben hatte. Doch Kaiser Otto sollte aufgrund dieses 2. Februar 962 in die neueren Geschichtsbücher eingehen als der Begründer des Deutschen Reiches. Derselbe Liutprand berichtete, daß Otto damals von Papst Johannes „mit einem wunderbaren Ornat und neuartigem Pomp" (*miro ornatu novoque apparatu*) empfangen worden sei. Unter den gegebenen Umständen kann man sich gut vorstellen, daß dieser neue „Apparatus" nicht vom moralisch kleinen Johannes, sondern vom politisch großen Otto präsentiert worden war und daß zu diesem „Apparat" wohl auch die von Bruder Brun im fernen Deutschland geschaffene Krone gehört hatte, die also der Kaiser im Gepäck gleich mitgebracht hatte. Auch später sollte diese Krone zu einem Reichsschatz gehören, über den nur der Kaiser persönlich die Verfügungsgewalt besaß. Wo immer die Reichskleinodien und besonders die Reichskrone waren, dort war ja auch die heimliche Hauptstadt des Reiches.

Aus dem elften, zwölften und dreizehnten Jahrhundert können zahlreiche Daten und Orte der Reichskrone und all der Reichskleinodien mit einiger Sicherheit behauptet werden. Immer wieder stammen sie aus Quellen, die von Thronwirren und epochalen Übergangszeiten in der Reichsgeschichte handeln. So ist zunächst von einem wilden Ereignis im Jahr 1002 zu berichten. Nachdem Anfang dieses Jahres Kaiser Otto III. auf der italienischen Burg Paterno plötzlich im Alter von 22 Jahren gestorben war, wurde sein Leichnam mit den Reichsinsignien, dem letzten Willen des Kaisers entsprechend, nach Aachen überführt. Doch im bayerischen Polling lauerte der Bayernherzog Heinrich dem Zug auf und eignete sich gewaltsam die kaiserlichen Insignien an, gegen den Protest des Kölner Erzbischofs. Allerdings war die Heilige Lanze, die damals noch anerkannteste und ältere Reichskleinodie, vorher schon heimlich nach Köln in Sicherheit gebracht worden. Heinrichs Staatsstreich wurde ausschlaggebend, um sein Anrecht auf die Kaiserwürde durchzusetzen, und wirklich ist er als Kaiser Heinrich II. (1002–1024) in die Geschichte der großen Deutschen eingegangen – und auch in die Kirchengeschichte. Denn die Stiftung und der Ausbau des Bistums Bamberg zu einem Missionszentrum für die slawischen Völker hat ihm den Namen des Heiligen eingetragen. In der europäischen Geschichte wurde Heinrich II. nach Kaiser Konstantin sogar der einzige Kaiser mit dem offiziellen Titel eines „Heiligen“.

Sehr wahrscheinlich waren Insignien und Reichskrone im Jahr 1073 auf der Harzburg. Der Salierkaiser Heinrich IV. erschien damals den sächsischen Fürsten als eine Bedrohung, weil er im norddeutschen Raum gar zu viele Burgen zu eigenem und des Reiches Schutz errichtete. So kam es zu einem Aufstand der Sachsen. In der Nacht vom 8. zum 9. August 1073, nur wenige Jahre vor der bekannten Kirchenbuße Heinrichs vor Papst Gregor VII. zu Canossa (1077), mußte derselbe Kaiser vor seinen sächsischen Landsleuten fliehen und nahm, wie es in einer Chronik heißt, von der Harzburg „die Reichsinsignien und von seinen Schätzen so viele er konnte“ mit. Der Weg führte vermutlich über den heute noch „Kaiserweg“ genannten Waldweg unterhalb des Brocken-Berges nach Süden. Schließlich fanden Kaiser und Krone vorläufige Zuflucht in der Reichsabtei Hersfeld.

Mit dem zwölften Jahrhundert beginnt die Zeit mehrerer gesicherter Daten zur Reichskrone. Im Jahr 1105 wurde der alte Heinrich IV. in der Pfalz Ingelheim durch seinen eigenen Sohn der Insignien beraubt, was den Aufstieg seines Sohnes als Heinrich V. endgültig besiegelte. In den Jahren von 1105 bis 1125 war meist die Reichsveste Hammerstein am Rhein bei Neuwied Aufbewahrungsort der Insignien. Der kinderlose Kaiser Heinrich V., der letzte des salisch-ottonischen Herrscherhauses, hatte noch auf dem Totenbett in Utrecht am 23. Mai 1125 verfügt, daß sein Reichsverweser Herzog Friedrich von Schwaben (der Vater Kaiser Friedrich Barbarossas) die Reichsinsignien auf den Trifels in der Pfalz überführen sollte. Sicher ist auch, daß die Reichskrone unter den Staufern dann meist dort auf dem Trifels verwahrt wurde, 1125–1273. Eine gute Kopie kann man dort heute besichtigen. In dieser Zeit des beginnenden staufisch-welfischen Gegensatzes kommen zwischenzeitlich aber auch andere Aufenthaltsorte in Frage. So wissen wir, daß die Insignien im Jahr 1135, als sich die Staufer Friedrich von Schwaben und sein Bruder Konrad dem Sachsenkaiser Lothar III. (1125–1137) unterwarfen, wieder in sächsische Obhut kamen, vermutlich wieder auf die Harzburg. Als Lothar III. am 4. Dezember 1137 auf dem Rückzug von Italien in Breitenwang in Tirol starb, übergab er dort die Reichskleinodien seinem Schwiegersohn, dem Welfen Heinrich dem Stolzen, der sie aber schließlich nach dem Sieg der staufischen Gegenpartei und der Thronerhebung des Staufers Konrads III. (1138–1152) abgeben mußte, so daß sie wieder zum Trifels zurückkamen. Nach 1150 wurden die Insignien längere Zeit auch in der elsässischen Burg Hagenau gehütet. Im Jahr 1221 ist die Waldburg bei Weingarten am Bodensee als Aufenthaltsort bezeugt. Sie wird dort von Mönchen des Ordens der Prämonstratenser behütet. Ganz sicher ist schließlich, daß sie unter den Habsburgern von 1273 bis 1323 auf der Veste Kyburg bei Winterthur in der Schweiz bewacht wurde. Pfingsten 1314 wurden die Reichskleinodien erstmals öffentlich dem Volk „gewiesen". Das geschah vom Münster in Basel aus. Der Habsburger Friedrich der Schöne wollte damit gegenüber seinem dann doch siegreichen Rivalen Ludwig von Bayern die Rechtmäßigkeit seiner Herrschaft demonstrieren.

Ab 1323 werden die Reichskleinodien an Ludwig den Bayern nach München übergeben. Bis 1350 befinden sich Reichskrone und Insignien in Obhut der Wittelsbacher zu München. Schließlich werden sie 1350 an Karl IV. übergeben, den Luxemburger. Die Reichskleinodien kommen in die Burg Karlstein bei Prag. Seitdem werden die Reichskleinodien alljährlich von dort nach Prag überführt, wo einmal im Jahr, am Freitag der zweiten Woche nach Ostern, eine öffentliche Heiltumsweisung auf dem Karlsplatz stattfindet. Diese Heiltumsweisungen sind ein Beleg für die damals allgemeine Auffassung, daß die Insignien wie Reliquien anzusehen seien. Seit den Luxemburger-Kaisern wird die Reichskrone auch auf Karl den Großen zurückgeführt. Erst eine neuere Forschung sollte sie, wie gesagt, überzeugend mit Otto dem Großen in Verbindung bringen.

Im Jahr 1421 werden die Insignien auf Veranlassung Kaiser Sigismunds, des anderen Luxemburgers, vom Karlstein abtransportiert, um vor dem Sturm der Hussiten geschützt zu werden. In abenteuerlicher Flucht gelangt die Krone über Ungarn nach Nürnberg. Vom 22. März 1424 bis zum Jahr 1796, also 372 Jahre lang, wird dann die Stadt Nürnberg die Hüterin des Reichsschatzes. Die Reichskleinodien werden aufbewahrt in der Nürnberger Heiliggeistkirche. Nach Prager Vorbild werden nun auch in Nürnberg die Insignien alljährlich bei Heiltumsweisungen dem Volk vorgestellt. Das waren Volksgottesdienste, wozu jedermann Zutritt hatte. Auf einem Gerüst gegenüber der Nürnberger Frauenkirche wurden so die Insignien einer andächtigen Menge „gewiesen". Die Nürnberger Handelsmesse schloß sich daran an.

Ein für die Reformationsgeschichte wichtiges Datum ist auch für die Geschichte der Reichskrone zentral. 1521 zieht bekanntlich Karl V. zum Wormser Reichstag ein, wo der Fall Martin Luthers schließlich zur Hauptsache geworden ist. Da dies der erste Reichstag des neuen Kaisers Karl war, mußten die Reichsinsignien selbstverständlich in Worms zugegen sein. Seit dem Wormser Reichstag 1521 werden, nach einer Urkunde, bei allen Überführungen die Steine auf „Kaiser Karls Krone" abgezählt, eine merkwürdige und geschichtsträchtige Notiz!

Mit Einführung der Reformation in Nürnberg im Jahre 1523 entfallen dann die fortan als Götzendienst empfundenen Heiltumsweisungen. War bis dahin hauptsächlicher Krönungsort Aachen, so wird es fortan Frankfurt sein.

1796 befindet sich die Krone noch einmal auf einer abenteuerlichen Flucht, nun vor den Truppen der Französischen Revolution. Nach Zwischenaufenthalten in Regensburg und Passau gelangen die Reichskleinodien schließlich nach Wien. Aber auch dort sind sie nicht sicher vor dem nach Kaiserwürden strebenden Napoleon, der sich als Nachfolger Karls des Großen fühlte. Als Napoleon im Jahr 1805 und

*Medaille Wilhelms I. nach der Kaiserproklamation, 1871.*
*Ehemalige ständige Ausstellung im Berliner Reichstag*

dann noch einmal 1809 Österreich erobert, werden die Reichskleinodien in Ungarn versteckt. In diese Zeit fällt das Ende des Heiligen Römischen Reiches. Im Jahr 1806 verzichtet Franz II. von Habsburg auf die Kaiserwürde und legt somit symbolisch die Krone nieder. Das sich von 962, ja eigentlich von 800, dem Jahr der Kaiserkrönung Karls des Großen, herleitende europäische Kaisertum, das seit Ottos des Großen Kaiserkrönung 962 sowohl geographisch als auch politisch auf deutschem Boden verwurzelt gewesen war, ist damit zu Ende gegangen.

In den unruhigen Jahren der Freiheitskriege ist der Aufenthaltsort der Krone nicht immer bekannt. Erst seit dem Jahr 1818 ruhen Krone und Reichskleinodien ungestört in der kaiserlichen Schatzkammer zu Wien. Aber die in Wien aufbewahrte Reichskrone spielte in der politischen Propaganda des neunzehnten Jahrhunderts eine erhebliche Rolle. Mit der Revolution 1848 war noch einmal eine große Stunde der Reichskrone gekommen. Mitglieder der Nationalversammlung in Frankfurt hatten König Friedrich Wilhelm IV. in Berlin das Angebot gemacht, fortan die Krone aus Wien zu tragen. Doch der Preußenkönig lehnte am 28. April 1849 ab. Er wollte (wie er in einem Privatbrief schrieb) nicht Träger einer Krone sein, an der ein „Ludergeruch der Revolution von 1848" hänge. Er sah sich als deutscher Fürst genötigt, auf diese aus Österreich gestohlene Idee, „einen solchen imaginären Reif, aus Dreck und Letten gebacken", zu verzichten. Damit war das Schicksal des Alten Reiches endgültig besiegelt und die Chance einer konstitutionell-parlamentarischen Monarchie mit ökumenischem christlichen Sinn schien für immer vertan zu sein. Das wilhelminische Kaiserreich besaß dann zwar keine eigene Kaiserkrone, aber das Verlangen nach Anknüpfung an die mittelalterliche Reichstradition blieb groß. Aus dem „Heiligen Römischen Reich" sollte ein „deutsches" Kaiserreich werden. Das nie ausgeführte Modell einer der alten Reichskrone durchaus nachempfundenen Krone des sogenannten Zweiten Reiches wurde immerhin von 1871 bis 1918 zum populären Staatssymbol, wie man allerorten in Deutschland noch heute sehen kann.

*Die Weidendammbrücke in Berlin. Foto: Günther Neumann*

*Niederwalddenkmal bei Rüdesheim, 1890.*
*Bildarchiv Foto Marburg*

Interessante Beispiele sind: Die Reichsgründungsmedaille von 1871 (mit einer „Germania" an Stelle des Pantokrators Christus in der Krone), der Schmuck auf der Berliner Weidendammbrücke beim Bahnhof Friedrichstraße, auch das Niederwalddenkmal von 1883, das Kyffhäuserdenkmal mit schlafendem Barbarossa von 1896 und das größte Reiterstandbild der Welt am Deutschen Eck in Koblenz von 1897; es zeigt Kaiser Wilhelm hoch zu Roß und einen kleinen Genius darunter, der die Reichskrone trägt. Doch die eigentlich zuständigen Hohenzollernkönige und -kaiser blieben ihrer kritischen Distanz zur Krone des Alten Reiches treu – bis zuletzt. Wilhelm II. war bei der Abdankung November 1918 sofort bereit, auf die Kaiserkrone zu verzichten, nicht aber auf die preußische Königskrone.

*Koblenz: „Deutsches Eck" vor dem Zweiten Weltkrieg. Foto: Gutmann, Landesbildstelle Rheinland-Pfalz*

*„Kaiser Friedrich I. Barbarossa". Kyffhäuserdenkmal 1896. Bildarchiv Foto Marburg.*

Im Jahr 1938 holten auf einmal die Nationalsozialisten auf Geheiß Adolf Hitlers die Reichskrone zurück nach Nürnberg. Die Nationalsozialisten haben sich ja ohne Rücksicht auf die christlichen Grundlagen der mittelalterlichen Reichsidee als Erben des mittelalterlichen deutschen Reiches verstanden. Das war im „Dritten Reich" nicht von Anfang an so gewesen: Zuerst hatte der Nationalsozialismus in seinem Germanenkult die alte Reichstradition sogar verachtet. Hitler war ja der erste führende Staatsmann in der deutschen Geschichte gewesen, der den großen Kaiser Karl diffamiert hatte („der Sachsenschlächter"). Dagegen stand bei den Nationalsozialisten ein Reichsfeind wie Herzog Heinrich der Löwe in höchstem Ansehen. 1933 wurde ein Wunsch der Stadt Frankfurt, den sie im Ehrenbürgerbrief an Hermann Göring mitteilte, von Hitler rundum abgelehnt, nämlich den Titel „alte Kaiser- und Krönungsstadt" tragen zu dürfen. Statt dessen mußte sich Frankfurt mit dem Titel „Stadt des deutschen Handwerks" bescheiden. Doch mit dem nahenden europäischen Krieg, der zum Zweiten Weltkrieg werden sollte, änderte sich die Einstellung Hitlerdeutschlands zum mittelalterlichen Kaiserreich. Man beanspruchte seit 1938 für ein neues Europa unter germanischer Führung nun selbst die mittelalterliche Reichstradition. Typisch war das Codewort „Barbarossa" für den geplanten Krieg gegen die Sowjetunion, und merkwürdig bleibt ja auch, daß Hitlers letztes Aufgebot 1945 im Kampf um Berlin und die Reichskanzlei eine SS-Waffengrenadierdivision unter dem Namen „Charlemagne" war, ein verlorener Haufen von französischen Kollaborateuren. Der Name „Charlemagne" war Hitlers persönlicher Wunsch gewesen.

In den letzten Kriegsjahren war der Reichsschatz ausgelagert in einem Bunker unter der Nürnberger Burg. Amerikanische Soldaten haben ihn dort 1945 herausgeholt. Auf Anordnung der Alliierten wurde schließlich 1946 die Krone mit allen Reichskleinodien wieder nach Wien zurückgebracht. Trotz einiger Rechtsstreitigkeiten zwischen Aachen, Nürnberg und Wien über den legitimen Aufenthaltsort der Reichskleinodien, was sogar den Bundestag in Bonn beschäftigte, ist die weltliche Schatzkammer in der Wiener Hofburg dann doch bis heute der Aufbewahrungsort dieser kostbarsten Symbole des Alten Reiches geblieben.

## II. Anerkanntheit und Selbstmächtigkeit der Reichskrone

Wien ist Ort der Reichskrone seit zweihundert Jahren, und überwiegend waren es ja auch Kaiser aus dem Haus Habsburg, von Rudolf I. bis Franz II., die das Heilige Römische Reich unter dieser Krone repräsentierten. Nun ist aber auch nach dem ‚geistigen' Ort gerade der Reichskrone zu fragen. Was für eine Idee verbirgt sich hinter den ja doch nicht zufällig zusammengefügten vier Edelsteinplatten und den vier Bildplatten, auf denen Könige des Alten Testamentes und, vorn rechts, Christus als der König aller Könige abgebildet sind? Ist diese dem Gesamtprogramm der Krone zugrundeliegende Idee ein politischer Mythos, der vom Wirken Gottes in der Weltpolitik in einer Weise erzählt, die dem modernen aufgeklärten Menschen nur sehr fern und fremd, irrational und unlogisch vorkommen kann? Oder verbirgt sich im Edelstein- und Bildprogramm der Krone ein Symbol, das den Menschen auch noch im 21. Jahrhundert berührt? Die heute unter Theologen und Philosophen geführte Diskussion über die Wahrheit des Mythos oder die Wahrheit des Symbols hat an der Reichskrone und ihrer Geschichte ein konkretes Beispiel.

Wirklich dürfte der Begriff des Symbols in Anbetracht der Reichskrone angemessen sein, insofern ein Symbol etwas Umfassendes zum Ausdruck bringt, das uns auch heute noch anrühren kann, so wie die kirchlichen Sakramente Taufe und Abendmahl für den Christen ja auch nicht ferne Mythen, sondern immer noch wirkliche Symbole darstellen. Gerade die Geschichte des Christentums ist immer wieder eine Geschichte der Abgrenzung vom Mythos gewesen. Große Mythen konnten dem Christentum immer wieder gefährlich werden, vom gnostischen Mythos des zweiten bis zum germanischen Mythos des neunzehnten und zwanzigsten Jahrhunderts. In der Geschichte dieses neugermanischen Mythos hatte die Reichskrone eine legitimierende Funktion erhalten. Das war die Geschichte des Mißbrauchs eines Symbols durch einen Mythos gewesen.

An der neueren Geschichte einer Idee vom deutschen Reich als einem germanischen Großreich und an der in diese so phantastisch heidnische Geschichte hineingezogenen christlichen Kultur des Mittelalters durch ihre Präsentation als angeblich nur deutscher Kultur läßt sich die Bedrohung der christlichen Kirche durch den Mythos exemplarisch veranschaulichen – eine Geschichte, die uns freilich, nachdem sie 1945 abrupt und schrecklich zu Ende gegangen ist, heute manchmal schon sehr fern und fremd und gelegentlich sogar tragikomisch vorkommen kann. Zum Beispiel wurde die mittelalterliche christliche Gefolgschaft pervertiert zur bedingungslosen Gefolgschaft des Führers in der SS. Als 1938 die Reichskrone nach Nürnberg zum Zehnten Reichsparteitag der NSDAP geholt wurde – man sprach damals von der Heimführung der Ostmark ins Reich mitsamt den Reichskleinodien –, da standen die SS-Männer peinlich berührt vor ihrer deutschen Krone, weil darauf jüdische Könige des Alten Testaments abgebildet sind. Kurz vorher hatte man von Wien aus vergeblich versucht, die Insignien dort zu behalten, indem man gegenüber der nationalsozialistischen Berliner Führung das Argument der angeblich antideutschen „jüdischen" Könige auf der Reichskrone ins Spiel brachte. Die österreichische List gelang nicht. Die Krone wurde in Wien für Nürnberg beschlagnahmt. Methodisch läßt sich die historische Insignienforschung gut verbinden mit dem neuen Verständnis für Symbole nicht nur in der kunstwissenschaftlichen Symbolforschung, die Erwin Panofsky begründet hat, sondern auch in der theologischen Wissenschaft. Schon 1930 hatte der evangelische Theologe Paul Tillich eine berühmte Definition des Symbols gegeben, die in jeder Hinsicht auf die Reichskrone anwendbar zu sein scheint. Tillich hatte von 1929 bis 1933 in Frankfurt am Main an der Seite Adornos und Horkheimers „Religionsphilosophie" gelehrt. Auch er wurde mit jener „Frankfurter Schule" von den Nationalsozialisten in die Emigration getrieben. Ohne freilich an die Reichskrone zu denken, nannte Tillich vier Merkmale eines echten Symbols: Sein erstes und grundlegendes Merkmal ist seine Uneigentlichkeit. Sein zweites Merkmal ist seine Anschaulichkeit. Sein drittes Merkmal ist seine Selbstmächtigkeit. Das vierte Merkmal des Symbols ist seine Anerkanntheit. In umgekehrter Reihenfolge beginne ich mit dem letzten Merkmal.

Die Reichskrone ist anerkannt. Das bezeugen Bildbeispiele aus dem neunzehnten Jahrhundert zur Genüge. Sie ist auch ein Stück deutscher Sozialgeschichte. Aus allen gesellschaftlichen Gruppen kennen wir, besonders gut nachweisbar im neunzehnten und zwanzigsten Jahrhundert, Reaktionen auf die Symbolik der Reichskrone – bis hin zum Bierdeckel einer bekannten Frankfurter Brauerei. Auch wenn man angesichts dieser ganzen Geschichte im Rückblick kritisch feststellen muß, daß im neunzehnten und zwanzigsten Jahrhundert aus dem Ideal weithin ein Idol, aus dem Reichsidealismus ein Reichsmythos, schließlich aus dem Symbol sogar ein Klischee geworden ist, so wirkt sich selbst darin die Anerkanntheit einer ursprünglich starken Idee aus. Ja, gerade die verdrängten Symbole der

Geschichte können in verfremdeten und verkehrten Formen gewaltsam weiterwirken. Im Juni 1945 fanden amerikanische Soldaten in einem Bergwerkstollen bei Siegen die Kopien der Reichsinsignien aus dem Aachener Rathaus. Man hielt sie zunächst für die echten Insignien. Frech setzte sich der Sergeant Babcock „the gold and pearl crown of the Kaisers of Germany" auf seinen viel zu kleinen Kopf. Auch das ist ein zwar groteskes und doch sprechendes Beispiel für die Anerkanntheit der Reichskrone, nun nach dem Ende des „Dritten Reiches".

Die Reichskrone ist ein starkes Symbol, weil sie „selbstmächtig" war. Das wird an ihrer staatsrechtlichen Funktion

*Sergeant Babcock mit der Kopie der Reichskrone. National Archives Washington D. C.*

sehr deutlich. Sogar noch die Väter der Frankfurter Paulskirchenverfassung von 1849 sahen sich berechtigt und genötigt, dem Preußenkönig Friedrich Wilhelm IV. eben diese Kaiserkrone aus Wien anzutragen. Die Sache ging ja leider schief. Der preußische König schickte die aus Frankfurt angereisten Deputierten unverrichteter Dinge wieder zurück. Gerade die Unumgänglichkeit dieses Symbols, die in ihrem rechtlichen Charakter liegt, macht ihre Selbstmächtigkeit aus. Überhaupt ist keine andere Krone der Weltgeschichte als solche so selbstmächtig gewesen wie die Reichskrone. Die anderen Kronen der europäischen Geschichte, z.B. die russischen, englischen und skandinavischen Herrscherkronen, sind durchweg nicht nur jünger, neuzeitlicher; sie haben auch niemals einen vergleichbaren Zauber hervorgerufen. Auch die Kronen in den Jahrhunderten davor, in Byzanz und bei den christianisierten Germanen, haben niemals ein ähnliches Ansehen und eine ebensolche Ausstrahlung und Dignität besessen. – Nur eine Ausnahme gibt es: die Stephanskrone der Ungarn. Doch ist die Stephanskrone gut zwei Generationen jünger als die Reichskrone.

Die von der Reichskrone selbst ausstrahlende Kraft, ihr auch rechtlich selbstmächtiges Wesen, bestätigt ein merkwürdiger Befund. Jürgen Petersohn hat nachgewiesen, daß bei den mittelalterlichen Königskrönungen gar nicht diese Krone unbedingt aufgesetzt werden mußte. Entscheidender waren „die Kategorien des rechten Ortes und des richtigen Weihespenders". Das hieß: Nur die Erzbischöfe von Köln oder Mainz durften krönen, worüber es zwischen beiden nicht selten zum Streit kam, und nur der Mainzer Dom oder das Aachener Münster, das kirchlich zu Köln gehörte, sollten bis zur Reformation als eigentliche Krönungskirchen gelten. Petersohn wies in seiner Fallstudie nach, daß von 21 Erstkrönungen zwischen 1198 und 1486 fast die Hälfte ohne Reichskrone geschah. Noch die Goldene Bulle – das 1356 von Kaiser Karl IV. angenommene Reichsgrundgesetz – schweigt von Krone und Insignien. Damit darf allerdings nicht gegen die hohe verfassungsgeschichtliche Bedeutung der Reichskrone argumentiert werden. Denn im Mittelalter war eine Königs- und Kaisermacht weniger durch den Gebrauch als durch den Besitz von Reichskrone und Insignien garantiert. Die Reichskleinodien wurden ja auch wie Reichsreliquien auf befestigten Burgen bewacht und kamen nur selten ans Licht der Öffentlichkeit. Als die Reichsinsignien in habsburgischer Obhut auf der Kyburg (in der Schweiz) verwahrt wurden, berichtete einmal die Burgvögtin Margarete von Landberg (1316) stolz: „Da das Reich bei mir zur Kyburg war."

## III. Christliche Symbolik der Reichskrone

Die Reichskrone ist anschaulich, ja anschaulich in ästhetisch wildschöner Pracht. Nicht gesehen werden kann ihr großes Gewicht, immerhin dreieinhalb Kilogramm. Dieses Gewicht und ihr für den menschlichen Kopf viel zu großer Durchmesser (22 cm) sind schon ein Hinweis darauf, daß sie mehr sein will als eine fürstliche Kopfbedeckung. In der Neuzeit wurde das kaum noch begriffen. Schon dem jungen Johann Wolfgang Goethe, der 1764 die Kaiserkrönung Josephs II. in Frankfurt vom Straßenrand aus miterlebte, war das aufgefallen. Goethe erinnerte sich später: „Der junge König schleppte sich in den ungeheuren Gewandstücken mit den Kleinodien Karls des Großen wie in einer Verkleidung daher, so daß er selbst, von Zeit zu Zeit seinen Vater ansehend, sich des Lächelns nicht enthalten konnte. Die Krone, welche man sehr hatte füttern müssen, stand wie ein übergreifendes Dach ab" (Dichtung und Wahrheit I, 5).

Der erst unter Konrad II. entstandene Bügel mit der Aufschrift *„Chuonradus Dei Gratia Romanorum Imperator Augustus"* (Konrad aus Gottes Gnade Kaiser und Augustus der Römer) ist nachträglich im frühen elften Jahrhundert der Krone aufgesetzt worden. Aber das abnehmbare Stirnkreuz ist sehr wahrscheinlich gleichzeitig mit der Krone entstanden. Am unteren Rand der beiden Seitenplatten befinden sich je drei kleine waagerechte Röhrchen. Sie dienten zur Anbringung von nun ebenfalls verlorengegangenen „Pendilien", längerer Kettchen, die vom Kronenrand bis zur Schulter hinabhingen. Am oberen Rand der Seitenplatten und an der Nackenplatte sind an den Innenseiten je drei schräg nach oben stehende Goldröhrchen genietet. Sie waren die Halterung für einen ursprünglich dort angebrachten dreiteiligen, nach oben hinausstehenden Schmuck, mit Perlen und Edelsteinen verzierte Golddrähte, vielleicht in der Form von Lilien. Pendilien und Zierat sind von byzantinischen und abendländischen Kronen des neunten und zehnten Jahrhunderts bekannt. Aber überhaupt die Tatsache einer Bildplattenkrone weist ebenso wie die darin verwandte, jedoch spätere ungarische Stephanskrone auf byzantinisches Vorbild hin. Die Reichskrone ist also in ihrem heutigen Aussehen ein Fragment. Wenn man ihre aufregende äußere Geschichte bedenkt, Transporte durch ganz Europa, Raubüberfälle, Thronwirren, so ist das auch verständlich.

Es sei nur auf die auffallendsten biblischen Bezüge hingewiesen, die aus der Krone sprechen. Diese, auch mit Hilfe zeitgenössischer Literatur des zehnten Jahrhunderts (Liturgien, Chroniken u.a.) erweisbaren biblischen Bezüge in der Reichskrone sind von exemplarischer Bedeutung für politisch-theologisches Selbstbewußtsein am Hof Ottos I. und Ottos II. Am auffallendsten sind die Perlentore und die oktogonale Form. Sie erinnern an die im 21. Kapitel der Johannesapokalypse dargestellte himmlische Stadt, das himmlische Jerusalem. Die mittelalterliche Vorliebe für die Heiligkeit der Acht-Zahl hat hier also zur Gestaltung einer Krone im Oktogon geführt. Allein dieses Kennzeichen unterscheidet die Reichskrone von allen Kronen der Welt. Auch falls die italienische „Eiserne Krone" von Monza aus dem neunten Jahrhundert ursprünglich oktogonal gewesen sein sollte (was für eine abwegige Spekulation gehalten werden darf), ist doch die Reichskrone seit dem 10. Jahrhundert die einzige europäische Herrscherkrone in deutlich oktogonaler Form. Man sollte sich daher auch an die Schlußworte von Augustins „De civitate Dei" erinnert fühlen, die auf die ewige Glückseligkeit am letzten und „achten" Welttag hinweisen: „Am achten Tage", als an einem ewigen Sonntag, „werden wir feiern und schauen, schauen und lieben, lieben und loben".

*Reichskrone, Ausschnitt: „Salomonplatte".*
*Kunsthistorisches Museum, Wien*

*Reichskrone, Ausschnitt: „Davidplatte".*
*Kunsthistorisches Museum, Wien*

Die Davidplatte führt ein Spruchband mit Psalm 99,4 *„Honor regis iudicium diligit"* (Die Ehre des Königs liebt das gerechte Urteil). Eine schöne Erzählung von Wipo, dem Hoftheologen und Chronisten Konrads II., kann uns den auch reichsrechtlichen Sinn dieses Psalmwortes illustrieren: Am 8. September 1024 wurde Konrad beim Krönungszug in Mainz von Bittstellern aufgehalten, von einem Bauern, einem Waisen und einer Witwe. Während seine Begleitung die Störer zurückweisen möchte, damit er nicht zu spät zur Krönung kommt, läßt der König anhalten und spricht den Leuten Recht (*legem praefecerat illis*). Einige Schritte weiter faßt Konrad einen neuen Bittsteller am Arm, diesmal einen schuldlos aus seiner Heimat Vertriebenen (*expulsum patria sine culpa*). Er läßt sich das Anliegen des unglücklichen Asylanten erzählen und gibt es weiter an seine Begleitung, damit auch diesem Mann geholfen werde. Wipo kommentiert nun diese Begebenheit mit den Worten: „Das erscheint als ein glücklicher Anfang der Regierung, wo man mehr eilt zu des Gesetzes Erfüllung als zu der Königskrönung. Er verzögerte seine Einsegnung wegen der königlichen Ehre; denn es steht geschrieben" (und nun folgt der Spruch der Reichskrone): „Die Ehre des Königs liebt das gerechte Urteil" (*honor regis iudicium diligit*).

Die Salomonplatte hat ein Spruchband mit einem bezeichnenden Spruch eben aus den Sprüchen Salomos (Proverbia

*Reichskrone, „Hiskiaplatte".*
*Kunsthistorisches Museum, Wien*

*Reichskrone, Ausschnitt mit „Christusplatte" rechts.*
*Kunsthistorisches Museum, Wien*

3,7): „*Time dominum et recede a malo*" (Ehre den Herrn und weiche vom Bösen). Bemerkenswert ist die Voranstellung Salomos gegenüber David und die Blickwendung Salomos zu David hin wie umgekehrt, was auf eine sinnvolle Zuordnung der beiden Platten schließen läßt. Tatsächlich wurden Otto der Große und sein Sohn Otto II. in den sechziger Jahren des zehnten Jahrhunderts zu einer neuen Verkörperung von David und Salomon! Bei Hrotsvitha von Gandersheim ist ein Anhaltspunkt gegeben. Die älteste deutsche Dichterin verherrlicht Otto II. mit den Worten: „Aber weil ich gedenke, wie sehr Du wunderbar ähnlich Salomo, dem Sohne Davids, des gepriesenen Königs, der in der Gegenwart und auf Geheiß seines heiligen Erzeugers in ersehntem Frieden des Vaters Reich übernommen …". Kurz darauf nennt sie vertraulich den Sohn des großen Otto „unseren Salomo". In einer für die abendländische Königsverfassung neuartigen, freilich von Byzanz übernommenen Verfassungsreform bestimmte Otto I., der „David", seinen Sohn Otto II., den „Salomon", schon zu Lebzeiten zum Mitkaiser. Dieses kaiserliche Miteinander, das verfassungsrechtlich als ein Mitkaisertum in den Jahren 961–968 durchgesetzt wurde, ist womöglich in diesen beiden Platten der Krone angedeutet.

Die Hiskiaplatte hinten rechts zeigt den Propheten Jesajas im Moment, da dieser dem todkranken König Hiskia (lateinisch: Ezechias Rex) Trost zuspricht. Der Prophet trägt ein

Spruchband mit den Worten aus Jesaja 38,5: *„Ecce adiciam super dies tuos XV annos“* (Siehe, ich verlängere deine Lebenstage noch um 15 Jahre). Gerade für diese Platte gibt es zahlreiche Paralleltexte in den Königsliturgien des 10. Jahrhunderts, aus denen zu erfahren ist, daß hiermit vor allem das Memento-Mori-Motiv gemeint ist: „Auch du mußt sterben“. Auch der König, wie hier Hiskia, ist ein sterblicher Mensch, auf die Gnade leiblichen Wohls angewiesen. Ein Bild wie hier, das entsprechend einer christlich-liturgischen Tradition den todkranken, auf Gnade angewiesenen König zeigt, macht deutlich, wie weit sich das christliche Herrscherideal der christianisierten Germanen von der Verherrlichung des Divus Augustus im antiken Rom entfernt hat. Dort, in der Antike, durften Krankheit und Tod eines Kaisers nicht zum Inhalt seiner Verherrlichung gehören. Hier, bei den Christen, ist das prophetische Wort: „Bestelle dein Haus, denn du wirst sterben“ (Jes 38,1) ein Wort, dem die Erfahrung von göttlicher Gnade folgt. Wie anders war das in längst vergangenen Zeiten eines neuheidnischen Pangermanismus: „Ein Soldatenkind weint nicht“, wurde vor 1945 ein deutscher Junge ermahnt, dessen Vater gefallen war.

Vorn rechts sehen wir die Christusplatte mit dem Spruch aus den Sprüchen Salomos, Prov 8,15: *„Per me reges regnant“* (Durch mich herrschen die Könige). Der Spruch hat eine alte reichsrechtliche Tradition. Schon beim Kirchenvater Augustin, dann im Reichsrecht Kaiser Justinians, in ottonischen Rechtsquellen, sogar noch in der lutherischen Kirchenordnung Bugenhagens – immer wieder wird die kaiserliche und königliche Potestas von Christus selbst abhängig gemacht. Gleich mit den ersten Worten der schleswig-holsteinischen Kirchenordnung von 1542 erinnert die Vorrede Christians III., des Königs von Dänemark und Herzogs zu Schleswig-Holstein, an eben diese, wie er schreibt, „Weisheit in Proverbia im 8. Kapitel ... Durch mich regieren die Könige und setzen die Ratsherren das Recht. Durch mich herrschen die Fürsten und alle Regenten auf Erden.“ Die Majestas Domini der Reichskrone, d.h. die Darstellung Christi in seiner göttlichen Herrlichkeit, hat allein mit ihrem Platz vorn zur Rechten gegenüber den anderen Bildplatten eine Sonderstellung. Auch sonst hebt sich diese Platte ikonographisch von den übrigen ab. Im Unterschied zu den anderen Bildplatten steht das Bibelwort frei schwebend über dem thronenden Christus. Anstelle der Namen der sonst Abgebildeten steht hier der Spruch, und nur das Kürzel für „PER“ im ersten Wort, das auffällig dem konstantinischen Christuszeichen, dem sogenannten Staurogramm, entspricht, ist eindeutiger Hinweis auf den Christusnamen. Während die Könige auf den anderen Platten die eigenen königlichen Tugenden zur sittlichen Mahnung erheben (David, Salomon) oder sich selbst seelsorgerlich trösten lassen (Hiskia), ist hier die Selbstaussage des abgebildeten Kosmokrators über jeden moralischen und seelischen Zuspruch erhaben: Christus proklamiert sich selbst zum König der Könige. – Die beiden Engel links und rechts sind wohl am ehesten als Seraphim im Sinne der Gottesoffenbarung von Jesaja 6 zu verstehen.

Die vier Edelsteinplatten entsprechen sich paarweise. Die jeweils kongruenten Seitenplatten erinnern an die Darstellung der Thronanbetung der 24 Ältesten nach Johannesoffenbarung Kap. 4 und 22. In der Johannesoffenbarung im 4. Kapitel wird eine große Gottesvision beschrieben, die zum ersten Höhepunkt der ganzen Apokalypse führt. Inmitten des Himmels thront der Erhöhte, und als Hauptkennzeichen des Thrones werden sein Glanz und seine Farbe beschrieben: „Wie ein Regenbogen, ... anzusehen wie ein Smaragd“. Um diesen Thron lodern im Kreis die sieben Fackeln mit Feuer, „welche sind die sieben Geister Gottes“. Weiter um den Thron her breitet sich das gläserne Meer. Um den Thron her stehen schließlich die vierundzwanzig Stühle der Ältesten, jener Thronassistenz, der ewige Anbetung und ewiges Gotteslob zukommt. Sechs knappe Verse der Johannesoffenbarung deuten damit den größten Teil des Steinschmucks dieser Platten: Smaragd = Thron, vier Rubine = vier Tiere, sieben Rubine = sieben Fakkeln, zehn Saphire = gläsernes Meer, vierundzwanzig Rubine = vierundzwanzig Älteste. Sämtliche Steine der Seitenplatten sind damit angedeutet. Übrig bleiben die Perlen: die sechs blattartigen unmittelbar zu beiden Seiten, oberhalb und unterhalb des Thron-Smaragds, acht Perlen in einem längs gezogenen Oktogon und zwölf Perlen am äußeren Rand der Platten. Auch sie lassen sich alle erklären. Schon die mittelalterliche Exegese hat erkannt, wie sehr der Thronvision in Kapitel 4 der Johannesoffenbarung die Vision in Kapitel 22 entspricht. Das Bild vom Stuhl Gottes und von dem von ihm ausgehenden Strom des Wassers des Lebens wird wieder aufgenommen, bereichert aber durch die Schilderung vom „Holz des Lebens", das zu „beiden Seiten" wächst: Johannesoffenbarung Kapitel 22, Vers 2 heißt es: „Dieses Holz trug zwölfmal Früchte und brachte seine Früchte alle Monate und die Blätter des Holzes dienten zur Genesung der Heiden". Damit sind die drei Blätter oberhalb und unterhalb des Smaragdes gut erklärt. Die fruchtähnlichen Perlen und Goldkügelchen lehnen sich wörtlich an die Früchte vom Holz des Lebens an, das zwölfmal im Jahr Frucht bringt (Offb 22,2). Aber auch ohne diese Erklärung aus der Johannesoffenbarung ist der fruchtartige Charakter des Ganzen auffällig: „Man wird an Beeren oder Baumfrüchte erinnert", wie Hans Martin Decker-Hauff treffend bemerkte. Und es leuchtet sehr ein, daß damit auf die Bekehrung der Heiden angesprochen sein könnte.

Die leitmotivische Funktion von Offenbarung 4 und 22 ist in der Missionstheologie des Frühmittelalters, etwa in der Ansgar-Vita, auch sonst bekannt. Auch die Anbetung der 24 Ältesten im Kuppelmosaik im Aachener Dom Karls des Großen hat einen missionarischen Sinn. Der Kaiser und seine Nachfolge sorgen dafür, daß die Heiden getauft werden. Ja, der „Kaiser tauft", so sagt es zugespitzt ein Privileg des Papstes Johannes XII., das zehn Tage nach Ottos Kaiserkrönung am 12. Februar 962 – natürlich auf Druck des Kaisers – ausgestellt wurde und welches das Missionszentrum Magdeburg zur dritten Weltkapitale (nach Rom und Aachen) erklärte. Die Doxologie, der Lobpreis Gottes, bringt den Menschen das Heil und vermehrt die christlichen Völker. Kultus und Mission gehören zusammen. In diesem Zusammenhang muß daran erinnert werden, wie sehr das 10. Jahrhundert die große Zeit einer imperialen missionarischen Machtentfaltung war. Unter den Ottonen wurden erstmals die Gebiete nördlich und östlich der Elbe missioniert. Die Dänen, die Polen, Ungarn und Böhmen traten zur europäischen Völkerfamilie. Es begann die Geschichte des christlichen Europas unter Einschluß gerade auch Osteuropas. Schon Ottos Sieg über die Ungarn in der Schlacht auf dem Lechfeld 955 hatte zunächst mit der Errichtung einer ottonischen Ostmark neues Land für das Christentum erschlossen, das seit 976 unter den Babenberger Markgrafen als „Österreich" auch eine eigene Staatsform anzunehmen begann. Überdies sei hervorgehoben die Gründung der Bistümer Ripen, Aarhus und Schleswig (Dänemark) um 950 durch Otto den Großen und die um dieselbe Zeit erfolgte Einrichtung des ostholsteinischen Oldenburg als eines Ausgangspunktes der Mission bei den Slawen, auch die ebenfalls um 950 erfolgte Einrichtung der Bistümer Havelberg und Brandenburg und die 968 verkündigte Erhöhung Magdeburgs zum Erzbistum, so daß von dort aus die Unterbistümer Meißen, Merseburg und Zeitz entstehen konnten. Die Ausweitung dieser Missionspolitik auch nach Rußland ist als ottonischer Plan immerhin bemerkenswert, auch wenn dieser Plan schon im Jahr 959 scheiterte, weil die byzantinische Mission in Kiew den Ottonen zuvorgekommen war, was dann zur Taufe Vladimirs von Kiew im Jahr 988 führte. – So können auch die beiden Seitenplatten aufgefaßt werden als eine in Edelsteinen und Perlen versinnbildlichte ottonische Missionstheologie.

Die je kongruenten Stirn- und Nackenplatten erinnern an das 2. Buch Mose, Kapitel 28: Die zwölf Edelsteine auf dem Brustschild des alttestamentlichen Hohenpriesters werden dargestellt, zugleich aber wohl auch die zwölf Grundsteine in der Mauer des himmlischen Jerusalem nach Offenbarung 21,10–20. Im 2. Buch Mose, Kapitel 28 wird das hohepriesterliche Gewand geschildert, dabei die viereckige Brusttasche für die Losentscheidungen. Es ist der sogenannte Choschen: „Und du sollst sie besetzen mit vier Reihen von Steinen. Die erste Reihe soll sein ein Sarder, ein Topas und ein Smaragd, die andere ein Rubin ..." usw. „Zwölf sollen es sein in Siegelstecherarbeit nach den Namen der Söhne Israels, daß auf jedem ein Name stehe nach den zwölf Stämmen“ (2. Mose 28,17–11). Die Schilderung des himmlischen Jerusalem im 21. Kapitel der Johannesoffenbarung, die hier ebenfalls ausgedrückt scheint, ist wahrscheinlich von der soeben zitierten Beschreibung des hohepriesterlichen Brustschildes abhängig. Hier, in Johannesoffenbarung, Kapitel 21 heißt es nun – und auch das paßt zur Edelsteinanordnung auf Nackenplatte und Stirnplatte –: „Und es wurde mir die heilige Stadt Jerusalem gezeigt, wie sie herniederfährt aus dem Himmel von Gott; die hatte die Herrlichkeit Gottes. Und ihr Licht war gleich dem alleredelsten Stein, einem Jaspis, klar wie ein Kristall. Und sie hatte eine große und hohe Mauer und hatte zwölf Tore und auf den Toren zwölf Engel und Namen darauf geschrieben, nämlich die Namen der zwölf Stämme der Kinder Israel: Von Osten drei Tore, von Norden drei Tore, von Süden drei Tore, von Westen drei Tore. Die Mauer der Stadt hatte zwölf Grundsteine und auf ihnen die zwölf Namen der zwölf Apostel des Lammes …“. – Wie tief dieses apokalyptische Bild in die Frömmigkeit der Deutschen eingedrungen ist, hören wir noch aus dem wunderbaren Choral Philipp Nicolais aus dem Jahr 1599: „Wachet auf, ruft uns die Stimme … Nun komm du werte Kron, Herr Jesu, Gottes Sohn … Von zwölf Perlen sind die Tore an deiner Stadt; wir stehn im Chore der Engel hoch um deinen Thron …“.

*Reichskrone mit „Majestas Domini“, Kunsthistorisches Museum, Wien*

Für eine christliche Anschauung der zwölf Edelsteine auf Stirn- und Nackenplatte war es gewiß auch naheliegend, hier die heilige Zwölfzahl in den Evangelien wahrzunehmen, also nicht nur die zwölf Stämme Israels, sondern die daraus abgeleiteten zwölf Jünger Jesu. Darauf sei zum Schluß noch einmal genauer eingegangen.

Schließlich ist, um noch einmal auf Paul Tillichs hier gut anwendbare Symboldefinition zu kommen, die Aussage der Reichskrone auch uneigentlich. Der Betrachter wird provoziert, nach dem zu fragen, was dieses Symbol symbolisiert. In ihr verbirgt sich ein Symbol höheren Ranges. Ich versuche, diesen höheren Sinn in einer Zusammenschau zu formulieren: Die Worte der Heiligen Schrift, direkt oder indirekt im Bild- und Edelsteinschmuck ausgedrückt, fügen sich zu einem geschlossenen Programm, das auch der dogmatischen Lehre von Jesus Christus im Frühmittelalter entspricht. Es ist die Lehre vom königlichen und priesterlichen, also vom zweifachen Amt Christi. Erst die Reformatoren sollten ein dreifaches Amtsverständnis Christi festschreiben, so daß das prophetische Amt fortan aus dem königlichen ausgegliedert wurde und eine selbständige Funktion erhielt. Doch in der Reichskrone dominiert die altkirchliche und frühmittelalterliche „Rex et Sacerdos“-Vorstellung, die das prophetische Amt dem königlichen Amt zuordnet: Christus ist zuallererst „König der Könige“. So sagen es die vier Bildplatten, vor allem die Christusplatte. Christus ist aber auch der sich selbst zum Opfer gebende „Hohepriester“. So sagen es die vier Edelsteinplatten, zuvorderst die Stirnplatte. Gleichsam als Summe gilt: Christus ist ewiger König und ewiger Priester im eschatologischen Sinn, so sagt es das umfassende Oktogon. Diesen ewigen Christus, einen König und Priester, repräsentiert schon in dieser Zeit der gekrönte Kaiser; er ist also auch ein König und ein Priester. Unter dieser Krone als einer durch und durch christlichen Krone erinnert der gekrönte Kaiser all seine Gefolgschaft an die vom ewigen Priesterkönig Christus verheißene himmlische Zukunft des Gottesreiches, wie es die Johannesoffenbarung sagt, an „die große Stadt, das heilige Jerusalem, herniederfahrend aus dem Himmel von Gott, welche die Herrlichkeit Gottes hat" (Kapitel 21,10–11).

In unserer Betrachtung sei kurz innegehalten und die naheliegende Frage gestellt: Wer von den Zeitgenossen schon im Mittelalter konnte das alles begreifen? Die Antwort muß lauten: Gewiß nur ein sehr kleiner Kreis. Brun von Köln, der Bruder Ottos I., und die mit ihm verbundenen Theologen in Benediktinerklöstern der Gorzer Reform hatten ja auch keineswegs ein breites Publikum, das sie aufklärerisch anpredigen wollten, vor Augen, als sie diese Krone schufen, sondern sie wollten mit dem Kunstwerk dieser Krone Gottes Majestät verherrlichen. Gerade bei Benediktinern waren geheimnisvolle Sinngebungen ästhetischer Formen in bildender Kunst, Literatur und Musik sehr beliebt, die doch gewissen Regeln folgen und jedenfalls immer einen sowohl verspielten als auch lehrhaft ernsten Bezug zur christlichen Bibel erkennen lassen.

Nicht dem autonomen Menschen, sondern Gott in seinem Mysterium als wahrer Gott und als wahrer Mensch zugleich dient das Kunstwerk, dessen innere Form darum auch nicht jedermann sichtbar werden muß. Die Verborgenheit Gottes bleibt zu beachten, obwohl derselbe Gott seinen Heilsplan zugunsten der Menschheit im Lauf der Weltgeschichte enthüllt hat. Das verlangt vom Künstler eine Darstellung, die sowohl der geheimnisvollen Herrlichkeit Gottes als auch dem seit der Menschwerdung Gottes offenbaren Heilsplan Gottes angemessen ist. Daher stellt sich das Verhältnis des Künstlers zu Öffentlichkeit und Publikum im christlichen Mittelalter ganz anders dar als in der Moderne. Hier und heute muß das Kunstwerk vor Menschen vorgestellt, meist auch verkauft und vermarktet werden, wenn es denn seinen Preis verdienen will. Es muß „eigentlich" sein. Dort aber soll der Beifall der Zuschauer gar nicht bewußt gesucht werden. Dort soll der eigentliche Preis der Lobpreis Gottes und des Reiches Gottes sein, das seit der Menschwerdung Christi offenbar ist, aber in voller Anerkanntheit, Selbstmächtigkeit, Anschaulichkeit und dann auch in voller Eigentlichkeit erst in Zukunft erscheinen wird.

## IV. Der verlorene „Waise"

Das „Uneigentliche" in unserem Symbol läßt sich studieren, wenn wir den Platz des „Waisen" in der Reichskrone untersuchen. Dieser „Waise" muß ein Edelstein von herausragender Qualität gewesen sein. Nach 1350 ist er verlorengegangen. Der Name „Waise" (lateinisch: pupillus, griechisch: orphanos) ist vermutlich nur ein mineralogischer Fachausdruck für seine Einzigartigkeit als eines „Solitaire". Es war wahrscheinlich ein Opal mit den changierenden Farben Rot und Weiß. Das bezeugt der mittelalterliche Theologe Albertus Magnus. Die Tatsache, daß es auch unter den Kronjuwelen des byzantinischen Kaisers einen „Waisen" (orphanos) gab, läßt darauf schließen, daß der ottonische Hof unter Führung Bruns von Köln damit eine byzantinische Tradition übernehmen wollte.

Wo aber hatte der „Waise" in der Reichskrone gesessen? Nachdem die frühere Theorie über zwei Waise als Leitsterne, je vorn und hinten, als widerlegt gelten kann, behauptet sich die These, daß sich der Waise an jener Stelle auf der Stirnplatte befunden habe, wo jetzt ein herzförmiger Saphir von graulila Farbe sitzt. Tatsächlich ist dort ein ursprünglicher Stein verlorengegangen und ersetzt worden, weil jetzt der Saphir dort nicht in seine goldene Fassung paßt. Dennoch gibt es eine Reihe schwerwiegender Argumente, die auch für den Sitz des Waisen hinten auf der Nackenplatte sprechen. Sie zeigen, daß in der Antwort auf diese anscheinend sehr spezialistische Frage mehr liegt als ein kunsthistorisches Detailproblem. Die Antwort auf die Frage nach dem Ort des Waisen in der Reichskrone berührt nämlich auch ein gutes Teil deutscher Frömmigkeitsgeschichte und auch Rechtsgeschichte. Gegen die These, daß der Waise auf der Nackenplatte seinen ursprünglichen Platz hatte, kann im Grunde nur ein einziger Einwand erhoben werden: Mit der Plazierung des Waisen auf der Nackenplatte würde „die symbolhafte ‚Proklamation' des ‚Waisen' sinnlos"

(G. Wolf). Entsprechend dem Stirnmedaillon auf der Stirnseite antiker und byzantinischer Herrscherkronen könne auch in der Reichskrone nur die Stirnplatte als Ort für den Waisen in Frage kommen. Dagegen steht jedoch eine Reihe verschiedenartiger Beobachtungen.

Wir müssen nämlich die Nackenplatte genau in Augenschein nehmen. Denn die Forschung hat bisher zuwenig beachtet, daß auch auf der Nackenplatte ein Stein verlorengegangen ist. Hier handelt es sich um den mittleren Stein der zweiten Reihe von oben, der jetzt durch einen modernen Hyazinth ersetzt ist (man beachte die moderne Schleiftechnik an diesem Stein). Der Verlust des Vorgängersteines geschah nachweislich in den Tagen der Krönung Josephs II. zu Frankfurt im Jahr 1764. Der also moderne Hyazinth auf der Nackenplatte ist rostrot mit einem von innen herausleuchtenden weißen Kern, so daß man fragen möchte, ob noch der heutige Ersatzstein des 18. Jahrhunderts an die Beschreibung des Albertus Magnus erinnern wollte.

*Reichskrone, Nackenplatte.*
*Kunsthistorisches Museum, Wien*

Wie wenig in der älteren Bildtradition der Reichskrone die angebliche Plazierung des Waisen auf der Stirnplatte bemerkt wurde, beweist das Ölgemälde Albrecht Dürers mit Kaiser Karls Krone. Dort wird der mittlere oberste Stein der Stirnplatte in keiner Weise hervorgehoben. Dürer hat ihm mit einigen anderen Stellen einen grünlichen Ton gegeben. Auch eine aquarellierte Skizze Albrecht Dürers zeigt an der Stelle, wo gewöhnlich der mittelalterliche Waise vermutet wird, einen Edelstein mit deutlich grüner Farbgebung! Interessant für die Lösung dieses Problems ist auch ein kolorierter Kupferstich aus dem Jahr 1750, der den damaligen Zustand der Krone, in ihre einzelnen Platten zerlegt, festhielt – eine von Johann Adam Delsenbach im Auftrag des Rates der Stadt Nürnberg sorgfältig durchgeführte Arbeit. Delsenbachs Wiedergabe der Nackenplatte zeigt an der Stelle des nach 1764 eingesetzten Hyazinths einen helleren, rosa-fleischfarbenen Stein. Den originalen Waisen wird Delsenbach gewiß nicht vor Augen gehabt haben, weil sich auch dieser Stein mit seiner deutlichen Einbuchtung in der rechten oberen Rundung nicht in die alte Fassung fügen will. Aber seine rosa Farbangabe ist möglicherweise eine Erinnerung an die vom Weißen ins Rote übergehende Ausstrahlung eines Opals. Jedenfalls ist festzuhalten, daß gegen die These vom Sitz des Waisen auf der Nackenplatte aufgrund des technisch-materialen Befundes und der Bildtradition zur Reichskrone keine durchschlagenden Einwände erhoben werden können.

Aber nicht nur die Reichskrone in ihrem heutigen Zustand und die ältesten Bilder der Reichskrone sprechen für die Annahme, daß der Waise auf der Nackenplatte saß, sondern erst recht die ältesten literarischen Quellen zur Reichskrone.

*Reichskrone, zerlegt. Stich von J. A. Delsenbach, um 1750.*
*Kunsthistorisches Museum, Wien*

Sämtliche bekanntgewordenen Texte, die überhaupt eine direkte oder indirekte Angabe über den Ort des Waisen machen, sprechen vom Sitz des Waisen „auf dem Nacken" oder „hinten". An erster Stelle sind hier die berühmten Königssprüche Walthers von der Vogelweide zu nennen. Eine eindeutige Aussage enthält jener Spruch, wo Walther das schon aus byzantinischer und ottonischer Hofpanegyrik bekannte Motiv des Morgensterns auf den Waisen der Reichskrone bezieht:

*„swer nú des rîches irre gé,*
*der schouwe wem der weise ob sîme nacke stê:*
*der stein ist aller fürsten leitesterne".*

(Lachmann-Kraus 19,2–4; Wer jetzt nach dem Reiche sucht, der schaue, wem der Waise auf seinem Nacken steht. Der Stein ist aller Fürsten Leitstern).

Dann aber sind einige Beschreibungen der Kaiserkrone von namhaften Juristen, u.a. von Johann von Buch, Bologneser Schule (1325), und von Johannes Rothe (um 1400) zu beachten, die übereinstimmend den Sitz des Waisen „hinten", „nackenwärts" als Tatsache nehmen, und daraus rechtstheologische Erkenntnisse ziehen, wonach der Bestand des Reiches letztlich nicht in Menschenhand, sondern in Gotteshand liegt. Man möchte bald an des Verfassungsrechtlers Böckenförde berühmte These denken, wonach unsere politische Ordnung von Voraussetzungen lebt, die sie sich nicht selbst gegeben hat, wenn wir bei Johannes Rothe über den Waisen lesen: „Daß er in dem Nacken des Kaisers an der Krone steht, das bedeutet, daß ein Teil seines Reiches ist, den er nicht besehen mag, noch bewahren. Das muß er befehlen Gott ...".

In diesem Zusammenhang ist auch wichtig die Darstellung Christi auf der Rückseite von Prozessionskreuzen. Im Abendland gibt es nämlich zahlreiche Prozessionskreuze mit einer Darstellung des Gekreuzigten auf der Rückseite, und es gibt sogar mehrere Beispiele, die für unser Thema sehr interessant sind. An erster Stelle ist zu nennen das Lotharkreuz des Aachener Domschatzes, welches wie die Reichskrone aus dem 10. Jahrhundert stammt. Dieses Kreuz war ein „Vortragekreuz" bei kirchlich-politischen Prozessionen. Auffallend daran ist, daß die kostbaren Kaiser-Darstellungen, am unteren Arm Lothar I. und am oberen Kreuzbalken in der Mitte die berühmte Gemme mit der wohl besten Darstellung des Kaisers Augustus, nach vorn zeigen. Nach hinten, zum dem Kreuz nachfolgenden Kaiser und zum ihm nachfolgenden Reichsvolk hin, befindet sich auf der Rückseite des Lotharkreuzes eine Darstellung der Kreuzigung Christi in gravierter Zeichnung. Das interessanteste Beispiel ist aber die Reichskrone selbst. Auf der Rückseite des aufsteckbaren Stirnkreuzes, das ebenfalls aus ottonischer Werkstatt stammt, befindet sich die Darstellung des Gekreuzigten.

Eine spezielle Frage zum Schluß: Wenn sich der „Waise", dieser einzigartige, kostbare und doch verlorene Edelstein auf der Nackenplatte der Reichskrone befand, so paßt das eigentlich nicht zur Zwölfzahl der Edelsteine, die ja, wie bemerkt, auch die Zwölfzahl der Apostel darstellen konnte. War der „Waise" demnach ein „dreizehnter" Stein irgendwo außen vor? Ich meine diese Frage verneinen zu können. Denn auch die Evangelien kennen die Elfzahl der Jünger, nämlich nach dem Verrat des Judas und vor der Nachwahl des Apostels Matthias (Apostelgeschichte 1,26). Im letzten Kapitel des Matthäusevangeliums (28,16–20) beauftragt der auferstandene Christus die verbliebenen elf Jünger hinzugehen in die ganze Welt, um die Völker zu lehren und zu taufen. Ein jedem fürstlichen Romreisenden bekanntes riesiges Mosaik im römischen Lateran hat diesen Taufbefehl an die „elf" Jünger ins Bild gesetzt; Christus mitten unter elf Jüngern. Dieses Bild ist auch ein Bild der gelasianischen Zwei-Gewalten-Lehre. Es war eine päpstliche Auftragsarbeit um 800, als Karl der Große zum Kaiser gekrönt wurde. Das ganze Mosaik wird überwölkt vom Weihnachtsevangelium: „Ehre sei Gott in der Höhe und Frieden auf Erden" (... *pax in terris.* Luk 2,14). So gesehen ist es sehr wohl möglich, daß der Waise in der Reichskrone als ein „zwölfter" Stein im Zentrum ein Christus-Stein war, der gerade den Kaiser an den Missionsauftrag erinnern sollte. Das paßt trefflich zu jenem Missionsauftrag, den sich Kaiser Otto der

Große gleich nach der römischen Kaiserkrönung 962 geben ließ mit der provokanten These: „Der Kaiser tauft". Das bedeutete im übertragenen Sinn: Der Kaiser hat den Auftrag, nicht nur das Reich, sondern auch das Christentum in der Welt zu bewahren und zu vermehren. Eine ansprechende Beobachtung könnte zusätzlich den Sitz des Waisen in der Mitte der zweiten oberen Reihe erklären. Demnach saß der Waise exakt in der Vierung eines sich gut vorzustellenden Edelsteinkreuzes, im Zentrum des Kreuzes also, wo sich zum Beispiel auf der Rückseite des Lotharkreuzes die Christusdarstellung befindet. Mehrere Prozessionskreuze aus ottonischer Zeit haben auf ihrer Rückseite exakt in der Vierung ein Bild Christi oder ein Lamm. Der Waise – ein Christusstein, und ein Schlußstein!

Die Reichskrone und das durch sie und die anderen Reichskleinodien und Reichsgüter bestehende Kaisertum war eine europäische politische Größe, die immerhin 844 Jahre, vom Jahr 962 bis zum Jahr 1806, als Franz II. von Habsburg die Kaiserkrone niederlegte, Bestand hatte. Die Reichskrone war die Krone einer europäischen Völkerfamilie, diese verbindend, ja auch einigend. Die in unserer Zeit damit vergleichbaren Institutionen europäischer Integration und Einheit haben dagegen keine vergleichbare große Geschichte hinter sich. Da hören und lesen wir viel von harten Auseinandersetzungen zu einzelnen Sachthemen und zumal zur wirtschaftlichen Attraktion der europäischen Einheit, aber gar nichts zu deren im Christentum begründeten kulturellen Attraktionen, und wir erfahren fast nichts von feierlichen oder gar religiösen Proklamationen einer Einheit im Geist. Es war immerhin die große Kraft des Alten Reiches, daß es trotz ständig abnehmenden Machtpotentials seit dem Zeitalter der Karolinger und Ottonen schwerste Spannungen ausgehalten und auch mit seiner geistigen Kraft immer wieder zur politischen Erneuerung beigetragen hat. In der deutschen und österreichischen Geschichte hat keine einzige politische Ordnung eine ebensolche Dauerhaftigkeit gezeigt wie die des alten Heiligen Rö-

*„Aussendung der Apostel". Lateran, Triklinium. Monumenti Musei, Galerie Pontificie, Vatikan*

mischen Reiches von 962 bis zum Jahr 1806. Allein daher muß dieses Reich heute nicht nur ästhetisch, rechtshistorisch und theologisch, sondern auch politisch beachtet und dankbar gewürdigt bleiben.

## Literatur:

Mit der Reichskrone habe ich mich in früheren Publikationen ausführlich befaßt: Reinhart Staats: Theologie der Reichskrone. Ottonische ‚Renovatio Imperii' im Spiegel einer Insignie (=Monographien zur Geschichte des Mittelalters 13). Stuttgart 1976. Für den wissenschaftlichen Diskurs sei nachdrücklich auf diese Monographie hingewiesen. Meine populärwissenschaftliche Darstellung ist nicht mehr im Handel. Reinhart Staats: Die Reichskrone. Geschichte eines europäischen Symbols. Göttingen 1991. In diesem kleinen Buch hatte ich auch neuere Erkenntnisse mitgeteilt. Siehe jetzt auch Gunther G. Wolf: Die Wiener Reichskrone. Wien 1995. – Meine Datierung der Herstellung der Krone in die Jahre 961–967 unter dem Einfluß des Erzbischofs Brun von Köln, dem Bruder Ottos des Großen, wurde von Gunther G. Wolf bestätigt. Für abwegig halte ich neuere Versuche der Spätdatierung ins 11. Jahrhundert der Salier durch Mechthild Schulze-Dörrlamm: Die Kaiserkrone Konrads II. 1024–1039. Sigmaringen 1991, oder gar ins 12. Jahrhundert der Staufer durch Hans Martin Schaller: Die Wiener Reichskrone – entstanden unter König Konrad III. In: Gesellschaft für staufische Geschichte: Die Reichskleinodien. Schriften zur staufischen Geschichte und Kunst 16. Göppingen 1997, S. 58–105. Vgl. dazu meine Kritik in: Zeitschrift für Kirchengeschichte 109 (1998), S. 113–119, und in: Zeitschrift für Württembergische Landesgeschichte 60 (2001), S. 463. Zum Ganzen und zu Einzelnem sei besonders hingewiesen auf Georg Kretschmar: Der Kaiser tauft. Otto der Große und die Slawenmission. In: Ecclesia und Res Publica. Festschrift Kurt Dietrich Schmidt 1961, S. 89–112. Ernst Kubin: Die Reichskleinodien. Wien 1991. Jürgen Petersohn: „Echte" und „falsche" Insignien im deutschen Krönungsbrauch des Mittelalters? Kritik eines Forschungsstereotyps (=Sitzungsberichte der Wissenschaftlichen Gesellschaft an der Johann Wolfgang Goethe-Universität Frankfurt/Main). Stuttgart 1993. Joachim Ott: Krone und Krönung. Die Verheißung und Verleihung von Kronen in der Kunst der Spätantike bis um 1200 und die geistige Auslegung der Krone. Mainz 1998. Hans-Otto Schembs: Frankfurt als Wahl- und Krönungsstadt. In: Bernd Heidenreich (Hrsg.): Deutsche Hauptstädte. Von Frankfurt nach Berlin. Wiesbaden 1998, S. 29–51. Hartmut Kühne: Ostensio reliquiarum. Untersuchungen über Entstehung, Ausbreitung, Gestalt und Funktion der Heiltumsweisungen im Römisch-Deutschen Regnum (=Arbeiten zur Kirchengeschichte 75). Berlin 2000. – Oben abgedruckter und überarbeiteter Vortrag, gehalten in Frankfurt/Main am 25. Februar 2002, fußt hauptsächlich auf meinen zuerst genannten Büchern, berücksichtigt aber auch die neueren Diskussionen und bietet ein neues Argument zur Plazierung des ‚Waisen' auf der Nackenplatte der Krone (der Waise als zwölfter Stein und als Christusstein). Ich danke Eberhard Ruprecht (Seesen) für diese Beobachtung. Nicht nur aus gegebenem Anlaß habe ich die Bedeutung von Frankfurt/Main als Kaiser- und Krönungsstadt hervorgehoben.

# Aachen – Frankfurt – Nürnberg – Regensburg

## Politische Zentren des Reiches zwischen 1356 und 1806

*Von Karl Härter*

Die Goldene Bulle von 1356 bestimmte Frankfurt am Main zum Ort der Wahl, Aachen zum Ort der Krönung, und in Nürnberg sollte der Kaiser seinen ersten Hof- bzw. Reichstag abhalten.[1] Alle drei Städte wurden damit als politische Zentren des Reiches bestätigt, in denen wesentliche reichspolitische Handlungen vorgenommen wurden. Hatte doch das spätmittelalterliche bzw. frühneuzeitliche Alte Reich in dem hier behandelten Zeitraum zwischen dem Nürnberger Reichstag von 1356 bis zu seinem Ende im Jahr 1806 keine „Hauptstadt".[2] Eine solche Hauptstadtfunktion konnten weder die Städte der Königs- bzw. Kaiserwahl und Krönung noch die Veranstaltungsorte der Reichstage oder die kaiserlichen Residenzstädte Prag und Wien gewinnen. Vielmehr bildeten sich einzelne politische Zentren des Reiches heraus, die als enge Verbindung von Ort – in der Regel einer Reichsstadt – und reichspolitischer Handlung bzw. Funktion definiert werden können.[3] Als solche politischen Zentren lassen sich auf der Landkarte des Alten Reiches lokalisieren:

- Aachen, die Stadt der Königskrönung und der Aufbewahrungsort der Reichsinsignien;
- Frankfurt, die Stadt der Kaiserwahl und seit 1562 auch Krönungsstadt;
- als Residenz der Kaiser aus dem Haus Habsburg fungierte überwiegend Wien, wo sich auch die kaiserliche Reichsbehörde, die Reichskanzlei, und der Reichshofrat, das höchste Gericht des Alten Reiches, befanden;
- das Reichskammergericht – das zweite oberste Gericht des Reiches – wurde 1495 zunächst in Frankfurt installiert, doch wechselte es bereits nach wenigen Jahren in die Reichsstadt Speyer und schließlich nach Wetzlar;
- als Stadt des ersten Reichstags war Nürnberg vorgesehen, wo zahlreiche Reichstage abgehalten und später der größte Teil der Reichskleinodien aufbewahrt wurde;
- Hoftage bzw. ab 1495 Reichstage sowie andere Formen reichsständischer Versammlungen (Deputationstage, Exekutionstage) fanden auch an zahlreichen anderen Orten statt, und schließlich tagte der sogenannte Immerwährende Reichstag von 1663 bis 1806 dauerhaft in Regensburg;
- der Reichserzkanzler, Leiter der Reichskanzlei und Direktor des Reichstags, der Kurfürst von Mainz, residierte in Mainz oder Aschaffenburg;
- abschließend können als Funktionszentren der Reichspolitik noch die Sitze der Kreistage genannt werden. Denn zumindest die sogenannten vorderen der insgesamt zehn Reichskreise, in die das Alte Reich eingeteilt war, nahmen wichtige politische Funktionen wahr. Sie tagten teilweise permanent in Regensburg, Landshut oder Wasserburg (Bayerischer Kreis), Ulm (Schwäbischer Kreis), Nürnberg (Fränkischer Kreis), Frankfurt (Kur- und Oberrheinischer Kreis) sowie in Köln und Aachen (Niederrheinisch-Westfälischer Kreis).

Dieser Polyzentrismus mit seinen wechselnden, unterschiedlichen politischen Zentren war ein charakteristisches Merkmal der Verfassung des Alten Reiches. Die ursprünglich ambulante Ausübung von Herrschaft durch den König hatte dazu beigetragen, daß sich bevorzugte Orte der Reichspolitik herauskristallisierten. Königswahl und föderalistische Elemente des Reiches führten nicht zu einer Zentralisierung wie in anderen europäischen Monarchien, sondern zur Entwicklung eines einzigartigen „Reichssystem".[4] Diese Verfassungsstruktur des Heiligen Römischen Reiches Deutscher Nation hat die Forschung lange negativ beurteilt, was auch die reichspolitischen Zentren einschloß: „Nürnberg, Frankfurt, Speyer, Regensburg – sie alle haben jeweils nur das Gewicht der höchst unvollkommenen Institutionen gehabt, die sie beherbergten" – so Wilhelm Berges noch 1952.[5]

Legt man jedoch die alte Elle des „Macht- und Nationalstaats" beiseite, dann war die Reichsverfassung zwar nicht vollkommen – keineswegs –, aber sie erfüllte gerade über ihre unterschiedlichen Zentren zahlreiche Funktionen, die sie auch europäischen Zeitgenossen des 18. Jahrhunderts als eine vorbildliche Rechts- und Friedensordnung erscheinen ließ.[6] In dem prekären Gleichgewichtssystem des Reiches bildeten einzelne politische Zentren bzw. Institutionen Knotenpunkte und gewährleisteten damit politische Handlungsfähigkeit und Stabilität. Solche sich während der Vormoderne erst verfestigende Zentren waren insbesondere die Wahl-, Krönungs- und Reichstage. Am frühesten hatten sich die Orte der Königswahl und -krönung sowie des ersten Hoftags bzw. der ersten Reichsversammlung eines gewählten Königs als permanente reichspolitische Zentren etabliert. Dabei handelte es sich vorwiegend um Freie bzw. Reichsstädte, die nur den König als Stadtherren über sich hatten und eine organisatorische Infrastruktur boten. Man hat sie daher zu Recht als den „natürlichen" Ort für Veranstaltungen des Reiches und den Sitz von Reichsbehörden bezeichnet.[7] Sie stellten in Form von Steuern und Darlehen Kaiser und Reich erhebliche Finanzmittel zur Verfügung und lieferten organisatorisches und technisches „Know-how", Wirtschaftsgüter (Luxuswaren) sowie Fachleute (Juristen). Darüber hinaus fungierten sie als Übermittlungs- und Nachrichtenorgane, die ihre vielfältigen Verbindungen in den Dienst der reichspolitischen Kommunikation stellten. Der König bzw. das gesamte Reich gewährten den Städten im Gegenzug zahlreiche Privilegien, die durchaus auch wirtschaftliche Vorteile brachten – ganz zu schweigen vom positiven Wirtschaftseffekt der Reichsveranstaltungen und Reichsbehörden. Entscheidend für die Städte, eine Funktion als reichspolitisches Zentrum anzustreben bzw. zu erhalten, waren aber vor allem Sicherheit und Schutz sowie die Bewahrung der Unabhängigkeit gegenüber dem Mediatisierungsstreben der Territorien, die nur Kaiser und Reich garantieren konnten.[8]

Die Orte, an denen Reichspolitik gemacht, königliche Herrschaft ausgeübt sowie Wahl und Krönung vorgenommen wurden, mußten allerdings von allen Beteiligten – Kaiser und Reichsständen – akzeptiert werden: Sie sollten durch gute Verkehrsverbindungen erreichbar sein sowie Sicherheit und eine gewisse politische Neutralität gewährleisten. Die geopolitische Lage war folglich ein wichtiger Faktor, und zwar vor allem im Hinblick auf die königliche Politik. Darüber hinaus mußte der Ort über Wirtschafts- und Finanzkraft sowie über eine Infrastruktur für politische Großereignisse verfügen. Als Teilnehmer reisten nicht nur Kaiser, Kurfürsten und Fürsten, sondern zahlreiche Adlige, Räte und Gesandte – auch auswärtiger Mächte – an. Nach der Reformation wurde die Konfessionszugehörigkeit der Stadt zu einem wichtigen Faktor, denn beide „Religionsteile" mußten die Möglichkeit zur öffentlichen Ausübung ihrer Religion haben. Daher machten auch die Reichsstände – besonders die Kurfürsten – Mitsprache bezüglich der Tagungsorte bzw. der reichspolitischen Zentren geltend, und es kam immer wieder zu Konflikten und Problemen. Zwischen der Mitte des 14. und des 17. Jahrhunderts veränderte sich zudem das geographisch-politische Gefüge im Reich, und „bestimmte Städte und Städtelandschaften rückten dem König näher oder ferner."[9] Folglich waren weder die reichspolitischen Zentren noch die mit ihnen verknüpften politischen Handlungen und Institutionen endgültig fixiert, sondern Tagungsorte, Funktionen und Bedeutung wandelten sich zwischen Spätmittelalter und Früher Neuzeit. Schon die Goldene Bulle ließ Abweichungen zu, denn „wenn ein rechtlich anerkanntes Hindernis" entgegenstand, konnten Wahl, Krönung und Reichstag auch an anderen als den genannten drei Orten stattfinden. Bei der folgenden Darstellung der reichspolitischen Zentren Aachen, Frankfurt, Nürnberg und Regensburg sollen daher auch Funktionswandel und Veränderungsprozesse aufgezeigt werden.

## Aachen

Aachen konnte seine Funktion als Ort der Königskrönung zwar über viele Jahrhunderte, aber nicht dauerhaft bewahren. Immerhin fanden bis zum Jahr 1531 30 Königskrönungen – die große Mehrzahl – in Aachen statt.[10] Zwar war der Krönungsakt vorwiegend eine symbolische Handlung, seine politische Funktion sollte jedoch nicht unterschätzt werden. Die Krönung verschaffte dem gewählten König Legitimität und durch Huldigung und Treuegelöbnis machtpolitischen Rückhalt. Die Krönung bedeutete insofern nicht nur den Amtsantritt des Herrschers, sondern gleichsam die Inbesitznahme des gesamten Reiches. Das Krönungszeremoniell muß daher als Repräsentanz von Herrschaft ernstgenommen werden.[11]

Bedenkt man die Bedeutung von Tradition, Herkommen und Zeremoniell als Grundlage der Reichspolitik und Verfassung des Alten Reiches, dann wird klar, warum sich Aachen als Krönungsstadt durchsetzte. Handelte es sich doch um die, wenn man so will, ehemalige Haupt- und Residenzstadt Karls des Großen, die er zur Kaiserpfalz ausgebaut hatte und in der er sich trotz einer insgesamt mobilen Herrschaftsausübung häufig aufhielt. Mit der Krönung in Aachen knüpften alle deutschen Könige seit Otto dem Großen, der 936 in Aachen gewählt und gekrönt worden war, demonstrativ an diese Tradition an und gewannen so Legitimität und herrschaftspolitischen Rückhalt. Otto III., Friedrich Barbarossa und Karl IV. hatten der Stadt darüber hinaus im Mittelalter durch längere Anwesenheiten politische Bedeutung verliehen. Vor allem Barbarossa versuchte, durch Karlskult und Sakralisierung des Königtums „Aachen zu einem sakralen Mittelpunkt des Reiches zu machen“, und legte in einem Privileg von 1166 Aachen als Krönungsstadt fest.[12] Gerade „zweifelhafte“ Könige (mit Gegenkandidaten) bedurften dieses Rückgriffs auf die Tradition, um ihren Herrschaftsanspruch zu untermauern und zu beglaubigen. Die Aufbewahrung der Reichskleinodien im Marienstift verstärkte noch die sakrale und traditionelle Funktion Aachens als Krönungsstadt.

Allerdings: Nicht alle Krönungen fanden in Aachen statt. Da zwischen den Erzbischöfen von Köln und Mainz das Krönungsrecht umstritten war, verlagerte der Mainzer einige Krönungen kurzerhand nach Mainz. Erstmals traten diese Rangstreitigkeiten 1273 bei der Wahl Rudolfs von Habsburg auf. Die Goldene Bulle sprach zwar das Krönungsrecht dem Kölner zu, bestätigte jedoch dem Mainzer Kurfürsten als dem Erzkanzler des Reiches die Rechte zur Durchführung der Wahl. Der Erzkanzler lud nicht nur zur Wahl, sondern führte auch die Umfrage und später die Wahlkapitulationsverhandlungen durch und konnte schließlich 1562 das Krönungsrecht wiedergewinnen. Der Rangstreit zwischen Mainz und Köln verweist damit auf das Problem, „ob die Wahl oder die Krönung die rechtskonstituierende Handlung für ein Königtum bedeutete“.[13] Wahl und Krönung entwickelten sich seit dem 13. Jahrhundert auseinander bzw. die eigentliche Wahl rückte gegenüber dem Krönungsakt in den Vordergrund. Da die Wahl seit 1273 meist in Frankfurt stattfand, minderte dies Aachens reichspolitische Funktion erheblich, welche die Stadt im 15. und 16. Jahrhundert dann fast vollständig verlor.

Zudem überließ König Sigmund bereits 1423/24 die Reichskleinodien mit allen wichtigen Reichsinsignien der Stadt Nürnberg. In Aachen verblieben nur Evangeliar und Säbel Karls des Großen sowie die Stephansburse, die für die Krönungen in die jeweilige Stadt transportiert wurden. Aachen fand sich damit allerdings nicht ab. Ein erster Konflikt brach bereits nach dem Regierungsantritt Friedrichs III. auf, der sich weigerte, das Privileg zu bestätigen. Nürnberg ließ daraufhin mehrere Rechtsgutachten anfertigen, in denen verneint wurde, daß die Zustimmung der Kurfürsten für einen Wechsel des Aufbewahrungsorts notwendig sei. Verwiesen wurde auch auf den

„hohen Reputationsgewinn für den Ort", an dem die Reichskleinodien aufbewahrt würden.[14] Nürnberg behielt zwar die Reichskleinodien, Aachen erhob jedoch noch bis 1792 Ansprüche auf deren Verwahrung und strengte 1759 sogar beim Reichshofrat in Wien einen ergebnislosen Prozeß an. Nürnberg seinerseits verwahrte sich gegen die Aachener Ansprüche in Reprotestationen, was insgesamt die politische Bedeutung der Aufbewahrung unterstreicht. Dem Aachener Marienstift gelang es immerhin durchzusetzen, daß ihm bei jeder Krönung die Rechte zur Aufbewahrung der Reichskleinodien von Kaiser und Reich salviert wurden.

Mit der Reformation verlor Aachen auch die Königskrönung, die letztmals 1531 in der Reichsstadt stattfand, wo der in

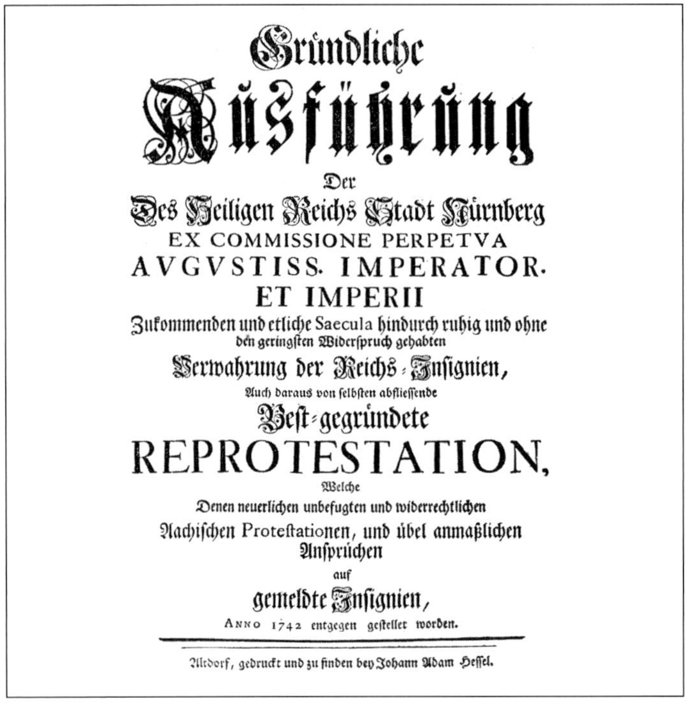
Gründliche Ausführung
Der
Des Heiligen Reichs Stadt Nürnberg
EX COMMISSIONE PERPETVA
AVGVSTISS. IMPERATOR.
ET IMPERII
Zukommenden und etliche Saecula hindurch ruhig und ohne
den geringsten Widerspruch gehabten
Verwahrung der Reichs-Insignien,
Auch daraus von selbsten abfliessende
Vest-gegründete
REPROTESTATION,
Welche
Denen neuerlichen unbefugten und widerrechtlichen
Aachischen Protestationen, und übel anmaßlichen
Ansprüchen
auf
gemeldte Insignien,
ANNO 1742 entgegen gestellet worden.
Altdorf, gedruckt und zu finden bey Johann Adam Hessel.

*Reprotestation Nürnbergs gegen die Ansprüche Aachens auf die Reichsinsignien, Altdorf 1742. Germanisches Nationalmuseum, Bibl. St. 94*

Köln zum Römischen König gewählte Bruder Karls V., Ferdinand I., gekrönt wurde. Maximilian II. ließ sich dagegen 1562 am Wahlort Frankfurt krönen, weil der Kölner Erzbischof kurz zuvor verstorben war. Diese Krönung war faktisch mit der Kaiserkrönung identisch, da sich nach Karl V. kein deutscher König mehr vom Papst zum Kaiser krönen ließ. Bis zu Leopold I. (1790) findet sich allerdings in der kaiserlichen Wahlkapitulation noch der Verweis auf Aachen als Krönungsstadt, und die Stadt ließ sich bei jeder Krönung ihre in der Goldenen Bulle festgeschriebene Funktion bestätigen.

Führte lediglich der Tod des Kölner Erzbischofs kurz vor der Wahl Maximilians II. im Jahr 1562 dazu, daß Aachen im 16. Jahrhundert die Krönung und damit seine Bedeutung als reichspolitisches Zentrum verlor? Dieser Grund reicht als Erklärung nicht aus. Vielmehr müssen ebenfalls längerfristige Faktoren berücksichtigt werden: Die Reformation bedeutete einen ersten tiefen Einschnitt und hatte auch in Aachen zu erheblichen „Wirren" geführt. Aachens Wirtschaftskraft hatte nachgelassen, und die Stadt war mehrfach durch Brände zerstört worden, was Versorgungsschwierigkeiten und Beherbergungsprobleme nach sich zog. Frankreich war weiter vor- und Aachen vice versa geopolitisch an den Rand des Reiches gerückt. Unter den Kaisern aus dem Haus Habsburg verschoben sich die reichspolitischen Gewichte und damit auch die politischen Zentren erheblich nach Südosten. Schließlich veränderte sich der Charakter der Herrschaft und der Krönung im besonderen. Die Krönung fungierte nicht mehr als zentrale rechtskonstituierende Handlung des Königtums, sondern reduzierte sich auf eine eher formale Ergänzung des Wahlaktes. Die Kaiserkrönung durch den Papst war nach Karl V. ganz entfallen bzw. in der Königskrönung aufgegangen.[15] In dem lapidaren Kommentar des zeitgenössischen Reichspublizisten Johann Jacob Moser wird dieses gewandelte Verständnis deutlich: „Uebrigens hat die Crönung nicht den allermindesten Einfluß auf die Regierung des Reichs, und die dazugehörigen Gerechtsame. Sie giebt und nimmt nichts. ... Die einzige herkommliche Würckung der Crönung bestehet darin, daß ein regierender

Röm. Kayser sich vor Empfang derselbigen nur Röm. König, nachhero aber Röm. Kayser nennt".[16]

## Frankfurt

Auch im Fall Frankfurts bestätigte die Goldene Bulle die vorhandene Tradition eines reichspolitischen Zentrums: Die erste Königswahl hatte hier bereits 1147 (Heinrich, der Sohn Konrads III.) stattgefunden, und seit dem 13. Jahrhundert setzte sich Frankfurt als Königswahlstadt durch, was die Goldene Bulle rechtlich fixierte. Schließlich wurde die Reichsstadt – wie erwähnt – 1562 auch Krönungsstadt und zwischen 1356 und 1806 fanden 17 Königswahlen von insgesamt 23 und 17 Krönungen von 21 in ihren Mauern statt.[17] Die Stadt am Main beherbergte darüber hinaus seit 1342 Reichsversammlungen und seit dem 16. Jahrhundert auch Reichsdeputationstage, nichtwählende Versammlungen der Kurfürsten bzw. Kurfürstentage (z.B. 1558, 1573 und 1583), Versammlungen außerordentlicher Reichsdeputationen (z.B. 1683), die Kreistage des Kurrheinischen und des Oberrheinischen Reichskreises sowie den Reichskreistag und die Kreisassoziationstage. Sie war zudem Sitz der kaiserlichen Bücherkommission und für einige Jahre auch des Reichskammergerichts und des Reichspfennigmeisters. Bereits am Beginn der Frühen Neuzeit hatte der Mainzer Kurfürst und Erzkanzler Berthold von Henneberg durch die Etablierung mehrerer Reichsinstitutionen Frankfurt zu einer Art „Reichshauptstadt" ausbauen wollen, was sich langfristig allerdings nicht realisieren ließ.[18]

Die Gründe für die Entwicklung Frankfurts zu einem der wichtigsten reichspolitischen Zentren liegen weniger in der Königsnähe als vielmehr in der Anknüpfungsmöglichkeit an die fränkische Tradition und in der zentralen, verkehrsgünstigen Lage der Stadt, die von allen Kurfürsten – insbesondere den vier rheinischen – relativ bequem erreicht werden konnte. Hinzu kam ihre Stellung als Messe- und Medienstadt, was sie für reichspolitische Aktivitäten prädestinierte. Neben Regensburg entwickelte sich die Reichsstadt am Main folglich zu dem reichspolitischen Kommunikationszentrum schlechthin. Bei reichspolitischen Aktivitäten und den Wahltagen insbesondere „wimmelte es geradezu von Emissären aus dem Reich und dem europäischen Ausland".[19]

Allerdings fanden nicht alle Wahlen und Krönungen in Frankfurt statt; insbesondere Römische Königswahlen und Krönungen zu Lebzeiten des Kaisers wurden in Regensburg oder Augsburg abgehalten. Auch im Fall der Wahlstadt gab es folglich Verschiebungen: „Regensburg wurde beliebt, weil es dem Kayserlichen Hof vil näher gelegen war, als Franckfurt: Augsburg aber wurde darzu auserlesen, weil man die Wahl nicht an eben dem Orte vornehmen wollte, wo zu eben der Zeit der Reichs-Convent versammlet ware, indeme die Fürsten und übrige Stände sich um so mehres in das Wahl-Capitulations-Geschäfft hätten mengen" können – so die zutreffende Begründung Mosers.[20] Doch obwohl sich Frankfurt durch die Reformation dem Kaiser entfremdet hatte, konnte die Stadt ihre reichspolitische Stellung bewahren. Die Habsburger tendierten zwar nach Süddeutschland, die Reichsstände hielten jedoch an der Reichsstadt fest: Auch die katholischen bzw. geistlichen Kurfürsten – besonders der Mainzer – wollten lieber in dem nahegelegenen protestantischen, aber die katholische Religion zulassenden Frankfurt als in einer den Habsburgern näherliegenden Stadt wählen. Die von den Kurfürsten argwöhnisch behütete „freye wahl" schien Frankfurt am besten gewährleisten zu können.

Die Kurfürsten versammelten sich allerdings nicht nur, um zu wählen, sondern sie verhandelten auch allgemeine reichspolitische Probleme und die kaiserliche Wahlkapitulation im besonderen. Die Wahl- und Krönungsakten des Mainzer Erzkanzlerarchivs geben ein anschauliches Zeugnis von den dabei angefallenen Aktenbergen und der Vielfalt der Themen.[21] Die sicherlich wichtigsten in Frankfurt stattfindenden politischen Aktivitäten waren neben der Wahl und Krönung des Kaisers die Verhandlungen über die kaiserliche Wahlkapitulation, „so bey den Wahl-Conventen den größthen Theil der Zeit wegnimmt".[22]

Die Kurfürsten hatten erstmals 1519 mit Karl V. eine solche Wahlkapitulation vereinbart, die zu den verfassungsrechtlichen Grundgesetzen des Reiches (*leges fundamentales*) zählte. Bei den Wahlen versammelten sich die Gesandten und juristischen Fachleute des Kaisers und der Kurfürsten, die nur selten persönlich teilnahmen, im großen Saal des Frankfurter Rathauses zu den Kapitulationsberatungen, die über 25 Sitzungen in Anspruch nehmen konnten. Bei den Verhandlungen wurde die Kapitulation Artikel für Artikel vorgenommen, und die Gesandten gaben dazu ihren Weisungen gemäße Voten ab, die in einem Protokoll festgehalten wurden. Bei den Abstimmungen entschied zwar im Prinzip die einfache Mehrheit, doch Konsens und Kompromiß – auch mit den Vertretern des Kaisers – bestimmten

*Wahlkonferenzzimmer im Frankfurter Römer, in dem auch die Wahlkapitulationsverhandlungen stattfanden. Historisches Museum Frankfurt a.M., C 9692*

letztlich das Bild. Wollten die Kurfürsten bestimmte aktuelle Probleme nicht in die Kapitulation aufnehmen, richteten sie seit 1711 Kollegialschreiben an den Kaiser, in denen dieser aufgefordert wurde, ein reichspolitisches Problem in Angriff zu nehmen oder bei den entsprechenden Reichsinstitutionen Aktivitäten zu initiieren.[23]

Damit wurde die Königswahl um eine wesentliche politische Funktion erweitert, nämlich die der Reichsgesetzgebung.[24] Zwischen 1519 und 1792 wurden 17 Wahlkapitulationen vereinbart, die wichtige vereinbarte Verfassungsnormen enthielten, die den Kaiser, die Reichsstände und die Reichsinstitutionen rechtlich banden, sich aber ebenfalls mit allgemeinen Themen beschäftigten, die „das gemeine Beste" und die Abstellung „anstossender Mißbräuche" betrafen. Die kaiserliche Wahlkapitulation war eines der wenigen veränderbaren Grundgesetze des Reiches; andere wie die Goldene Bulle oder der Westfälische Frieden konnten dagegen nicht mehr verändert werden. Die Wahlkapitulation wurde zwar nicht als Reichsgesetz promulgiert, aber vom Kaiser zwischen Wahl und Krönung offiziell beschworen und umgehend durch die Reichspublizistik veröffentlicht, die alle Veränderungen registrierte und kommentierte.[25]

Das via Königswahl ausgeübte besondere „Gesetzgebungsrecht" der Kurfürsten stieß allerdings auf die Kritik der Fürsten und Reichsstädte, die im Westfälischen Frieden ein Beschwerderecht und schließlich Verhandlungen über eine „beständige Wahlkapitulation" durchsetzen konnten. Zwar wurde die Ständige Wahlkapitulation trotz der Einigung von Kurfürsten und Fürsten auf einen gemeinsamen Text im Jahr 1711 vom Reichstag formal nie verabschiedet und blieb Entwurf.[26] Dennoch bildete sie das Vorbild für alle folgenden Kapitulationen und wurde bei den Frankfurter Kapitulationsverhandlungen als Grundlage benutzt. Darüber hinaus beteiligten sich Fürsten und Reichsstädte seit 1653 auf dem Weg sogenannter Gravamina oder Monita an den Kapitulationsverhandlungen. Während die Kurfürsten in Frankfurt berieten, fanden zur gleichen Zeit in Regensburg Versammlungen der Fürsten- und der Städtekurie statt, bei denen die Eingaben und Beschwerden zur Wahlkapitulation formuliert und dann in die Frankfurter Verhandlungen eingebracht wurden. Bei den Wahlkapitulationsverhandlungen zeigt sich folglich auch ein Zusammenspiel verschiedener reichspolitischer Zentren.

Auch andere reichsständische Versammlungsformen tagten in der Reichsstadt und übten eine begrenzte „Gesetzgebungstätigkeit" aus. So kam die letzte Reichspoliceyordnung beispielsweise als Beschluß des Frankfurter Deputationstages von 1577 zustande.[27] Der 1654 beschlossene, letzte „ordentliche" Reichsdeputationstag trat ebenfalls 1655 in Frankfurt zusammen, wo dann 1658 die Wahl Leopolds I. stattfinden sollte. Der Habsburger wollte allerdings den Tagungsort nach Nürnberg oder Regensburg verlegen, um eine Einmischung der Fürsten, Stände und auswärtigen Mächte in die Wahlangelegenheiten – und zwar insbesondere in die Wahlkapitulationsverhandlungen – zu verhindern. Da der Mainzer Reichserzkanzler an Frankfurt festhielt, führte dies zur Spaltung des Deputationstages, der zu keinem Beschluß kam und durch den 1662 nach Regensburg ausgeschriebenen Reichstag beendet wurde.[28]

Der Translationsstreit um die Frankfurter ordentliche Reichsdeputation läßt exemplarisch die Bedeutung des Ortes für die jeweiligen reichspolitischen Aktivitäten erkennen, deren Häufung jedoch zu Konflikten bzw. zu einer Verlagerung führen konnte. Weil Frankfurt Wahl- und dann auch noch Krönungsstadt war, konnte es keine Bedeutung als Versammlungsort für Reichstage erlangen. So wollten die „Herrn Chur-Fürsten" nach dem Tod Karls VII., der den Reichstag während seiner kurzen Regierungszeit nach Frankfurt berufen hatte, die Wahlen „nicht gerne an dem Ort vornehmen, wo sich der Reichs-Convent aufhält".[29] Einflußnahme und Konflikte zwischen Wahl- und Reichsversammlung sollten vielmehr von vornherein durch eine Verteilung auf unterschiedliche reichspolitische Zentren verhindert werden. Als Tagungsorte von Reichsversammlungen und damit wichtige reichspolitische Zentren konnten sich daher vor allem Nürnberg als die Stadt der ersten Reichsversammlung eines gewählten Römischen Königs und dann seit dem 16. Jahrhundert Regensburg durchsetzen.

*Die Reichsstadt Nürnberg von Süden. Kolorierte Federzeichnung auf Pergament aus dem sogenannten Hallerbuch, 1533. Staatsarchiv Nürnberg*

## Nürnberg

Die Goldene Bulle hatte Nürnberg zum Ort des ersten Hof- bzw. Reichstags eines gewählten Herrschers bestimmt; das unmittelbare Motiv Karls IV. war wohl Dankbarkeit für geleistete Unterstützung. Langfristig konnten die Kaiser die fränkische Metropole jedoch kaum als politisches Zentrum umgehen, denn es handelte sich um eine der mächtigsten, finanz- und wirtschaftsstärksten Reichsstädte, deren Reichs- bzw. Kaisertreue als „ehernes Gesetz" bezeichnet wurde.[30] Zwischen 1050 und 1792 hielten sich von 51 Königen/Kaisern immerhin 36 in der Reichsstadt auf und bezogen im 12. und 13. Jahrhundert auf der mächtigen, über der Stadt thronenden Kaiserburg Quartier.

Zwischen 1356 und 1487 beriefen fünf von sieben Königen – Wenzel (1383), Ruprecht (1401), Albrecht II. (1438), Friedrich III. (1443) und Maximilian I. (1487) – ihren ersten Tag nach Nürnberg ein. Darüber hinaus wurden vor allem im 15. Jahrhundert weitere Reichsversammlungen in der Reichsstadt abgehalten, wie die beiden Graphiken auf Seite 184 zeigen. Für Nürnberg als politisches Zentrum war dabei von Bedeutung, daß sich im Spätmittelalter aus den königlichen Hoftagen der Reichstag entwickelte, auf dem sich die adlige Herrschafts- und die politische Funktionselite versammelte, um Reichspolitik zu betreiben.[31]

Über den in der Goldenen Bulle festgelegten ersten Reichstag hinaus konnte die fränkische Metropole noch weitere reichspolitische Funktionen gewinnen: 1424 bestimmte König Sigmund, daß der größte Teil der zu dieser Zeit auf der böhmischen Burg Karlstein aufbewahrten Reichskleinodien wegen der Hussitengefahr nach Nürnberg verbracht werden sollte, und erteilte der Stadt ein entsprechendes Privileg. Über den Sicherheitsaspekt hinaus verfolgte Sigmund damit auch politische Zwecke: Er wollte die Reichsstädte enger an sich binden, und Nürnberg hatte diese Politik auf dem Reichstag von 1422 unterstützt.[32] Die für den Krönungsritus so zentralen Herrschaftszeichen wurden dann auch bis 1796 – trotz des oben geschilderten Aachener Widerspruchs – in Nürnberg aufbewahrt, bei Bedarf zum jeweiligen Krönungsort überführt und erst in den französischen Revolutionskriegen nach Regensburg und dann nach Wien verbracht.

Weiterhin fungierte Nürnberg in der Frühen Neuzeit als Tagungsort des Fränkischen Reichskreises, der eine aktive Kreis- und Reichspolitik betrieb. Darüber hinaus beherbergte die Reichsstadt 1500 bis 1502 und 1521 bis 1530 das erste und zweite Reichsregiment, das zwischen den Reichstagen eine Art Reichsregierung bildete und auch umfangreiche Gesetzgebungsvorhaben vorbereitete. Im übrigen wurde Nürnberg 1500 als Sitz des Regiments auserkoren, weil das neugeschaffene Reichskammergericht zunächst in Frankfurt tagte und man nicht „Regierung" und höchstes Gericht an einem Ort unter-

*Die Überführung der Reichskleinodien von Nürnberg nach Frankfurt, kolorierter Kupferstich von J. P. Wolff. Germanisches Nationalmuseum, Nürnberg, Inv.-Nr. HB 3462, Kap. 1334*

bringen wollte. Das Reichsregiment konnte sich zwar nicht dauerhaft etablieren, doch rückten an dessen Stelle die ordentlichen und außerordentlichen Reichsdeputationen, die häufig in Nürnberg und Frankfurt tagten und zumindest zeitweilig reichspolitische Wirkungen entfalteten, zahlreiche Reichstagsentscheidungen vorbereiteten oder selbst Reichsgesetze erließen.[33]

Mit der Reformation, der sich die Nürnberger 1524 anschlossen, begann jedoch die Funktion der fränkischen Metropole als politisches Zentrum abzunehmen: Schon Karl V. wollte seinen ersten Reichstag nicht in Nürnberg abhalten und gab im Ausschreiben die dort herrschende Pest als Grund an. Ferdinand I. erwähnte im Ausschreiben zum Augsburger Reichstag von 1559 nicht einmal mehr die Bestimmung der Goldenen Bulle, und auch Maximilian II. wollte 1562 seinen ersten Reichstag nicht in dem protestantischen Nürnberg abhalten. Augsburg und Regensburg traten unter den Kaisern aus dem Haus Habsburg als Reichstagsstädte an die Stelle Nürnbergs, das aber Aufbewahrungsort der Reichskleinodien blieb. Die Entfremdung zwischen Kaiser und Reichsstadt führte allerdings dazu, daß einige nichtwählende kurfürstliche Versammlungen (1611 und 1640) in Nürnberg abgehalten wurden. Auch der zur Umsetzung der Bestimmungen der westfälischen Friedensverträge eingesetzte, wichtige Exekutionstag tagte 1648–1650 in Nürnberg. Bezüglich der Reichstage fand jedoch eine deutliche Verlagerung von Nürnberg nach Regensburg statt, wie die beiden Graphiken zeigen.[34]

## Regensburg

Zum politischen Zentrum des Reiches entwickelte sich in der Frühen Neuzeit neben Frankfurt vor allem Regensburg, das bereits im Mittelalter zahlreiche Reichsversammlungen beherbergt hatte, seinen Aufstieg im 16. Jahrhundert aber den Habsburgern und der Verschiebung des kaiserlichen Herrschaftszentrums nach Wien verdankte. Die mittelalterliche Tradition

**Orte der Reichsversammlung/Reichstage 1356–1654**

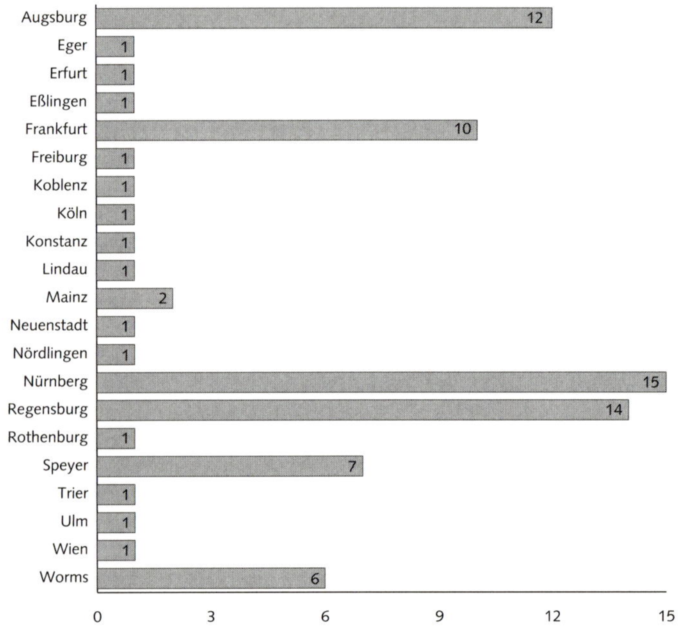


**Orte mit mehr als einer Reichsversammlung 1356–1654 (zeitliche Entwicklung)**

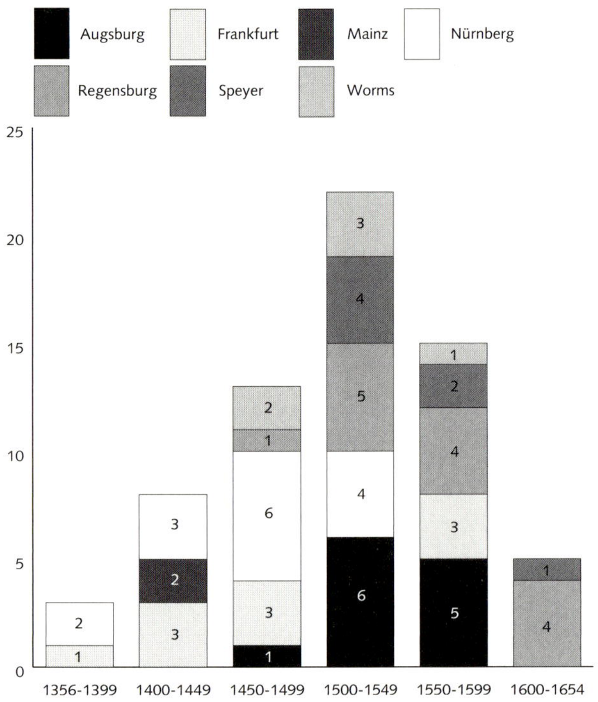


spielte hier folglich keine Rolle.[35] Die an der Donau gelegene Stadt sah darüber hinaus 1575, 1636 und 1653 Wahlen bzw. Krönungen Römischer Könige und avancierte zur bevorzugten Reichstagsstadt, die im 16. Jahrhundert neun und im 17. Jahrhundert vier Reichsversammlungen beherbergte; darunter wichtige Versammlungen wie den nach dem Westfälischen Frieden 1653 einberufenen Reichstag, den letzten „alten Stils". Der dort verabschiedete Jüngste Reichsabschied enthielt ein solch umfangreiches Programm, daß der 1663 einberufene Reichstag nicht auseinanderging und sich zu einer permanenten Versammlung entwickelte, die im Regensburger Rathaus tagte.[36]

Trotz des Dualismus von Kaiser und Reichsständen und des Souveränitätsstrebens einiger Territorien repräsentierte dieser „Immerwährende Reichstag" auf der politischen Ebene

*Reichstagssitzung im Reichssaal des Regensburger Rathauses.*
*Kupferstich von Peter Troschel, 1675.*
*Historisches Museum der Stadt Regensburg*

die Einheit des Reichsverbandes: „Reichstag", „Kaiser und versammelte Reichsstände" und das „Reich" stellten Synonyme dar. In diesem Sinn war der Reichstag sowohl Hüter der Reichsverfassung als „auch der sinnfälligste Ausdruck der Reichseinheit".[37] Als ständig tagender Gesandtenkongreß arbeitete die Regensburger Versammlung wohl – gemessen an modernen Maßstäben – recht schwerfällig und teilweise auch ineffektiv. Kompetenzen und Aufgaben des Reichstags waren allerdings umfassend und betrafen Krieg und Frieden, Rechtsverletzungen, fundamentale verfassungsrechtliche Probleme und die Reichsgesetzgebung.

Darüber hinaus entwickelte er sich zur zentralen reichspolitischen „Clearing"- und Kontaktstelle im Reichssystem. Der Reichstag war Nachrichtenbörse, Informationszentrale und politisches Forum, das auch den kleineren Reichsmitgliedern ermöglichte, öffentlich Beschwerden und Kritik anzubringen, eine nationale und teilweise auch übernationale politische Öffentlichkeit herzustellen, die Hilfe des Reiches gegen Beeinträchtigungen zu reklamieren, politische Positionen darzustellen und Interessen zu vertreten. Auch die mächtigeren Reichsstände und der Kaiser benutzten die Regensburger Versammlung intensiv zur Legitimation ihrer Politik und zur Formierung der Anhängerschaft.

Regensburg entwickelte sich daher zum Zentrum der politischen deutschen Öffentlichkeit: Der Reichstag bot die konzentrierteste und zugleich breiteste Publikationsmöglichkeit im Reich; nur hier konnte man gleichzeitig den Kaiser, die Stände sowie mehrere ausländische Staaten erreichen; zudem berichteten viele Zeitschriften über die Verhandlungen oder druckten Reichstagsmaterial ab. Durch diesen ständigen Informationsaustausch gingen von Regensburg über die verabschiedeten Beschlüsse und Maßnahmen hinaus vielfältige Impulse auf das Reich, die Kreise sowie einzelne Stände und Regierungen aus. Diese Form medialer Reichspolitik bedeutete einen enormen Schub für den Prozeß der Verrechtlichung: An die Stelle des befristeten öffentlichen Zeremoniells, wie wir es exemplarisch in der Aachener Königskrönung oder den Frankfurter Königswahlen finden, war nun in Regensburg die neue und erweiterte Öffentlichkeit der massenhaft verbreiteten Druckmedien getreten. Mit der Reichspolitik hatte sich folglich auch Charakter und Funktion der reichspolitischen Zentren geändert.

Deutlich läßt sich in diesem Prozeß ein Wandel, eine Säkularisierung von Wahl und Krönung erkennen. Die Wahl als politisches Ereignis verdrängte die sakrale Krönung bzw. Frankfurt verdrängte Aachen. Trotz der fortdauernden Bedeutung von Tradition und Zeremoniell traten neben den eigentlichen Wahl- und Krönungsakten die reichspolitischen und verfassungsrechtlichen Verhandlungen – vor allem die Wahlkapitulationsverhandlungen – in den Vordergrund.

Eine wesentliche Funktion von Aachen, Frankfurt, Nürnberg und Regensburg bestand darin, daß die vier Reichsstädte während Wahlen, Krönungen und Reichsversammlungen als Kommunikations- und Informationszentren fungierten. Die Legitimation politischer Herrschaft war in der Vormoderne allgemein auf vollzogene Tradition, öffentliches Zeremoniell und repräsentative Öffentlichkeit unter Teilhabe der Eliten des Reiches und der Öffentlichkeit angewiesen. Wie gezeigt, beteiligten sich in der Frühen Neuzeit alle Reichsstände an Wahl und Krönung und der wichtigsten politischen Handlung, dem Aushandeln der Wahlkapitulation. Die politische Existenz der Reichsmitglieder im Reichssystem erforderte permanente Repräsentation, Präsenz, Teilhabe und Mitwirkung an der Reichspolitik in den politischen Zentren des Reiches: Wer nicht informiert war oder seine Interessen und Rechte nicht zur Geltung brachte, konnte im Reichssystem rasch an Ansehen, Einfluß und Status verlieren. Auch die breitere Öffentlichkeit war an Wahlen und Reichsversammlungen durch die Druckmedien beteiligt. Seit dem 16. Jahrhundert wurden Frankfurt und Regensburg mit zahllosen Druckerzeugnissen, die sich mit reichspolitischen Themen beschäftigten, förmlich überschwemmt. Darüber hinaus behandelte eine wachsende Zahl an sonstigen literarischen Texten die politischen Zentren und die dortigen reichspolitischen Aktivitäten, insbesondere Wahl und Krönung.[38]

Die dargestellten reichspolitischen Aktivitäten und Institutionen haben das zeitgenössische geistig-kulturelle Leben der Reichsstädte Aachen, Frankfurt, Nürnberg und Regensburg langfristig geprägt und sich tief in die städtische Kultur eingegraben. Erinnert sei hier nur beispielhaft an Bauwerke, Münzen oder die städtische Fest- und Erinnerungskultur. Seit dem 16. Jahrhundert prägten ebenfalls die juristischen Fachleute und die Diplomaten das Bild in den politischen Zentren des Reiches, auch wenn sie in der zeitgenössischen Kunst selten dargestellt wurden. Zwar brachte die Funktion als reichspolitisches Zentrum auch erhebliche Belastungen mit sich, langfristig profitierten die Städte und städtischen Eliten jedoch davon – und zwar nicht nur in materieller, wirtschaftlicher Hinsicht, sondern auch bezüglich Status und Unabhängigkeit.

Polyzentrismus und wechselnde Zentren mit unterschiedlichen Funktionen verweisen auf den mobilen, ja ambulanten Charakter von Reichspolitik und Herrschaft, nicht nur im Mittelalter, sondern auch noch in der Frühen Neuzeit. Zwar unterlagen alle vier behandelten Zentren erheblichen Wandlungsprozessen und verloren oder gewannen Funktionen und konnten folglich keine dauerhafte „Hauptstadtrolle" spielen. Gerade diese zeitliche und funktionale Limitierung und der dynamische Charakter der Zentren aber verhinderten, daß in einem System mit vielen Inhabern von Herrschaftsrechten sich Herrschaft an einem Ort verfestigte. Dies mochte eine expansive Außen- und Machtpolitik des gesamten Reiches erschweren, letztlich bedeutete die Feinverteilung von Politik und Herrschaft auf unterschiedliche politische Zentren jedoch auch Legitimität und Stabilisierung des Reichssystems als Rechts- und Friedensordnung, die funktional differenzierter reichspolitischer Zentren wie Aachen, Frankfurt, Nürnberg und Regensburg bedurfte.

## Anmerkungen:

1 Armin Wolf (Hrsg.): Die Goldene Bulle. König Wenzels Handschrift. Codex Vindobonensis 338 der Österreichischen Nationalbibliothek. Graz 2002.

2 Bernd Heidenreich (Hrsg.): Deutsche Hauptstädte. Von Frankfurt nach Berlin. Wiesbaden 1998. Bodo-Michael Baumunk (Hrsg.): Hauptstadt, Zentren, Residenzen. Metropolen in der deutschen Geschichte. Köln 1989.

3 Peter Moraw: Deutsche Hauptstädte im Mittelalter. In: B. Heidenreich: Hauptstädte (wie Anm. 2), S. 9–28.

4 Helmut Neuhaus: Das Reich in der Frühen Neuzeit. München 1997. Georg Schmidt: Geschichte des Alten Reiches. Staat und Nation in der Frühen Neuzeit 1495–1806. München 1999.

5 Wilhelm Berges: Das Reich ohne Hauptstadt. In: Friedrich-Meinecke-Institut an der Freien Universität Berlin (Hrsg.): Das Hauptstadtproblem in der Geschichte. Festgabe zum 90. Geburtstag Friedrich Meineckes. Tübingen 1952, S. 1–30.

6 Karl Otmar Freiherr von Aretin: Das Alte Reich 1648–1806. 4 Bde. Stuttgart 1993–2000.

7 Heinz Gollwitzer: Bemerkungen über Reichsstädte und Reichspolitik auf der Wende vom 15. zum 16. Jahrhundert. In: Helmut Jäger u.a. (Hrsg.): Civitatum communitas. Studien zum europäischen Städtewesen. Festschrift Heinz Stoob zum 65. Geburtstag. 2 Tle. Köln 1984; Tl. 2, S. 488–516, hier S. 503.

8 Paul-Joachim Heinig: Reichsstädte, Freie Städte und Königtum 1389–1450. Ein Beitrag zur deutschen Verfassungsgeschichte. Wiesbaden 1983.

9 Peter Moraw: Reichsstadt, Reich und Königtum im späten Mittelalter. In: Zeitschrift für historische Forschung 6 (1979), S. 385–424, hier S. 415.

10 Mario Kramp (Hrsg.): Krönungen. Könige in Aachen – Geschichte und Mythos. Katalog der Ausstellung in zwei Bänden. Mainz 2000. Andrea Theissen: Aachen. „Nova Roma". Die Stadt Karls des Großen. In: B.-M. Baumunk (Hrsg.): Hauptstadt, Zentren, Residenzen (wie Anm. 2), S. 43–49.

11 Ernst Schubert: Königswahl und Königtum im spätmittelalterlichen Reich. In: Zeitschrift für historische Forschung 3 (1977), S. 257–338.

12 Hartmut Boockmann: Aachen. Residenz Karls des Großen und Krönungsort der Könige. In: Die Hauptstädte der Deutschen. Von der Kaiserpfalz in Aachen zum Regierungssitz Berlin. München 1993, S. 11–21, hier S. 18.

13 E. Schubert: Königswahl und Königtum (wie Anm. 11), S. 275.

14 Eberhard Isenmann: Reichsrecht und Reichsverfassung in Konsilien reichsstädtischer Juristen (15.–17. Jahrhundert). In: Roman Schnur (Hrsg.): Die Rolle der Juristen bei der Entstehung des modernen Staates. Berlin 1986, S. 545–628, hier S. 601.

15 E. Schubert: Königswahl und Königtum (wie Anm. 11), S. 273.

16 Johann Jacob Moser: Neues Teutsches Staatsrecht. 20 Bde. Frankfurt/Main, Leipzig 1766–1783, Nachdruck Osnabrück 1967/68; hier Bd. 7, S. 314.

17 Hans-Otto Schembs: Frankfurt als Wahl- und Krönungsstadt der deutschen Könige und Kaiser. In: B. Heidenreich: Hauptstädte (wie Anm. 2), S. 29–51. Hermann Meinert: Von Wahl und Krönung der deutschen Kaiser zu Frankfurt am Main. Mit dem Krönungsdiarium des Kaisers Matthias aus dem Jahre 1612. Frankfurt/Main 1956; Bernd Herbert Wanger: Kaiserwahl und Krönung im Frankfurt des 17. Jahrhunderts. Darstellung anhand der zeitgenössischen Bild- und Schriftquellen und unter besonderer Berücksichtigung der Erhebung des Jahres 1612. Frankfurt/Main 1994.

18 Vgl. H. Gollwitzer: Bemerkungen über Reichsstädte (wie Anm. 7), S. 503.

19 Axel Gotthard: Säulen des Reiches. Die Kurfürsten im frühneuzeitlichen Reichsverband. Husum 1999, S. 241. Vgl. auch B. H. Wanger: Kaiserwahl und Krönung (wie Anm. 17), S. 20 f.

20 J. J. Moser: Neues Teutsches Staatsrecht (wie Anm. 16). Bd. 7, S. 314.

21 Susanne Schlösser (Hrsg.): Wahl- und Krönungsakten des Mainzer Reichserzkanzlerarchivs 1486–1711. Inventar. Stuttgart 1993.

22 J. J. Moser: Neues Teutsches Staatsrecht (wie Anm. 16). Bd. 2, S. 166.

23 Gerd Kleinheyer: Die kaiserlichen Wahlkapitulationen. Geschichte, Wesen und Funktion. Karlsruhe 1968.

24 Überblick in Karl Härter: Reichsgesetzgebung und Reichsrecht. In: Josef Pauser u.a. (Hrsg.): Die Habsburgermonarchie in der Frühen Neuzeit. Eine exemplarische Quellenkunde. Im Druck.

25 Beispielhaft: Christoph Ziegler: Wahl-Capitulationes, welche mit denen Römischen Käysern und Königen, dann des H. Röm. Reichs Churfürsten, … seit Carolo V. her … biß auff Josephum I. … auffgerichtet … Frankfurt/Main 1711.

26 Eckhart Pick: Die Bemühungen der Stände um eine beständige Wahlkapitulation und ihr Ergebnis 1711. Mainz 1969.

27 Karl Härter: Entwicklung und Funktion der Policeygesetzgebung des Heiligen Römischen Reiches Deutscher Nation im 16. Jahrhundert. In: Ius Commune 20 (1993), S. 61–141.

28 Matthias Schnettger: Der Reichsdeputationstag 1655–1663. Kaiser und Stände zwischen Westfälischem Frieden und Immerwährendem Reichstag. Münster 1996.

29 J. J. Moser: Neues Teutsches Staatsrecht (wie Anm. 16). Bd. 2, S. 60.

30 Rudolf Endres: Nürnberg. „Carissima civitas". Kaiserstadt und Aufbewahrungsort der Reichsinsignien. In: B.-M. Baumunk (Hrsg.): Hauptstadt, Zentren, Residenzen (wie Anm. 2), S. 63–87,

hier S. 72. Vgl. allgemein Helmut Neuhaus (Hrsg.): Nürnberg. Eine europäische Stadt in Mittelalter und Neuzeit. Nürnberg 2000.

31 Thomas Michael Martin: Auf dem Weg zum Reichstag. Studien zum Wandel der deutschen Zentralgewalt 1314–1410. Göttingen 1993. Bettina Koch: Räte auf deutschen Reichsversammlungen. Zur Entwicklung der politischen Funktionselite im 15. Jahrhundert. Frankfurt/Main u.a. 1999.

32 R. Endres: Nürnberg (wie Anm. 30), S. 80.

33 Helmut Neuhaus: Reichsständische Repräsentationsformen im 16. Jahrhundert. Reichstag – Reichskreistag – Reichsdeputationstag. Berlin 1982.

34 Nach J. J. Moser: Neues Teutsches Staatsrecht (wie Anm. 16). Bd. 43, S. 419 ff.

35 Peter Schmid: Regensburg als Schauplatz mittelalterlicher Reichsversammlungen. In: Dieter Albrecht (Hrsg.): Regensburg – Stadt der Reichstage. Vom Mittelalter zur Neuzeit. Regensburg 1994, S. 9–28.

36 Anton Schindling: Die Anfänge des Immerwährenden Reichstags zu Regensburg. Ständevertretung und Staatskunst nach dem Westfälischen Frieden. Mainz 1991. Karl Härter: Reichstag und Revolution 1789–1806. Die Auseinandersetzung des immerwährenden Reichstags zu Regensburg mit den Auswirkungen der Französischen Revolution auf das Alte Reich. Göttingen 1992.

37 Karl Otmar Freiherr von Aretin: Heiliges Römisches Reich 1776–1806. Reichsverfassung und Staatssouveränität. 2 Tle. Wiesbaden 1967; Tl. 1, S. 55.

38 Vgl. Bernd Heidenreich: Der Aufenthalt Karls VII. in Frankfurt am Main im Spiegel der zeitgenössischen Memoiren. In: Rainer Koch / Patricia Stahl (Hrsg.): Wahl und Krönung in Frankfurt am Main. Kaiser Karl VII. 1742–1745. Frankfurt/Main 1986. Bd. 1, S. 67–71.

# Volksbelustigungen
## bei Wahlen und Krönungen der deutschen Könige und Kaiser in Frankfurt am Main

*Von Hans-Otto Schembs*

Eine große Zahl, ja eine Überfülle an Zeremonien, Geselligkeiten und Festen dokumentiert neben dem politischen den hohen kulturellen, wirtschaftlichen und emotionalen Stellenwert von Wahl und Krönung der deutschen Könige und Kaiser für das Heilige Römische Reich Deutscher Nation wie auch im besonderen für die Reichsstadt Frankfurt am Main, die der Wahl der Römischen Könige und Kaiser geweihte Stadt und der berühmteste Handelsplatz nicht nur Deutschlands, sondern ganz Europas, wie Matthäus Merian 1617/18 seine Darstellung Frankfurts mit Worten begleitet. Von den eigentlichen Wahl- und Krönungshandlungen war das „Volk", also die meisten der nicht beteiligten oder geladenen Bürger und sonstigen Bewohner Frankfurts wie ihrer Gäste weitgehend ausgeschlossen. Dennoch gab es für das Volk häufig Gelegenheit, zumindest zuschauend dabeizusein, manchmal war seine Anwesenheit notwendig. Einige Zeremonien entwickelten sich zu Volksfesten, was sich zum Teil sogar aus den Bestimmungen der Goldenen Bulle Kaiser Karls IV. von 1356, dem Reichsgrundgesetz, ergab, in die Zeremonien und Volksbelustigungen des Metzer Hoftags eingeflossen waren, zum Teil traten sie aber auch später neu hinzu. Der Wandel des Geschmacks in allen Bevölkerungsschichten über die Jahrhunderte hinweg führte ebenso wie die länger werdenden Zeiten der Wahlen und Krönungen zu Veränderungen und ausgedehnteren Ausformungen, auch zu wachsenden Ansprüchen des Volks nach Belustigungen. Das Volk war bemüht, die zugestandenen Freiheiten und Belustigungen zu bewahren und auszudehnen, die Stadt bestrebt, ihre Rechte nicht zu verlieren. Die großen, auch finanziellen Belastungen zum Beispiel für die Herrichtung der Quartiere, die bei dem großen Gefolge der Herrscher und Kurfürsten, bei der großen Zahl der Gäste und deren Ansprüche erheblich waren, oder für Ausbesserung des Pflasters und Installierung einer Stadtbeleuchtung traten gänzlich in den Hintergrund. Als Frankfurt 1562 zur zwar inoffiziellen, aber fortan bevorzugten Krönungsstadt wurde, hatten sich schon viele Zeremonien herausgebildet oder Feste entwickelt. Sie erfuhren nun aber eine Ausweitung, bedingt zum einen durch den barocken Überschwang, zum andern allein schon dadurch, daß die Kurfürsten nacheinander eintrafen. So wurden die Einzüge der Kurfürsten und Gesandten zunehmend prunkvoller, so gab es seit dem 16. Jahrhundert Wagenauffahrten statt der Aufzüge hoch zu Roß und wurden die Kutschen immer kostbarer.

Die Wurzeln der Festbräuche bei den Wahlen und den Krönungen sind vielfältig. Sie lagen in altem volkstümlichen Herkommen, so in Hochzeitsbräuchen, christlich-kirchlichen Feiern und Prozessionen, sie ahmten fremde Bräuche aus Byzanz, Italien oder Frankreich nach und griffen antike Kultur oder altgermanische Sitten auf. Auch die Topographie der Stadt prägte die Entwicklung und Ausgestaltung der Zeremonien und Feste. Anders als in Aachen, der gesetzlichen und bis 1562 tatsächlichen Krönungsstadt, oder in Augsburg, wo im 17. Jahrhundert zwei Wahlen und eine Krönung stattfanden, konnte in Frankfurt der Fluß mit einbezogen werden. Ebenso war das Vorhandensein großer Plätze, Paläste und Kirchen entscheidend. Die Stiftskirche St. Bartholomäus, die man als Zentrum

*Ringelrennen (Lanzenstechen) auf dem Roßmarkt anläßlich der Krönung Kaiser Matthias' 1612. Kupferstich aus dem Krönungsdiarium. Institut für Stadtgeschichte Frankfurt a. M.*

von Wahl und Krönung seit dem 18. Jahrhundert „Dom" nannte, und der Römerberg, der Mittelpunkt des mittelalterlichen Frankfurt, aber auch der weitläufige Roßmarkt standen im Blickpunkt und bildeten repräsentative Rahmen. Für den Verlauf mancher Festlichkeit hat man die Religionszugehörigkeit der Krönungsstadt, in Frankfurt also den lutherischen Protestantismus, als einflußgebend festgestellt.

Über Verlauf der Wahlen und Krönungen sind wir aus amtlichen Quellen, Zeitungen, Festprogrammen und Verordnungen sowie aus Beschreibungen oder Chroniken, die aus jenen schöpften, ferner aus Schilderungen gelehrter Beobachter oder Briefen informiert. Mit der Stärkung des Selbstbewußtseins der niederen Klassen im 15. Jahrhundert wurden seit der Krönung Friedrichs III. die Volksbelustigungen eingehender beobachtet und beschrieben. Von den Ereignissen des 17. und im besonderen des 18. Jahrhunderts erhalten wir anschaulichen Eindruck durch die halbamtlichen „Krönungsdiarien", die Daten, Verordnungen, Gebühren, Teilnehmer und Quartierlisten wiedergeben, auch aus Kupferstichen, welche die Diarien schmücken oder als Sammelmappe erschienen, wie Theodor de Brys Sammlung von 1612. Aufzeichnungen der Stadtschreiber, von denen sich der Rat der Stadt Frankfurt 1612, anläßlich jener Wahl und Krönung, die durch den Beginn des Fettmilch-Aufstandes gestört worden war, alle Vorgänge aufzeichnen ließ, Zeitungsnotizen und eigene Beobachtungen flossen ein. Die Frankfurter Wahltagsakten sind im Zweiten Weltkrieg verbrannt, so müssen wir auf Sekundärliteratur, die diese Akten noch benutzt hat, zurückgreifen. Den Volksbelustigungen widmeten sich die Berichte des Frankfurter Malermeisters Peter Müller, der 1612 und 1619 die Krönungen miterlebte, sowie des Buchdruckers Thomas Poppe. Auch aus Briefen von Goethes Mutter, Frau Aja, erhalten wir lebendige Eindrücke. Im 18. Jahrhundert tritt eine Fülle von Erinnerungen, Kommentierungen, Abhandlungen und Reiseberichten hinzu. Eine der bekanntesten, ausführlichsten, aus Erlebtem und Quellenstudien gemischten Beschreibungen stammt von Johann Wolfgang von Goethe, der fast ein ganzes Kapitel von „Dichtung und Wahrheit" der Krönung Josephs II. 1764 widmet. Goethe, zur Zeit der Krönung 14 Jahre alt, schreibt: „Kaum war ich zu Hause angekommen, als mein Vater mich berufen ließ und mir die Eröffnung tat, es sei nun ganz gewiß, daß der Erzherzog Joseph zum Römischen König gewählt und gekrönt werden sollte. Ein so höchst bedeutendes Ereignis müsse man nicht unvorbereitet erwarten, und etwa nur gaffend und staunend an sich vorbei gehen lassen. Er wolle daher die Wahl- und Krönungsdiarien der beiden letzten Krönungen mit mir durchgehen, nicht weniger die letzten Wahlkapitulationen, um alsdann zu bemerken, was für neue Bedingungen man im gegenwärtigen Falle hinzufügen werde. Die Diarien wurden aufgeschlagen, und wir beschäftigten uns den ganzen Tag damit bis tief in die Nacht."

Die Zeiten von Wahl und Krönung begannen, sieht man von den Vorbereitungen wie der Quartiermachung ab, mit dem Einzug der Kurfürsten oder der Wahlgesandten, bei der die Bürgerschaft insofern beteiligt war, als sie die Wälle und Stadttore durch Bürgerkompanien sicherte wie auch an allen anderen wichtigen Tagen, gelegentlich verstärkt durch Söldner oder sogar Truppen, und ebenso das Volk, für das es etwas zu sehen

*Ringelrennen anläßlich der Wahl und Krönung Kaiser Matthias' 1612. Aus dem von Theodor de Bry herausgegebenen Diarium. Historisches Museum Frankfurt a. M.*

gab. Besonders spektakulär zogen die drei geistlichen Kurfürsten ein: der Mainzer zum Beispiel 1741 mit 540 Pferden und 604 Bediensteten und Beamten, der Trierer 1741 mit einer Jacht, die mehrmals den Main hinauf- und hinabfuhr, und 1790 mit fünf Jagdschiffen, der Kölner 1741 mit einem Defilee auf dem Römerberg aus über 700 Personen und 1400 Pferden.

Glanzvoll war auch die feierliche Auffahrt zur ersten Wahlkonferenz. Sechsspännig fuhren in Kutschen die Botschafter, begleitet von Dienern, Lakaien, Läufern, Leibgarden, Kavalieren und Ministern. Unter Pauken und Trompeten begannen die Kurfürsten in der großen Ratsstube im Haus zum Goldenen Schwan (in der „Kurfürstenstube") die Wahlverhandlungen, bei der sie formelle Fragen klärten, über den Kandidaten berieten – allerdings selten –, vor allem die Wahlkapitulationen festlegten, also die Zugeständnisse, die die Kurfürsten dem Kandidaten abverlangten. Nicht minder prunkvoll waren die Auffahrten bei allen Visiten und Gegenvisiten der Kurfürsten und Botschafter, wie sie bereits 1486 nachweisbar sind.

*Schauturnier auf dem Roßmarkt am 30. Juni/10. Juli 1658 anläßlich von Wahl und Krönung Leopolds I. Historisches Museum Frankfurt a. M.*

Der Wahltag selbst war ein ernster Feiertag; Ausschank von Bier, Wein oder Kaffee war nicht gestattet, alle Läden waren geschlossen. Zur eigentlichen Wahl, zum Wahlkonklave, zogen – die Bürgerschaft bildete wiederum Spalier – die Kurfürsten in den Dom, und zwar anfangs in die Sakristei oder in den Chor, seit der Wahl Albrechts 1438 in die neu erbaute Stiftsbibliothek, in die „Wahlkapelle".

Die feierliche Einholung der Krönungsinsignien lockte erneut das Volk an. Die Deputierten der Städte Aachen und Nürnberg, die die Insignien zur Krönung nach Frankfurt brachten, wurden an den Stadttoren feierlich empfangen und von Ratsdeputierten und Soldaten in ihre Quartiere gebracht. Die Nürnberger kamen mit einem großen Zug; die Insignien wurden auf einem von sechs Pferden gezogenen Planwagen befördert. Logis der Nürnberger war in der Regel das Gasthaus zum Goldenen Löwen in der Fahrgasse. Von großer Bedeutung war ursprünglich die Ableistung des Sicherheitseids der Bürger vor dem Erzbischof von Mainz, wobei sie sich auf dem Römerberg versammelten. Sie verpflichteten sich zur Verteidigung der Kurfürsten, zur Sicherung der Wahlhandlung und zur Aufrechterhaltung der Ordnung. Gegen Ende des 18. Jahrhunderts war dies nur noch Zeremonie.

In der Neuzeit ließen sich die Thronprätendenten bei ihrer Wahl vertreten. Sie hielten sich in der Nähe der Stadt auf und zogen besonders farbenprächtig und glanzvoll erst zur Krönung in Frankfurt ein. Der Rat kündigte der Bevölkerung die Ankunft an (1. Oktober 1790): „Als wird jedermänniglich hiermit alles Ernstes erinnert und ermahnet, sich bey allen und jeden Solennitäten, insonderheit aber bey nächstbevorstehendem kaiserlichen Einzug und darauf folgender Krönung still, sittsam, bescheidentlich und mit allgeziemendem Respect aufzuführen, und sollen die Eltern und Hausväter ihre Kinder, gesind und Angehörige mit Nachdruck beständiglich darzu anhalten, damit nicht nöthig seye, durch obrigkeitliche hinlängliche Verfügung die Widerspenstige in die Schranken der Ordnung zu bringen …".

In der Regel wurde der Prätendent dreimal von Vertretern der Stadt und von den Bürgern begrüßt: Es geschah kurz nach Betreten des Stadtgebiets, zum Beispiel am Oberforsthaus oder auf der Bornheimer Heide. Die zweite Begrüßung erfolgte am Stadttor, beispielsweise am mächtigen Gallustor an der Straße von Mainz, wo Ratsherrn und Schöffen dem König den Stadtschlüssel zum Zeichen der Unterwerfung überreichten und ihn unverzüglich wieder zurückerhielten. Nach feierlichem Zug durch die Stadt zum Dom (Friedrich III. scheint bei der Krönung seines Sohnes Maximilian in Aachen 1486 der erste gewesen zu sein, der sich eines Wagens bediente), nach Altarsetzung (sofern der König bei der Wahl nicht anwesend gewesen war) und einem feierlichen Hochamt sowie nach Unterschreiben der Wahlkapitulationen begrüßte drittens die städtische Delegation den künftigen Kaiser in seinem Quartier und überreichte ihm und dem Gefolge Geschenke.

Bei seinem Einzug wurde der Herrscher von vielen bedrängt, die sein Gewand berühren wollten. Um Platz zu schaffen, hielten bis ins 16. Jahrhundert Gewappnete mit Stangen das Volk in Schach, oder man ließ noch unter Karl V. Münzen unters Volk werfen (was später auf den Krönungstag verlegt wurde). Vor allem wurde der König von Verbrechern oder Verbannten bedrängt, die sich ans Pferd oder an den Wagen des

*Tanz der Bender auf dem zugefrorenen Main am 1. März 1740.*
*Stich von W. C. Mulken.*
*Historisches Museum Frankfurt a. M.*

Kaisers klammerten, damit sie – gemäß alter Sitte – begnadigt würden. So hingen fünf oder sechs Männer an Rupprechts Pferd bei seinem Einritt in Frankfurt.

Während der Tage, Wochen und Monate von Wahl und Krönung veranstalteten die Fürsten und Gesandten zahlreiche Feste und Lustbarkeiten dem Kaiser zur Ehre und dem Volk zur Freude. Mögen die festlichen Veranstaltungen wie bei anderen fürstlichen Lusttagen nur zur eigenen Unterhaltung durchgeführt worden sein, so wurde das Volk eingebunden und konnte auch Objekt der Belustigung sein, oder sie entsprangen dem Wunsch, dem Volk etwas Besonderes zu bieten. Darüber hinaus sorgten Stadt und Volk selbst für Feste und Aufzüge.

Bis ins 17. Jahrhundert hinein gab es Ritterturniere vor allem auf dem Roßmarkt, dem größten Platz der Stadt. Berühmt war das Turnier 1658 während der ersten Wahl und Krönung nach dem Dreißigjährigen Krieg. Fünf Stunden dauerte es. Das Volk sah von Fenstern und Dächern, von Wagen und Kutschen aus zu. Auch der Kaiser und die Kurfürsten waren unter den Zuschauenden. Frankfurts Chronist Achilles August von Lers-

*Konstruktionszeichnung des hölzernen Wasserschlosses von Achilles von Hynsperg für das Brillantfeuerwerk auf dem Main am 24. Juni 1612 zu Ehren von Kaiser Matthias. Historisches Museum Frankfurt a. M.*

ner schreibt: „... ein sehr schönes masquiertes Ringel-Rennen auf dem Roßmarkt ... bestunde aus funffzig Reichs-Graffen", „... ward auf dem Roßmarck in denen daselbst geschlagenen Schrancken ein zierliches Thurnier oder Ritterspiel gehalten, darzu der Auffzug wunder schön zu sehen, und von unterschiedliche Nationen in behöriger Kleidung angestelt gewesen. Selbige sind bestanden in Mohren, Alten Teutschen, Wilden Männern, Römern, Schweitzern, Ungarn, Teutschen, Moscowittern, Courtisanes ... la mode, und dergleichen." Später überwogen, dem Wandel des Zeitgeschmacks folgend, bei den Turnieren unterhaltsame Schaustellungen, Totenkopfrennen, Scheibenschießen und Degenfechten. Im 18. Jahrhundert lösten Paraden und Manöver sie ab, die sich vorwiegend aus den politischen Ereignissen ergaben. 1790 marschierte auf Bitten des Erzbischofs von Mainz Landgraf Wilhelm IX. von Hessen mit 7000 Soldaten zum Schutz der Wahl Leopolds II. auf. Sie veranstalteten ein „Lustlager von Bergen", wobei die Schlacht von Bergen von 1759 am Originalschauplatz nachgestellt wurde. 60 000 Zuschauer sollen dazugeströmt sein. An das Lager der hessischen Soldaten erinnert die Leopoldsäule bei der Berger Warte.

Altes Herkommen war der Tanz zu Ehren des königlichen Paares. Für Matthias 1612 wurden im Kaisersaal zwei Tribünen für die „spectatores" errichtet; also konnten wohl Vertreter der Bürgerschaft zusehen. Auch bei königlichen Banketten wurde das Zuschauen erlaubt. Bei Leopolds I. Krönung gab es mehrere „öffentliche Mahlzeiten" der Fürsten, so des Kurpfälzers in einem schönen, mit Linden und Birken geschmückten Lusthaus am Roßmarkt, bei dem das Volk zuschauen durfte. Auch bei Karl VII. schaute das Volk von einer Galerie den Speisenden zu. 1764 erhielten Damen und Standespersonen Zutritt zur offenen Tafel, man schuf aber einen Durchgang durch den Saal, damit auch das niedere Volk die kaiserliche Familie speisen sehen konnte.

Stets fanden sich für die Gesandten neue Anlässe zu Empfängen und Festen. Alle in die Wahl- und Krönungszeit fallende Namens- und Geburtstage der Fürsten wurden gefeiert, ebenso besondere Ereignisse wie drei Tage nach Ruprechts Krönung die Heirat von Elisabeth von Cleve und Herzog Stephan von Bayern oder 1790 die seltene Feier eines Deutschordensritterschlags, wozu die gesamte Bürgerschaft aufgeboten wurde. Der pfälzische Gesandte gab 1741 einen Empfang zum 80.

*Feuerwerk von einer im Main künstlich angelegten Insel am 4. Oktober 1745 anläßlich der Kaiserkrönung Franz' I. Stich von C. Fritsch. Historisches Museum Frankfurt a. M.*

Geburtstag des – nicht anwesenden – Kurfürsten. Der preußische Gesandte gab ein Bankett anläßlich der Vermählung des Prinzen August Wilhelm in Berlin. Jagden wurden veranstaltet, so 1612 vom Landgraf von Hessen, oder Schießübungen, wie 1658 durch Leopold I., der dafür den „Eibenplatz" hinter der Liebfrauenkirche erhielt. Zu allen diesen Veranstaltungen strömte auch das Volk herbei. 1658 veranstaltete Prinz Moritz von Nassau exotische Ballette – erst im Offenbacher Wald, acht Tage später auf einer eigenen Bühne vor dem Römer. Kurfürsten und Standespersonen unternahmen Spazierfahrten und Lustpartien, öfters mit Hunderten von Kutschen. 1741 mußte das Gallustor bis 10 Uhr abends offen bleiben, weil die Herrschaften noch draußen auf und ab fuhren. Zu Wasserfahrten auf dem Main drängte das Volk sich am Ufer, auf der Brücke oder auf Fahrzeugen auf dem Main.

Seit etwa 1700 waren „Redouten" beliebt, wobei man eifrig, wenn auch verbotenerweise, aber doch stillschweigend geduldet, dem Spiel huldigte. Während der langen Wahlzeit 1741/42

*Illumination Montijos zur Krönung Karls VII. Kupferstich von Gustav Andreas Wolfgang, 1743. Historisches Museum Frankfurt a. M., C1161, Foto: Ursula Seitz-Gray*

*Illumination am Palais Wachtendonck. Kolorierter Kupferstich, 1742. Historisches Museum Frankfurt a. M., C 1141, Foto: Ursula Seitz-Gray*

fanden in allen Sälen, Gasthäusern und Privathäusern wöchentlich mehrmals Redouten und auch Maskenbälle statt. Gegen indezente Masken schritt der Rat ein, namentlich gegen die, die Geistliche nachahmten.

Besondere Anziehungspunkte für das Volk waren pyrotechnische Darbietungen. Mit ihnen beschloß die Stadt Frankfurt die Feierlichkeiten. Am Wahltag 1519 fand von 17 bis 18 Uhr auf dem Römerberg ein Freudenfeuer mit Böllern von einem zweistöckigen Gebäude, obenauf Kaiser Karls und der Kurfürsten Wappen, statt. Der Römerberg erwies sich aber als zu gefährlich und bot zu wenigen Zuschauern Platz. So errichtete man 1562 und ähnlich auch 1612 auf dem Main ein mehrstökkiges hölzernes Gebäude, ein Märchen- oder Wasserschloß, das mit 8000 Raketen, Feuerkugeln und -rädern gefüllt war und von zwei Kähnen aus gezündet wurde. Im 18. Jahrhundert überließ man die Feuerwerkerei Privatvorstellungen. Vor allem die ausländischen Gesandten, die sich schon zuvor beim Volk durch besondere Volksbelustigungen wie Feste und Bankette, bei denen vor allem viel Wein ausgeschenkt wurde, beliebt gemacht hatten, boten den Pyrotechnikern Gelegenheit, ihre Kunst darzubieten. Der spanische Gesandte Montijo richtete am 18./19. November 1741 ein Gartenfest aus. Wochenlang schon war in einem Garten vor der Stadt an einem hölzernen, mit Spiegelfenstern und vergoldeten Ledertapeten versehenen Saalbau für 256 Gäste gearbeitet worden. Die kahlen Bäume hatte man mit Fichtenzweigen geschmückt. 50 000 Windlichter erhellten die Kieswege, Fackeln beleuchteten das Gartenhaus. Auf der Sachsenhäuser Seite war eine Holztribüne errichtet worden, von der aus Zuschauer das Ereignis sehen und Brot und Wein genießen konnten. Plötzlich erschien eine schwimmende Phantasiearchitektur, bestehend aus transparenten Gemälden umrahmt von Säulenarkaden zwischen Triumphbögen und Musikpavillons mit feurigen Pyramiden; ein Brillantfeuerwerk wie noch nie gesehen begann. Der französische Gesandte Belle-Isle ließ drei Tage lang das Ludwigsfest rund um den 25. August, den Namenstag des heiligen Ludwig, feiern, indem er die Mühlenschanze illuminierte, ein Feuerwerk auf dem Main nebst einem Schiffskampf, von viel Volk angeschaut, darbot. Eine Weinfontäne sprang von 18 Uhr bis Mitternacht, was, wie auch das gelegentliche Geldwerfen, Krönungszeremonien nachahmte. 1790 führte Artillerieleutnant Streller ein Parterrefeuerwerk in den Haagischen Gärten durch, Kunstfeuerwerker Girandolini setzte auf dem Fischerfeld die „Belagerung von Belgrad" in Licht und Ton ins Werk.

Beliebt war die Illumination einzelner Häuser. Vor allem die Gesandten aus Frankreich und Spanien schmückten ihre Quartiere am Roßmarkt mit Tausenden von Kerzen, Öllampen und Fackeln. 1741 und 1742 ließ Marschall Belle-Isle sogar den ganzen Platz illuminieren. Ein Galasouper fand rund um den Herkulesbrunnen statt, der von künstlichen Arkaden umgeben war. Im November 1741 ließ Graf Montijo den Südteil des Roßmarkts mit illuminierten Arkaden umgeben, hinter denen seine Herberge im Licht erstrahlte. Am Krönungsabend wiederholte er dieses Arrangement. Am 20. Dezember 1741 ließ der kurpfälzische Wahlgesandte das Haus zum Pelikan am Roßmarkt zur Feier der Entsetzung Prags erstmals festlich illuminieren. Auch der Erzbischof von Mainz ließ mehrmals von Licht überflutete Ehrenbögen errichten. „Vor den Häusern einiger Gesandten, wo man prächtige Illuminationen angebracht hatte (die kurpfälzische zeichnete sich vorzüglich aus), war es so hell, wie es am Tage nur sein kann", schreibt Goethe, der am Abend des Krönungstages 1764 durch die Stadt streifte. Der Bevollmächtigte des Pfalzgrafen bei Rhein wohnte damals im Bellischen Haus am Roßmarkt, das er in einer prächtigen, vielbewunderten Beleuchtung zu Ehren des Kaisers erstrahlen ließ. Auch das Barckhausensche Anwesen auf der Zeil, wo der kurbayerische Gesandte wohnte, erstrahlte für Joseph I. (1764). Wie die Stadt bei der Krönung Leopolds II. 1790 aussah, schildert der Feldscher der kursächsischen Schweizergarde in seinem Brieftagebuch: „Vom frühen Abend an bis fast gegen Tagesanbruch waren alle Straßen und Plätze der Stadt mit dem für lauter Freuden taumelnden und ganz wonnetrunckenen Volcke angefüllet, um die schönen und prächtigen Erleuchtungen bey denen Hotels derer höchsten geistlichen Herrn Churfürsten sowie auch der übrigen fürtrefflichen hohen Herrn Wahlbothschaffttern pp. zu betrachten." Die Stadt und die Bürgerschaft beteiligten sich seltener an der Illumination. Die Hauptwache wurde einmal beleuchtet. 1745 und 1792 erstrahlten einige Bürgerhäuser im Lichterschmuck.

*Illumination des Hauses des Verlegers der Wahl- und Krönungsdiarien von 1742 bis 1745, Jung, am Abend der Kaiserkrönung Franz' I. am 4. Oktober 1745. Stich aus dem Diarium. Historisches Museum Frankfurt a. M.*

Besondere Aufmerksamkeit erregte der Verleger Jung, der die Krönungsdiarien herausgab, mit der Beleuchtung seines Hauses 1742. Nach Leopolds II. Krönung hatten auch die Juden am Abend des Krönungstages ihre Gasse illuminiert.

Wahl und Krönung lockten mehr noch als die Messen wandernde Schauspielertruppen und später die Hofschauspieler an. Es war schlechthin die Gelegenheit für die Frankfurter und ihre Gäste, Theateraufführungen zu sehen. Verwöhnte wie das niedere Volk kamen auf ihre Kosten. Durften 1612 die „fürstlich-hessischen Komödianten und Musikanten" noch nicht spielen, so war 1658 das Theatertreiben teils in Buden, teils im Haus zum Krachbein recht lebhaft. 1711 erreichte der Kurfürst von Mainz, daß die Wandergesellschaft der Sophia Julie Elenson, die 1708 in Frankfurt aufgetreten war, dann aber keine Erlaubnis zum Spielen mehr erhalten hatte, während der Krönung Karls VI. Vorstellungen gab. Die Prinzipalin ließ sich eigens dafür eine „feinartige Vordergardine" anfertigen. Vom Publikum, das leichte Unterhaltung liebte, wurden ihre Darbietungen begeistert aufgenommen, während die gleichzeitig spielende Velthensche Truppe nur wenig Beachtung fand. 1745 kam Caroline Neuber nach Frankfurt, doch auch sie fand wenig Anklang, und es gelang ihr nicht, durch den Erfolg anderer Truppen verlorengegangenen Boden wiederzugewinnen. 1741/42 trat die berühmte französische Truppe des Jean Baptiste Gherardi auf, die unter anderem Werke von Voltaire und Corneille spielte. Auch Franz Gerwald von Wallerotty fand damals mit seinen Vorstellungen Beifall; er hatte sie mit musikalischen Einlagen bereichert. 1764 erschienen mehrere Wanderbühnen, die wie üblich teils in Sälen, teils in Bretterbuden auf den Plätzen spielten, italienische Theatertruppen spielten Opern und gaben Konzerte, ein Marionettentheater gastierte. 1790 spielte zum Beispiel das neu gegründete kurfürstliche Nationaltheater zu Mainz im neuen Comödienhaus, das 1782 eröffnet worden war. Dieses Theater hatte allerdings ohnehin sehr enge Verbindungen zu Frankfurt, da es von Johann August Tabor, zuvor Pächter des Frankfurter Comödienhauses, gegründet worden war, und die Truppe des öfteren in Frankfurt spielte. Die Auf-

*Vor dem Gerechtigkeitsbrunnen wird ein mit Tieren gefüllter Festochse an einem geräderten Spieß gedreht. Zeitgenössischer Stich zur Krönung Kaiser Maximilians II. 1562.*
*Historisches Museum Frankfurt a. M.*

führung der ebenfalls 1790 auftretenden französischen Truppe wurde damals zensiert, sie durfte keine Stücke geben, die mit der Französischen Revolution zu tun hatten. Außerdem spielte noch die Böhm-Koberweinsche Gesellschaft, allerdings mit mäßigem Zuspruch wegen mäßiger, fast alle in einer anderen Mundart sprechender Schauspieler; die im Aufbau befindliche Hütte auf dem Roßmarkt war durch ein Gewitter zusammengekracht – ein schlechtes Omen.

Außer den Schauspielern kamen auch Leiermädchen und Spielleute, die von den Fürsten und Herren mitgebracht wurden (schon bei Wenzels Krönung 1376 in Aachen), später wurden namentlich die geistlichen Kurfürsten von Hofkapellen und Sängern begleitet. Sie hielten persönliche Messen ab und gaben ihnen durch Heranziehung ihrer Sänger und Musiker größere Anziehungskraft. 1790 war Wolfgang Amadeus Mozart angereist in der Hoffnung, das kaiserliche Hoforchester dirigieren zu dürfen, doch man zog Antonio Salieri vor. Mozart gelang es noch nicht einmal, dem Kaiser sein eigens für die Krönung komponiertes Krönungskonzert für Klavier vorzuspielen. Erst am 15. Oktober, nachdem der Kaiser bereits abgereist war, gab

*Verrichtung der Erzämter auf dem Römerberg am 24. Juni 1612, dem Krönungstag von Kaiser Matthias. Aus dem von Theodor de Bry herausgegebenen Diarium. Historisches Museum Frankfurt a. M.*

Mozart um 11 Uhr im Theater ein großes Konzert, doch wegen eines Dejeuners bei einem Fürsten zur gleichen Zeit und wegen eines Manövers hessischer Truppen kamen nur wenige Zuhörer. Mozarts Entäuschung wurde ein wenig wettgemacht durch die Ehre, die ihm die Frankfurter Bürger zuteil werden ließen. Einige luden ihn ein, so der italienische Seidenhändler Franz Maria Schweitzer in sein gerade vollendetes Palais an der Zeil.

Artisten, Gaukler, Fechter, Kunstreiter, Balancierer, Seiltänzer, fremde Krämer, Glückshäfner, deren Angebote Ratspersonen beaufsichtigten, kamen. Wahl- und Krönungszeiten wie auch Reichstage und Messen übten auf die „gemeinen Weiber", also Dirnen, große Anziehungskraft aus. Aus Bornheim kamen einmal Klagen über „viel liederliche Dirnen und Spielleuthe", die in den Wirtshäusern ihr Wesen trieben. Aus der Stadt ausgewiesen, setzten sie sich eben in der Nachbarschaft fest.

Am Krönungstag, den wie den Wahltag die Sturmglocke des Doms einläutete, war Frankfurt Mittelpunkt, „Hauptstadt" des Reichs, wurden Reichsidee und Kaisertum für jedermann sichtbar. „Wir sehen die irdische Majestät vor Augen", schreibt Goethe in Dichtung und Wahrheit, „umgeben von allen Symbolen ihrer Macht; aber indem sie sich vor der himmlischen beugt, bringt sie uns die Gemeinschaft beider in die Sinne. Denn auch der einzelne vermag seine Verwandtschaft mit der Gottheit nur dadurch zu betätigen, daß er sich unterwirft und anbetet."

Anders als in England und Frankreich, wo die Krönung fast nur eine höfische Feier war, gestaltete sich das deutsche Krönungsfest zu einem Volksfest aus, zu einem nationalen Fest, zum Nationalfeiertag. Zugleich war sie der Höhepunkt aller Feste während Wahlen und Krönungen. Dreimal so viel Fremde wie Einwohner hielten sich an diesem Tag in der Stadt auf.

Das Volk bestaunte die Gesandten und Kurfürsten, die zum Rathaus fuhren, um sich anzukleiden, ihren Zug zum kaiserlichen Quartier und dann von dort zum Dom. In einer prächtigen Prozession durch die von Bürgerkompanien geschützten Straßen zog der Kaiser unter einem von Ratsherren getragenen Baldachin von seinem Quartier zum Dom. Beim Geläut aller

*Der Kampf um Ochse und Ochsenküche. Kupferstich, um 1612.*
*Historisches Museum Frankfurt a. M., N 42772*

Glocken und beim Donner von 100 Schuß Salut wurde der Zug dort von den drei Erzbischöfen empfangen. Es schloß sich im Dom die langwierige und anstrengende Prozedur der Krönung an, in Anwesenheit nahezu ausschließlich offizieller Gäste. Ab und an kamen doch auch andere Personen in den Dom, nicht immer legal.

Nach der Krönung folgte der Krönungszug vom Dom durch den etwa 200 Meter langen Markt, die schmale Hauptgeschäftsstraße des mittelalterlichen Frankfurt, zum Römerberg und zum Festbankett in den großen Saal im Haus zum Römer, den „Kaisersaal", der für diesen Zweck mehrmals umgebaut worden und seit 1741 über eine barocke Treppe zu erreichen war. Der Kaiser bildete die Mitte des Zuges unter einem von Ratsherren getragenen Baldachin. Vorneweg gingen wieder Lakaien, Leibgarden und Musikanten; Kurfürsten und Reichsbeamte umgaben den Kaiser. Es folgten Wahlgesandte und der Klerus. Am Ende ritten Arkebusiere. Spalier bildete die Frankfurter Miliz.

Der Weg war gegen den Straßenschmutz mit einem hölzernen, mit rotem Tuch ausgeschlagenen und mit Laub und Gras bestreuten Steg ausgelegt. Tausende von Menschen säumten den Weg – auf der Straße, auf Tribünen, vor allem in Fenstern der Häuser oder in eigens geschlagenen Löchern in den Dächern. Juden durften erst 1764 von Fenstern aus zusehen. Wohl dem, dessen Haus viele Fenster hatte! Denn sie wurden an Gäste vermietet. Das Haus Schieferstein am Römerberg, unmittelbar am Ausgang des Alten Markts, erbrachte 1790 mehrere tausend Gulden. Ähnlich der vielfenstrige Schwarze Stern. Zimmer im Römer räumte man den Gemahlinnen der Gesandten ein. Fürstlichkeiten benutzten gern das Haus Limpurg. Der Rat sah von einer Tribüne auf dem Römerberg zu.

Der Zug führte gegenüber dem Hühnermarkt am „Neuen Roten Haus" vorbei, einem mächtigen Fachwerkhaus, das nur auf einer starken Mauer und auf drei achteckigen Holzsäulen stand und so – durch heruntergeklappte Wetterdächer geschützt – Verkaufsständen (Schirnen) der Bäcker und Metzger Raum bot. Vor diesem Haus reichten die Metzger dem Kaiser den Willkommensbecher.

Der 14jährige Goethe, der dem Treiben bei der Krönung Josephs II. 1764 vom Römer aus zusehen konnte, erlebte das Ende der Krönung und den Zug, wie er zum Römerberg kam: „Nun verkündigte der Glockenschall und nun die Vordersten des langen Zuges, welche über die bunte Brücke ganz sachte einherschritten, daß alles getan sei. Die Aufmerksamkeit war größer denn je, der Zug deutlicher als vorher, besonders für uns, da er jetzt gerade nach uns zuging. Wir sahen ihn sowie den ganzen volkserfüllten Platz beinah im Grundriß. Nur zu sehr drängte sich am Ende die Pracht; denn die Gesandten, die Erbämter, Kaiser und König unter dem Baldachin, die drei geistlichen Kurfürsten, die sich anschlossen, die schwarz gekleideten Schöffen und Ratsherren, der goldgestickte Himmel, alles schien nur eine Masse zu sein, die, nur von einem Willen bewegt, prächtig harmonisch und soeben unter dem Geläute der Glocken aus dem Tempel tretend, als ein Heiliges uns entgegenstrahlte."

*Ochsenbratküche. Alte Skizze von F. F. Samhaimer. Historisches Museum Frankfurt a. M., C 6273, Foto: Ursula Seitz-Gray*

Unmittelbar nach dem letzten Bedienten des Krönungszugs wurde von den Zuschauern der Teppich stückweise als Reliquie an sich gerissen. „Von der Kirche aus", so schreibt 1790 Karl Heinrich Ritter von Lang, öttingen-wallersteinischer Hofsekretär, der 1790 im Auftrag seines Fürsten die Krönung beobachtete und der den Zeremonien sehr kritisch gegenüberstand, „nahm der Kaiser mit seinem langen abgeschabten Mantel in langer, etwas eilig drängender, daher auch krummer und verwirrter Prozession seinen Zug auf das Rathaus zu. Er ging in seinen alten Kaiserpantoffeln über gelegte Bretter, die man mit rotem Tuch bedeckte, welches aber die gemeinen Leute auf dem Boden knieend und mit Messern in den Händen hart hinter seinen Fersen herunterschnitten und zum Teil so gewaltsam in Fetzen herunterrissen, daß sie den vorn laufenden Kaiser beinahe damit niederwarfen." Ende des 18. Jahrhunderts war manchen Betrachtern des prunkvollen Pomps der Zeremonien nicht mehr gegenwärtig, was sich dahinter an langer Tradition verbarg, welche Ideale und welche Symbolik vom Geist der Aufklärung bereits weggeschwemmt worden waren. Karl Heinrich Ritter von Lang spricht von einem „Fastnachtsspiel": „eiskalt erstarrte und kindisch gewordene alte deutsche Reichsverfassung". Heine nannte die Zeremonien „Firlefanz" und „niedrigsten Plunder". Metternich aber nennt die Krönung „eines der erhabendsten und gleichzeitig prachtvollsten Schauspiele" der Welt.

Obwohl am Krönungsmahl das Volk nicht teilnehmen konnte, versuchten viele, etwas zu sehen. So berichtet Goethe, daß er den Kaiser habe tafeln gesehen; und auch andere überliefern, daß sich die Leute drängten, um dem Kaiser beim Speisen zuzuschauen. Auch vor dem Mahl wurden viele in den Kaisersaal gelassen, damit sie die Tafeln und das Silbergeschirr betrachten konnten.

Ehe aber das Mahl begann, vollzogen auf dem Römerberg die weltlichen Kurfürsten bzw. die Reichserbbeamten als ihre Vertreter die „Verrichtung der Erzämter". Diese Zeremonie geht wie auch das Krönungsmahl zurück auf die Krönung Ottos des Großen 936 in Aachen, als die Reichsfürsten beim glanzvollen Festmahl aufwarteten. Die Goldene Bulle erweiterte diese Dienste auf die Öffentlichkeit, so daß sie zum Volksfest wurden, obgleich die Bulle noch von einer Volksbelustigung, nicht von einem Ochsen oder von einem Weinbrunnen spricht. Der Reichserbmarschall nahm einen silbernen Becher voll Hafer von einem aufgeschütteten Haufen und brachte ihn dem Kaiser, der Truchseß nahm vom Ochsen, der, gefüllt mit anderem Getier oder Würsten, seit Tagen in einer Bretterbude, der „Ochsenküche", briet, der Mundschenk holte vom Weinbrunnen einen Becher voll Wein, der Erbkämmerer nahm von einem Tisch Wasserkanne und Handtuch, der Pfalzgraf warf Münzen unter das Volk. „Ein gebratner Ochs Zerrißen wirdt, / Undt sambt der Kuchn hinweg gefuhrt, / Ein Brun gibt Weisen und rothen Wein, / Viel haber tregt ein Ider heim", so lautet die Bilderläuterung zu Theodor de Bry 1612.

Kaum war diese Zeremonie vorbei, kaum hatte der Kaiser zu tafeln begonnen, machte sich das Volk, in unvorstellbarem Tumult über den Ochsen, über den Hafer und über den Wein her. Der Grundzug dieser Volksbelustigungen war das Preismachen, also spielend-kämpfend einen Preis zu erringen. Es war bei den Römern bereits ausgeprägt erfolgt und diente letzten Endes der Belustigung der Herren. Zum Preismachen scheinen auch alte Rechtsbräuche Anlaß gegeben zu haben, die im 18. Jahrhundert nicht mehr gültig, aber noch bekannt waren: Pferde und Gegenstände bei der Verrichtung der Erzämter an die Unterbeamten der Erzbeamten, der späteren Erbbeamten, zu geben oder daß nach der Krönungstafel jedem Gast das Tischzeug zufiel, das er benutzt hatte. Der Haferhaufen war ursprünglich für die Stallknechte des Kaisers gedacht. Bei Maximilian I. wurde er erstmals dem Volk preisgegeben. Das Geldwerfen gehörte ursprünglich zum Einritt des Kaisers. Erst als die Pfalzgrafen Erzschatzmeister geworden waren, legte man es mit den anderen Volksbelustigungen zusammen. Hafer, Wein und Ochsen waren die Geschenke, die zumeist der Kaiser erhalten hatte.

Die Ochsenküche war 1562 noch primitiv. Später wuchs sie sich zu einem Bretterhaus aus, 1742 wurde sie so umfänglich, daß sich die Anwohner beschwerten, weil sie ihnen den Blick auf den Römerberg nahm. Ein Weinbrunnen ist seit 1442 regelmäßig als Volksbelustigung bei der Krönung nachzuweisen. In Frankfurt wurde 1562, 1612 und 1619 der Gerechtigkeitsbrunnen als Weinbrunnen benutzt, seit 1658 ein besonderer Brunnen, den die Benderzunft aufbaute. 1612 hatte das „Volk" – es waren die Metzger – Zierat vom Gerechtigkeitsbrunnen abgerissen, ja es schien die Justitia wegtransportieren zu wollen. Es waren vor allem die Zünfte, die beim Preismachen anläßlich der Verrichtung der Erzämter kämpften. Den gebratenen Ochsen zu erbeuten, wurde Ehrensache für die Metzger, und der Schädel des Ochsen wurde als Reliquie aufbewahrt.

Lebendig schildert der junge Schubart das Treiben auf dem Römerberg. „Als der Reichs-Erbtruchseß sein Tafelstück von dem gebratenen Ochsen in Sicherheit hatte, stürmten die Fleischer und Weinschröter wie losgelassene Wellen in die hochgebaute hölzerne Küche. Jene hatten sich auf Leben und Tod verschworen, sich kein Stück von dem Ochsen entreißen zu lassen. Da sich die Schröter zur Eroberung des Kopfes verbunden hatten, so entstand ein förmliches Scharmüzel im Gevierte der Küche. Endlich brachten die Fleischer den ganzen Ochsen sammt Kopf und Hörnern heraus; einer von ihnen stund hoch in der Mitte, schwang die Müze, und siegjauchzte seinen Kameraden voran. – Nun stürmten die laurenden Zimmerleute von allen Seiten auf die Küche zu, kletterten von innen und außen hinan, rissen mit bloßen Händen die Dach- und Wanddielen aus und warfen sie hinab. Sie wurden im Fallen gleich aufgefaßt und von hinnen getragen. In kurzem stund nur noch das Balken-Skelet der Küche da. Auch dieses warfen die Stürmer, ganz wie es war, zusammen. Ein Zimmermann war in der Mitte des Gebäudes, als es einsank. Er schien verlohren zu seyn. Aber siehe da! er dukt sich unter ein Fensterquadrat zusammen, läßt fallen, was fallen will, richtet sich unbeschädigt empor und ist der erste am Hauptbalken. Dieser Balken wurde nun wie ein Heldenkörper bei Homer in die Mitte genommen und auf einer Seite von den Zimmerleuten, auf der anderen von den stattlichen Sachsenhäusern darum gestritten. Es kam hier mitunter zu einzelnen blutigen Faustkämpfen. Ein Balken nach dem andern krachte herunter; man fürchtete jede Sekunde ein Unglück. Der Anblick war fürchterlich. Endlich siegten die Zimmerleute und trugen ihre Trophäe davon. Wir hatten das volle Bild eines Volkssturmes vor uns; doch hatte kein einziger Schaden genommen."

Abschluß der offiziellen Feierlichkeiten bildete in der Regel die Huldigung der Frankfurter vor dem neuen Reichsoberhaupt, die sich deshalb gern als „erste Kinder des Reichs" bezeichneten. Diese Huldigung bewahrte als volkstümlicher Gemeinschaftsakt germanisches Erbe der Wahl, die als Gelöbnis der Treue und Unterordnung erst nach Anerkennung durch das Volk voll gültig war. Bürger und Beisassen wurden vom Rat aufgefordert, am Morgen dieses Tages, wenn die Sturmglocke läutete, „in ehrbarer Kleidung und Mänteln ohne alles Gewehr ... in guter Ordnung und Bescheidenheit" vor dem Römer zu erscheinen und „mit allen schuldigen respect und Ehrerbietung fleißig Achtung" zu geben und die Huldigungspflicht zu tun. Handwerksburschen, „Weibervolk" und Juden (die gesondert vereidigt wurden und denen es überhaupt erst sehr spät erlaubt worden war, den Zeremonien beizuwohnen) durften nicht auf die Straße.

Bei der Abreise des Kaisers wenige Tage nach der Huldigung wurde nochmals aller Pomp entfaltet. Nur Matthias hatte es eilig gehabt. Er brach frühmorgens und unerwartet auf. Peter Müller berichtet: „Hat sich kaum die Burgerschaft in Rüstung gebracht, ist er hinweg gewest, also geschwind hat er hinweg geeilt."

## Literatur:

Meinert, Hermann: Von Wahl und Krönung der deutschen Kaiser zu Frankfurt am Main. Mit dem Krönungsdiarium des Kaisers Matthias aus dem Jahre 1612. Frankfurt am Main 1956.

Schembs, Hans-Otto: Frankfurt als Wahl- und Krönungsstadt der deutschen Könige und Kaiser. In: Bernd Heidenreich (Hrsg.): Deutsche Hauptstädte. Von Frankfurt nach Berlin. Wiesbaden 1998, S. 29–51.

Schembs, Hans-Otto: Kaiserkrönungen im historischen Frankfurt. Velbert-Neviges 1987.

Sieber, Siegfried: Volksbelustigungen bei deutschen Kaiserkrönungen. In: Archiv für Frankfurts Geschichte und Kunst. 3. Folge. Bd. 11 (1913), S.1–116.

Berger, Erna / Bund, Konrad (Hrsg.): Wahl und Krönung Leopolds II. 1790. Brieftagebuch des Feldschers der kursächsischen Schweizergarde. Frankfurt/Main 1981

# Wahl und Krönung
## in Frankfurt am Main am Beispiel Karls VII.

*Von Rainer Koch*

In der Nacht vom 19. auf den 20. Oktober 1740 verstarb mit Karl VI. der letzte Habsburger im Mannesstamm, jener Kaiser, dessen Wahlspruch „Constantia et fortitudine" in so eigentümlicher Spannung zu seiner Reichspolitik stand. Gemeint ist vor allem die von ihm durchgesetzte Erbfolgeregelung der Pragmatischen Sanktion. Seit 1438 hatte bekanntlich das Haus Habsburg kontinuierlich die römisch-deutsche Königs- und Kaiserwürde inne. Doch bereits der Vater Karls VI., Kaiser Leopold I., hatte 1703 im pactum mutuae successionis festgelegt, daß im Fall des Aussterbens des habsburgischen Mannesstammes zunächst die Töchter seines ältesten Sohnes Josef, dann die seines jüngeren Sohnes Karl die Regierung in der Habsburger Monarchie übernehmen sollten.

Als Karl VI. 1711 die Regierung nach dem Tod seines Bruders Josef I. übernahm, bestimmte er jedoch unverzüglich und unter Umgehung des Primats der josefinischen Töchter, daß nicht dem Willen des Vaters entsprechend die Töchter des Bruders, sondern seine eigenen Töchter ein Vorrecht in der Thronfolge erhalten sollten.

Dieses Gesetz der neuen habsburgischen Erbfolge, die sogenannte Pragmatische Sanktion, wurde in unmittelbarem Zusammenhang mit dem Ende des Spanischen Erbfolgekrieges im April 1713 verkündet. Die Landstände der Erblande stimmten bis 1724 der Neuregelung zu und die Pragmatische Sanktion wurde sodann im gleichen Jahr zum Grundgesetz der habsburgischen Monarchie proklamiert. Die Unteilbarkeit der habsburgischen Lande und die Thronfolge Maria Theresias waren die wichtigsten Regelungen. Wesentlich schwieriger war es, das habsburgische Hausgesetz zum geltenden Recht des Heiligen Römischen Reichs Deutscher Nation zu machen. Nach langwierigen Verhandlungen gelang es, gegen die Voten von Kursachsen, Kurpfalz und Kurbayern und einiger Reichsfürsten, im Januar 1732, eine ausreichende Mehrheit auf dem Reichstag zu Regensburg zu erhalten.

Die diplomatischen Bemühungen um Akzeptanz der Pragmatischen Sanktion auf der Ebene der europäischen Mächte aber standen – nach dem Scheitern der französischen Hegemonialpolitik, nach dem Sieg des britischen Gleichgewichtsgedankens in Europa und der gewaltigen Expansion Rußlands nach dem Nordischen Krieg – im Gesamtzusammenhang der großen Politik der Mächte.

Die Risiken europäischer Machtpolitik hatte auch der bayerische Kurfürst Maximilian II. Emanuel sehr genau erkennen müssen. 1662 in München geboren, übernahm er 1680 die Regierung. Zunächst stand er ganz auf Seiten Habsburgs, nahm an den Türkenkriegen teil und heiratete 1685 die Kaisertochter Maria Antonia, die bei der Heirat zwar auf ihr spanisches Erbe, nicht aber auf die Niederlande verzichtete. Auch zu Beginn des pfälzischen Erbfolgekrieges war Max Emanuel noch Verbündeter des Kaisers und wurde im Gegenzug zum Generalstatthalter der Niederlande ernannt. Dann jedoch verstarb seine Frau, kurz darauf der gemeinsame Sohn, nun sah sich der bayerische Kurfürst nicht mehr mit Habsburg verbunden und wollte zugleich die Chance nützen, durch einen Wechsel der Koalitionen die Rangerhöhung zum bayerischen König zu erreichen: Er schlug sich 1701 – zusätzlich motiviert durch die Krönung des Brandenburgers Friedrich I. zum König in Preußen – im Spanischen Erbfolgekrieg auf die Seite Frankreichs. Inzwischen hatte er die Tochter des polnischen Königs

Johann Sobieski, Therese Kunigunde geheiratet und erhoffte zügigen Erfolg.

Nach der Niederlage Frankreichs in der Schlacht bei Höchstädt jedoch drehte sich das Spiel. Max Emanuel mußte aus Bayern fliehen, ging ins Exil nach Brüssel, übertrug die Regentschaft seiner Frau und konnte erst nach dem Frieden von Rastatt nach München zurückkehren. In einem beeindruckenden Gemälde von Joseph Vivien wird die Wiedervereinigung von Max Emanuel mit seiner Familie 1715 dargestellt. Das älteste der sechs Kinder, Karl Albrecht von Bayern, entbietet dem Vater Hofknicks und Handkuß, über dem Kurfüsten stehen die Figuren von Merkur, Pax und Justitia, die ihm den Kurhut überreichen. Wer war dieser Karl Albrecht?

Am 6. August 1697 wurde er in Brüssel als erster Sohn aus der zweiten Ehe Max Emanuels geboren, war also zugleich Sohn der polnischen Königstochter Therese Kunigunde. Als die Österreicher 1704 Bayern besetzten, wurde die Familie, mit Ausnahme des bereits geflohenen Vaters, gefangengesetzt. Durchaus standesgemäß wurde Karl Albrecht sodann in Graz und Klagenfurt erzogen und konnte 1715 wieder nach München zurückkehren.

Zwei Jahre später nahm er unter Prinz Eugen an der Schlacht bei Belgrad teil, befehligte ein bayerisches Hilfskontingent, und es gehört zu den erfreulichen Merkwürdigkeiten der Geschichte, daß der Sieg über die Türken bei Belgrad in einem Gemälde von Johann Georg Moevius festgehalten wurde, das heute zu den Beständen des Historischen Museums der Stadt Frankfurt zählt.

Von langer Hand hatte Kurfürst Max Emanuel die Heirat seines Sohnes vorbereitet. Um alle Optionen offenhalten zu können, fiel die Wahl auf die jüngste Tochter Josefs I. Maria Amalia, eben eine jener josefinischen Töchter, die durch die Pragmatische Sanktion von der Habsburger Erbfolge ausgeschlossen waren. Reich mit Schmuck und Dotationsgeldern ausgestattet, aber unter förmlicher Anerkennung der Erbberechtigung Maria Theresias, konnte der Ehevertrag im September 1722 durch Kaiser Karl VI. ratifiziert werden.

CAROLUS VII.
DEI GRATIA ROMANORUM IMPERATOR.
SEMPER AUGUSTUS.
Electus 24. Ian. Coronatus 12. Febr. MDCCXLII.

*Karl VII. Albrecht (1697–1745), seit 1726 Kurfürst von Bayern, 1742 zum Kaiser gewählt und in Frankfurt a. M. gekrönt. Kupferstich von Gabriel Bodenehr, 1742, aus dem Diarium Karls VII. Historisches Museum Frankfurt a. M., C 13881, Bibliothek 1/2/25*

Was Karl VI. zu diesem Zeitpunkt nicht wußte, war die Tatsache, daß Max Emanuel noch vor seiner Rückkehr nach München einen Geheimvertrag mit Frankreich für die Laufzeit von neun Jahren geschlossen hatte, der dem Bayern bei Aussterben der Habsburger im Mannesstamm für eigene Erbansprüche einschließlich der Kaiserkrone diplomatische und militärische Hilfe zusagte, also den Zielen der Pragmatischen Sanktion und den Grundlinien der europäischen Mächtepolitik diametral widersprach.

Max Emanuel verstarb 1726, und das wichtigste außenpolitische Ziel seines Nachfolgers Karl Albrecht war die Erneuerung jenes Geheimvertrages mit Frankreich, hatte er doch eine der josefinischen Töchter geheiratet und damit – bei einer erhofften Annullierung der Pragmatischen Sanktion – eigene Erbansprüche auf das Habsburgische Reich und auf die Kaiserkrone. Frankreich zögerte, verlangte zur Minderung des Risikos eine diplomatische Vorleistung: die sogenannte Wittelsbacher Hausunion. Gemeint war die vertragliche Fixierung eines vorwiegend katholisch geprägten dritten Deutschlands, neben Habsburg und Preußen in enger Anlehnung an die Großmacht Frankreich.

Am 16. April 1728 unterzeichneten die Wittelsbacher Kurfürsten Franz Ludwig von Trier, Clemens August von Köln, der jüngere Bruder Karl Albrechts, Karl Philipp von der Pfalz und Karl Albrecht von Bayern einen Vertrag, der die unverletzliche Freundschaft des pfälzischen und des bayerischen Hauses Wittelsbach festschrieb. Zugleich war damit eine beachtliche Kurfürstenpartei für den Fall der Neuwahl eines Königs und Kaisers begründet.

Der großen Politik folgte die kulturelle Manifestation der Ansprüche Karl Albrechts: allegorische Verherrlichungen, die die erstrebte Kaiserwürde implizierten, etwa in dem von den Brüdern Asam geschaffenen Deckengemälde der Ingolstädter Jesuitenkirche oder in der seit 1726 entstehenden Ahnengalerie im Erdgeschoß der Münchener Residenz. Der Künstler Georg Desmarées plazierte neben dem Wittelsbacher Kaiser des 14. Jahrhunderts, Ludwig dem Bayern, und neben Karl dem Großen unseren Karl Albrecht, eben Carolus magnus neben Carolus Albertus.

Doch die bayerischen Hoffnungen wurden wiederum durch die große Politik zerschlagen: Nach dem Tod des polnischen Königs und Kurfürsten von Sachsen August II. 1733 standen sich sächsische und französische Ansprüche auf die polnische Krone gegenüber, französische, da der Schwiegervater König Ludwigs XV. der polnische König Stanislaus Leszinski war, der wegen der russischen Intervention nach Frankreich emigriert war. Der polnische Erbfolgekrieg wurde in Italien ausgetragen, schließlich verglich man sich 1735 in Wien.

Die Sachsen sicherten sich Unterstützung durch die jetzt erfolgende Anerkennung der Pragmatischen Sanktion, Frankreich schließlich fand mit Österreich Frieden durch einen bemerkenswerten Schachzug: Die habsburgische Thronerbin Erzherzogin Maria Theresia wurde im Februar 1736 mit Franz von Lothringen verheiratet, dessen Territorium Stanislaus Lesczinski übergeben wurde, mit der Maßgabe, daß nach seinem Tod Lothringen an Frankreich falle. Friedrich August von Sachsen wurde polnischer König und auch Frankreich erkannte nun, im Ergebnis mit Lothringen abgefunden, die Pragmatische Sanktion an. Franz von Lothringen hatte man mit der Toskana zufriedengestellt.

Als 1740 Karl VI. in Wien verstarb, war die Beantwortung der sofort erhobenen Frage „Wer wird Kaiser?“ noch dadurch erschwert, daß im Mai des gleichen Jahres Friedrich Wilhelm I. in Potsdam verstorben war und Friedrich II. in Preußen die Nachfolge angetreten hatte. Er sah sich keineswegs an die von seinem Vater erteilte Zustimmung zur Pragmatischen Sanktion gebunden.

Von Anfang an setzte Maria Theresia darauf, ihren Gemahl Franz Stephan zum Kaiser wählen zu lassen. In ihrem Auftrag sondierte Graf Colloredo die Stimmungslage vor allem bei den geistlichen Höfen, und der Leiter der auswärtigen Angelegenheiten, Graf Sinzendorff, teilte in völliger Verkennung der Situation mit, daß man sich auf Preußen ebenso verlassen könne wie auf Kurmainz und Kurtrier, Kurhannover sei ohnehin proösterreichisch und Kurköln durch hohe Subsidien gewonnen. Zudem verkannte man in Wien, daß Frankreich aus Sorge um seine zu erwartende Lothringer Beute nicht einen Lothringer auf dem Kaiserthron wünschte.

*Kaiserin Maria Theresia (1717–1780).*
*Kupferstich von F. Lippoldt.*
*Historisches Museum Frankfurt a. M., C 13884*

In dem nun im Stil der geheimen Kabinettspolitik anhebenden Wahlkampf stand jedoch nicht nur Karl Albrecht von Bayern mit Unterstützung durch Kurpfalz gegen Franz Stephan von Habsburg-Lothringen, sondern eben auch Friedrich August II. von Sachsen, der mit Maria Josepha, der älteren Tochter Josephs I. verheiratet war. Im Hintergrund versuchte dieser, die Zustimmung Spaniens, Englands und Frankreichs für seine Kandidatur zu gewinnen.

Gemäß der Goldenen Bulle lag das Recht zur Wahl eines römischen Königs und künftigen Kaisers bei den Kurfürsten des Reiches. Als Erzkanzler lud der Erzbischof von Mainz die neuen Kurfürsten innerhalb eines Monats nach dem Tod eines Kaisers zur Wahl nach Frankfurt ein. Dieser Einladung war innerhalb von drei Monaten Folge zu leisten. Am 3. November 1740 verständigte der Erzkanzler die Stadt Frankfurt am Main von der bevorstehenden Wahl und ordnete an, Quartiere für die Wahlgesandten bereitzuhalten und die Preise in der Stadt einer strengen Kontrolle zu unterwerfen.

Die geladenen Kurfürsten des Reiches waren:

Philipp Karl von Eltz, seit 1732 Erzbischof und Kurfürst von Mainz. Gegen hohe Rentenzahlung hatte er Karl VI. die Zustimmung zur Pragmatischen Sanktion und zur Wahl Franz von Lothringens zugesichert.

Franz Georg von Schönborn, seit 1729 Erzbischof und Kurfürst von Trier. Schönborn, traditionell prohabsburgisch, setzte sich zunächst ebenfalls entschieden für Franz von Lothringen ein.

Clemens August von Bayern, seit 1723 Erzbischof und Kurfürst von Köln, schwankte in seiner Haltung, beeinflußt durch Wiener Subsidien einerseits, festgelegt durch die Wittelsbacher Hausunion andererseits.

Karl III. Philipp, seit 1716 Kurfürst von der Pfalz. Seit Oktober 1740 führte er gemeinsam mit Karl Albrecht das Reichsvikariat und unterstützte von Anfang an dessen Kandidatur.

Friedrich August II., seit 1733 Kurfürst von Sachsen und Erzmarschall des Reichs, seit 1736 zugleich König von Polen, vertrat – in ähnlicher Lage wie Karl Albrecht – seine eigenen Interessen.

Friedrich II., Markgraf von Brandenburg, Kurfürst und Reichskämmerer, seit Mai 1740 König in Preußen, erkannte die Pragmatische Sanktion nicht an, war aber zunächst in der Kandidatenfrage nicht festgelegt.

Georg August von Hannover, seit 1727 Kurfürst und Erzschatzmeister des Reiches, zugleich als Georg II. König von

England und Irland, stand entschieden auf Seiten Maria Theresias, votierte also zunächst für Franz von Lothringen.

Karl Albrecht von Bayern mit seinen eigenen, von langer Hand vorbereiteten Kaiserplänen.

Schließlich die böhmische Kurstimme, sie war suspendiert. Nach dem Tod Karls VI., der zugleich böhmischer König war, begann ein zähes diplomatisches Ringen um die Ausübung dieser bedeutendsten der weltlichen Kurstimmen. Vorsorglich hatte Wien den böhmischen Gesandten Freiherr von Brandau nach Frankfurt ins Haus Braunfels entsandt. Zufolge der Goldenen Bulle konnte Maria Theresia, die in Böhmen die Nachfolge ihres Vaters angetreten hatte, die Kurstimme nicht ausüben, sie hatte sie deshalb ihrem Mann übertragen und ihn zum Mitregenten ernannt. Dagegen erhob der sächsische Kurfürst als Gemahl der ältesten der josefinischen Töchter Einspruch und auch Karl Albrecht von Bayern widersprach.

Als am Nachmittag des 21. Oktober 1741 die Ratsdeputierten der Stadt Frankfurt am Main den Mainzer Kurfürsten am Bockenheimer Tor in Empfang nahmen und ihn ein 134 Positionen umfassender prächtiger Geleitzug zum kurmainzischen Quartier im Kompostellhof führte, hatte sich die politische Lage Europas vollständig geändert.

Auf das 17. Jahrhundert zurückgehende Ansprüche Preußens auf das Herzogtum Jägerndorf und auf Teile Niederschlesiens realisierend, zugleich natürlich die vermeintliche Chance der habsburgischen Erbunsicherheiten nutzend, war Friedrich II. im Dezember 1740 in Schlesien einmarschiert. Anerkennung der Pragmatischen Sanktion und Wahl Franz Stephans zum Kaiser bei Herausgabe von zumindest bedeutenden Teilgebieten Schlesiens, dies war die Position, die die Berliner Diplomatie in Wien vertrat. Im Frühjahr 1741, nach dem preußischen Sieg bei Mollwitz, wurden die europäischen Positionen neu abgesteckt.

Spanien und Bayern legten Ende Mai im Vertrag von Nymphenburg fest, daß kein Lothringer deutscher Kaiser werden solle, Spanien sicherte die Finanzierung bayerischer Truppen, gestand Gebietsgewinne zu und verlangte im Gegenzug die Anerkennung der spanischen Herrschaftsgebiete in Italien. Zugleich wurde auf der Ebene der europäischen Diplomatie kolportiert, daß sich auch Bayern und Frankreich in Nymphenburg geeinigt hätten: bis zu 60 000 Mann französischer Truppen zur Durchsetzung der Kaiserwahl Karl Albrechts gegen Anerkennung französischer Eroberungen vor allem in den Niederlanden. Eine ungewisse Übereinkunft, die Karl Albrecht natürlich sofort mit dem Vorwurf des Reichsverrates konfrontierte. Vor allem aber waren vor dem Hintergrund des britisch-französischen Kolonialkriegs seit Juni 1741 Frankreich und Preußen alliiert: Im Vertrag von Breslau trat Preußen dem Nymphenburger Vertrag bei, sicherte die Unterstützung Karl Albrechts bei der Kaiserwahl zu, verzichtete auf seine Ansprüche in Jülich und Berg zugunsten von Pfalz-Sulzbach und erhielt von Frankreich die Zusicherung auf Niederschlesien und Breslau: Der Erste Schlesische Krieg hatte sich zum Österreichischen Erbfolgekrieg erweitert.

Ende Juli besetzten die Bayern Passau, dann Linz und Niederösterreich. Wenn auch mit erheblicher Verzögerung, traf nun ein französisches Heer ein, doch dem Rat des Preußenkönigs, direkt nach Wien zu marschieren, wurde nicht gefolgt, vielmehr nahmen die verbündeten Bayern, Franzosen und Sachsen am 25. November 1741 Prag ein, am 19. Dezember ließ sich Karl Albrecht als böhmischer König huldigen. Vorausgegangen war ein sächsisch-bayerischer Ausgleich: Gegen erhebliche territoriale Zusagen verzichtete Friedrich August von Sachsen auf seine Kandidatur zum Kaiser.

Jetzt schwankte auch die Position Kurhannover-Englands. Zunächst hatte die englische Außenpolitik versucht, zwischen Preußen und Österreich zu vermitteln. Auch Friedrich II. sah, daß seine Verbündeten bei einem durchschlagenden militärischen Erfolg die Mitte Europas zwar aus der Abhängigkeit von Habsburg lösen würden, zugleich aber eine neue Hegemonialmacht, nämlich Frankreich, an dessen Stelle treten würde. In Klein-Schnellendorf führte er Verhandlungen mit Wien, die jedoch wegen österreichischer Indiskretionen erfolglos blieben. Als nun eine französische Armee Kurhannover bedrohte,

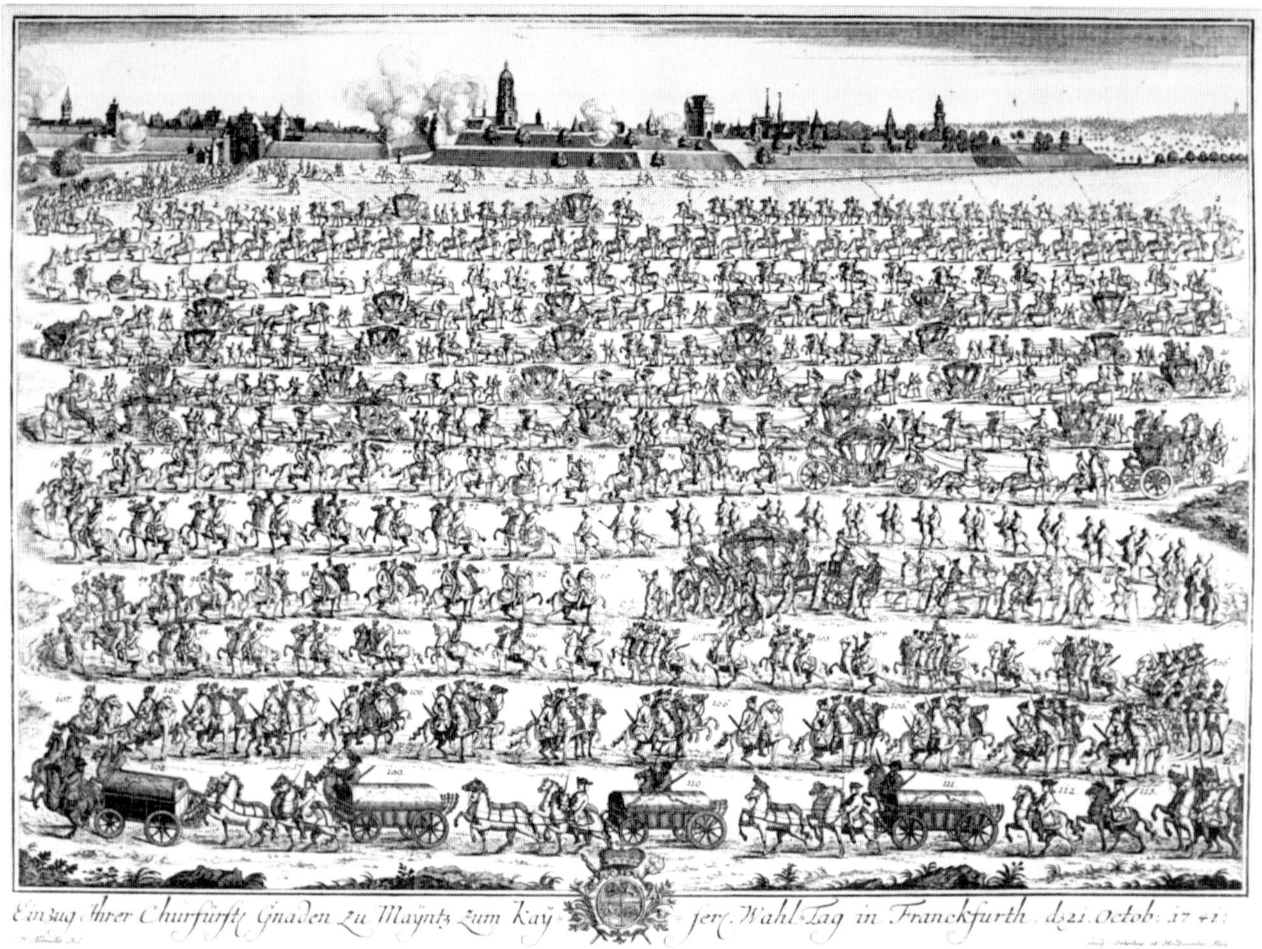


*Einzug des Kurfürsten von Mainz zur Kaiserwahl in Frankfurt 1741.*
*Kupferstich von J. W. Albrecht. Historisches Museum Frankfurt a. M., C 1150, Foto: Ursula Seitz-Gray*

schwenkte Kurfürst Georg August um, von einer Unterstützung der Kandidatur Franz Stephans war keine Rede mehr.

Diese Entwicklungen auf der Ebene der großen europäischen Politik hatten sich auf mannigfaltigste Weise in der Reichsstadt Frankfurt widergespiegelt, ja waren zum Teil in Frankfurt vorentschieden worden. Anlaß dazu gaben die Verhandlungen der Wahlgesandten, die die Kurfürsten in ihrer Stellvertretung nach Frankfurt entsandt hatten, um die mit dem künftigen Kaiser zu vereinbarende Wahlkapitulation zu beraten. Diese Verhandlungen standen unter dem prägenden Einfluß der gleichfalls in Frankfurt residierenden Gesandten der europäischen Mächte.

Die Goldene Bulle hatte Frankfurt die Pflicht auferlegt, für angemessene Unterkunft der Kurfürsten und damit auch der

Wahlgesandten zu sorgen. Seitens des Reiches war der Reichserbmarschall und Reichsquartiermeister für die Abnahme der Quartiere zuständig. Bereits seit 1193 war das reichsritterschaftliche, im 17. Jahrhundert in den Reichsgrafenstand erhobene Geschlecht der Pappenheim erblicher Träger der Reichsmarschallwürde, die in der Familie nach dem Senioritätsprinzip weitergegeben wurde. 1741/42 waren Friedrich Ferdinand Graf von Pappenheim und Quartiermeister Welk für die Einquartierung der Gesandten in Frankfurt zuständig.

So nahm Freiherr von Wachtendonck, der kurpfälzische Gesandte, Quartier am Heumarkt im Haus Pelikan und im Rühl'schen Haus, Reichsgraf von Hohenzollern, Erster Kurkölnischer Wahlgesandter, belegte das Deutschordenshaus, Reichsgraf von Königsfeld als bayerischer Gesandter zog in das Rote Haus auf der Zeil, Reichsgraf von und zu Eltz-Kempenich als Kurmainzer Delegierter war im Kompostell untergebracht, der Reichsgraf von Ingelheim als kurtrierischer Bevollmächtigter im Haus Reineck an der Hasengasse, Friedrich von Schwerin, kurbrandenburgischer Wahlgesandter, erhielt den Saalhof. Zu den jeweiligen Residenzen der Wahlgesandten kamen weitere Häuser für ihre Begleitung, etwa für ihre Küche und ihre private Hofhaltung.

Während der langen Monate der Wahlkonferenzen versuchten die Gesandten durch Feierlichkeiten und Repräsentation sich gegenseitig zu überbieten. Alles aber stand im Schatten der Feste des französischen Gesandten Marschall Duc de Belle-Isle und des spanischen Gesandten Graf von Montijo, den Bündnispartnern des Nymphenburger Vertrages also; Belle-Isle hatte zuvor schon erfolgreich darauf bestanden, in Frankfurt mit königlichen Ehren empfangen zu werden. Vor allem das Namenstagsfest des französischen Königs Ludwig XV. am 25. August 1741 gab Anlaß zu einem dreitägigen Fest mit Fischerstechen auf dem Main, Illumination und Feuerwerk an der Mühlenschanze und Theateraufführungen.

Als die kunstvollsten und aufwendigsten Illuminationen und Feuerwerke galten die Gartenfeste des spanischen Gesandten. Anläßlich des Namensfestes der spanischen Königin Elisabeth hatte er neben seinem Haus Feuerfunken am Roßmarkt noch das prächtige Loen'sche Gartenhaus vor dem Galgentor angemietet. Mehr als 500 Handwerker errichteten den Triumphbogen zu Ehren des spanischen Königspaares und bereiteten eine ungeheuer aufwendige und prachtvolle Illumination des Mains, der Gartenanlage und des Gesandtschaftshauses für den 18. November 1741 vor.

In eben jener zweiten Hälfte des Jahres 1741 gelang es Belle-Isle durch Geld, politischen und militärischen Druck auch noch die zögernden Kurfürsten von Mainz und Trier auf die Wahl Karl Albrechts zu verpflichten.

Gleich zu Beginn der kurfürstlichen Beratungen hatten Rat und Bürgerschaft den Sicherheitseid abzulegen – jedesmal verbunden mit der Hoffnung, daß die Gefolge der Gesandten nicht zu groß und die Zahl der Pferde pro Delegation die Zahl 200 nicht übersteigen möge. Eine logistische Meisterleistung war in den nächsten Monaten zu erbringen, deren jeweilige Erfüllung uns bis heute ungelöste Rätsel aufgibt.

Die Stadt Frankfurt am Main setzte am 30. November 1741 und dann erneut im Januar 1742 die üblichen Verordnungen zu Wahl und Krönung in Kraft: Aufenthaltsverbot für Fremde und für fremde Juden, Austreibung von Bettlern und fahrendem Volk, Verbot des Waffentragens, Verpflichtung der Handwerksgesellen auf gesittetes Verhalten, Preisvorschriften, Regelung der Straßenreinigung, Verschärfung der Bücherzensur waren die wichtigsten Bestandteile. Zur besseren Überwachung der Normen wurden zusätzliche Sicherheitskräfte verpflichtet und auf dem Römerberg ein Wachhaus errichtet. Das städtische Militär war durch die Pflicht zur Eskorte der Wahlgesandten und Kurfürsten, zur Begleitung der jeweiligen Auffahrten der hohen Herren zu Wahlverhandlungen im Römer ohnehin beansprucht.

Am 20. November 1741 eröffnete der Mainzer Kurfürst Philipp Karl von Eltz nach siebenmonatigen Vorverhandlungen der Wahlgesandten die erste ordentliche Wahlkonferenz in der Wahlstube des Römers. Glanzvolle Auffahrten der Gesandten oder der Kurfürsten selbst, wie die von Clemens August von Köln, bestimmten nun für Wochen den Römerberg.

Unter der Leitung des Stadtbaumeister Johann Jakob Samheimer war seit 1731 das Rathaus der Stadt umgebaut und saniert worden. Für die Ausgestaltung der Wahlstube hatte man Christian Leimberger aus Wien gewonnen, der die Decke und fünf Supraporten mit Darstellungen der kaiserlichen Kleidung, Zierat und Kleinodien gestaltete. Für die Kuppel des Vorzimmers waren die Herrschertugenden und das Blühen von Kunst und Wissenschaft unter einem glücklichen Regiment zum Motiv der Rotundenausmalung gewählt worden. Alle Seiten des Wahlzimmers waren mit kremosinrotem Damast ausgeschlagen, in Nischen standen, in Gips geformt, vergoldete Brustbildnisse der Kaiser von Karl dem Großen bis Karl VI. Die fünf Türen aus Nußbaum-Wurzelholz und ein prächtiger vergoldeter Spiegel schufen ein beeindruckendes – leider im letzten Krieg zerstörtes – Ambiente.

Nach insgesamt 30 Wahlkonferenzen konnte am 24. Januar 1742 Karl Albrecht von Bayern mit den Stimmen aller Kurfürsten zum Römischen König und künftigen Kaiser gewählt werden. Vorausgegangen war die Einigung über die vertraglichen Zusagen Karl Albrechts an die Kurfürsten und die von ihnen mit vertretenen Reichsstände, die sogenannte Wahlkapitulation, die seit Karl V. 1519 und dann in standardisierter Form seit Karl VI. 1711 als Reichsgesetz die Reichsregierungen banden. Der Tübinger Rechtsgelehrte Johann Jacob Moser hatte den Entwurf der Wahlkapitulation im Auftrag Kurtriers verfaßt und hielt sich im übrigen unter dem Pseudonym Dr. Weilerberger als Mitglied der kurtrierischen Wahlgesandtschaft in Frankfurt auf.

Im 2. Kapitel der Goldenen Bulle war festgelegt worden, daß am Tag nach ihrer Ankunft die Kurfürsten in St. Bartholomäus eine Messe vom Heiligen Geist singen und dann den Schwur ablegen sollten, einen römischen König und Kaiser „mit aller Bescheidenheit und Vernunft und mit Gottes Hilfe" zu wählen. Sollte die Wahl nicht innerhalb von 30 Tagen erfolgen, so sollten sie „nicht mehr essen, denn Wasser und Brot". Waren die Wahlen zunächst an keinen bestimmten Ort in Frankfurt gebunden – Heinrich VII. 1308 oder Günther von Schwarzburg 1347 wurden im Dominikanerkloster gewählt –, so fanden seit dem 15. Jahrhundert sämtliche Wahlen in der an der südlichen Chorseite von St. Bartholomäus angebauten Wahlkapelle statt.

Am Wahltag, am 24. Januar 1742, ließ der Rat von sieben bis acht Uhr morgens die Sturmglocken läuten, die Stadtgarnison und die Bürgerquartiere zogen an den festgelegten Plätzen auf. Schon am Vorabend waren alle Stadttore verschlossen worden. Reichserbmarschall von Pappenheim hatte die Stadttorschlüssel an sich gezogen und erhielt von Domdekan Amos zugleich auch alle Domtürschlüssel. Graf von Werthern verschloß in seinem Auftrag nun den Dom bis auf die kleine Pforte des Kreuzgangs, durch die die Kurfürsten Einzug nehmen sollten. Gegen neun Uhr fand die letzte Wahlkonferenz im Römer statt, darauf zogen die Kurfürsten im prunkvollen Habit unter Läuten aller Glocken in den Dom. Nach der Messe de sanctu spiritu wurde der Wahleid verlesen. Danach begaben sie sich ins Konklave, das vom Reichserbmarschall verschlossen wurde, mit dem Marschallstab blieb er vor der Tür stehen.

Der Wahlakt war eine reine Formsache: Karl Albrecht wurde einmütig gewählt, in seinem Namen beschwor der bayerische Wahlgesandte Graf von Königsfeld die Wahlkapitulation.

Jetzt wurden die Domtüren für das Volk geöffnet, Domdekan Amos verlas die Proklamationsformel, mit Salut-Schüssen, Glockenläuten und Vivat-Rex-Rufen wurde der neue König gefeiert. Mit der Umschrift „Carolus VII. Dei Gratia Rex Romanorum" wurden in Frankfurt, Nürnberg, München und Prag sofort silberne Wahlmünzen auf den neuen König geprägt.

Nun stand die Überführung der Reichskleinodien aus Aachen und Nürnberg an. Aachen bewahrte den sogenannten Säbel Karls des Großen auf, das Reichsevangeliar, das als Schwurbibel bei den Krönungen fungierte, und die Stephanusbursa. In der Heilig-Geist-Kirche in Nürnberg befanden sich die Reichskrone, das Zepter, der Reichsapfel, das Mauritius- und das Zeremonienschwert sowie der kaiserliche Krönungsornat: Strümpfe und Schuhe aus roter Seide, Dalmatika, Alba, Stola und der prachtvolle Krönungsmantel.

Es vollzog sich bereits Anfang Januar 1742 ein zu jeder Krönung in Frankfurt wiederholter Notenaustausch: Das Kurkollegium forderte von den Reichsstädten Aachen und Nürnberg die Zustellung der Reichskleinodien nach Frankfurt an, der Dekan des Aachener Marienstifts beklagte sich darüber, daß die Krönung überhaupt in Frankfurt und nicht in Aachen stattfinde. Und nach Abschluß der Krönungsfeierlichkeiten legte die Reichsstadt Aachen jedesmal förmlichen Protest gegen die Rückführung des größten Teils der Reichskleinodien nach Nürnberg ein. Begleitet von einer Kompanie Husaren wurden gleichwohl rechtzeitig die Reichskleinodien nach Frankfurt gebracht und an der Landwehr von einer Kompanie reichsstädtischer Geleitsreiter in Empfang genommen.

Inzwischen war Karl Albrecht von seinem treuen Verbündeten Kurfürst Karl Philipp von der Pfalz in Mannheim aufgebrochen, hatte Station bei Landgraf Ludwig VIII. in Darmstadt gemacht, wo ihn auch Marschall Belle-Isle begrüßte, und war tags darauf in Begleitung des Reichs-Erb-Postmeisters Thurn und Taxis am Forsthaus bei den Riederhöfen eingetroffen. Seine Frau Maria Amalia und die kaiserliche Familie hatten bereits einen Tag zuvor Quartier im Severtischen Palais auf der Zeil genommen.

Im kaiserlichen Zeltlager vor den Toren der Stadt begrüßte Kurfürst Clemes August von Köln seinen Bruder, sodann setzte sich unter Vorreiten der städtischen Kavallerie der prächtigste Einzug eines gewählten Kaisers in Gang, der jemals in Frankfurt stattfand. Als der fast sieben Meter lange königliche Leibwagen, eine um 1730 in Paris gefertigte und 1741 nach Frankfurt verbrachte, mit dunkelrotem Fahrgestell und vergoldetem und bemaltem Wagenkasten ausgestattete Prunkkarosse an das Sachsenhäuser Affentor gelangte, trat der versammelte Rat der Stadt nach dreimaliger Kniebeuge heran, überreichte Karl Albrecht die Stadtschlüssel und bat um Gnade und Protektion. Karl Albrecht, im spanischen Habit, wies mit einem Fingerzeig den Schlüssel zurück und bekundete kaiserliches Wohlwollen.

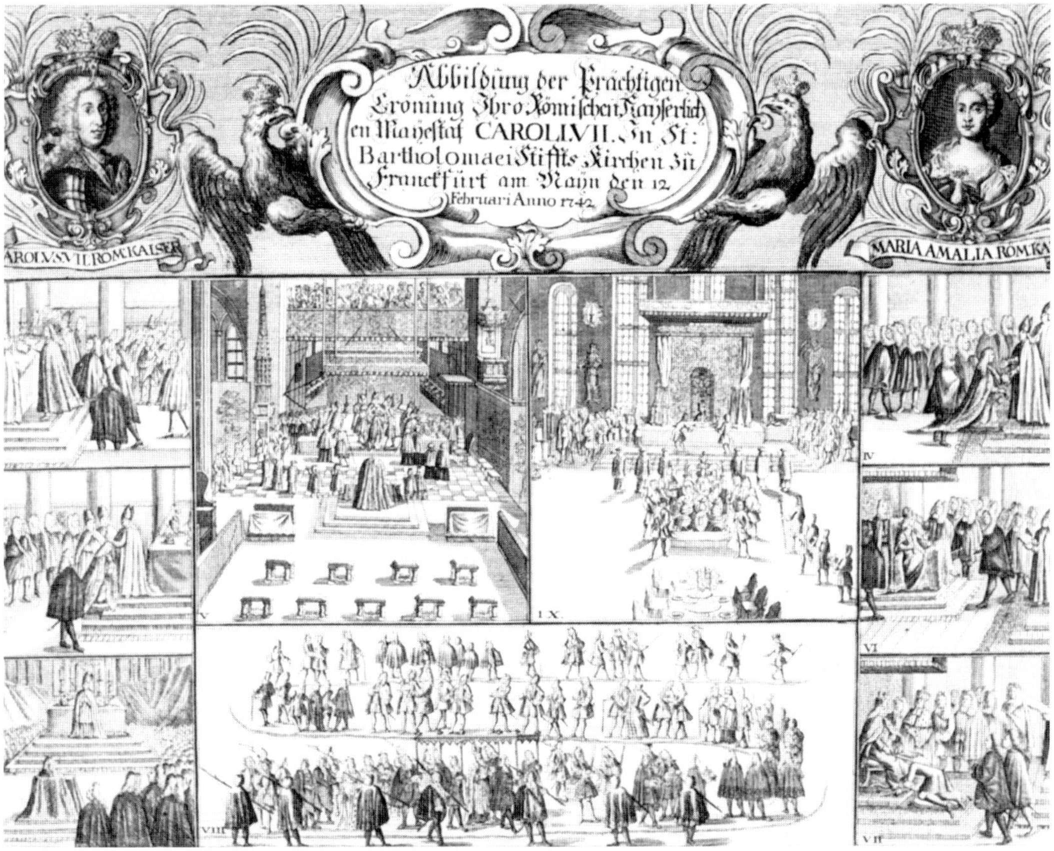


*Die Krönung Karls VII. im Frankfurter Dom. Kupferstich von Elias Baeck 1742. Historisches Museum Frankfurt a. M., C 41601, Foto: Ursula Seitz-Gray*

Der Zug, der unter dem Abfeuern von 100 Kanonen begrüßt wurde, umfaßte 166 Nummern in den Suiten der Kurfürsten, der Botschafter und Gesandten, der von Pappenheims und der Stadt Frankfurt. Die Bürger, wohlgekleidet, standen huldigend Spalier bis zum Dom, wo Karl Albrecht in der Wahlkapelle die ihm vorgelegte Wahlkapitulation beschwor. Am Abend des 31. Januar ließen sämtliche kurfürstlichen Gesandtschaften und der päpstliche Nuntius Doria ihre Stadtpalais prächtig illuminieren.

Knapp 14 Tage später, am 12. Februar 1742, war der Tag der Krönung der römisch-kaiserlichen Majestät, am gleichen Tag besetzten die Österreicher München. Vormittags, nach dem Läuten der Sturmglocke, dem Abfeuern der Kanonen und dem Aufzug der Bürgerwehr, führte der feierliche Zug des Kaisers von seinem Wohnort, dem Barckhaus'schen Palais auf der Zeil, zum Römerberg und dann über einen eigens errichteten, mit Tuchen beschlagenen Steg zum Dom, wo er von den Erzbischöfen von Köln und Mainz und dem kurtrierischen Wahlbotschafter in Empfang genommen wurde. Der Innenraum von St. Bartholomäus war an Wänden und Säulen mit Gobelins geschmückt, über Bänke und das Chorgestühl hatte man goldbordierten Samt gelegt. Vor dem Hochaltar war ein Krönungsaltar errichtet, zur Linken ein Altar zur Kredenz, zur Rechten ein Altar für die Reichsinsignien. Vor dem Krönungsaltar stand der Thron Karl Albrechts, umgeben von den geistlichen Kurfürsten bzw. deren Botschaftern, zur Linken die kaiserliche Familie, Prinzessinnen und Hofdamen. Dem Kaiser gegenüber, in das Langschiff hinein, wurden die assistierenden Weihbischöfe und Äbte plaziert, der päpstliche Nuntius und der französische Botschafter, die Reichsfürsten, die Diplomaten und die Reichsgrafen, die hinteren Plätze waren der Stadt Frankfurt vorbehalten. Nur wenige Besucher erhielten Zutritt, für die Einlaßkarten wurden horrende Schwarzmarktpreise gezahlt.

Die Krönung vollzog der Bruder Karl Albrechts, der Kölner Erzbischof und Kurfürst Clemens August. Der für ihn eigens – bei französischer Bürgschaft über 50 000 Taler – angefertigte, mit Gold- und Silberfäden durchwirkte Krönungsornat ist im Bestand der sogenannten Clementina noch heute im Kölner Domschatz erhalten, der 1742 in St. Bartholomäus plazierte, reich vergoldete Bischofsthron wurde 1803 an den Aachener Domschatz überwiesen.

Die Krönung wurde nach Aachener Vorbild gemäß dem ottonischen Zeremoniell vollzogen: Nach der Allerheiligen-Litanei lag Karl VII. mit ausgebreiteten Armen zu Boden, bekundete seine eigene Nichtigkeit gegenüber Gott, bestätigte sodann seinen christlichen Glauben und die Autorität des Papstes, wurde mit Katechumenenöl gesalbt, in der Wahlkapelle mit Strümpfen, Schuhen, Dalmatika, Alba und Stola gekleidet, kehrte also als Diakon über die Laien herausgehoben zum Konsekrator zurück. Jetzt wurden ihm Reichsschwert, Zepter und Reichsapfel überreicht und ihm der kaiserliche Siegelring angesteckt. Sodann wurde ihm der Krönungsmantel umgelegt und die Reichskrone aufgesetzt, jetzt legte Karl VII. den Eid ab, die Schwurfinger auf das Reichsevangeliar gelegt, nach Abendmahl und Segen wurde er inthronisiert. Der Konsekrator sprach die Glückwünsche des Kurkollegiums aus, und während des abschließenden Tedeum laudamus wurde als erster Herrschaftsakt Kaiser Karls VII. zunächst ein Dalberg, dann weitere Kavaliere zum Ritter geschlagen.

Beim Auszug des Kaisers aus dem Dom läuteten alle Kirchenglocken, wiederum feuerten 100 Kanonen auf den Wällen Salut. Über den mit gelben, blauen, schwarzen und weißen Tüchern ausgelegten Brettersteg zog nun der Kaiser im Krönungsornat mit Krone, Zepter und Reichsapfel zum Römer. Er schritt unter einem Baldachin aus gelbem Damast, bestickt mit dem doppelköpfigen Reichsadler, getragen von 10 Ratsherren, begleitet von den Kurfürsten von Köln und Mainz, voran Reichsmarschall von Pappenheim mit dem Reichsschwert, flankiert von bayerischen Adeligen, die auf Samtkissen jene privaten Insignien trugen, die Karl Albrecht sich eigens für seine Krönung hatte anfertigen lassen.

Vom Kaisersaal des Römers aus, in dem bereits eine festliche Tafel gedeckt war, wurde der Kaiser nun Zeuge der Ausübung der Erzämter auf dem Römerberg. Die Erzämter verdeutlichten eine sehr alte Tradition des germanischen Königtums. Beschrie-

*Zug vom Dom zum Römer am 12. Februar 1742 mit den Erzämtern. Kolorierter Kupferstich von Elias Baeck, Augsburg 1742. Aus dem Diarium Karls VII. Historisches Museum Frankfurt a. M., C 1151, Bibliothek 1/2/25*

ben bereits von Widukind von Corvey und im Sachsenspiegel, legte Kapitel 27 der Goldenen Bulle die Pflichten der Kurfürsten zum Wohl des Kaisers fest. Im 18. Jahrhundert waren alle Erzämter als Erbämter an Grafengeschlechter vergeben.

Die Ausübung der Erzämter wurde vom Grafen Pappenheim als Erbmarschall eröffnet. Unter Trompeten- und Paukenschall ritt er bis zum Sattelgurt in einen auf dem Römerberg aufgeschütteten Haferhaufen, füllte ein silbernes Fruchtmaß, strich es mit einem silbernen Streicher glatt und brachte den Hafer zur kaiserlichen Tafel.

Sodann folgte der Graf von Schwerin als Vertreter des Reichskämmerers. Gleichfalls unter Pauken und Trompeten ritt er zu einem nahe des Justitia-Brunnens aufgestellten Tisch, ließ sich ein silbernes Becken, eine mit Wasser gefüllte Kanne und eine Serviette reichen und brachte die Utensilien gleichfalls zur kaiserlichen Tafel.

Nun folgte der erste kurpfälzische Botschafter Graf Wachtendonck. Als Vertreter des Erbtruchseß ritt er zur eigens seit Tagen errichteten Ochsenbratküche, deren Standort noch heute mit OK in der Pflasterung des Römerberges markiert ist. In einer silbernen, zugedeckten Schüssel ließ er ein Stück Ochsenbraten zur kaiserlichen Tafel bringen.

Als Vertreter des Erzschatzmeisters folgte Graf von Stolberg. Unter Pauken und Trompeten ritt er unter das Volk und warf aus den Satteltaschen seines Pferdes goldene und silberne Münzen.

Die Ausübung des beim böhmischen König liegenden Erzschenkenamtes entfiel, da die Ausübung der böhmischen Kurstimme ja suspendiert war.

Waren die Erzämter ausgeübt, gab es kein Halten mehr, nun stand das Preismachen im Mittelpunkt der Volksbelustigung. Die Zünfte, Bürger, Gäste kämpften teils belustigt, teils zunehmend erbittert um Holz und Stoff des Stegs, auf dem der Kaiser vom Dom zum Römer geschritten war, um den Hafer, die Münzen, den Wein, den Ochsen und schließlich um die Ochsenbratküche selbst. Der Kampf zwischen den Weinschrötern und den Metzgern um Ochse und Ochsenkopf tobte bei jeder Krönung, in aller Regel siegten die Weinschröter. 1742 aber kam es anders: die Metzgerburschen obsiegten, überließen den Zimmerergesellen die Küche und brachten ihre Trophäe, den Ochsenkopf, in die Gesellenstube, von wo er, nach Auflösung der Zünfte 1866, in städtischen Besitz gelangte – so daß heute noch der Ochsenkopf von 1742 im Stadtmuseum zu bewundern ist. Vor dem Haus Limpurg hatte man zudem einen Weinbrunnen errichtet. Von einem Gerüst, auf dem Fässer mit rotem und weißen Wein lagen, sollte für eine Stunde aus Bleirohren zwischen den Fängen eines Brunnenadlers Wein für das Volk fließen. Zur Demonstration seines Anspruches auf die böhmische Stimme hatte Karl VII. den Brunnenadler ungemein prächtig gestalten lassen – auch dieser Brunnenadler ist im Historischen Museum erhalten.

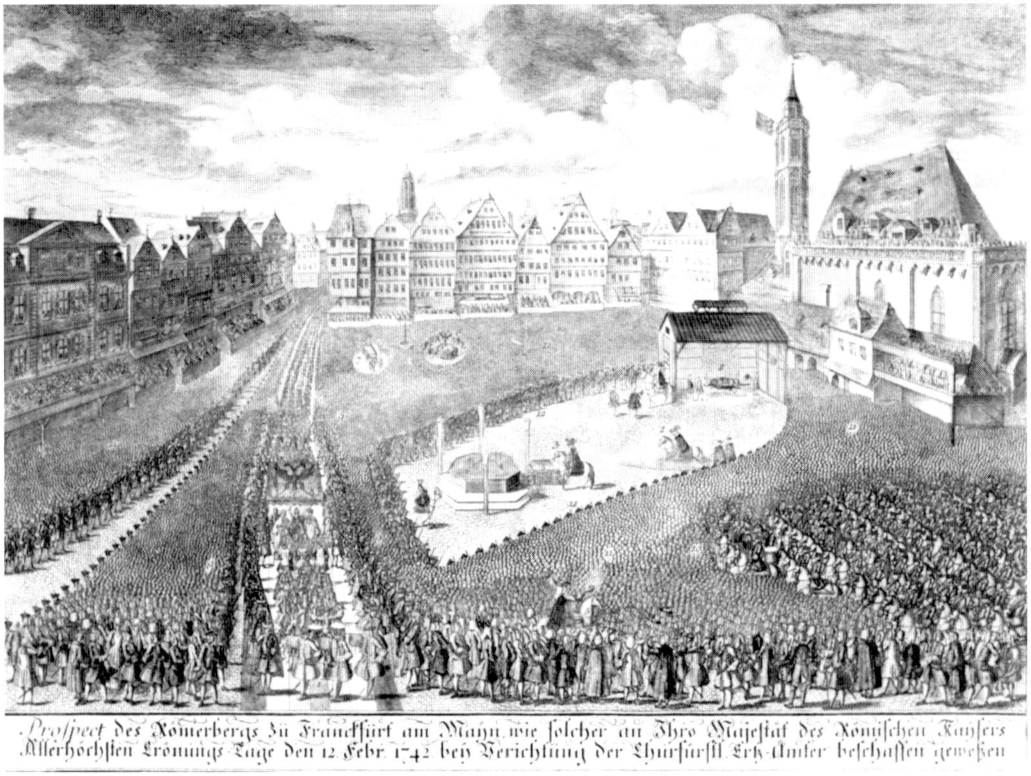


*Ansicht des Römerbergs bei der Verrichtung der Erzämter am 12. Februar 1742. Kolorierter Kupferstich von J.G. Funck 1742. Historisches Museum Frankfurt a. M., C 1143, Diarium Karls VII., Bd. II, S. 6 f.*

Traditionell beschloß das Krönungsmahl die Krönungsfeierlichkeiten. In Kapitel 28 der Goldenen Bulle waren Tischordnung und zeremonieller Ablauf festgelegt. Die Kurfürsten von Köln und Mainz geleiteten Karl VII. zur Tafel, der Mainzer betete das Benedicte, der Kölner und der kurtrierische Botschafter antworteten. Sodann trugen unter musikalischer Begleitung der kaiserlichen Hofkapelle Reichs-

*Verrichtung der Erzämter 1742. Anonymer Holzschnitt, um 1742.*
*A: Der Baldachin, unter dem der Kaiser schritt,*
*B: Der Römer,*
*C: Der Weinbrunnen mit Reichsadler,*
*D: Die Ochsenbratküche.*
*Historisches Museum Frankfurt a. M., C 41603, Foto: Ursula Seitz-Gray*

grafen drei Gänge mit jeweils 12 Speisen aus der Kastenhofküche zur kaiserlichen Tafel, jeder Gang von einer Tracht Pauken und Trompeten eröffnet. Vor den Reichsgrafen schritt jedesmal Reichserbmarschall von Pappenheim mit dem Marschallstab, die Reichsgrafen erwiesen die spanische Referenz. Nach mehreren, gewiß ermüdenden Stunden reichte der kurbrandenburgische Gesandte das Handwasser, der Mainzer Erzbischof sprach das Gratias und wieder antworteten Köln und Kurtrier. Gegen sieben Uhr abends fuhr der Kaiser in vollem Ornat in seiner prachtvollen Kutsche zum kaiserlichen Quartier. Drei Tage sollten die Krönungsfeierlichkeiten dauern, ummalt von prächtigsten Illuminationen und Feuerwerken und wie immer begleitet von einem ausgelassenen Volksfest.

Drei Wochen später, am 8. März 1742, wurde Maria Amalia zur Kaiserin gekrönt, eine seit der Krönung Adelheids, der Frau Ottos I., 962 keineswegs regelmäßige Anerkennung der Teilhabe einer Frau an der kaiserlichen Würde und Stellung. Kurfürst Clemens August von Köln war erneut Consecrator, Kurmainz und Kurtrier waren durch Wahlbotschafter vertreten, die den Zug der Kaiserin vom Hoflager zum Dom empfingen. Der Kaiser bat den Consecrator um Krönung der Kaiserin, es folgten ihre Salbung, der Consecrator setzte ihr die Reichskrone auf, Erzmarschall Abt zu Kempten übergab ihr das Zepter und den Reichsapfel. Das „Tedeum laudamus" beendete das anschließende Hochamt, begleitet vom Glockengeläut der Stadt und dem Donner der Kanonen.

Auch die Kaiserin wurde in einem prächtigen Zug, angeführt vom Reichserbmarschall, vom Dom zum Römer geleitet, wo sich das Krönungsmahl anschloß. Ein Feuerwerk auf dem Main und die Illuminationen der Residenzen des päpstlichen Gesandten sowie der Fürstäbte von Fulda und Kempten beendeten die Krönungsfeierlichkeit, die sich nur durch einen geringeren Aufwand von jener des Kaisers unterschied.

*Montijos Feuerwerk zur Krönung Karls VII. Kupferstich von Hieronymus Sperling, Augsburg 1742. Historisches Museum Frankfurt a. M., C 1167, Diarium Karls VII., Bd. II, S. 102 f., Foto: Ursula Seitz-Gray*

*Porträt der Kaiserin Maria Amalia. Frontispiz aus dem Diarium Maria Amalias, 8. März 1742. Historisches Museum Frankfurt a. M., Bibliothek 1/2/25., Foto: Ursula Seitz-Gray*

Nach Wahl und Krönung oblag es den Ständen des Reiches, dem Kaiser zu huldigen. Die Huldigung war kein Akt der Unterwerfung, sondern ein Vorgang gegenseitiger Rechts- und Treueverpflichtung. Reichsvizekanzler Graf Königsfeld forderte die Reichsstadt Frankfurt zur Huldigung auf und stellte dabei zugleich die Erneuerung der Rechte und Privilegien der Stadt in Aussicht. In ihrer Antwort bot die Stadt ihren Gehorsam gegen Kaiser und Reich, wenn die „hiesigen Kayserlichen Privilegien und althergebrachten guten Gewohnheiten" bestätigt würden. Eben dieses sagte in seiner Replik Graf Königsfeld erneut zu.

Am 15. März 1742 wurden von 8 bis 9 Uhr morgens die Sturmglocken geläutet, die 14 Stadtquartiere und die bürgerlichen Kompanien nahmen Aufstellung auf dem Römerberg. Um 11 Uhr kam der Kaiser in goldener Mantelkleidung, begleitet von Edelknaben, Haschieren und Trabanten in den Römer, wo sich Rat und Syndici versammelt hatten. Mit erhobener Schwurhand legte der Rat den Treueschwur ab, begab sich auf den Römerberg, nun folgte der Eid der Bürgerschaft, beendet

*Dominnenansicht bei der Krönung Maria Amalias. Stich von J. G. Funck und M. Rößler. Aus dem Diarium Maria Amalias, 8. März 1742. Historisches Museum Frankfurt a. M., C 9700*

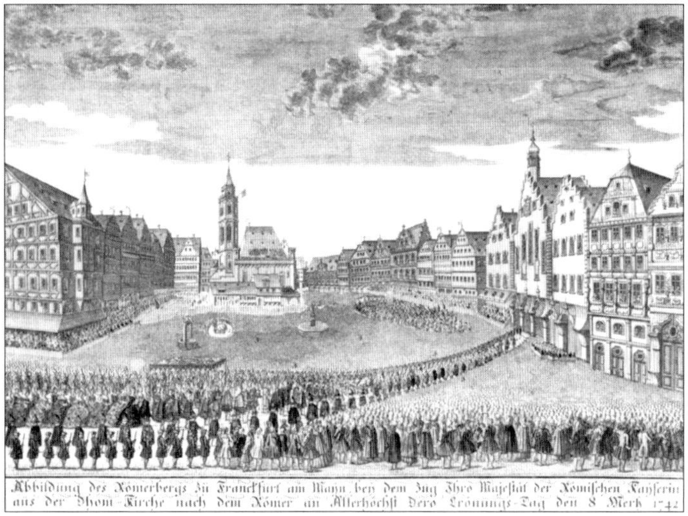


*Zug vom Dom zum Römer anläßlich der Krönung der Kaiserin Maria Amalia am 8. März 1742. Aus dem Diarium. Historisches Museum Frankfurt a. M., C 1148, Bibliothek 1/2/25*

*Huldigung der Bürgerschaft vor Karl VII. Kolorierter Kupferstich von J. G. Funck und M. Rößler, 1742. Historisches Museum Frankfurt a. M., C 1146*

von einem dreifachen Vivat auf Kaiser und Kaiserin und dem Abfeuern von 100 Kanonen auf den Wällen.

Drei Monate nach der Huldigung durch Rat und Bürgerschaft, am 14. Juni 1742, erfolgte die Huldigung der Frankfurter Juden vor dem kaiserlichen Commissar Freiherr von Seidewitz. Am Zeughaus, der Konstabler Wache, wurde der in der Reichskammer-Gerichts-Ordnung niedergelegte Judeneid verlesen, den die jüdischen Hausväter durch Zuruf bekräftigten. Alsdann legten die durch die Städtigkeit privilegierten jüdischen Hausväter die gleiche Huldigung ab wie die Bürger, allerdings war die Huldigungsformel an zwei Stellen geändert: Statt „getreue und gehorsame Untertanen" hieß es „getreue und gehorsame Knechte", statt „So wahr uns Gott helfe" hieß es „So wahr uns helff Gott Adonai". Nach der Huldigung wurde der kaiserliche Schutz der Juden, wurden ihre Privilegien und Rechte bekräftigt. Wie bei jeder Krönung trug auch diesmal der Rat vergebens seine Einwendungen gegen ein eigenes Huldigungsrecht der Juden vor.

Zwei Tage nach der Kaiserkrönung Karl Albrechts besetzten die Österreicher unter Feldmarschall Khevenhüller München. Notgedrungen machte Karl VII. Frankfurt am Main vorübergehend zur Reichshauptstadt. Zentrum war das kaiserliche Hoflager im Barckhaus'schen Palais auf der Zeil, von wo aus ein überdachter Gang in die Liebfrauenkirche führte. Der schwer gichtkranke Kaiser, im Gebet versunken, so hat ihn die 15jährige Katharina Elisabeth Textor, die spätere Mutter Johann Wolfgang Goethes, bewundernd beschrieben. „Damals war Karl der Siebente mit dem Zunamen der Unglückliche in Frankfurt, alles war voll Begeisterung über seine große Schönheit; am Charfreitag sah sie ihn im langen schwarzen Mantel zu Fuß mit vielen Herren und Pagen die Kirche besuchen. Himmel, was hatte der Mann für Augen; wie melancholisch blickte er unter den gesenkten Augenwimpern hervor! – ich verließ ihn nicht, folgte ihm in alle Kirchen, überall kniete er auf der letzten Bank unter den Bettlern und legte sein Haupt eine Weile unter die Hände, wenn er wieder empor sah war mir's allemal wie ein Donnerschlag in der Brust".

Die Frankfurter Hofhaltung ließ natürlich nicht jene barocke Prachtentfaltung zu, die in München möglich gewesen wäre, allerdings brachten die zahlreichen Empfänge auswärtiger Diplomaten und Reichsfürsten sowie der Alltag des Hofstaates selbst den Frankfurter Kaufleuten und Handwerkern erhebliche Verdienstmöglichkeiten, der höfische Lebensstil mag zudem dem Frankfurter Patriziat geschmeichelt haben.

Bereits am 17. März konnte der Reichshofratspräsident Karl Graf von Ostein im Dominikanerkloster den Reichshofrat als zweites oberstes Gericht des Reiches neben dem in Wetzlar tagenden Reichskammergericht eröffnen. Zwei Monate später, am 21. Mai 1742, trat zum ersten Mal im Römer der Reichstag unter Prinzipalkommissar Fürst zu Fürstenberg-Stühlingen zusammen, wobei man sich im Römer sehr genau an der Regensburger Sitzordnung orientiert hatte. Die Wiederherstellung von Frieden und Ruhe, die Erlangung des Reicharchivs, das Maria Theresia vorenthielt, und die Stärkung der Reichseinkünfte durch 50 Römermonate waren die wichtigsten Beratungsgegenstände.

Zugleich nutzte Karl VII. sein Recht zu Standeserhöhungen und zur Erteilung von Privilegien. Als Anfang März 1743 Fürst Alexander von Thurn und Taxis als Prinzipalkommissar des Reichstages Fürst zu Fürstenberg-Stühlingen folgte, wurde noch im gleichen Monat das ihm eigene Reichspostgeneralat zum erblichen Thronlehen erhoben. Die Ernennungen Johann Caspar Goethes und Heinrich von Barckhaus' zu kaiserlichen Räten im Jahr 1742 oder die Erhebung Graf Friedrich Wilhelm zu Solms-Braunfels in den Reichsfürstenstand mögen als Beispiele dienen.

Rufen wir uns abschließend noch einmal die große europäische Politik in Erinnerung. Nach dem Vorfrieden von Breslau im Juni 1742, der Anerkennung der Forderungen Friedrichs II. gegenüber Schlesien, wandte sich Österreich im Bündnis mit Savoyen, Sachsen und Großbritannien nun gegen Bayern und Frankreich. Die französische Besatzung in Prag wurde eingeschlossen, die Stadt im Dezember 1742 zurückerobert und am 27. Juni 1743 siegte die verbündete „Pragmatische Armee" unter Führung König Georgs II. von England-Hannover über die französische Armee unter Noailles bei Dettingen am Main, in der Nähe Aschaffenburgs. Am gleichen Tag mußte Karl Albrecht seine bayerische Armee neutralisieren.

Doch vorübergehend änderte sich das Kriegsglück. Kaiser Karl VII., Frankreich, die Pfalz und Hessen-Kassel schlossen im Mai 1744 die Frankfurter Union, im Juni verbündete sich Friedrich II. mit Frankreich zu einer Offensivallianz gegen England und Österreich, fiel in Böhmen ein und eroberte Prag.

Fur Karl VII. schien die Situation günstig. Am 16. Oktober 1744 gab er dem Reichstag seine Abreise aus Frankfurt bekannt, zog über Heilbronn und Augsburg zum Schloß Dachau und ritt am 23. Oktober an der Spitze der bayerischen Armee durch das Neuhauser Tor in München ein, wo ihm ein begeisterter Empfang zuteil wurde.

Doch Österreich war es gelungen, seine im Elsaß und in Lothringen operierenden Truppen nach Böhmen zu verlegen, einen Tag nach dem Einzug Karls VII. in München eroberten sie Prag zurück, Friedrich II. trat den Rückzug an. Im Januar 1745 verbündeten sich Österreich, England, die Niederlande und Sachsen zur Warschauer Quadrupelallianz gegen Preußen, und noch immer standen österreichische Truppen in Ingolstadt und am Inn. Wenige Tage vor dem Tod Karls VII. war die militärische Lage für ihn verzweifelt, München erneut bedroht.

Karl VII. starb am 20. Januar 1745, sein Leichnam wurde in der Theatinerkirche aufgebahrt. Egid Quirin Asam hatte das Trauergerüst entworfen, auf dem Kopien der Reichsinsignien, der bayerische Kurhut, die Orden des Heiligen Georg und des Heiligen Vlieses ruhten.

War das kurzlebige Kaisertum Karls VII. in der engen Anbindung an Frankreich tatsächlich ein Tiefpunkt der Reichsgeschichte, wie die borussische Historiographie vermeinte, war die territoriale Basis eines Wittelsbacher Kaisertums zu schmal, das Experiment gegen Habsburg deshalb von vornherein zum Scheitern verurteilt? Nach dem Tod Karls VII. schloß sein Sohn Max III. Joseph mit dem siegreichen Österreich im April 1745 den Vertrag von Füssen: Anerkennung der Pragmatischen Sanktion, Verzicht auf bayerische Kaiserpläne, Zusicherung der bayerischen Kurstimme für Franz I., den Gemahl Maria Theresias, gegen Wiederherstellung des bayerischen Territoriums in den Grenzen von 1741.

In den folgenden 200 Jahren erlag die Idee einer föderativen Einigung der Mitte Europas der Konzeption der Staatsräson der größten Reichsstände. Der preußische Erfolg von den Schlesischen Kriegen bis zum Sieg bei Königgrätz und zur kleindeutschen Reichsgründung von 1871 auf der einen Seite, die durch Napoleon erzwungene, gleichwohl nach 1815 bereitwilligst fortgesetzte Preisgabe des römisch-deutschen Kaisertums zugunsten einer habsburgischen Staatsidee auf der anderen Seite marginalisierten die Idee eines „Dritten Deutschland". Erst die Katastrophe zweier für Deutschland verlorener Weltkriege im 20. Jahrhundert ließen historisch-politische Alternativen in einem anderen Licht erscheinen. Was aber bleibt, ist eine ganz spezifische Rolle der Stadt Frankfurt am Main: nicht Hauptstadt, nicht politische Zentrale, sehr wohl aber hochgeschätzter neutraler Ort des deutschen und des europäischen Interessenausgleichs, ein Ort der Vorverständigungen, an dessen glücklichste Epochen wir in einem vereinten Europa die Chance haben, Anschluß zu finden.

*Kaiser Franz I. Stephan (1708–1765, reg. 1745–1765), Gatte der Kaiserin Maria Theresia, Begründer des Hauses Habsburg-Lothringen. Kupferstich von F. Lippoldt und I. W. Windter. Historisches Museum Frankfurt a. M., C 13882, Foto: Ursula Seitz-Gray*

## Autorenverzeichnis

*Prof. Dr. Konrad Amann,*
apl. Professor für Neuere Geschichte an der Johannes Gutenberg-Universität Mainz

*Prof. Dr. Barbara Dölemeyer,*
wiss. Mitarbeiterin am Max-Planck-Institut für europäische Rechtsgeschichte, Frankfurt, Honorarprofessorin für Rechtsgeschichte an der Justus-Liebig-Universität Gießen

*Dr. Karl Härter,*
wiss. Mitarbeiter am Max-Planck-Institut für europäische Rechtsgeschichte, Frankfurt am Main

*Prof. Dr. Peter Claus Hartmann,*
Pens. Professor für Allgemeine und Neuere Geschichte an der Johannes Gutenberg-Universität Mainz

*Dr. Bernd Heidenreich,*
Direktor der Hessischen Landeszentrale für politische Bildung Wiesbaden

*Prof. Dr. Paul-Joachim Heinig,*
apl. Professor für Mittelalterliche Geschichte und Historische Hilfswissenschaften an der Justus-Liebig-Universität Gießen

*Prof. Dr. Rainer Koch,*
Direktor des Historischen Museums der Stadt Frankfurt a. D.

*Prof. Dr. Frank-Lothar Kroll,*
Professor für Europäische Geschichte des 19. und 20. Jahrhunderts an der Technischen Universität Chemnitz

*Prof. Dr. Peter Moraw,*
Em. Professor für Mittelalterliche Geschichte, Deutsche Landesgeschichte, Wirtschafts- und Sozialgeschichte an der Justus-Liebig-Universität Gießen

*Hans-Otto Schembs,*
Historiker, Frankfurt am Main

*Dr. Josef Johannes Schmid,*
Privatdozent für Neuere Geschichte an der Johannes Gutenberg-Universität Mainz

*Prof. Dr. Reinhart Staats,*
Em. Professor an der Theologischen Fakultät der Christian-Albrechts-Universität Kiel

*Prof. Dr. Armin Wolf,*
apl. Professor für Mittelalterliche Geschichte und Historische Hilfswissenschaften an der Universität Heidelberg